中國社會科學院文庫
歷史考古研究系列
The Selected Works of CASS
History and Archaeology

中國社會科學院創新工程學術出版資助項目

中國社會科學院文庫·歷史考古研究系列
The Selected Works of CASS·History and Archaeology

商代青銅器銘文分期斷代研究

【上】

The Dating Study of Bronze Inscriptions of The Shang Dynasty

嚴志斌 編著

社會科學文獻出版社
SOCIAL SCIENCES ACADEMIC PRESS (CHINA)

《中國社會科學院文庫》
出版説明

　　《中國社會科學院文庫》（全稱爲《中國社會科學院重點研究課題成果文庫》）是中國社會科學院組織出版的系列學術叢書。組織出版《中國社會科學院文庫》，是我院進一步加強課題成果管理和學術成果出版的規範化、制度化建設的重要舉措。

　　建院以來，我院廣大科研人員堅持以馬克思主義爲指導，在中國特色社會主義理論和實踐的雙重探索中做出了重要貢獻，在推進馬克思主義理論創新、爲建設中國特色社會主義提供智力支援和各學科基礎建設方面，推出了大量的研究成果，其中每年完成的專著類成果就有三四百種之多。從現在起，我們經過一定的鑒定、結項、評審程式，逐年從中選出一批通過各類別課題研究工作而完成的具有較高學術水準和一定代表性的著作，編入《中國社會科學院文庫》集中出版。我們希望這能夠從一個側面展示我院整體科研狀況和學術成就，同時爲優秀學術成果的面世創造更好的條件。

　　《中國社會科學院文庫》分設馬克思主義研究、文學語言研究、歷史考古研究、哲學宗教研究、經濟研究、法學社會學研究、國際問題研究七個系列，選收範圍包括專著、研究報告集、學術資料、古籍整理、譯著、工具書等。

中國社會科學院科研局

2006年11月

總目録

·上·

第一編　商代青銅器銘文分期斷代綜述

第二編　商代有銘青銅器器形綜覽

·下·

第三編　商代青銅器銘文彙編

目　録

·上·

第一編　商代青銅器銘文分期斷代綜述

第二編　商代有銘青銅器器形綜覽

第一編 商代青銅器銘文分期斷代綜述

緒　言

　　商代銅器銘文與甲骨刻辭是商代歷史研究中的直接史料，素為學者所重。要加强商代史的研究，銅器銘文的分期與甲骨刻辭的分期都是必需的工作，只有在分期的基礎上，對同期各方面材料的綜合運用，纔能促進一些問題在時間這一層面上的研究。甲骨刻辭的分期研究已經取得了重要的成果，而商代銅器銘文的分期斷代研究方面，除了部分可確認為某王之器以外（例如帝辛時征人方諸器等），大部分的商代銅器的時代依然是過於粗疏的。

　　單就商代銅器銘文集錄而言，1917年羅振玉作《殷文存》時，收有銘器755件[1]；1935年王辰作《續殷文存》，收有銘器1587件[2]；1995年，張光遠就臺北故宮博物院收藏的商代有銘銅器特展編輯圖錄《商代金文圖錄》收器42件[3]。又，《殷周金文集成》全書收商代有銘銅器4864件[4]；《安陽殷墟青銅器》收商代有銘銅器29件[5]；《近出殷周金文集錄》收商代有銘銅器420件[6]；《新收殷周青銅器銘文暨器影彙編》新收錄商代有銘銅器301件[7]；《近出殷周金文集錄二編》收錄商代銘文銅器360件[8]（後三書所收銅器互有重複）。以上是商代銅器銘文研究中的重要成果。但以上諸作所收不全，取捨也未必精。而如上成果與絕大多數銅器銘文著錄書在時代一項上皆概言“殷”或“商代晚期”，而沒有更細緻的分期。

　　分期研究是青銅器研究的一項基本工作。近年來，隨着考古資料的不斷出土與發表，商代銘文的資

---

① 羅振玉：《殷文存》，1917年石印本。
② 王辰：《續殷文存》，考古學社，1935年。
③ 張光遠：《商代金文圖錄》，臺北故宮博物院，1995年。
④ 中國社會科學院考古研究所：《殷周金文集成》，中華書局，1984－1994年。
⑤ 安陽市文物隊、安陽市博物館：《安陽殷墟青銅器》，中州古籍出版社，1993年。
⑥ 劉雨、盧巖：《近出殷周金文集錄》，中華書局，2002年。
⑦ 鍾柏生、陳昭容、黃銘崇、袁國華：《新收殷周青銅器銘文暨器影彙編》，藝文印書館，2006年。
⑧ 劉雨、嚴志斌：《近出殷周金文集錄二編》，中華書局，2010年。

料日益增多，學術界對商代青銅器的分期斷代研究也取得了重要的進展，這一切都為商代銅器銘文的綜合研究提供了良好的條件。時至今日，商代有銘青銅器已逾5000件，卻尚無一部對商代銅器銘文進行綜合性分期斷代研究的專著，這種狀況顯然不利於青銅器、古文字以及商代史研究的進一步深入。本書就是對目前公佈（截至2007年年底）的商代銅器銘文資料進行全面的整理和分期斷代。其意義主要有如下幾個方面：整理收錄已公佈的所有可斷為商代的銅器銘文；將以往著錄中籠統歸為商代晚期的銅器銘文進行細緻的區分，給出更為細緻的年代刻度，構建銅器銘文發展的更準確的時間框架；基於更細緻的時間框架，銅器銘文所能涉及的各個方面的歷時性描述與研究將更加生動。如字體的變化、語法的規律、商代家族的分衍遷移融合與消亡等問題。與商代銅器銘文同時代的文獻如甲骨文等也有了可以反觀存照進行研究的尺規。同時，也能反過來促進商代銅器的研究；通過斷代研究，確也找出了早於武丁時期的銅器銘文，如此，又為早商歷史與文字起源的研究無疑找到了一個突破口。

本書的基本思路與研究方法是在分期斷代的研究中，以科學發掘出土的銅器為主，以考古類型學方法，確定若干標準器，進而將傳世銅器也作分期斷代研究。在此基礎上，選擇部分常見銅器銘文字形，進行字體的分期斷代研究。並以此為基礎，嘗試對部分不見銅器器影的銘文進行斷代。並重新釐定部分定為商代晚期銘文與西周早期銘文。在分期斷代的基礎上，剔除部分改斷為西周的銅器銘文，編撰商代銅器銘文彙編，以利於開展商代史的全面系統的研究。

本書研究的難點有以下幾個方面：商代銅器銘文的著錄比較散亂；商代有銘文的青銅器中的大部分都是傳世品或非科學發掘品，已失去了其原始的存在背景以及器物之間的相互關係，這就造成了進行斷代分期工作的難度；商代銘文銅器多收藏於公私藏家，部分銅器只公佈了銘文而無器影或器影不清，難以進行斷代研究。部分商代末期的銅器與西周早期的銅器在類型學上無法進一步區分，本書將本着實事求是的原則，不作硬性區分。

第一章
商代青銅器銘文斷代研究之回顧

早期學者對商代青銅器銘文的斷代研究，多是從區分商代銅器與周代銅器這一角度進行的。南宋時期張掄的《紹興內府古器評》可說是銅器（銘文）斷代的最早的專著。其對祖辛尊下評曰：

> 商家生子以日為名。自微始至十四代君曰祖辛，蓋祖乙之子，沃甲之兄，祖丁之父。在商之世以質為尚，而法度之所在。故器之所載皆曰彝。此器文鏤純簡，沁暈暗漬，而間以赭花斕斑，知其所以為商物，又豈待考其銘款而後辯邪？

在此文中，張掄就已開始以標準器與器主之名進行斷代分析，是很有見識的。到晚清時期，學者又進而採用係聯法來對一組銅器（銘文）進行斷代研究，並參照了器形、花紋、銘文中的用詞等考證出銅器年代。這些都為近現代的金文研究奠定了很好的基礎。

1917年羅振玉出版了《殷文存》一書，該書是收録商代銅器銘文的第一本專書，其對銘文的集録標準是：

> 殷人以日為名，通乎上下，此編集録即以此為埻的。其中象形文字或上及於夏器；日名之制，亦沿用於周初。要之，不離殷文者近是。[1]

這是真正意義上對商代銅器銘文進行斷代研究的開始。

隨着銘文資料的增益，學者也更加關注殷周金文的審別。1928年馬衡《中國之銅器時代》考訂為商

---

[1]　羅振玉：《殷文存》序，1917年石印本。

代銅器銘文的時代，有下列方法：

其一，同於殷墟甲骨文字者。這方面又細分為：

1. 紀時法。根據甲骨文殷人的紀時方法，其次序是：日、月、祀。

2. 根據甲骨文，殷人祭祀他的祖妣，必用他的祖或妣的名的日；其妣皆曰"奭"，其祭名或曰"遘"。

3. 甲骨文中祭日的名，如肜日。

4. 甲骨文中常見"征人方"之語。

其二，出土的地點證明在安陽殷墟的。①

商金文的判別依據，白川靜在《金文集》中曾明確指出，最為確實的方法是出土地點，認為"凡商墓所出之器，一概可信為商器"。而商器的形制標準與商金文的特徵也可從已有的材料中作出歸納。白川靜還具體列舉出商金文的7個特點，即：

1. 銘識多用圖像文字；

2. 父祖的廟號以"干"稱名；

3. 銘辭簡樸，銘文的諸要素尚未完備；

4. 五祀周祭的紀日法；

5. 日月祀的倒敍紀年法；

6. 大事紀年的形式中含有商代的史實；

7. 語彙、語法、字形可以與卜辭相對照者。②

這七點歸納，涵蓋了字形、文法、日名、紀年、歷史事件等多個方面，加以出土地點作為參證，以當時的研究水準而論，其論說可以說是相當全面的。

1984年容庚、張維持在其《殷周青銅器通論》中羅列出斷為商器商銘的三項標準：

其一，銘文的書體和文體早於周的金文而類似甲骨文，以日為名，紀時的次序，記祭祀、賞賜的語法構造等。

其二，銘文的記載有關殷代的歷史事實：先公先王的名號。

其三，銅器的出土地點是安陽殷墟遺址。③

1985年羅福頤在其《商代青銅器銘文確征例證》一文中也歸納出鑒定為商銘的若干依據：

其一，由發掘品銘文比例知為商器。如鹿鼎、牛鼎等，"其銘文偉麗，動物形象古樸，未脫圖形文字之範。類似這種風格的銘文在西周時期未見有，當是商器銘文的標本"。

其二，參證殷墟卜辭以確定商器。

1. 族氏徽號。如銅器銘文中的婦好、敢、弜、史、壴、宁、何、逆、束等都見於卜辭，多是貞人名。"據甲骨文中的族氏名號鑒別商代銅器不是絕對的，但在一定程度上仍不失為一個重要的準繩。"

2. 稱謂。如司辛、司母辛、毓祖丁、子某。

3. 伐人方和井方。"井方和人方一樣，都是殷商時代的方國，西周以後不再見這兩個方名，故知有人方和井方的銅器銘文當為商器無疑。"

4. 彡日、肜日、翌日之祭。翌日是商代特有的祭法。"故有彡日、肜日、翌日的銘文必為商器可知。"

5. 首書干支、次書月、末書祀的文法。

---

① 馬衡：《中國之銅器時代》，上海古籍出版社，1982年影印。

② 白川靜：《金文集》（殷周），二玄社，1964年。

③ 容庚、張維持：《殷周青銅器通論》，文物出版社，1984年，第13－14頁。

6. 祭祖擇日的規律。以妣名之日為祭日，並用"夾"字表明該先妣為某先王之法定配偶。①

這一期間學者對商代銅器銘文的斷代研究着重在於如何區分商器（銘）與周器（銘），出土地點（安陽殷墟）、甲骨文例與商史確例成為大家斷為商器的主要依據。這些論述雖然有部分並不確然，有的則過於絕對化而稍嫌簡單化，但大體上確都是切實可行的，特別是在當時少有明確的器物出土地點及缺乏出土環境的情況下，這些研究與概括是比較恰當的，對區別商周銅器，促進商代銅器與銘文的研究起了積極的作用。

1995年黃然偉先生也作文對殷周賞賜銘文之鑒別標準進行了論述。共分九個方面：

其一，紀年、月、日法。殷周賞賜銘文之最大差異在於紀年月日之方法。殷代賞賜銘文只具有干支紀"日"者，與西周初之銘文同，然其有紀"年、月、日"三者之銘文，則與西周者有別。殷之銘文先紀干支紀日，次紀月數，最後為"祀"數。或有先紀日名，次紀祀數，以月數在最後者。又有缺月數者，但此類銘文並不多見。殷之銅器銘文無以"年"字為紀年者，悉以"祀"字為紀年之專用字，此乃因與當時之曆法及祭祀有關。西周銘文紀年月日法之次序通常為：年、月、月相、干支日四項。偶有先序月數，次為月相，干支日，而後祀數者。此期用於紀年之文字有二，即"年"與"祀"；前者為周代紀年所特有，而"祀"字則為周人沿用殷人者，西周銘文中用作紀年之"祀"字，不但用於西周初期，且亦見於中、後期之銘文中。東周時仍有沿用"祀"者，唯已不甚普徧。月相為西周金文紀日之特徵，此為殷代卜辭及其時金文所無者，可用為判別殷周兩代銘文之標準方法之一。此外，周之紀時文字中有用"佳"（惟）字，此亦為殷器紀時銘文所無者。

其二，用字。殷代銅銘文用以表達賞賜意義之文字有四：易、商、賓、商易。前二字用之最多，後二字則不甚普遍。西周之賞賜銘文亦以"易"、"商"為最多見，次則為"賓"、"令"二字；此外更有：益、歸、休（或作窰）、晦、舍、儕。

其三，賞賜物。殷代銘文所記賞賜物品，以貝為多，其餘有毘、玨、章、玉等之賜，但此類銘文甚少。周初銘文記賞賜之物亦以貝為多見，類似殷代。稍後見於銘文者種類繁多，計有衣服旗幟、臣僕、車、馬、弓矢、金、玉、干戈、土地、動物（牛、羊、鹿、鳳、魚）、彝器、田畝、車馬飾，尤其自西周中期開始，賞賜已成為制度，有一定之儀式及典誥，所頒賜之器物，有一次多至十種以上者。凡此賞賜之儀式及賞賜之器物，除常見之貝及其他玉、毘、馬外，皆非殷代銘文所有。

其四，祭名。殷金文刻辭之文例有可與甲骨卜辭相比較者，如：《豐彝》於乙酉之日以"肜祭"祭祀武乙。《戊辰彝》記於戊辰之日以"㗬"祭祀武乙之配妣戊。《邲其卣》一記於丙辰之日以"肜祭"祭祀大乙之配妣丙。殷代自武丁之子祖甲建立嚴格之祭祀系統以祭其先王先妣以後，其祭祀先祖妣皆以其所名之日為祭或荀祭。故三器記祭祀妣戊於戊辰之日，祭妣丙於丙辰，祭武乙於乙酉，皆於其所名之日為祭。卜辭之五種祭典為"彡"、"翌"、"祭"、"壴"、"㗬"，西周初期之賞賜銘文無上述情形，此可作為判別殷周賞賜銘文之根據。

其五，人名及官名。銅器上之人名及官名，往往亦見於甲骨卜辭，可作為審別時代之佐證。如"毓且丁"、"小臣告"、"卿史"、"乍冊"、"多亞"。以上各例為銅器銘文之人名、官名又見於甲骨卜辭者，可為判別銘文所屬時代之參證。除多亞之外，因小臣、卿史、乍冊、宰等官名，亦多見於西周銘文；故若僅以官名一項以參驗，尚不足以為必然之證據，必須佐以文例、器物形制、銘文風格等項而後可以定之。

其六，紀事。殷周銘文有以征伐之事與紀年月日之文字同鑄於一器上者，其事可為判定一器所屬時代之參考。如征井方、人方。至於西周賞賜銘文，亦有記征伐之事，如《中鼎》的伐反虎方；《禽簋》伐𡐔侯；《庸伯厨簋》伐逨魚、淖黑。此類銘文之特色，在於用字與殷代銘文不同，此期銘文皆用"伐"

---

① 羅福頤：《商代青銅器銘文確征例證》，《古文字研究》第11輯，第123－155頁。

字，與殷代之用“正”（征）字截然有別。然西周銘文亦有用“征”字者，唯多用於“征東夷”、“從某征”、“南征”之辭而不同于殷代之用法。

其七，地名與宮室名。如“才召”、“才𩛥”、“才榇”、“㞢”、“𡧊”。散見於卜辭。西周賞賜銘文之地名、宮室名之“成周”、“宗周”、“康廟”、“般宮”、“周剌宮”，與殷銘文之地名殊為異致，極易判別。

其八，恒語。殷周賞賜銘文皆有其慣用詞語，然殷文簡質，變化不多，其習見於銘文者計有：“用乍××尊彝”、“用乍××彝”、“揚君商”。西周銘文之恒語則種類繁多，此乃因賞賜在其時已成為一種儀式，且文辭篇幅增大，辭藻典雅，已着重於形式化。此期銘文中最常見之辭匯有以下各種：“王若曰”、“××蔑曆”、“×拜稽首，對揚×休”、“對揚天子丕顯休”、“萬年無疆”、“眉壽萬年”、“用乞眉壽，黃考吉康”、“用乞多福，眉壽無疆，永屯靈冬”、“乍父考××寶簋”、“子子孫孫永寶用”。以上六類普遍存在於周代賞賜銘文，其善頌善禱，恭敬有加之富麗辭藻，與殷代文辭之簡樸風格，大相徑庭。

其九，字數與形式。殷文質樸，彝器通常銘有一至五六字而已；此少數銘文，或記作器者之名，或記為某人而作器。其中字數略多者則為祭祀、賞賜之銘文。西周賞賜銘文字數遠較殷代為多。西周初期以後之賞賜銘文因其時王廷以冊命為其任命官員之方式，策命有其儀式，而儀式中又有賞賜，銘文有長短，而其賞賜之儀式不變。此類銘文只存於西周，而不見於殷器。①

此文是迄今為止對商周銅器銘文區別得最為詳細的論述，但受論文主旨所限，僅是針對賞賜類銘文作的總結。而商代銅器銘文中，賞賜類銘文並不佔主體，所以仍有缺憾。

以上是學界對商代銅器銘文進行斷代研究所作總體上的歸納與概括。總的來說，斷代的方法和參照的標準基本上是與甲骨文對照以及對銅器（銘文）出土地的重視。另外，還有一些論文中也論及商銘的斷代問題，並取得一定的成績，如認為寢孳鼎、肄簋②、邲其三卣③是乙辛時器等。還有近幾年經科學發掘出土的一批商代墓葬，如婦好墓④、郭家莊M160號墓⑤，以及對商代青銅器的一系列分期研究成果⑥，已構建起商代青銅器斷代分期研究的基本框架，對商代銅器銘文的斷代與分期研究起到了更大的推動作用。銅器銘文的集成性巨作《殷周金文集成》，收録商代銘文4800多條，即是商代銘文斷代的一次總結，但書中没有提供其斷代的依據與原則。

縱觀以前的商銘斷代研究，多數僅是為了區分商器與周器。這在對金文研究的初始階段自然是非常必要的，但如上文所及，除少量論著對個別銅器（或銅器組）進行具體的斷代研究外，對商代銅器銘文的更細緻的斷代分期工作還是很欠缺的。對於商代金文來說，更細化的分期與斷代當是以後研究所需更多用力的一個重要方面。

商代銅器銘文的判定，筆者認為第一位的是銅器本身，包括器形、紋飾、銘文本身所顯示出的時代特點，以及銅器的共出器物與出土單位所在的層位元與時代。

---

① 黃然偉：《殷周史料論集・殷周青銅器賞賜銘文研究》，三聯書店（香港）有限公司，1995年，第70—75頁。

② 李學勤：《寢孳方鼎和肄簋》，《夏商周年代學劄記》，遼寧大學出版社，1999年，第49頁。常玉芝：《“寢孳方鼎”銘文及其相關問題》，《殷商文明暨紀念三星堆遺址發現七十周年國際學術研討會論文集》，社會科學文獻出版社，2003年，第208頁。

③ 杜迺松：《邲其三卣銘文考及相關問題的研究》，《故宮博物院院刊》1985年第4期。

④ 中國社會科學院考古研究所：《殷墟婦好墓》，文物出版社，1980年。

⑤ 中國社會科學院考古研究所：《安陽殷墟郭家莊商代墓葬》，中國大百科全書出版社，1998年。

⑥ 這方面的成果有：張長壽：《殷商時代的青銅容器》，《考古學報》1979年第3期。鄒衡：《試論殷墟文化分期》，《北京大學學報》1964年第4－5期。楊錫璋：《殷墟青銅容器的分期》，《中原文物》1983年第3期。（日）林巳奈夫：《殷周時代青銅器的研究》，日本吉川弘文館，1984年。鄭振香、陳志達：《殷墟青銅器的分期與年代》，載於中國社會科學院考古研究所編著《殷墟青銅器》，文物出版社，1985年。王世民、張亞初：《殷代乙辛時期青銅容器的形制》，《考古與文物》1986年第4期。

第二章

商代有銘青銅器的斷代與分期

關於商代青銅器（主要是容器）的分期，學界一般從總體上分為三期，即早商、中商與晚商。

據研究，早商時期的青銅器可分為二期。

第一期以鄭州東里路黃河醫院C8M32、白家莊C8M7，滎陽西史村M2等單位為代表。器形有爵、斝、盉等。器壁較薄，一般為素面，個別飾弦紋、乳釘紋或有鏤孔。爵流、尾較長，兩矮柱立於流口相接處，平底，錐足。斝多平底，三棱形空錐足。盉為封口盉，三空袋足。

第二期以鄭州商城銘功路M2、M150，垣曲商城M1、M16，偃師商城83Ⅲ M1，盤龍城李家嘴M2等單位為代表。器類有鼎、鬲、觚、爵、斝、盉、盤、簋、尊、甗等。花紋以饕餮紋為主，另外，弦紋、乳釘紋、渦紋也常見。爵為平底。斝平底或微下凸，立柱仍偏於一側。觚體粗矮，多飾一周饕餮紋。鼎多為折沿深腹、圜底，圓錐實足。鬲為折沿，三錐形空足。[1]

關於中商時期的遺存，據研究，藁城臺西，邢臺曹演莊，安陽三家莊、小屯，濟南大辛莊，鄭州小雙橋，安陽洹北商城等地均有發現[2]。中商銅器可分為三期。

第一期以鄭州白家莊M2、北二七路M2、銘功路C11M146、M148，鄭州東里路C8M39，盤龍城李家嘴M1、樓子灣M3等單位為代表。器類有鼎、鬲、觚、爵、斝、盉、盤、簋、尊、卣、罍等。紋飾有饕餮紋、弦紋、乳釘紋、渦紋、雲雷紋、連珠紋。鬲分襠、折沿、錐足。鼎深腹、錐足、折沿。斝敞口、束腰、平底、三棱錐足。爵束腰、平底、長流、三棱錐足。觚粗矮。罍小口、高頸、鼓腹。

第二期以藁城臺西遺址早期墓葬，鄭州白家莊M3、銘功路M4、北二七路M1等單位為代表。器類同一期，出現瓿。花紋中出現雙層花紋，流行邊珠紋夾主紋帶的形式。鼎耳分處於三足之間。斝柱變大。

① 中國社會科學院考古研究所：《中國考古學·夏商卷》，中國社會科學出版社，2003年，第387－389頁。

② 中國社會科學院考古研究所：《中國考古學·夏商卷》，中國社會科學出版社，2003年，第249頁。

爵為圜底。瓿出現高體。尊小口、折肩、斂腹、圈足。

	鼎	斝	爵	瓿	盉	斚
一期						
二期						

早商青銅容器分期圖（採自《中國考古學·夏商卷》圖7－1，387頁）

第三期以洹北三家莊M1、M3，花園莊東地M10，安陽小屯YM232、YM333、YM388等單位為代表。①

	鼎	斝	爵	瓿	斚	罍	瓿
中商一期							
中商二期							
中商三期							

中商青銅容器分期圖（採自《中國考古學·夏商卷》圖7－2，389頁、390頁）

---

① 中國社會科學院考古研究所：《中國考古學·夏商卷》，中國社會科學出版社，2003年，第388－391頁。

但鑒於上舉中商第三期青銅器具有較為典型的殷墟時期青銅器風格，也為了便於與以往的研究工作相接合，筆者傾向於將這一階段的銅器還歸入殷墟時期，即殷墟一期。

因為商代有銘文的青銅器主要出現在商代晚期，即殷墟時期，所以下文重點介紹學界對晚商青銅器的分期研究工作。

對殷墟時期青銅器的分期研究開端於李濟先生。其在《記小屯出土之青銅器》中，將81件青銅容器分為兩種四個序列[①]。

稍後，鄒衡先生在對殷墟青銅器比較細緻的分期研究基礎上對殷墟文化進行了分期：一期相當於盤庚、小辛、小乙時期；二期相當於武丁和祖庚、祖甲時期；三期相當於廩辛、康丁和武乙、文丁時期；四期相當於帝乙、帝辛時期[②]。

張長壽先生則以1976年以前出土的青銅器為基礎，將商代銅器分為三期：一期為盤庚遷殷至武丁時期；二期相當於祖庚、祖甲、廩辛、康丁時期；三期相當於武乙、文丁、帝乙、帝辛時期。[③]

在1981年出版的《商周銅器群綜合研究》中，郭寶鈞先生也對晚商銅器群進行分期，認為："M232是早期，M53（大司空村）是晚期，59武北M1是中期，M331是中期偏前，介早中期之間。"[④]

楊錫璋先生也將殷墟青銅器分為三期。第一期為武丁以前；第二期早段相當於武丁前期，中段相當於武丁後期及祖庚、祖甲時期，晚段相當於廩辛、康丁、武乙、文丁時期；第三期為帝乙、帝辛時期[⑤]。

日本學者林巳奈夫在《殷周時代青銅器の研究》中也對殷、周青銅器作過類型學研究，分為三期[⑥]。

稍後的鄭振香、陳志達二先生將殷墟銅器詳細分為四期：一期早於武丁，下限不晚於武丁；二期上限早於武丁，下限不晚於祖甲；三期相當於廩辛至文丁時期；四期相當於帝乙、帝辛時期[⑦]。

朱鳳瀚先生在其《古代中國青銅器》一書中將殷墟銅器分為三期：一期相當於盤庚至武丁早期；二期一段相當於武丁早期，二段相當於武丁晚期至祖甲（可延至廩辛）時期；三期一段相當於廩辛至文丁（可延至帝乙）時期，二段相當於帝乙、帝辛時期[⑧]。

《中國考古學·夏商卷》將殷墟青銅器分為四期：第一期以武官村59M1、小屯M188為代表；二期以小屯M5、M17、M18，大司空村M539為代表；三期以苗圃北地M172、殷墟西區M907、郭家莊M160為代表；四期以殷墟西區M269、M284、M1713，大司空村62M53為代表[⑨]。但每期未與商王對應。

岳洪彬先生以殷墟科學發掘出土的千餘件青銅容器為主要分析材料，將殷墟青銅器分為四期：一期相當於盤庚（包括盤庚以前的一個時期）、小辛、小乙時期；二期早段相當於武丁早期，晚段相當於武丁晚期，祖庚、祖甲時期；三期相當於廩辛、康丁、武乙、文丁時期；四期相當於帝乙、帝辛時期[⑩]。

另外，還有一些專門性的研究，如：王世民、張亞初先生的《殷代乙辛時期青銅容器的形制》[⑪]，就

---

① 李濟：《記小屯出土之青銅器》（上篇），《中國考古學報》第三冊。

② 鄒衡：《試論殷墟文化分期》，《北京大學學報》1964年第4－5期。又收入《夏商周考古學論文集》，文物出版社，1980年，第87頁。

③ 張長壽：《殷商時代的青銅容器》，《考古學報》1979年第3期。

④ 郭寶鈞：《商周銅器群綜合研究》，文物出版社，1981年。

⑤ 楊錫璋：《殷墟青銅容器的分期》，《中原文物》1983年第3期。楊錫璋、楊寶成：《殷代青銅禮器的分期與組合》，載於中國社會科學院考古研究所編《殷墟青銅器》，文物出版社，1985年，第79－102頁。

⑥ （日）林巳奈夫：《殷周時代青銅器の研究》，日本吉川弘文館，1984年。

⑦ 鄭振香、陳志達：《殷墟青銅器的分期與年代》，載於中國社會科學院考古研究所編《殷墟青銅器》，文物出版社，1985年，第27－78頁。

⑧ 朱鳳瀚：《古代中國青銅器》，南開大學出版社，1995年，第626－642頁。

⑨ 中國社會科學院考古研究所：《中國考古學·夏商卷》，中國社會科學出版社，2003年，第391－392頁。

⑩ 岳洪彬：《殷墟青銅容器的分期研究》，《考古學集刊》第15集，文物出版社，2004年，第51－100頁。

⑪ 王世民、張亞初：《殷代乙辛時期青銅容器的形制》，《考古與文物》1986年第4期。

是對帝乙、帝辛時期銅器的一次清理。

容器之外，對兵器的斷代分期也有專門的研究。1948年，李濟先生的《記小屯出土的青銅器》用類型學的方法分析了戈、矛、刀、鏃的形制演變[1]。郭寶鈞先生作有《殷周的青銅兵器》[2]，研究其演變。林巳奈夫的《中國殷周時代の武器》[3]對當時刊佈的兵器收集詳備，按考古學文化分期的早晚論述各種兵器。楊新年、陳旭先生的《試論商代青銅武器的分期》[4]就商代青銅兵器進行了分期研究。郭鵬先生的《殷墟青銅兵器研究》[5]對殷墟出土的青銅兵器進行分期及相關研究。郭妍利的《中國商代青銅兵器研究》[6]是迄今為止收集材料最為豐富的商代兵器研究論文，研究領域也頗為廣泛。另外，還有大量專論某一類兵器的論文，此不例舉。

商代有銘文的青銅器以容器與兵器兩大類為主。以上所舉學者的研究工作為我們對商代青銅器的研究奠定了很好的基礎。參照學界的研究成果，筆者將商代青銅器分為早、中、晚三期。早期指早商時期；中期指中商時期，但不包括上文所舉中商期的第三期；晚期指殷墟時期，可分為四期：第一期相當於盤庚、小辛、小乙時期；第二期相當於武丁、祖庚、祖甲時期；第三期相當於廩辛、康丁、武乙、文丁時期；第四期相當於帝乙、帝辛時期。據近年學者的研究，所謂第四期的部分遺存的絕對年代已進入西周初期[7]。所以第四期的年代可能晚至周初。

參照以上諸家對商代青銅器的斷代、分期研究，下文先歸納出對其年代學界看法比較一致的考古出土單位，作為對傳世品進行斷代研究的參照。時代皆為殷墟時期。

一期：YM232[8]，YM333[9]，YM388[10]，三家莊M1、M3[11]。

二期：YM331[12]，YM188[13]，59武官M1[14]，婦好墓[15]，小屯M17、M18[16]，95郭家莊M26[17]，大司空M539[18]，花東M54[19]。

三期：戚家莊M269[20]，大司空M51[21]，苗圃北地M172[22]，郭家莊M160[23]，殷墟西區GM268、

① 李濟：《記小屯出土的青銅器》（中篇），《中國考古學報》第四冊，1948年。

② 郭寶鈞：《殷周的青銅兵器》，《考古》1961年第2期。

③ （日）林巳奈夫：《中國殷周時代の武器》，京都大學人文科學研究所，1972年。

④ 楊新年、陳旭：《試論商代青銅武器的分期》，《中原文物》1983年特刊。

⑤ 郭鵬：《殷墟青銅兵器研究》，《考古學集刊》第15集，文物出版社，2004年，第129－173頁。

⑥ 郭妍利：《中國商代青銅兵器研究》，中國社會科學院研究生院2004年博士學位論文。

⑦ 唐際根、汪濤：《殷墟第四期文化年代辨微》，《考古學集刊》第15集，文物出版社，2004年，第36－50頁。

⑧ 石璋如：《小屯·第一本·遺址的發現與發掘·丙編·殷墟墓葬之三·南組墓葬附北組墓補遺》，歷史語言研究所，1973年。

⑨ 石璋如：《小屯·第一本·遺址的發現與發掘·丙編·殷墟墓葬之五·丙區墓葬上》，歷史語言研究所，1980年。

⑩ 石璋如：《小屯·第一本·遺址的發現與發掘·丙編·殷墟墓葬之五·丙區墓葬上》，歷史語言研究所，1980年。

⑪ 中國社會科學院考古研究所安陽工作隊：《安陽殷墟三家莊東的發掘》，《考古》1983年第2期。

⑫ 石璋如：《小屯·第一本·遺址的發現與發掘·丙編·殷墟墓葬之五·丙區墓葬上》，歷史語言研究所，1980年。

⑬ 石璋如：《小屯·第一本·遺址的發現與發掘·丙編·殷墟墓葬之一·北組墓葬上》，歷史語言研究所，1970年。

⑭ 中國社會科學院考古研究所安陽工作隊：《安陽武官村北的一座商墓》，《考古》1979年第3期。

⑮ 中國科學院考古研究所：《殷墟婦好墓》，文物出版社，1980年。

⑯ 中國社會科學院考古研究所安陽工作隊：《安陽小屯村北的兩座殷代墓》，《考古學報》1981年第4期。

⑰ 中國社會科學院考古研究所安陽工作隊：《河南安陽市郭家莊東南26號墓》，《考古》1998年第10期。

⑱ 中國社會科學院考古研究所安陽工作隊：《1980年河南安陽大司空村M539發掘簡報》，《考古》1992年第6期。

⑲ 中國社會科學院考古研究所安陽工作隊：《河南安陽市花園莊54號商代墓葬》，《考古》2004年第1期。

⑳ 中國社會科學院考古研究所安陽工作隊：《殷墟戚家莊東269號墓》，《考古學報》1991年第3期。

㉑ 中國科學院考古研究所安陽工作隊：《1958年春河南安陽大司空村殷代墓葬發掘簡報》，《考古通訊》1958年第10期。

㉒ 中國社會科學院考古研究所：《殷墟青銅器》，文物出版社，1985年。

㉓ 中國社會科學院考古研究所：《安陽殷墟郭家莊商代墓葬》，中國大百科全書出版社，1998年。

GM1127、GM355、GM907[①]、GM875、GM2508[②]。

四期：99劉家莊M1046[③]，82小屯M1[④]，殷墟西區GM1713[⑤]、GM2579[⑥]，郭家莊北M6[⑦]，劉家莊北M9[⑧]，郭家莊M53[⑨]。

因為有銘文的青銅器大多數都是傳世品，已脫離原來的共存關係，沒有共存器物可資比較。所以只能是與經科學發掘的年代較為明確與明顯的銅器進行對比分析，首先進行器物類型學的研究，並參照學界對有關傳世銅器年代的研究及對銅器紋飾的專門研究[⑩]進行其年代的初步判定。

筆者收集到商代有銘青銅器的圖像按食器、酒器、水器、樂器、兵器、雜器等順序分別討論其形制與年代。此用途分類僅是為了行文方便，器類歸屬並無必然性。

第一節　商代有銘青銅食器的斷代與分期

包括鼎、簋、甗（甑）、鬲、豆、匕。

一　鼎

商代有銘文的青銅鼎共840件，其中筆者收集到有圖像的有銘文青銅鼎519件。根據鼎的形制，可以分為甲、乙二類：圓鼎與方鼎。

甲類：421件。圓鼎。根據腹、足上的特徵異同，可分為A、B、C三型。

A型：273件。圓腹。分四亞型。

Aa型：2件。錐足。分二式。

Ⅰ式：1件。錐足較高，腹較直。標本1，冃鼎[⑪]，現藏日本東京國立博物館。雙立耳，寬折沿，深腹，腹上部有三組淺平雕連珠獸面紋。兩耳下口沿上各鑄一陽文。時代為中商。

Ⅱ式：1件。錐足較矮，腹較鼓。標本1，眉鼎（《保利藏金》）。卷沿窄方唇，雙耳直立，侈口束頸。頸飾獸面紋帶。通高27.5釐米，口徑20釐米，時代為一期。

---

① 中國社會科學院考古研究所安陽工作隊：《1969－1977年殷墟西區墓葬發掘報告》，《考古學報》1979年第1期。

② 中國社會科學院考古研究所：《殷墟青銅器》，文物出版社，1985年。

③ 中國社會科學院考古研究所安陽工作隊：《安陽殷墟劉家莊北1046號墓》，《考古學集刊》第15集，文物出版社，2004年。

④ 中國社會科學院考古研究所：《殷墟青銅器》，文物出版社，1985年。

⑤ 中國社會科學院考古研究所安陽工作隊：《安陽殷墟西區一七一三號墓的發掘》，《考古》1986年第8期。

⑥ 中國社會科學院考古研究所：《殷墟青銅器》，文物出版社，1985年。

⑦ 中國社會科學院考古研究所安陽工作隊：《河南安陽郭家莊村北發現一座殷墓》，《考古》1991年第10期。

⑧ 安陽市文物工作隊：《安陽殷墟青銅器》，中州古籍出版社，1993年。

⑨ 中國社會科學院考古研究所：《安陽殷墟郭家莊商代墓葬》，中國大百科全書出版社，1998年。

⑩ 陳公柔、張長壽：《殷周青銅容器上鳥紋的斷代研究》，《考古學報》1984年第3期。上海博物館青銅器研究組：《商周青銅器文飾》，文物出版社，1984年。陳公柔、張長壽：《殷周青銅容器上獸面紋的斷代研究》，《考古學報》1990年第2期。

⑪ 楊曉能：《早期有銘青銅器的新資料》，《考古》2004年第7期，第96頁，圖三。

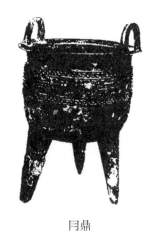
月鼎

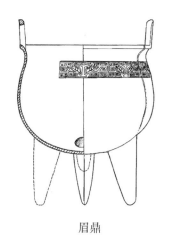
眉鼎

天鼎

Ab型：209件。柱足。分四式。

Ⅰ式：2件。雙立耳豎直，矮足上粗下細，深腹。標本1，天鼎（集成992），1965年出自陝西綏德縣墕頭村商代銅器窖藏。口稍斂，一對立耳，深腹圜底，三柱足細小。口下飾雲雷紋組成的獸面紋。通高24釐米，口徑14.5釐米。時代為一期。

Ⅱ式：84件。雙立耳豎直，足粗矮，深腹。標本1，婦好鼎（集成1328），出自河南安陽市小屯村殷墟婦好墓（M5：815）。立耳方脣，圓腹圜底，腹飾獸面紋與夔紋各三組。通高29.4釐米，口徑25.3釐米。標本2，牧象鼎（近出220），1983年出自河南安陽市薛家莊東南3號商代墓葬（M3：25）。窄沿方脣，口微斂，口沿上一對立耳，圓腹圜底。口下飾浮雕圓渦紋間獸面紋，腹飾三角紋，均填以雲雷紋。通高26.5釐米，口徑22釐米。時代為二期。

婦好鼎

牧象鼎

Ⅲ式：50件。立耳稍外撇，足稍高，腹較淺。標本1，絲苟鼎（近出219），出自河南安陽市梯家口村商代墓葬（M3：5）。口微斂，平沿外折，圓腹圜底，三條柱足粗壯。頸飾雲雷紋填地的夔紋帶，腹飾斜方格乳釘紋。通高16.8釐米，口徑13.1釐米。標本2，爰鼎（近出180），1984年出自河南安陽市戚家莊東269號商代墓葬（M269：39）。窄沿方脣，口微斂，口沿上一對立耳，深腹圜底。口下飾獸面紋。通高28.3釐米，口徑21.5釐米。流行於三期。

Ⅳ式：73件。立耳外撇，足較高，腹較淺並略下垂。標本1，重父壬鼎（集成1666），1982年出自河南安陽小屯西地墓葬（M1：11）。折沿方脣，立耳較大，下腹略外鼓。口下飾圓渦紋間四瓣花紋一周，以雲雷紋填地。通高25.7釐米，口徑20.8釐米。標本2，向鼎（近出199），1990年出自河南安陽市梅園莊墓葬（M1：5）。窄沿方唇，腹微鼓。口下飾雲雷紋組成的獸面紋。通高16.5釐米，口徑13.8釐米。流行於四期，可延至周初。

絴茍鼎

爰鼎

重父壬鼎

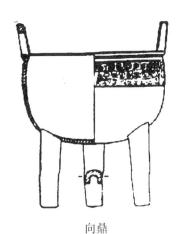

向鼎

Ac型：27件。蹄足。分三式。

Ⅰ式：5件。蹄足較矮，上粗下細；腹較深。標本1，亞弜鼎（集成1400），出自河南安陽市小屯村殷墟婦好墓（M5：808）。大口方唇立耳，深腹圜底，三足中空。頸飾雲雷紋組成的獸面紋帶，足上部亦飾獸面紋。通高72.4釐米，口徑54.5釐米。標本2，巳鼎（近出187），1981年出自河南武陟縣甯郭村。窄平沿，深腹，口沿上一對立耳，三足粗壯。頸飾獸面紋，以雲雷紋填地。通高37釐米，口徑28.9釐米。時代為二期。

Ⅱ式：8件。蹄足較矮，腹較淺。標本1，亞址鼎（近出216），1990年出自河南安陽市郭家莊商代墓葬（M160：62），斂口鼓腹，窄折沿，口沿上有一對絢索狀立耳外侈，深腹圜底，馬蹄形足半空，腰稍束。口下飾雲雷紋填地的獸面紋，足上部飾內卷角獸面紋。通高55釐米，口徑41釐米。標本2，癸辛鼎（集成1389），窄沿方唇，口沿上一對立耳，腹微鼓，圜底，口下飾雲雷紋填地的外卷角獸面紋，足上部飾浮雕獸面。通高43.6釐米，口徑34釐米。流行於三期。

Ⅲ式：14件。蹄足較高；腹較淺，下部略外鼓。標本1，戍嗣鼎（集成2708），1959年出自河南安陽市後崗殉葬坑（HGH10：5）。直口折沿，腹微鼓，雙立耳，圜底，半空足，足的中腰略束，近馬蹄形。口下有扉棱六條，口下飾由夔龍組成的獸面紋六組。通高48釐米，口徑39.5×34.5釐米。標本2，戍父乙鼎

（集成1533），出自河南安陽市殷墟西區孝民屯南商代墓葬（M284：1）。深腹圜底，窄沿方唇，口沿上有一對立耳，柱足上粗下細。口下飾雲雷紋填地的獸面紋。通高19.2釐米，口徑14.8釐米。流行於四期。《集成》定為商代的989當屬西周早期。

亞弜鼎

巳鼎

亞址鼎

[illegible]辛鼎

戍嗣鼎

戎父乙鼎

亞得父庚鼎

Ad型：35件。扁足。分四式。

Ⅰ式：4件。直耳，淺腹圜底，鰭形夔足。標本1，亞得父庚鼎（集成1880），口下內壁銘“亞得父庚”。通高27.3釐米，口徑21.4釐米。此鼎形近於鼎YM333：R2053，但器腹較淺，其時代當屬三期。因為此式鼎在中商及殷墟一期就出現，所以還定其為Ⅰ式。

Ⅱ式：3件。直耳，淺腹圜底，透雕夔足或圓雕鳥形足。標本1，聝鼎（集成1211），出自河南安陽市小屯村殷墟婦好墓（M5：1173）。立耳方脣，淺腹圜底，三條夔形足，尾尖外翹。腹上部飾獸面紋三組。通高31.6釐米，口徑24.9釐米。標本2，婦好鼎（集成1334），出自婦好墓（M5：776）。淺腹圜底，平沿方脣，立耳微外侈，鳥形三足。通高13.5釐米，口徑11.9釐米。時代為二期。

聝鼎

婦好鼎

Ⅲ式：20件。耳外撇，淺腹，夔足細化，紋飾簡化。標本1，疋未鼎（近出218），1984年出自河南安陽市戚家莊東269號商代墓葬（M269：38）。窄沿方脣，淺腹圜底，口沿上一對立耳，腹部有六條扉棱，三條夔龍形扁足。口下飾夔紋組成的獸面紋。通高16釐米，口徑13.7釐米。標本2，冊融鼎（近出221），1986年出自山東青州市蘇埠屯商代墓（M8：17）。窄沿方脣，口沿上有一對立耳，束頸淺腹，圜底，三條夔龍狀扁足。腹飾雲雷紋組成的獸面紋。通高17.6釐米，口徑16.4釐米。流行於三、四期。另外，《集成》定為殷或西周早期的叹父丁鼎（集成1852），從其扁足形制看當屬西周早期。

疋未鼎

冊融鼎

叹父丁鼎

Ⅳ式：8件。耳外撇、淺腹，鳥形或夔形扁足。標本1，戎父乙鼎（近二196），1978年出自河南安陽市殷墟西區第八區商代墓葬（GM1573：1）。淺腹圜底，窄沿方脣，雙立耳，三足作扁夔形。口下飾雲雷紋填地的蟬紋和目紋。通高19.5釐米，口徑15.8釐米。標本2，亞戈父己鼎（集成1869），窄沿方脣，口沿有一對立耳，淺腹圜底，腹部有三道扉棱，三條鳥形扁足。腹飾蟬紋帶，上下飾以三角目雷紋帶。通高19.5釐米，口徑15.9釐米。流行於四期。另外，《集成》定為商代的葊父乙鼎（集成1526）也屬此式，但鳥足的形制與造型表明當屬西周早期。

戎父乙鼎

亞戈父己鼎

蕖父乙鼎

B型：35件。束頸鼎。分二亞型。

Ba型：34件。頸腹分界明顯。分三式。

Ⅰ式：9件。直口或微侈口，微束頸，足上粗下細，微外撇。標本1，婦好鼎（集成1333），出自河南安陽市小屯村殷墟婦好墓（M5：835）。雙立耳，下腹外鼓，圜底，三條柱足，口沿下飾圓渦紋，並間以龜形紋，腹飾三角蟬紋。通高10.1釐米，口徑8.1釐米。標本2，光鼎（集成1025），雙立耳，下腹外鼓，圜底，三條柱足，口沿下飾夔紋，腹飾三角蟬紋。時代為二期。

婦好鼎

光鼎

Ⅱ式：6件。侈口，束頸，圓鼓腹，柱足。標本1，睪鼎（集成1107），自頸至腹有六道扉棱。頸飾回首卷尾回首鳥紋，腹飾外卷角大獸面。通高22.7釐米，口徑17.8釐米。標本2，車恋鼎（集成1455），口沿下飾獸面紋，腹飾三角蟬紋。通高約29.6釐米。流行於三、四期。

Ⅲ式：18件。侈口，束頸明顯，腹圓鼓下垂，柱足。標本1，祖辛父辛鼎（GM874：9），1982年出自河南安陽市殷墟西區商代墓葬。口下飾雲雷紋填地的夔紋，腹飾三角蟬紋。通高23.7釐米，口徑19釐米。標本2，邑鼎（近出170），1985年出自山西靈石縣旌介村商代墓葬（M1：36）。頸飾蛇紋，腹飾三角蟬紋，均以雲雷紋填地，柱足飾三角雲紋。通高21.9釐米，口徑18釐米。流行於四期。

Bb型：1件。頸腹分界不明顯。溫鼎（集成1230），出自河南安陽市侯家莊西北崗1435號商墓。侈口束頸，口沿上一對立耳，下腹向外傾垂，腹很深，三條圓柱形空足。頸部飾一周夔龍紋，腹部飾三角紋，足上部飾雲雷紋和三角紋。通高67.6釐米，口徑38.3釐米。時代為二期。

摯鼎

車□鼎

祖辛父辛鼎

邑鼎

温鼎

C型：113件。分襠鼎。分三式。

I式：16件。直耳，口微斂，柱足較矮。標本1，舟鼎（集成1148），1950年出自河南安陽市武官村商代1號大墓陪葬墓（WKGM8）。窄沿平折，口沿上有一對小耳。口下飾雲雷紋組成的獸面紋。通高21.8釐米，口徑17.8釐米。標本2，受鼎（近出179），1995年出自河南安陽市郭家莊商代墓（M26：29）。窄沿方唇，口微斂，口沿上一對立耳，下腹微鼓，分襠柱足。頸部飾蟬紋，腹飾獸面紋和夔紋，均以雲雷紋填地。通高22.2釐米，口徑17釐米。流行於二期。

舟鼎

受鼎

Ⅱ式：34件。立耳稍外撇，腹較淺，柱足較高。標本1，亞䢴止鼎（近出246），1990年出自河南安陽市郭家莊商代墓葬（M160：135）。直口窄折沿。腹飾雲雷紋填地的內卷角獸面紋，兩側加飾口朝下的倒夔紋。通高21釐米，口徑17.1釐米。標本2，己竝鼎（近出209），1983年12月出自山東壽光縣古城公社古城村商代墓葬。窄沿方唇，腹微鼓。頸飾一周雲雷紋，腹飾外卷角獸面紋，均以雲雷紋填地。通高19.2釐米，口徑14.8釐米。流行於三期，可延至四期。

亞䢴止鼎

己竝鼎

Ⅲ式：63件。立耳外撇，腹較淺，高柱足。標本1，亞魚鼎（近出339），1984年6月出自河南安陽市殷墟西區孝民屯南商代墓葬（M1713：27）。窄沿方唇，口微斂。口下飾雲雷紋，腹飾外卷角獸面紋，兩旁填以倒立的夔紋，雲雷紋填地。通高19釐米，口徑17釐米。標本2，亞鼎（集成1147），直口窄沿，襠部微分，三柱足細而高。體飾外卷角獸面紋，其上加飾一道雲雷紋。通高18.5釐米，口徑17.2釐米。流行於四期，可延至周初。《集成》定商代的1886、2432當是西周早期器。

亞魚鼎

亞鼎

乙類：98件。方鼎。

A型：94件。直腹。分二亞型。

Aa型：92件。柱足。分三式。

Ⅰ式：7件。平底，柱足粗矮，器身長大於寬。標本1，娟辛鼎（集成1708），出自河南安陽市小屯村殷墟婦好墓（M5：809）。口下飾兩條夔龍組成的獸面紋，腹部四面左右側和下側飾排列規整的乳釘紋。足上部飾獸面紋。通高80.5釐米，口長64釐米，口寬47.6釐米。標本2，婦好鼎（集成1338），出自婦好墓（M5：834）。口下飾雲紋一道，腹四面飾對稱的鳥紋，以雲雷紋填地，足上飾雲紋一周，接飾三角紋。通高12.2釐米，口橫9.2釐米，口縱7.6釐米。流行於二、三期。

姛辛鼎　　　　　　　　　　　　　婦好鼎

Ⅱ式：29件。底略下凸，柱足較細。標本1，子蝨鼎（近二177），1979年出自河南安陽市孝民屯南商代墓葬（M2508：1）。口下飾夔紋帶，腹飾外卷角獸面紋，柱足上部飾浮雕獸面紋，均以雲雷紋填地。通高25.3釐米，口橫19.8釐米，口縱16.7釐米。標本2，爰鼎（近出182），1984年出自河南安陽市戚家莊東269號商代墓葬（M269：41）。口下飾鳥紋，腹壁內飾有夔龍組成的卷角獸面紋，耳外側飾龍紋，均以雲雷紋填地，足三角雲紋。通高22.5釐米，口橫17釐米，口縱13.1釐米。流行於三期。

子蝨鼎　　　　　　　　　　　　　爰鼎

Ⅲ式：56件。柱足細高，器身長寬比變小。標本1，庚豕父丁方鼎（集成1855），1982年出自河南安陽市小屯西地墓葬（M1：44）。四面中部和四角均飾獸面紋，由粗綫雲紋構成，腹左右側及下側飾乳釘紋，足上端飾獸面紋和三角紋。通高22.6釐米，口橫18釐米，口縱15.3釐米。標本2，亞孔鼎（近二172），河南安陽市殷墟劉家莊北1046號墓。腹部各面邊緣飾雲雷紋組成的帶狀饕餮紋，中間為素面，足上部各飾一簡化獸面紋，其下有兩周凸弦紋。通耳高21.8釐米，口長17.2釐米，寬14.4釐米。流行於四期，可延至周初。另外，《集成》定為商代的1818、1235、1849號方鼎，器表裝飾為典型西周早期紋樣，當是西周早期時器。

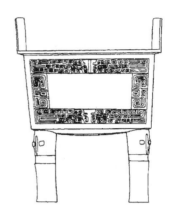

庚豕父丁鼎   亞爿鼎

1818   1235   1849

Ab型：2件。扁足。分二式。

Ⅰ式：1件。扁足較寬。標本1，婦好鼎（集成1337），出自河南安陽市小屯村殷墟婦好墓（M5：813）。四面飾外卷角獸面紋，獸面兩側加飾倒立的夔龍，足的兩面飾夔紋，均以雲雷紋填地。通高42.2釐米，口橫33.3釐米，口縱25.1釐米。流行於二期。

婦好鼎   冊融鼎   亞䤅父丁鼎

Ⅱ式：1件。扁足較細。標本1，冊融鼎（近出222），1986年出自山東青州市蘇埠屯商代墓（M8：15）。腹飾雲雷紋組成的獸面紋。通高18.7釐米。流行於四期。還有1件四扁足鼎亞醜父丁鼎（集成1840），鳥足的形式也是西周早期的形制，器銘"亞醜父丁"有學者疑為後刻[①]。

B型：4件。束頸、鼓腹，俎形蓋。標本1，鼎（集成1164），四角有扉棱。頸飾斜目紋，腹飾獸面紋，足飾三角紋。通高33釐米，口橫24.6釐米，口縱18.3釐米。標本2，亞址鼎（近出214），1990年出自河南安陽市郭家莊商代墓葬（M160：32）。蓋沿和器口下均飾連珠紋鑲邊的獸面紋帶。通高33釐米，口橫21.6釐米，口縱16.8釐米。流行於三期。

鼎　　　　　　　　　　　　　　亞址鼎

二　簋

商代有銘文的青銅簋共302件，其中筆者收集到有圖像的203件。分A、B二型。

A型：91件。無耳簋。分二亞型。

Aa型：46件。侈口，束頸，鼓腹。分三式。

Ⅰ式：14件。口徑略小於腹徑，圈足較矮，腹較深。標本1，北單戠簋（集成3239），1950年出自河南安陽市武官村殷墟1號商代大墓陪葬墓（E9）。頸飾浮雕獸頭和雲雷紋填地的鼉紋。通高14.3釐米，口徑20.7釐米。標本2，正侯簋（集成3127），1976年出自河南安陽小屯村殷墟商代墓葬（M18：5）。頸部飾浮雕獸首和雲雷紋填地的小鳥紋。通高13釐米，口徑19.7釐米。時代為二期。

北單戠簋　　　　　　　　　　　　正侯簋

Ⅱ式：16件。口徑與腹徑基本相等，高圈足。標本1，子南簋（集成3072），1950年出土於河南安陽市郊區。頸飾浮雕獸頭和雲雷紋填地的夔紋，腹飾外卷角獸面紋，圈足亦飾夔紋，均以雲雷紋填地。通

---

① 容庚、張維持：《殷周青銅器通論》，文物出版社，1984年，第31頁。

高15.2釐米，口徑19.4釐米。標本2，亞盥簋（集成3100），1963年出自河南安陽市苗圃北地殷墟商代墓葬（M172：1）。頸飾浮雕獸首和獸面紋，圈足亦飾獸面紋，均以雲雷紋填地。通高13釐米，口徑16釐米。流行於二、三期，以三期常見。

子南簋　　　　　　　　　　　　亞盥簋

Ⅲ式：16件。口徑略大於腹徑，淺腹，束頸明顯，下腹外鼓。標本1，戊乙簋（集成3061），1975年出自河南安陽市殷墟西區孝民屯南商代墓葬（M764：4）。頸部有一對浮雕獸首，並飾三道弦紋。通高14釐米，口徑18.9釐米。標本2，觳簋（集成2971），頸部和圈足均飾雲雷紋組成的獸面紋帶。流行於二、三期。

戊乙簋　　　　　　　　　　　　觳簋

Ab型：45件。敞口，斜收腹或直腹。分五式。

Ⅰ式：1件。深腹，矮圈足。腹部最大徑在口沿下。標本1，蠱簋（集成2944），口沿下飾三道凸弦紋。時代為一期。

Ⅱ式：10件。腹較深，腹部最大徑在口沿下。標本1，㗊簋（集成2947），口沿下飾三道凸弦紋。通高16.4釐米，口徑24釐米。標本2，辰寢出簋（集成3238），出自河南安陽市殷墟大司空村商代墓葬（M539：30）。口下飾浮雕獸頭和夔紋，以雲雷紋填地，圈足飾獸面紋。通高14釐米，口徑21.2釐米。此式流行時間較長，二期常見，但三、四期均見。

蠱簋　　　　　　　　㗊簋　　　　　　　　辰寢出簋

Ⅲ式：19件。腹稍外鼓。標本1，重簋（集成2927），頸飾浮雕獸首和渦紋，腹飾方格乳釘紋，圈足飾獸面紋，均以雲雷紋為地。通高16.8釐米。標本2，門祖丁簋（集成3136），腹有乳釘紋，口下飾夔紋，足飾饕餮紋。高20.3釐米。流行於二、三期。四期偶見。

重簋

門祖丁簋

Ⅳ式：8件。斜直腹。標本1，伊簋（近出369），下腹內折。口下飾夔紋，腹飾斜方格乳釘紋，圈足飾三列雲雷紋組成的獸面紋。通高17.5釐米。標本2，𡧛簋（近出366），口下和圈足飾夔紋，腹飾獸面紋，均以雲雷紋填地。通高17.5釐米。流行於三期，四期仍存在。

伊簋

𡧛簋

Ⅴ式：7件。上腹壁較直，下腹急收。標本1，亞𡩋止簋（近出407），1990年出自河南安陽市郭家莊商代墓葬（M160：33）。頸和圈足均飾目雷紋帶。通高12釐米，口徑16.8釐米。標本2，𡧛簋（集成2929），1975年出自河南安陽市殷墟西區孝民屯南商代墓葬（M355：6）。素面。通高11.2釐米，口徑17釐米。流行於三期。

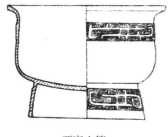

亞𡩋止簋

𡧛簋

B型：112件。有耳簋。分三亞型。

Ba型：105件。侈口，圓體。分四式。

Ⅰ式：6件。耳上無珥，矮圈足。標本1，戈父丁簋（集成3172），口沿下飾菱形雷紋，前後飾浮雕獸頭，腹部飾斜方格乳釘紋，圈足飾回首卷尾鳥紋。通高15釐米，口徑22.5釐米。標本2，𡧛父己簋（集成3195），口沿下前後飾浮雕獸頭，腹部飾斜方格乳釘紋，圈足飾回首卷尾鳥紋。流行於二期。

戈父丁簋

父己簋

Ⅱ式：29件。耳上無珥，耳上獸首多上翹。圈足較高。標本1，爰簋（近出368），1984年出自河南安陽市戚家莊東269號商代墓葬（M269：40）。頸部飾夔紋四組，均以雲雷紋填地。通高15.4釐米，口徑19.8釐米。標本2，寢魚簋（近出454），1984年出自河南安陽市殷墟西區孝民屯南商代墓葬（M1713：33）。雙耳飾鹿頭，口下飾浮雕獸頭和夔龍紋，圈足飾獸面紋。通高13.3釐米，口徑19.5釐米。流行於三、四期。

爰簋

寢魚簋

Ⅲ式：34件。耳下垂有鉤形小珥。耳上獸首多下伏。標本1，戎母己簋（集成3222），1978年出自河南安陽市殷墟西區商代墓葬（M1573：2）。口下飾浮雕獸頭和夔紋，圈足飾獸面紋，均以雲雷紋填地。通高14.3釐米，口徑15.5釐米。標本2，耴罷婦𡥋簋（集成3345），1952年出自河南輝縣褚邱。頸飾浮雕獸首和目雷紋，圈足飾兩道弦紋。通高12.1釐米，口徑17.8釐米。流行於四期。

Ⅳ式：36件。長方形垂珥。耳上獸首多下伏。標本1，亞㐱簋（近二348），出自河南安陽市殷墟劉家莊北1046號墓。腹飾斜方格雷紋乳釘紋。通高14.7釐米，口徑20.9釐米。標本2，緯作父乙簋（集成4144），頸飾短夔紋間浮雕圓渦紋，圈足飾四瓣花紋間浮雕圓渦紋，腹飾直棱紋。通高16釐米，口徑21.5釐米。此為帝辛時器。流行於四期最晚階段，可延至西周早期。

戎母己簋

耴罷婦𡥋簋

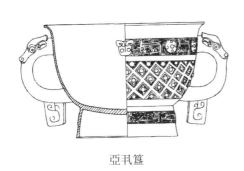

亞丮簋

緯作父乙簋

Bb型：6件。斂口球形。標本1，大丏簋（集成3457），1958年出自河南安陽市殷墟西區大司空村（GT231：18）。蓋與體合成扁球形，斂口鼓腹，蓋頂有圈狀捉手。口下飾浮雕獸首和夔紋，腹飾外卷角獸面紋，圈足飾夔紋。通高23釐米，口徑16.5釐米。標本2，亞醜父丁簋（集成3310），蓋、肩及器口下均飾渦紋，間飾四瓣花紋，足飾弦紋二道，器外底有一凸起四瓣花紋。通高23.3釐米，寬30釐米。流行於四期或西周早期。

大丏簋

亞醜父丁簋

Bc型：1件。方形。標本1，亞醜簋（集成3098），體呈方形，侈口束頸，收腹，圈足外侈，獸首雙耳，下有勾狀垂珥，四角和四壁中綫有扉棱，器頸和圈足飾夔紋，腹飾獸面紋，均以雲雷紋填地。通高20.5釐米，口橫18.1釐米，口縱11.9釐米。時代為四期或西周早期。

亞醜簋

三　甗（附甑）

商代有銘文的青銅甗有55件，見有圖像者39件。根據甑與鬲部的結合方式，分A、B二型。

A型：33件。連體甗。分五式。

Ⅰ式：1件。折沿，空錐足。標本1，①甗（集成786），1972年出於山西長子縣北關北高廟。敞口深腹，口沿上折，兩直立小耳，三空錐足，一足殘。通體素面。通高39釐米，口徑25釐米，腹深19釐米。時代為中商。

Ⅱ式：1件。直口，直耳，直腹壁。鬲部短小。標本1，宁亯甗（集成792），1981年出於内蒙古昭烏達盟翁牛特旗牌子鄉敖包山前。口沿加厚，上有一對方形立耳，腹壁近直，鬲部較小，束腰分襠，袋形足下部有較矮的圓柱形實足。上腹飾三道弦紋。通高66釐米，口徑41釐米。此甗形體與安陽YM188：R2063近同，時代為一期。

Ⅲ式：5件。直口或侈口，直耳或微外侈，上腹壁較直。鬲部增高，有的飾獸面。標本1，正甗（集成776），1976年出於河南安陽市小屯村商代墓葬（M18：32）。分襠柱足，腰內壁有三個長條形承箅的齒。口沿有一周加厚的寬帶，其下飾三道弦紋，鬲腹飾簡化獸面紋。通高50釐米，口徑28釐米。時代為二期。

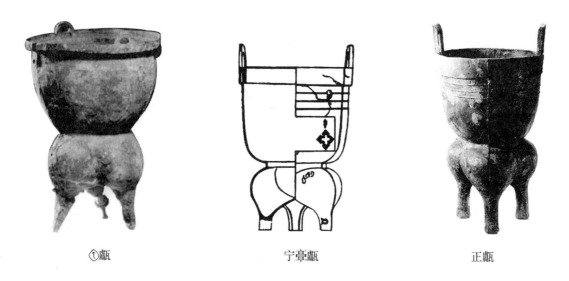

①甗　　　　　　　　　寧辜甗　　　　　　　　　正甗

Ⅳ式：27件。侈口，雙絢索耳外侈，上腹斜收。鬲部肥大，多飾牛角獸面。標本1，商婦甗（集成867），口下飾三列雲雷紋組成的羽脊獸面紋帶，鬲腹飾牛角獸面紋。通高36.8釐米，口徑22.7釐米。此式見於三、四期。

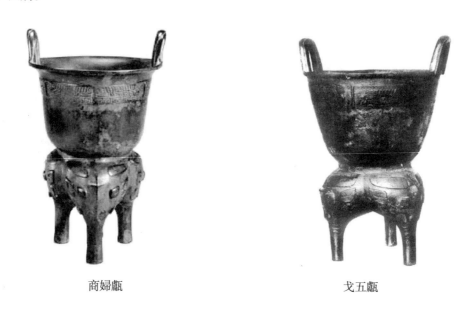

商婦甗　　　　　　　　　　　　戈五甗

Ⅴ式：2件。敞口，耳外侈，鬲腹較淺。標本1，戈五甗（集成797），通高14.6寸，腹深9.1寸，口徑9.2寸。口下飾連珠紋鑲邊的羽脊獸面紋，鬲腹飾牛角獸面紋。時代為四期。

B型：3件。分體甗。分二亞型。

Ba型：2件。單甗。標本1，婦好甗（集成794），出於河南安陽市小屯村殷墟婦好墓（M5：797、768）。口沿下飾鳥首夔紋帶，下加垂葉紋。鬲部似鼎，腹下略鼓，分襠三柱足，腹飾雙綫人字紋。通高35.3釐米，口徑24釐米。時代為二期。

Bb型：1件。多甗。標本1，婦好三聯甗（集成793），出於河南安陽市小屯村殷墟婦好墓（M5：790、768、769、770）。由一長方形承甑器和三個甑組成。通高68釐米，長103.7釐米，寬27釐米，甑高26.2釐米，甑口徑33釐米。時代為二期。

婦好甗

婦好三聯甗

甑。1件。

標本1，好甑（集成763），出自河南安陽市小屯村殷墟婦好墓（M5：764）。敞口方唇，沿面有凹槽一周，可置蓋，腹部兩側有附耳，下腹內收，底的中部有一圓柱形中空的透底柱，周壁有瓜子形鏤孔4個。口下飾鳥紋，腹飾大三角紋。通高15.6釐米，口徑31釐米。時代為二期。

好甑

四　鬲

商代有銘文的青銅鬲共31件，其中見有圖像者15件。根據頸部與足部的異同，分A、B二型。

A型：14件。分二亞型。

Aa型：7件。無明顯的頸部。分二式。

Ⅰ式：1件。錐足跟。標本1，耳鬲（集成447），束頸侈口，雙立耳，高襠袋足，下承中空尖錐足。頸飾三道弦紋，腹飾雙綫人字紋。通高22釐米，口徑15.4釐米。時代為中商。

Ⅱ式：6件。柱足跟。標本1，🐦丙父丁鬲（集成499），出土於河南安陽市殷墟西區孝民屯南商代墓葬（M1102：1）。侈口束頸，分襠款足，口沿上有一對立耳。頸飾三列雲雷紋組成的羽脊獸面紋一周。通高15.3釐米，口徑12.3釐米。時代為四期，這種形制的鬲在西周早期也常見。

Ab型：7件。頸部明顯。分二式。

Ⅰ式：3件。袋足肥大，足跟較矮。標本1，亞牧鬲（集成456），1962年出土於河北豐寧縣。侈口束頸，口沿上一對立耳，分襠，三個乳狀袋足下有上粗下細的圓柱形實足。頸部飾兩道弦紋。通高17.7釐米，口徑12.3釐米。時代為四期或周初。

Ⅱ式：4件。袋足較瘦，足跟較長。標本1，眉子鬲（集成487），1964年出土於山東滕縣種寨村。侈口束頸，口沿上一對立耳，分襠，三足下段呈圓柱狀。頸飾雲雷紋組成的羽脊獸面紋。通高18.8釐米。流行於四期。另外，原定為商代晚期的弔父丁鬲（近出232），通高14.5釐米。呈鬲形，寬折沿，束頸鼓腹，口沿上有一對立耳，弧襠，三足下端呈圓柱狀，與足對應的腹部有扉棱。腹飾獸面紋。當是西周時器。

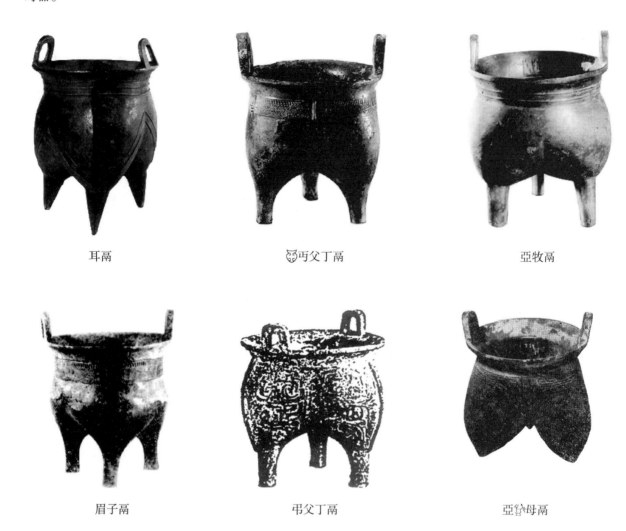

耳鬲　　　　　　　丙父丁鬲　　　　　　亞牧鬲

眉子鬲　　　　　　弔父丁鬲　　　　　　亞母鬲

　　B型：1件。亞母鬲（集成485），1972年出土於甘肅涇川縣涇明公社蒜李大隊莊的早周墓葬。敞口，束頸，下接三大袋足，頸飾獸面紋。通高15釐米，口徑2.5釐米。時代為殷墟三、四期。

五　豆

　　商代有銘文的青銅豆共5件，有圖像者3件。標本1，叔豆（集成4652），窄折沿，侈口，圜底，筒形圈足甚高。盤腹飾兩道弦紋，間飾圓渦紋。通高10釐米，口徑10.7釐米。標本2，豆（集成4651），圓體，淺盤，直壁，直口，高圈足。口下有凹槽一圈，腹飾渦紋，足飾弦紋二圈。通高10.5釐米，寬12.1釐米。此豆與87郭家莊東南M1：21豆形體近同①。時代為四期。

---

　　①　中國社會科學院考古研究所安陽工作隊：《1987年夏安陽郭家莊東南殷墓的發掘》，《考古》1988年第10期，第876頁，圖三：1。

黃叔豆

𣄰豆

六　匕

商代有銘文的青銅匕共3件。

第二節　商代有銘青銅酒器的斷代與分期

包括爵、角、斝、尊、觥、方彝、卣、罍、瓿、壺、觚、觶、勺。

一　爵

商代有銘文青銅爵共1376件，其中見有圖像者612件。分A、B二型。

A型：580件。圜底爵，有柱。分二亞型。

Aa型：401件。腹壁近直。分三式。

Ⅰ式：112件。窄平長流，尾平短，矮柱位於流折處，腹較淺。標本1，母爵（集成7411），1976年出自河南安陽市小屯村殷墟婦好墓（M5：1579）。通高37.3釐米。標本2，寢出爵（集成8295），1980年出自河南安陽市殷墟大司空村商代墓葬（M539：33）。通高19.8釐米，流至尾長17.5釐米。流行於二、三期。

母爵

寢出爵

Ⅱ式：142件。長流，長尾略上翹，柱於流折處稍後移，腹較深。標本1，𠂤日辛爵（集成8800），1969年出自河南安陽市殷墟西區孝民屯南商代墓葬（M907：2）。通高22.8釐米，流至尾長20.2釐米。標本2，亞盥爵（集成7800），1963年出自河南安陽市苗圃北地商代墓葬（M172：5）。通高18.2釐米，流至尾長14.3釐米。流行於三、四期。

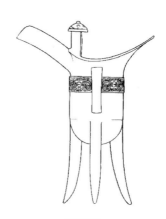

ㄓ日辛爵　　　　　　　　　　　　　亞盥爵

Ⅲ式：147件。寬長流，長尾上翹，長柱於流折處後移，腹較深。標本1，祖辛爵（集成7862），1977年出自河南安陽市殷墟西區孝民屯南商代墓葬（M793：10）。通高20.5釐米，流至尾長18釐米。標本2，亞宦玌爵（近二761），出自河南安陽市殷墟劉家莊北1046號墓。流行於四期。

祖辛爵　　　　　　　　　　　　　亞宦玌爵

Ab型：179件。卵圓形腹。分二式。

Ⅰ式：88件。窄平長流，尾較平短，矮柱位於流折處。標本1，戈北單爵（集成8806），1950年出自河南安陽市武官村商代1號大墓陪葬墓（E9）。通高17.7釐米，流至尾長18.6釐米，腹深9.3釐米。標本2，巤爵（近出867），1995年出自河南安陽市郭家莊商代墓葬（M26：19）。通高21.2釐米。流行於二、三期。

Ⅱ式：91件。長流，長尾上翹，長柱於流折處後移，腹深。標本1，戎父辛爵（集成8601），1970年出自河南安陽市殷墟西區孝民屯南商代墓葬（M1125：2）。通高20.6釐米，流至尾長17.8釐米。標本2，亼爵（集成7658），1976年出自河南安陽市殷墟西區孝民屯南商代墓葬（M697：8）。通高21.8釐米，流至尾長17釐米。流行於三、四期。

B型：32件。平底，有柱。分二亞型。

Ba型：27件。圓腹。分三式。

Ⅰ式：1件。窄長流，短尖尾，小柱。標本1，⌒爵（集成7755），通高15.6釐米，流至尾長14.5釐米。時代為中商。

Ⅱ式：22件。窄平長流，尾較平短，矮柱位於流折處，下腹凸出。標本1，婦好爵（集成8128），出自河南安陽市小屯村殷墟婦好墓（M5：664）。通高26.3釐米。流行於二期。

戈北單爵

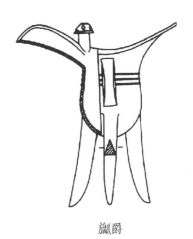

斸爵

戎父辛爵

囗爵

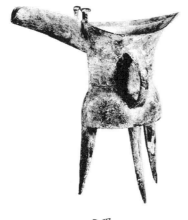

⌒爵

婦好爵

Ⅲ式：4件。寬長流，長尾，腹壁直。標本1，何疾父癸爵（集成8958），通高19.9釐米，流至尾長16.6釐米。流行於二、三期。

Bb型：5件。方腹。標本1，疏方爵（近出787），1991年出自河南安陽市後崗商代墓（M9：10）。通高17釐米，流至尾長16.4釐米。流行於四期。

何疾父癸爵   疏方爵

二　角

商代有銘文的青銅角共55件，其中筆者見到器形圖像的有44件。分A、B、C三型。

A型：1件。平底。標本1，亞襄角（集成7793），口的兩翼作凹弧形。深腹，下有三條三棱錐足，足尖外侈。底近平。雙翼下各飾大三角紋、浮雕獸首，腹飾兩組獸面紋。通高24.2釐米。時代為三期。

亞襄角   亞址角   宰㭒角

B型：43件。圜底。分二式。

Ⅰ式：37件。卵形腹，頸腹分界明顯。標本1，亞址角（近出838），1990年出自河南安陽市郭家莊商代墓葬（M160：143）。口之兩翼作凹弧形。深腹，下有三條三棱錐足，足尖外侈，腹一側有獸首扁環鋬。雙翼下各飾大三角紋，大三角內填以倒夔紋，腹飾兩組獸面紋。通高21.6釐米，兩翼相距16.8釐米。流行於三、四期。

Ⅱ式：6件。筒形腹，頸腹分界不明顯。標本1，宰㭒角（集成9105），口沿兩翼上翹，內側有一個獸首鋬，三條三棱錐足。口下和兩翼下飾三角雲雷紋，腹飾雲雷紋組成的獸面紋，足面飾三角雷紋。通高22.3釐米，兩翼相距15.8釐米。流行於四期，此式可延至西周早期。

C型：5件。有流，有尾，有蓋。分二亞型。

Ca型：3件。圜底。標本1，耳䍩婦㜅角（集成8984），1952年出土於河南輝縣褚邱。通高23釐米，流至尾長19.3釐米，腹深10.5釐米。時代為四期。

Cb型：2件。平底。標本1，亞醜父丙角（集成8882），口上有龍首形蓋，橋形鈕。腹上有三道扉棱。蓋飾夒紋，腹飾獸面紋，以雲雷紋填地。通高23釐米。時代為四期。

耳䍩婦㜅角　　　　　　　　　　　　亞醜父丙角

三　斝

商代有銘文的青銅斝共141件，其中見有圖像者91件。分A、B、C三型。

A型：54件。圓斝。分二亞型。

Aa型：32件。長頸，頸腹分界明顯。分三式。

Ⅰ式：1件。不對稱菌形柱較矮，口徑與腹徑基本等寬，錐足較矮。標本1，耳斝（近二804），侈口長頸，二柱立於口一側。腹很深，直壁略向外鼓，平底下有三外撇的錐足，扁條獸首鋬[①]。通高17釐米，口徑17釐米。時代為中商。

Ⅱ式：9件。對稱菌形柱較高，鋬較粗寬，口徑大於腹徑。標本1，𠁥斝（集成9118），侈口，口沿上有一對菌頂方柱，粗頸，腹微鼓，底部微圜。頸飾外卷角獸面紋，腹飾內卷角獸面紋。通高34釐米，口徑20.8釐米。流行於二、三期。

Ⅲ式：22件。對稱傘形柱較高，頸部多飾三角紋，錐足較高。標本1，亞𦩽斝（集成9163），出土於河南安陽市小屯村殷墟婦好墓（M5：1197）。腹上下段各飾饕餮紋三組，在饕餮的兩側都有一條較小的倒夒，足飾對夒蕉葉紋，柱頂飾圓渦紋。通高61.2釐米，口徑29.3釐米，足高25.5釐米。流行於二、三期。

Ab型：22件。短頸，頸腹分界較不明顯。分二式。

Ⅰ式：16件。口徑與腹徑基本等同，頸部多飾三角紋，長錐足。標本1，亞𡤸斝（集成9143），1980年出土於河南安陽市大司空村商代墓葬（M539：35）。有蓋，敞口，兩立柱。鼓腹，圜底。三棱足微外撇。蓋上有獸形鈕。傘形柱帽。腹飾以雷紋為地紋的饕餮紋三個，足飾蕉葉紋。通高29.3釐米，口徑16

---

①　此器之菌形柱與鋬或認為是後加的。見《保利藏金》第12頁孫華、王藝所撰互（耳）斝說明，嶺南美術出版社，1999年。

釐米。時代為二期。

II式：6件。口徑略小於腹徑，紋飾簡化，錐足較短。標本1，亞矣斝（集成9156），侈口束頸，鼓腹圜底，口沿上有一對傘狀柱，腹一側有獸首鋬，三棱錐足。腹飾雲雷紋組成的獸面紋。流行於三期。

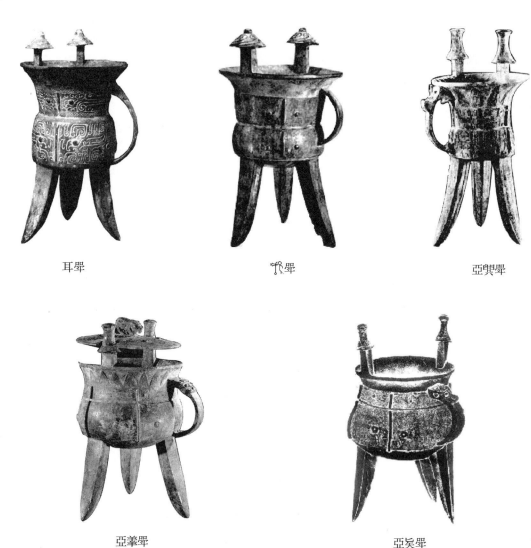

耳斝　　　　　　　　　　斝　　　　　　　　　　亞㒸斝

亞䍙斝　　　　　　　　　　　亞矣斝

B型：11件。方斝。分二亞型。

Ba型：6件。器體細高，腹截面近方形。分二式。

I式：4件。長頸，口沿外折較小。標本1，婦好斝（集成9178），1976年出土於河南安陽市小屯村殷墟婦好墓（M5：752）。口外侈，口沿短邊上有一對方塔形立柱，深腹平底，四足作四棱錐形，腹四面飾獸面紋。通高67釐米，口橫25釐米，口縱23.4釐米。流行於二期。

II式：2件。短頸，口沿向外平折。標本1，亞址斝（近出919），1990年出土於河南安陽市郭家莊商代墓葬（M160：111）。方喇叭口，長頸深腹，口沿上有一對方塔形立柱，口上扉棱伸出器口，腹飾外卷角獸面紋，通體以雲雷紋填地。通高43.5釐米，口橫20.5釐米，口縱19.1釐米。流行於三期。

Bb型：5件。器體粗矮，截面呈圓角長方形。標本1，䍙斝（集成9106），長方體，侈口束頸，鼓腹圜底，頸飾獸面紋帶，腹飾外卷角獸面紋，均以雲雷紋填地。通高22釐米，口橫14.5釐米，口縱10.6釐米。流行於二期。

C型：26件。分襠鬲。分二式。

Ⅰ式：17件。袋足較肥，襠較矮，口沿立柱較矮或無柱。標本1，亞奚址鬲（近出924），1990年出土於河南安陽市郭家莊商代墓葬（M160：174）。侈口鼓腹長頸，分襠三柱足。通高27.5釐米，口徑20.1釐米。標本2，亞宄孔鬲（近二812），出土於河南安陽市殷墟劉家莊北1046號墓（M1046：20）。侈口，口上有兩立柱，菌狀鈕，束頸，鼓腹，分襠。通高24.3釐米，襠高9.4釐米，口徑16.2釐米。此式偶見於三期，以四期為常見。另外，《集成》定為商代的亞昃吳母癸鬲（集成9245）也屬此式，但從銘文的內容與字體風格看，此器定為西周早期當更合適。這也說明這一型的鬲也延續至西周早期。

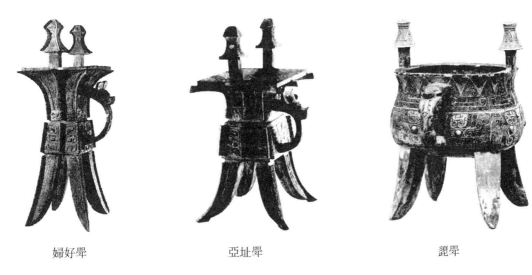

婦好鬲　　　　　　　亞址鬲　　　　　　　䰙鬲

Ⅱ式：9件。袋足較瘦，襠較高，高柱。標本1，小臣邑鬲（集成9249），侈口長頸，口沿上有一對傘狀柱，分襠，獸首鋬，足下端呈圓柱狀。通高20.3釐米，口徑16釐米。流行於四期。

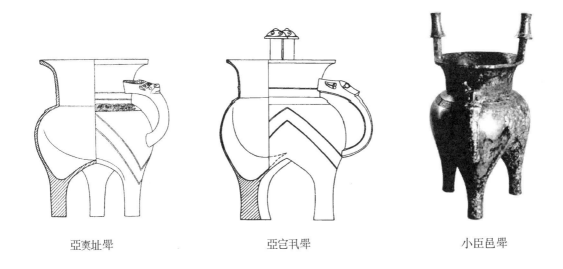

亞奚址鬲　　　　　　亞宄孔鬲　　　　　　小臣邑鬲

四　尊

商代有銘文的青銅尊有239件，其中筆者收集到有圖像的161件。尊的形體間變化大，只是根據學界的慣例將以下形態的銅器定名為尊。可分為A、B、C、D四型。

A型：42件。有肩尊。分二亞型。

Aa型：11件。方尊。分三式。

Ⅰ式：1件。短頸，頸部曲率小，圈足較矮。標本1，婦好尊（集成5535），出自河南安陽市小屯村殷墟婦好墓（M5：792）。口略呈方形外侈，窄折肩，斂腹平底。通高43釐米，口橫35.5釐米，口縱33釐米。流行於二期。

Ⅱ式：3件。長頸，頸部曲率小，圈足較高。標本1，司媜癸尊（集成5681），出自河南安陽市小屯村殷墟婦好墓（M5：806）。口略呈方形外侈，窄折肩，斂腹平底。腹及圈足飾獸面紋。通高55.6釐米，口橫37.5釐米，口縱37釐米。流行於二期。

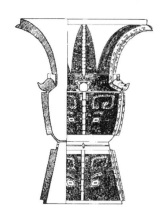

婦好尊　　　　　　　　　　　　　　司媜癸尊

Ⅲ式：7件。長頸，頸部曲率增大，圈足外撇。扉棱伸出口沿外。標本1，亞址尊（近出610），1990年出自河南安陽市郭家莊商代墓葬（M160：152）。斂腹斜折肩。腹和圈足均飾雲雷紋組成的夔紋和獸面紋。通高43.9釐米，口橫33釐米，口縱32.8釐米。標本2，亞乳尊（近二553），出自河南安陽市殷墟劉家莊北1046號墓。方口外侈，束頸，斜肩，底近平。下腹和足部四面各飾一分解式大饕餮紋，獸面兩側以變形倒夔紋補空。均以雲雷紋襯地。流行於三、四期。

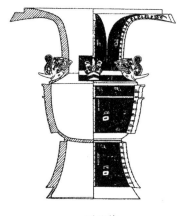

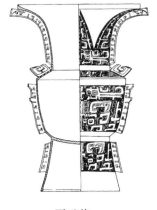

亞址尊　　　　　　　　　　　　　　亞乳尊

Ab型：31件。圓尊。分二式。

Ⅰ式：17件。頸較短，腹部肥大，圈足較矮。此式與前者基本並存。標本1，宀尊（集成5501），喇叭口，束頸折肩，斂腹，肩、腹和圈足各有三道扉棱。頸飾兩道弦紋，肩上飾夔紋，並有三個高浮雕犧首，腹和圈足飾雲雷紋填地的獸面紋。通高22.7釐米，口徑26釐米。此尊形體與小屯M18：4[①]近同。流行於二、三期，四期也見。

Ⅱ式：14件。頸較長，腹部較廋，圈足較高。標本1，子漁尊（集成5542），1976年出自河南安陽市小屯村北商代墓（M18：13）。喇叭口，折肩，收腹。頸飾由倒置的夔龍組成的蕉葉紋，下為夔龍紋帶，肩上有三個首獸，其間飾夔紋，腹及圈足飾曲折角獸面紋。通高36.7釐米，口徑32.8釐米。流行於二期，三、四期亦見。

宀尊

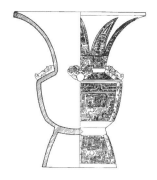

子漁尊

B型：110件。觚形尊。分二亞型。

Ba型：56件。紋飾較少，沒有扉棱。分三式。

Ⅰ式：4件。長頸，圈足外撇，腹、頸區別不明顯。標本1，亞址尊（近出609），出自河南安陽市郭家莊商代墓葬（M160：118）。頸飾兩道弦紋，圈足飾一道弦紋。通高25釐米，口徑22.9釐米。流行於三、四期。

Ⅱ式：35件。長頸，圈足較高，腹部稍外鼓。標本1，亞覃尊（集成5911），1972年出自河南安陽市殷墟西區孝民屯南商代墓葬（M93：1）。頸和圈足近腹處各飾弦紋兩道，腹飾四瓣花紋，中填目雷紋。通高34釐米，口徑23釐米。流行於四期。

Ⅲ式：17件。長頸，高圈足切地，腹部外鼓。標本1，亼父己尊（集成5650），鼓腹長頸，圈足外侈。腹和圈足均飾雲雷紋組成的獸面紋。通高28.1釐米，口徑21.5釐米。流行於四期。

亞址尊

亞覃尊

亼父己尊

---

① 中國社會科學院考古研究所安陽工作隊：《安陽小屯村北的兩座殷代墓》，《考古學報》1981年第4期。

Bb型：54件。紋飾繁縟，有扉棱，頸部多飾蕉葉紋。分二式。

Ⅰ式：37件。扉棱分佈在圈足與腹部，不出口沿。標本1，史父壬尊（集成5662），長頸，腹微鼓，圈足微外侈。腹和圈足有扉棱四道，頸飾夔紋组成的蕉葉紋，其下加飾一道夔紋，腹和圈足飾雲雷紋填地的外卷角獸面紋。通高29.9釐米，口徑23.5釐米。此式二至四期皆見。

Ⅱ式：17件。扉棱突出口沿外。標本1，鳥父癸尊（集成5677），喇叭形口，長頸鼓腹，圈足沿下折，通體有四道棱脊，頸飾蕉葉紋，內填倒置的內卷角獸面紋，其下為對稱鳥紋，腹飾外卷角獸面紋，圈足飾曲折角獸面紋，均以雲雷紋填地。通高31.3釐米，口徑23.8釐米。流行於四期。

史父壬尊　　　　　　　　鳥父癸尊　　　　　　　　夆尊

C型：1件。短頸，鼓腹，矮圈足。標本1，夆尊（集成5451），敞口，圓腹，圈足上有十字形孔。口沿下飾蕉葉紋、雷紋，二者間飾以連珠紋。腹部主要紋飾是九隻長鼻高卷的大象，以雲紋為地。圈足飾以橫條弦紋。通高13.2釐米，口徑20.7釐米。時代為四期。

D型：8件。鳥獸形尊。標本1，婦好鴞尊（集成5537），出自河南安陽市小屯村殷墟婦好墓（M5：785）。整體作鴟鴞形，通高45.9釐米，口長徑16釐米。標本2，正鴞尊（集成5454），整體作鴟鴞形，蓋作半球形，通體飾羽毛紋。通高13.9釐米，寬10×7.5釐米。流行於二期。標本3，小臣俞尊（集成5990），整體為犀牛形，牛背開口，蓋已失，整器光素無紋。通高22.9釐米，通長37釐米。時代為四期。

婦好鴞尊　　　　　　　　正鴞尊　　　　　　　　小臣俞尊

五　觥

商代有銘文的青銅觥共31件，其中有圖像者27件（其中2件為觥蓋）。分二類：甲類為匜形，乙類為牲形。甲類有25件，可分A、B二型。

A型：19件。扁圓腹。分二亞型。

Aa型：16件。圈足。分二式。

Ⅰ式：8件。長流較低平，矮圈足。流腹下多有扉棱。蓋上流端獸耳多為扇形。標本1，婦好觥（集成9260），出土於河南安陽市小屯村殷墟婦好墓（M5：802）。短流，扁長體，底部略外鼓，牛頭鋬，流下有細棱一條，下通圈足，圈足後端亦有一條短棱。通高22釐米，通長28.4釐米。時代為二期，有的可到三、四期。

Ⅱ式：8件。短流上仰，圈足外撇，或切地。流腹下多無扉棱。蓋上流端獸耳多為柱形。標本1，舥觥（近出930），出土於河南安陽市郭家莊商代墓葬（M53：4）。蓋一端為鹿頭，另一端有尾，器身束頸鼓腹，圈足，前有寬長流，後有扁環形鋬。通高19.2釐米，口長18.7釐米。流行於四期，也可能延至周初。

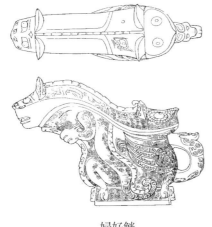

婦好觥

舥觥

Ab型：4件。柱足或錐足。分二式。

Ⅰ式：2件。三足，長流較低平。標本1，婦好觥（《集成》名其為鼎，1339），出於河南安陽市小屯村殷墟婦好墓（M5：763）。口部呈圓形。頸飾夔紋四組。高23.9釐米，口徑19.4釐米。時代為二期。

Ⅱ式：2件。四足，短流上仰。標本1，文嬯己觥（集成9301），橢圓形體，前有寬流槽，後有獸首鋬，腹微鼓，蓋作龍頭形。頸飾雲雷紋填地的夔紋帶。通高11.2寸，口長8.3寸（《博古》）。時代為二期到四期或西周早期。

婦好觥

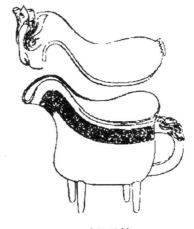

文嬯己觥

B型：5件。方腹。標本1，者奻觥（集成9295），體呈橢方形，高圈足呈長方形，匜形口，前有寬流槽，蓋作龍形，尾部飾浮雕獸面，獸耳高豎，觥鋬作回首卷尾龍形。圈足、腹部和頸部各有四道扉棱，頸部飾鳥紋，腹飾獸面紋，圈足飾夔紋，均以雲雷紋填地。通高31釐米。流行於殷末周初。

乙類：2件。器作牛形。均出於河南安陽市小屯村殷墟婦好墓。標本1，娴辛觥（集成9281），前部作獸形，頭似牛而有大卷羊角，蹄足，後部作鳥形。通高36.5釐米，通長47.4釐米。時代為二期。

者奻觥　　　　　　　　　　　　　　　　娴辛觥

六　方彝

商代有銘文的青銅方彝共63件，其中見有圖像的58件。分A、B、C三型。

A型：56件。四阿屋頂式蓋，腹為直壁，下部略內收，圈足上有缺口。分三式。

Ⅰ式：20件。蓋面四坡弧曲，圈足直立，缺口較寬，上端多為弧形。標本1，亞啟方彝（集成9847），出土於河南安陽市小屯村殷墟婦好墓（M5：823）。長方形口，平沿，腹下部略內收，平底，長方形圈足。通高26釐米，口長15釐米，寬12.2釐米。流行於二期。

Ⅱ式：13件。蓋面四坡略弧，圈足直立，缺口較寬。標本1，又方彝（集成9831），出土於河南安陽市西北崗武官北地1022號商代墓葬。長方體，深腹平底，腹壁向下漸收。通體以雲雷紋為地，蓋上飾倒獸面紋，口下和圈足均飾夔紋，腹飾獸面紋，兩側填以倒夔紋。通高27.2釐米，口橫15.8釐米，口縱12.6釐米。流行於三期。

Ⅲ式：23件。蓋面四坡較直，圈足略外撇，缺口窄而方。標本1，亞㠯爰方彝（近二900），出土於河南安陽市殷墟劉家莊北1046號墓。長方形口，平沿，下腹內收，平底，高圈足。蓋下部、腹部皆飾分解式饕餮紋，其兩側又以變形倒夔紋補空。均以雲雷紋為地紋。通高 33.9釐米，口長 18.1釐米，寬15.1釐米。此式偶見於三期，流行於四期。

B型：1件。鼓腹，圈足無缺口。標本1，　末方彝（集成9869），長方體，蓋作四坡屋頂形，上有屋頂形方鈕。腹飾鴞紋，均以雲雷紋填地。通高22.8釐米，口橫17.6釐米，口縱15.7釐米。流行於二、三期。另外，《集成》定為商代的丏甫方彝（集成9844），其形制與昭王時期的令方彝、折方彝相近，當是西周早期時器。

C型：1件。偶方彝。標本1，婦好偶方彝（集成9862），出土於河南安陽市小屯村殷墟婦好墓（M5：791）。全器似兩件方彝連成一體。器作直口窄沿，折肩曲腹，蓋為四阿式屋頂形，有正脊和垂脊，肩上每面各有一個高浮雕牲首。通體以鴞、怪鳥、夔龍、象首、大獸面為主紋裝飾。通高60釐米，口橫88.2釐米，口縱17.5釐米。時代為二期晚段。

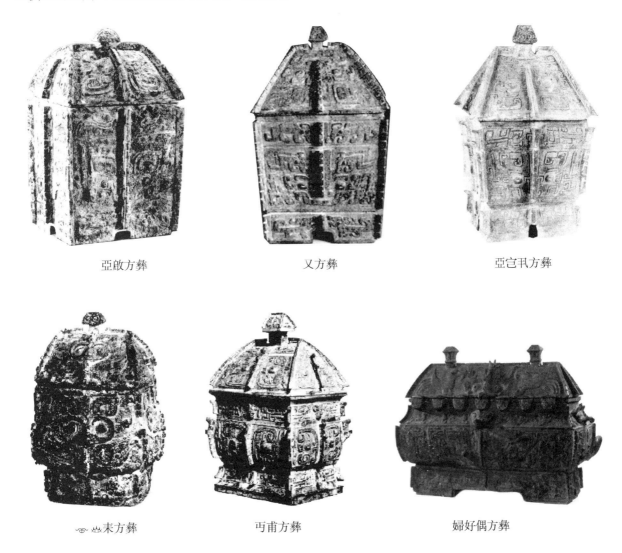

亞啟方彝　　　　　　　　又方彝　　　　　　　亞它虬方彝

未方彝　　　　　　　　丙甫方彝　　　　　　　婦好偶方彝

七　卣

　　根據《集成》、《近出》等著録書統計，商代有銘文的青銅卣共417件，這其中，根據筆者的分析，有23件當屬西周早期。如此，屬於商代（包括殷末周初時器）的有394件，見有圖像者237件。共分A、B、C、D、E、F、G七型。

　　A型：186件。器身橫截面橢圓形，器體矮胖。分二亞型。

　　Aa型：149件。器身裝飾簡樸。分四式。

　　I式：3件。圓鼓腹，矮（或無）圈足。絢索狀提梁。標本1，史卣（集成4721），1979年出自河南安陽市殷墟西區商代墓葬（M2575：23）。失蓋，矮圈足外侈。頸飾連珠紋鑲邊的雲雷紋。通高19釐米，最大腹徑20.5釐米。時代為二期。

　　II式：6件。腹稍下垂，圈足較矮。絢索狀提梁。標本1，更卣（集成4785），出土於山東濱縣藍家村。子口內斂。蓋上飾三角紋，器頸飾夔紋，頸的前後增飾浮雕牲首，圈足飾兩道弦紋。通高19.8釐米。時代為二、三期。

史卣

吏卣

Ⅲ式：102件。腹下垂，高圈足，多切地。絢索狀提梁。標本1，亞盟卣（集成4819），1963年出自河南安陽市苗圃北地殷墟商代墓葬（M172：3）。蓋上飾目雷紋，蓋沿飾三角雲紋，肩上和圈足飾雲雷紋填地的夔紋。通高29.5釐米，最大腹徑20釐米。標本2，亞卂卣（劉家莊M1046：10），出自河南安陽市殷墟劉家莊北1046號墓。直口，蓋、肩均飾一周夔龍紋，兩鈕間飾兩半浮雕獸頭，以雲雷紋為地紋。通蓋高26.6釐米，口徑10.3×13.4釐米。時代為三、四期。

亞盟卣

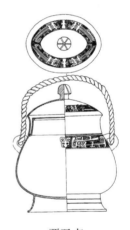

亞卂卣

Ⅳ式：38件。腹下垂，扁條帶形提梁，兩端多飾獸頭。標本1，六祀邲其卣（集成5414），斂口，提梁飾蟬紋，蓋面和器頸飾象鼻形獸紋，圈足飾以龍紋。通高23.7釐米，口徑7.5×9.2釐米。標本2，小子䜌卣（集成5417），提梁兩端呈獸頭狀。蓋沿飾雲雷紋組成的獸面紋，器頸和圈足均飾夔紋和四瓣花，器頸前後增飾浮雕牲首。通高27.8釐米，口徑13.6×10.3釐米。時代為四期或周初。

Ab型：37件。器身滿飾花紋，裝飾華麗。標本1，亞址卣（近出561），1990年出土於河南安陽市郭家莊商代墓葬（M160：172）。長子口，長頸，下腹外鼓，圈足沿下折，頂上有一個花苞狀鈕，蓋和器體有四道扉棱。蓋上、蓋沿、頸部和圈足飾雲雷紋填地的卷尾鳥紋，上腹飾直棱紋，下腹飾雲雷紋填地的垂尾鳥紋。通高35.8釐米，口徑13.5×15釐米。標本2，戈卣（集成4707），1970年出自湖南寧鄉縣黃材公社寨子山王家墳。直口短頸，鼓腹圈足，器和蓋的兩邊及中綫有棱脊。蓋沿和圈足飾鳥紋，蓋面和上腹飾直棱紋，下腹飾鳥紋，頸飾夔紋。通高37.7釐米，口徑15.3×13.2釐米。時代為三、四期，可延至西周早期。

六祀邲其卣

小子𥂕卣

亞址卣

戈卣

　　B型：27件。器身橫截面為橢圓形，器體修長。分二式。

　　Ⅰ式：4件。細長頸，龍形大提梁，梁與器連接處在腹部。標本1，衛卣（集成4779），1950年出自河南安陽市武官村北地1號商代大墓陪葬墓（E9）。圓垂腹，矮圈足，提梁兩端作龍首形。蓋上飾斜角雷紋，頸飾雲雷紋組成的獸面，圈足飾雷紋帶。通高25.4釐米，口徑7.3釐米。時代為二期。

　　Ⅱ式：23件。頸較粗，提梁與器連接處在頸部。標本1，四祀邲其卣（集成5413），直口長頸，腹下部外鼓，圈足，提梁兩端作圓雕犀首。蓋飾方格紋，頸飾獸面紋，上下以連珠紋鑲邊。通高34.5釐米，口徑10.3釐米。時代為四期，可延至周初。

　　C型：4件。圓筒形。頸、腹、圈足有明顯分界。標本1，融卣（近出549），1986年出自山東青州市蘇埠屯商代墓（M8：11）。圓形，體瘦高，長子口，折肩，圈足沿下折。蓋沿飾三角雲雷紋，頸部和圈足飾弦紋，頸的前後增飾浮雕獸頭。通高26.3釐米。時代為四期。

　　D型：6件。方卣。標本1，亞㠱卣（集成4813），圓口方體，長頸內凹，折肩直腹，方圈足。通高39.5釐米，口徑11.4釐米。此卣開體與新淦大洋洲的方卣近同，年代稍早，當屬二期。標本2，屮盾父戊卣（集成5161），方形，平底，直頸，蓋頂四阿屋頂形把手。通高38釐米，口寬21.5釐米。標本3，䇂叔卣（集成4878），體呈方形，侈口束頸，折肩收腹，方圈足，頸上下各有一道弦紋，腹飾兩道弦紋。通高14.5釐米，口邊長5.5釐米。標本4，𤔲卣（集成4800），四阿屋頂形蓋，束頸，斂腹，平底。通高15.5釐米。時代為商代晚期或西周早期。

衞卣　　　　　　　　　四祀邲其卣　　　　　　　　　融卣

E型：12件。鴞卣。標本1，斱卣（集成4711），外形作相背的兩鴞。通高20.5釐米，口縱8.5釐米，口橫12釐米。時代為二、三期。

F型：1件。圓球形。蓁祖辛卣（集成5201），1957年出自山東長清縣興復河北岸（附3號）。略似球體，下具圈足，蓋上有圓形捉手，口下和蓋上各有一對貫耳。貫耳兩側飾圓渦紋和四瓣花紋。通高23.2釐米，口徑17.9釐米。時代為四期。

亞夨卣　　　　　　　丩盾父戊卣　　　　　　蓁叔卣　　　　　　䉜卣

G型：1件。通體呈卵形。標本1，亞夨卣（集成1432），上尖下圓，斂口深腹，圜底下有三個粗矮的柱足，蓋上有菌狀鈕，上腹兩側有一對細小的獸首耳。器身自上而下有四周紋飾，口下飾三角紋，上腹飾獸面紋，中腹飾夔紋，下腹飾獸面紋，均以雲雷紋填地。通高60釐米。傳出自河南安陽市西北崗武官村北地。時代為二期。

哉卣　　　　　　　　　蔬祖辛卣　　　　　　　　　亞吳卣

八　罍

商代有銘文的青銅罍共有75件，其中見有圖像的有51件。分A、B二型。

A型：28件。圓罍。分三式。

Ⅰ式：3件。直口，平底或凹底，肩部飾環耳。標本1，🐾罍（集成9749），直口、廣肩，斂腹，肩上有一對環形獸首耳，腹內側有一個獸首提鈕。頸和肩各飾兩道弦紋。時代為二期。

Ⅱ式：9件。侈口，矮圈足，肩部飾環耳。標本1，爰罍（近出973），1984年出土於河南安陽市戚家莊東269號商代墓葬（M269：35）。侈口束頸，溜肩收腹，肩上有一對獸首耳，下腹內側有一個牛首環形鋬。頸飾回首卷尾夔龍紋，上加三角蟬紋帶，肩飾浮雕圓渦紋。通高38.6釐米，口徑16.9釐米。時代為三期早段。

Ⅲ式：16件。侈口，圈足較高，肩部飾銜環獸首耳。標本1，亞址罍（近出978），1990年出於河南安陽市郭家莊商代墓葬（M160：40）。侈口束頸，溜肩收腹，底內圜，肩上有一對牛首銜環耳。頸飾回首卷尾夔龍紋，上腹飾由一對夔紋組成的外卷角獸面紋，下腹飾三角紋，均以雲雷紋填地。通高44.8釐米，口徑17.5釐米。時代為三、四期。

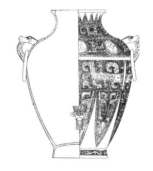

🐾罍　　　　　　　　　爰罍　　　　　　　　　亞址罍

B型：23件。方罍。分三式。

Ⅰ式：8件。獸耳不銜環，平底或略內凹。標本1，婦好方罍（集成9782），出土於河南安陽市小屯村殷墟婦好墓（M5：856）。長方形直口，平沿弧形肩，腹下部內收，肩短邊正中有對稱的牛頭半圓形小耳；蓋作四阿屋頂形。肩飾兩道弦紋和夔紋，前後加飾浮雕牛首，腹上部飾浮雕圓渦紋，其下飾由夔紋組成的垂葉紋。通高52.5釐米，口橫約15.9釐米，口縱約13.3釐米。時代為二期。

Ⅱ式：6件。獸耳有的銜環，有的無環。矮圈足。標本1，盾得方罍（集成9775），高頸直口，溜肩斂腹，器體、肩部、頸部和蓋上各有八道矮扉棱。飾夔紋、獸面紋，下腹飾三角獸面紋，通體以雲雷紋填地。通高47.4釐米，口橫14.5釐米，口縱12.5釐米。時代為三期。

Ⅲ式：9件。獸耳銜環，高圈足。標本1，亞弜方罍（近二884），出土於河南安陽市殷墟劉家莊北1046號墓（M1046：25）。長方直口，高領，圓肩，下腹內收，平底。蓋呈四阿屋頂形。肩部兩窄面和一寬面腹下部各有一半環獸首耳。通高44.4釐米，口長13釐米，口寬11.5釐米。時代為四期，也可能晚至周初。

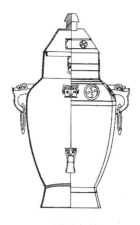

婦好方罍　　　　　　　　　　盾得方罍　　　　　　　　　　亞弜方罍

另外，《集成》定為商代的皿父己方罍（集成9812），其銘文為“皿作父己尊彝”，此銘文中“皿”字下有空缺，而《集成》定為皿天方彝蓋（集成9883）銘文為“皿天□作父己尊彝”，而此器蓋作四阿屋頂形，頂上有四阿屋頂形鈕，四隅和每個面的中部有棱脊。蓋和鈕均飾倒置的獸面紋。高21.5釐米，口縱22.3釐米，口橫26.3釐米。其扉棱等裝飾風格與皿父己方罍契合若節，銘文內容也一致，又均為方形器，所以此兩件器應該是同一件方罍的器身與器蓋。只是尚不知器身口部的尺寸。時代為西周早期。

皿父己方罍　　　　　　　　　　　皿天方彝蓋

九　瓿

商代有銘文的青銅瓿共17件，其中見有圖像者15件。分A、B二型。

A型：14件。有頸。分二亞型。

Aa型：10件。矮頸，溜肩，圓鼓腹。標本1，婦好瓿（集成9953），出土於河南安陽市小屯村殷墟婦好墓（M5：796）。斂口窄沿，底近平，圈足較高而直，蓋作球面形，中有菌形鈕，通體有六道扉棱。肩飾圓雕獸頭三個，間以對稱的夔紋，腹飾獸面紋，兩側加飾倒立的夔紋。通高33釐米，口徑22.6釐米。流行於二期，可延至三期。

Ab型：4件。長頸，腹鼓突。分二式。

Ⅰ式：1件。口微侈，圓肩，鼓腹。標本1，戈瓿（集成9950），出土於河南安陽市殷墟西區孝民屯南商代墓葬（M613：4）。折沿，方唇，高圈足，腹部有陰綫紋一道。通高15.5釐米，口徑15釐米。時代為二期。

Ⅱ式：3件。侈口，折肩。標本1，瓿（集成9942），1975年出土於河南安陽市殷墟西區孝民屯南商代墓葬（M355：5）。侈口束頸，折肩收腹，圈足外侈，素面無飾。通高12.4釐米，口徑13釐米。時代為三期。

B型：1件。無頸。標本1，瓿（集成9941），球形體，平口，圈足。肩部有雙貫耳，蓋頂上有一圓握。蓋飾勾連雷紋，飾斜角目雷紋。通高17.4釐米，寬21.2釐米。時代為二期。

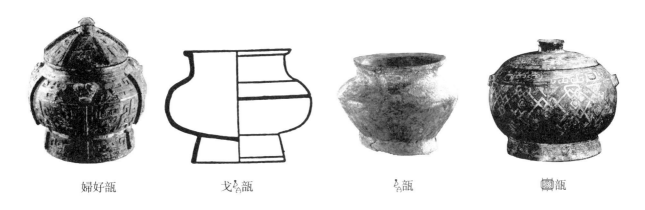

婦好瓿　　　戈瓿　　　瓿　　　瓿

十　壺

商代有銘文的青銅壺共45件，其中見有圖像者28件。分A、B、C、D四型。

A型：1件。小口細長頸。標本1，乂壺（近二837），小口有蓋，長頸，圓肩，鼓腹，圈足，肩飾獸目紋，腹飾饕餮紋。圈足內銘“乂”。高25.3釐米，口徑5釐米。時代為中商。

B型：22件。橢圓形，頸部有一對貫耳。分二式。

Ⅰ式：19件。全器滿飾花紋，頸部收縮。標本1，婦好壺（集成9486），出土於河南安陽市小屯村婦好墓（M5：863）。有蓋，扁圓形口，長頸，頸兩側有獸面貫耳，腹下部外鼓，底外凸，扁圓形圈足。腹、足均有扉棱。飾饕餮紋和夔紋。通高52.2釐米，口長徑20.5米。流行於二、三期。

Ⅱ式：3件。器體較素，頸部較粗。標本1，夯壺（集成9464），口微外侈，頸稍束，下腹外鼓，圈足較矮。頸飾三道弦紋。通高25釐米，口徑10.3×17釐米。流行於三期。

C型：3件。小口，溜肩，長圓腹。標本1，亞羌壺（集成9544），直口有頸，圈足沿外侈，頸上有一對貫耳。頸和圈足均飾列羽獸面紋。高12.9寸，腹深11.7寸，口徑3.3寸（《西清》）。時代為四期。

D型：2件。方壺。均出自河南安陽市小屯村殷墟婦好墓。標本1，司婞壺（集成9510），有蓋。口呈長方形，折沿方唇，束頸，方肩，腹下部略內收，長方形高圈足。四角、四面中部和圈足均有扉棱。

通蓋高64釐米，口長23.5釐米，口寬19.5釐米。時代為二期晚段。

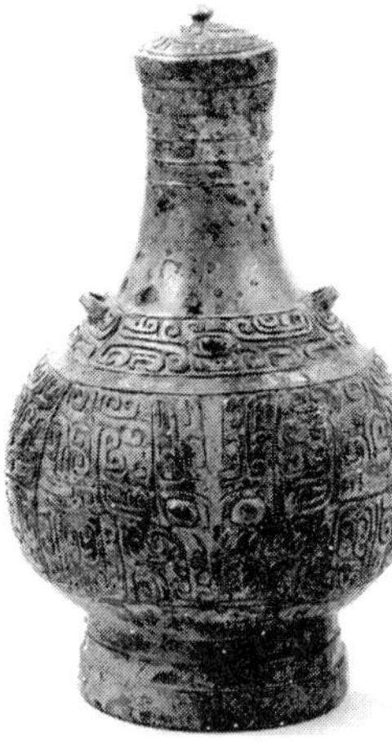

乂壺

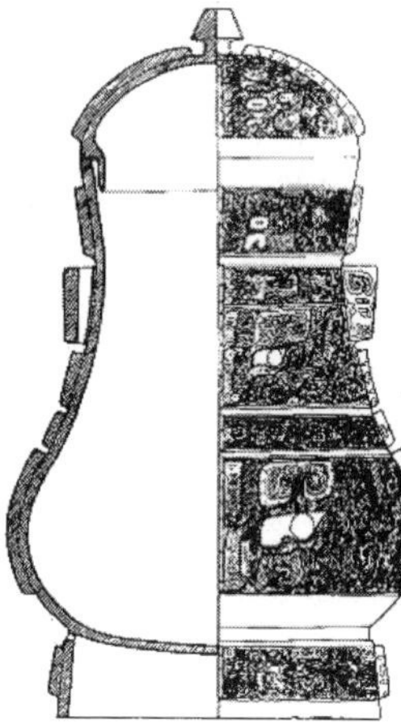

婦好壺

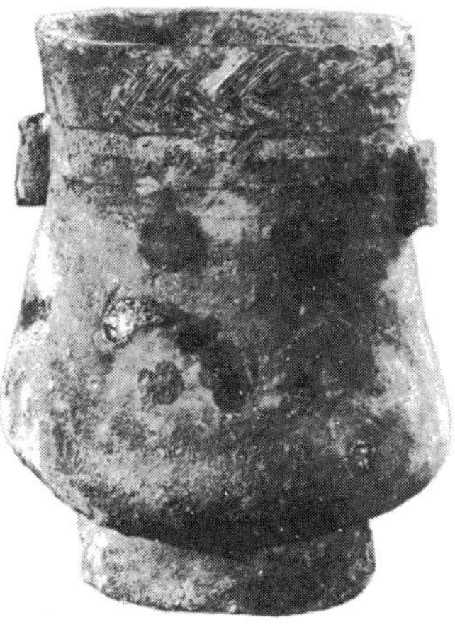

介壺

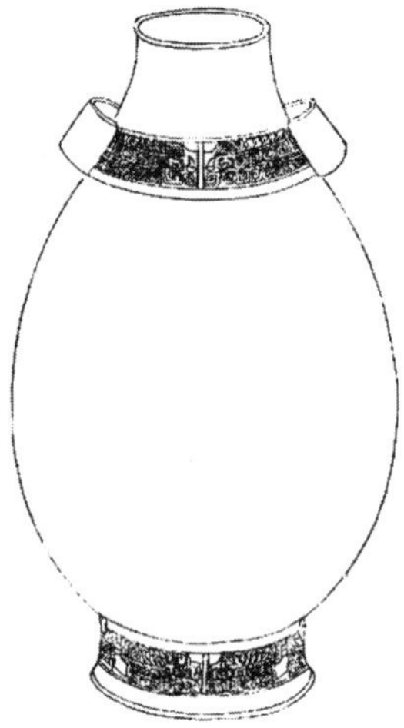

亞羌壺

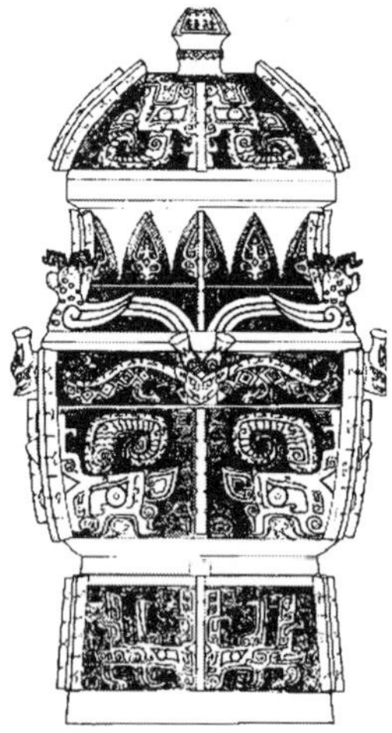

司㛸壺

十一　觚

商代有銘文的青銅觚共832件，其中筆者收集到有圖像的463件。分甲、乙兩類。

甲類：455件。圓觚。分A、B二型。

A型：287件。紋飾繁縟，飾有扉棱。分二亞型。

Aa型：278件。器體瘦高，裝飾華麗。分二式。

Ⅰ式：119件。器體較矮，口由腹部即往上呈弧形打開。標本1，婦好觚（集成6860），出自河南安陽市小屯村殷墟婦好墓（M5：827）。口下飾蕉葉紋，腹飾獸面紋，圈足亦飾獸面紋。通高27.8釐米，口徑16.6釐米。標本2，戒觚（集成6702），1976年出自河南安陽市小屯村商代墓葬（M18：8）。口下飾蕉葉雲紋，腹飾獸面紋，圈足外卷角獸面紋。通高28.5釐米，口徑17.1釐米。流行於二、三期。

婦好觚　　　　　　　　　　　　　戒觚

Ⅱ式：159件。器體較高，腹部以上有一段柱形頸後弧形打開為口。標本1，寧觚（近出708），出自河南安陽市劉家莊商代墓葬（M2：1）。頸飾夔紋，其上飾蕉葉紋，腹和圈足飾獸面紋，雲雷紋填地。通高30.6釐米，口徑17釐米。標本3，狀觚（近出681），出自河南安陽市郭家莊商代墓葬（M220：4），腹頸飾蕉葉紋，腹部及圈足飾雲雷紋填地的獸面紋，腹頸間飾一周蛇紋。通高31.5釐米，口徑16.7釐米。流行於三、四期。

寧觚　　　　　　　　　　　　　戈大觚

Ab型：9件。器體較粗，飾四條菱形外突扉棱。標本1，天冊父己觚（集成7240），1977年出自河南安陽市殷墟西區孝民屯南商代墓葬（M856：1）。頸飾蕉葉紋，腹飾由一對夔龍組成的獸面紋，圈足飾夔紋，均以雲雷紋填地。通高26釐米，口徑15釐米。流行於四期。

B型：168件。紋飾較少，無扉棱。分三亞型。

Ba型：8件。器較矮，細腰。大喇叭口，喇叭形圈足，外張較甚。分二式。

Ⅰ式：4件。腹不外鼓。標本1，犬觚（《考古》1988年第3期），飾連珠紋鑲邊的獸面紋。此式觚中商時常見，至二期仍見。

Ⅱ式：4件。腹稍外鼓。標本1，融觚（近出701），1986年出自山東青州市蘇埠屯商代墓（M8：3）。腹部和圈足均飾獸面紋。通高26.4釐米，口徑15.6釐米。流行於四期。

Bb型：130件。器較瘦高。分二式。

Ⅰ式：83件。口由腹部即往上弧形打開，鼓腹。標本1，蟲觚（集成6638），1976年出自河南安陽市小屯村殷墟商代墓葬（M17：5）。腹部和圈足均飾雲雷紋組成的獸面紋。通高26.5釐米，口徑15.5釐米。

標本2，爻觚（集成6797），頸飾蕉葉紋，腹和圈足飾雲雷紋組成的獸面紋。通高25.2釐米。流行於二、三期，也可延至四期。

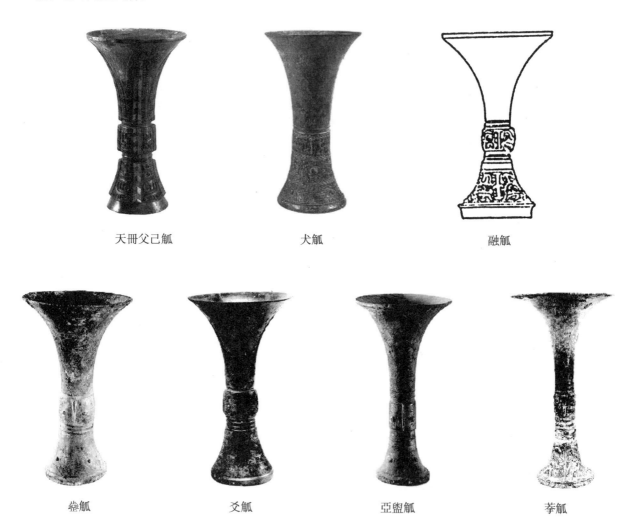

天冊父己觚　　　　　　　　犬觚　　　　　　　　融觚

蟲觚　　　　　　爻觚　　　　　　亞盟觚　　　　　　莘觚

Ⅱ式：47件。腹部以上有一段柱形頸後弧形打開為口，腹部稍外鼓或不鼓，器身細高。標本1，亞盟觚（集成6991），1963年出自河南安陽市苗圃北地商代墓葬（M172：4）。腹飾雲雷紋組成的獸面紋，圈足飾夔紋。通高28釐米，口徑14.8釐米。標本2，莘觚（集成6597），腹和圈足飾獸面紋。通高28釐米，口徑15.8釐米。流行於三、四期。

Bc型：30件。器體粗矮，器高多在22釐米以下；鼓腹。標本1，爰觚（近出690），1984年出自河南安陽市戚家莊東269號商代墓葬（M269：23）。頸下端和圈足上端均飾三條弦紋，腹飾獸面紋。通高22.1釐米，口徑14.1釐米。標本2，亞盟觚（近二630），出自河南安陽市殷墟劉家莊北1046號墓（M1046：9）。腹飾兩組獸面紋。其上、下各飾凸弦紋兩周。通高21.4釐米，口徑13.4釐米。流行於三、四期。

爰觚

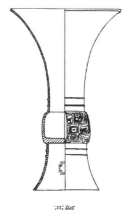
亞觚

乙類：8件。方觚。分二式。

Ⅰ式：6件。器身細高，腹微外鼓。標本1，亞址方觚（近出726），1990年出自河南安陽市郭家莊商代墓葬（M160：150）。口下到頸飾蕉葉紋和分解式獸面紋，腹和圈足亦飾分解式獸面紋，均以雲雷紋填地。通高30釐米，口邊長15.5～15.6釐米。流行於三期。

Ⅱ式：2件。器身粗壯，直腹。標本1，亞盥方觚（集成6970），四隅和四壁中部各有一道扉棱。頸飾四瓣花紋，其上飾蕉葉紋，腹飾外卷角獸面紋，圈足飾四瓣花紋和獸面紋。流行於四期。

亞址方觚

亞盥方觚

十二　觶

商代（包括部分殷末周初時銅器）有銘文的青銅觶共247件，其中有圖像者126件。分A、B、C三型。

A型：123件。橢圓形（或圓形）。束頸，鼓腹，圈足。分四式。

Ⅰ式：4件。器形粗矮；器體花紋華麗，多有扉棱。標本1，發觶（集成6067），侈口束頸，鼓腹圈足，蓋面隆起，上有菌狀鈕，通體有四道扉棱。蓋面和器腹飾獸面紋，頸飾三角紋，均以雲雷紋填地，圈足飾雲雷紋。通高17.2釐米。時代為二期。

Ⅱ式：32件。器身稍高，無扉棱。標本1，叔父癸觶（集成6338），1977年出自河南安陽市殷墟西區孝民屯南商代墓葬（M793：9）。侈口長頸，鼓腹圜底，圈足外侈。頸和圈足均飾雲雷紋組成的獸面紋。

通高12.5釐米，口徑8.8釐米。流行於三期，四期也見。

Ⅲ式：57件。器身瘦高，腹較鼓，高圈足；蓋鈕為菌形或半環鈕。標本1，亞址觶（近出648），1990年出土於河南安陽市郭家莊商代墓葬（M160：126）。侈口束頸，圈足沿下折成高臺座，蓋作球面形，有子口與器套合，頂上有菌狀鈕。蓋和腹飾內卷角獸面紋，頸飾外卷角獸面紋和夔紋，圈足飾夔紋，通體無地紋。通高19釐米，口徑7.1×9釐米。流行於三、四期，也可延至周初。

Ⅳ式：30件。器形瘦長，細頸，高圈足。標本1，羑父癸觶（近出663），出自河南安陽市劉家莊商代墓葬（M9：36）。侈口長頸，鼓腹。頸部飾夔紋，圈足飾一條弦紋。通高14.3釐米，口徑7釐米。時代為四期或西周早期。

發觶

臤父癸觶

亞址觶

羑父癸觶

B型：2件。方形，蓋上有環鈕。標本1，舞子觶（集成6349），橫截面呈橢方形，侈口束頸，鼓腹圈足，蓋隆起，上有環鈕。蓋和器腹飾獸面紋，器頸和圈足均飾夔紋，均無地紋。通高15.9釐米，口橫7.6釐米，口縱7釐米。羑父丁觶（6255），侈口束頸，鼓腹圈足。頸飾蠶紋，腹飾獸面紋，圈足飾鳥紋，均以雲雷紋填地。通高17釐米，口橫15釐米，口縱12.5釐米。時代為四期。

<table>
<tr><td>夐子觶</td><td>蒺父丁觶</td><td>觶</td></tr>
</table>

C型：1件。圓筒形。這種器形極少見，或可定名為杯。標本1，觶（集成6051），通高15釐米，寬12.9釐米。體呈圓筒狀，侈口，平底直壁，器壁向下延伸形成圈足。頸部飾二道弦紋。時代為商代晚期。

十三　勺

勺，又稱作斗，學術界對於這一類器物的定名和用途作過探討，多數學者都以為當命名為瓚[①]，是一種把酒器。筆者贊成這類器物為瓚之說。但據習慣下文仍以勺稱之。

商代有銘文的青銅勺共26件，其中有圖像者21件。分二型。

A型：11件。連體扁長柄。分三式。

Ⅰ式：8件。直柄，小斗。均出自河南安陽市小屯村殷墟婦好墓。標本1，婦好方孔勺（集成9917，M5：745），斗部方孔圜底。通長7.5釐米，斗部高6.1釐米。標本2，婦好圓孔勺（集成9922，M5：742），斗部圓孔圜底。通柄長63.5釐米，斗部高7.3釐米。時代為二期。

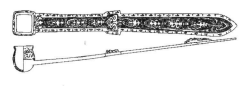

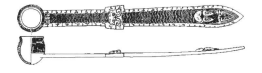

<table>
<tr><td>婦好方孔勺</td><td>婦好圓孔勺</td></tr>
</table>

Ⅱ式：2件。曲柄，小斗。標本1，亞屰勺（集成9910），直口，平底，腹微鼓，柄扁平而上翹。斗飾直棱紋，柄上亦飾直棱紋。柄長31.8釐米，斗高6.1釐米。此式勺與安陽大司空村M539：16和安陽戚家莊M269：79近同。時代為二、三期。

---

① 王慎行：《瓚之形制與稱名考》，《考古與文物》1986年第3期。

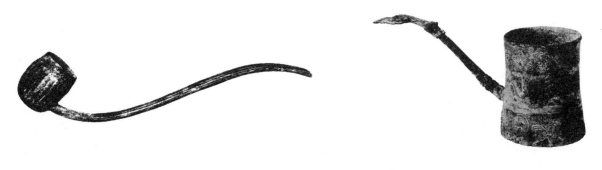

亞𠂤勺   亞舟勺

Ⅲ式：1件。曲柄，大斗。標本1，亞舟勺（集成9911），斗呈圓筒形，直口深腹，下部稍大，長柄從下腹斜出，末端平折。通長35.5釐米，斗口徑12.5釐米。時代為商代晚期。

B型：10件。柄部有銎，以裝木柄。標本1，□□勺（集成9908），圓腹，圜底，直口，腹側有一柄。柄中空，呈半圓筒狀，一端粗，一端細，上有二圓孔。通高5.2釐米，寬7.8釐米，長12.3釐米。標本2，珥□勺（集成9913），圓腹，圜底，直口，腹側有一柄。高6釐米，口徑5釐米。時代為商代晚期。

□□勺   珥□勺

第三節　商代有銘青銅水器的斷代與分期

包括盤、盉、盂。

一　盤

商代有銘文的青銅盤共34件，其中見有圖像的23件。根據圈足分二式。

Ⅰ式：15件。窄折沿，矮圈足。標本1，婦好盤（集成10028），出土於河南安陽市小屯村殷墟婦好墓（M5：777）。敞口，淺腹，底近平。內底飾蟠龍紋、夔紋和獸紋，口下內壁飾鳥紋、魚紋和獸紋。通高13釐米，口徑36.3釐米。流行於二期，三、四期也見。

Ⅱ式：8件。寬折沿，高圈足有切地座盤。標本1，亞址盤（近出998），1990年出土於河南安陽市郭家莊商代墓葬（M160：97）。侈口折沿，沿略內斜，淺腹圜底，高圈足沿下折。通高15.87釐米，口徑38.8釐米。時代為三、四期。

婦好盤　　　　　　　　　　　　　　　　　　　亞址盤

二　盉

商代（有的可能晚至西周早期）有銘文的青銅盉共58件，其中見有圖像者41件。分A、B、C三型。

A型：5件。封口盉。分二亞型。

Aa型：2件。圓形，三袋足。標本1，武父乙盉（近二826），出土於F1的2號門西側的陶罐中（F1：1）。頸飾斜角目雲紋一周，腹與足飾雙綫三角紋。通高34釐米。時代為一期。標本2，婦好盉（集成9333），出土於河南安陽市小屯村殷墟婦好墓（M5：859）。頸內收，下體如鬲，分襠款足。通高38.3釐米，口橫6.2釐米，口縱3釐米。時代為二期偏晚。

Ab型：3件。方形，四足。均傳出自河南安陽市武官村西北崗1001號商代墓葬。標本1，右方盉（集成9317），拱頂，一側有管狀流，另一側有圓口，長頸，四袋足，下有方柱形足跟，頸腹一側有獸形鋬，四隅及三壁中央均有扉棱。拱頂飾獸面紋，頸飾夔紋、鳥紋和浮雕獸頭，袋足飾獸面紋。通高72.1釐米。時代為二期偏晚。

武父乙盉　　　　　　　　　　婦好盉　　　　　　　　　　右方盉

B型：16件。罐形盉。分三亞型。

Ba型：2件。平底或圈足。均出自河南安陽市小屯村殷墟婦好墓。標本1，婦好盉（集成9334，M5：837），橢方形體，頂面作弧形隆起，中部有丁字形鈕，鈕前有短管流，腹下部略內收，小平底。流周壁飾斜角雲紋。通高38.7釐米，口橫6釐米，口縱3釐米。標本2，婦好盉（集成9335，M5：798），體近卵形，最大腹徑在下腹，小口圜底，矮直圈足，上腹有斜立的管形流，口下兩側有一對穿孔鼻。通高25釐米，口徑8釐米。時代為二期偏晚。

婦好盉（集成9334）　　　　　　婦好盉（集成9335）

Bb型：8件。三錐足。分二式。

Ⅰ式：6件。斂口折沿，蓋上菌鈕或環鈕。標本1，亞址盉（近出933），1990年出土於河南安陽市郭家莊商代墓葬（M160：74）。侈口，深腹下鼓，管狀流，牛首鋬。通高30.7釐米，口徑10.7釐米。時代為三期偏晚到四期。

Ⅱ式：2件。直口長頸，蓋上環鈕。標本1，盉（集成9330），扁圓形腹，肩上有一個管狀流，與之對應的一側腹部有獸首鋬。蓋上和器頸均飾三列雲雷紋組成的列羽獸面紋帶。通高25釐米。流行於四期。

Bc型：6件。三柱足。標本1，父丁盉（集成9352），侈口長頸，下腹向外鼓，體一側有管狀流，另一側有獸首鋬，獸頭上有一個環鈕，蓋上有半環形鈕。蓋沿和器頸均飾三列雲雷紋組成的列羽獸面紋。身高10.9寸，口徑5.6寸（《善齋》）。流行於四期，可延至西周早期。

亞址盉　　　　　　　盉　　　　　　　父丁盉

C型：20件。鬲形盉。分二亞型。

Ca型：15件。三足。標本1，子父乙盉（集成9338），長管流，獸首鋬，分襠款足，蓋鈕作半環形。流管飾三角雷紋，頸飾夔紋組成的獸面紋，腹飾牛角獸面紋，均以雲雷紋填地。通高8.4釐米，寬22.7釐米。時代為四期至西周早期。

Cb型：5件。四足。標本1，簸參父乙盉（集成9370），侈口長頸，溜肩鼓腹，四柱足，肩的一側有管狀流，另一側有獸首鋬，獸頭上有一個環鈕，蓋面隆起，上有菌狀鈕。蓋沿和器頸飾雲雷紋組成的獸面紋。高10.5寸，口徑5.6寸（《善齋》）。時代為四期至西周早期。

子父乙盉

簸參父乙盉

三　盂

商代有銘文的青銅盂共6件，其中見有圖像的有5件。形制近同。標本1，寢小室盂（集成10302），1935年出自河南安陽市侯家莊西北崗1004號商代大墓。侈口斂腹，附耳圈足，有蓋，蓋鈕作四瓣花苞狀。蓋、頸和圈足均飾一周夔龍紋，腹飾蕉葉夔紋，均以雲雷紋填地。通高41.3釐米，口徑40.2釐米。時代為二期。

寢小室盂

第四節　商代有銘青銅樂器的斷代與分期

包括鐃、鈴。但鈴器少，時代特徵不明顯，此暫不作類型學分析。

鐃

商代有銘文的銅鐃有65件，其中見有圖像者共63件。多數成套，3件一組，大小相次；完整者有14組，不全者有3組。根據鼓部的裝飾分為二型。

A型：36件。鼓部飾獸面紋。分三式。

Ⅰ式：7件（由鐃一組3件，但公佈銘文的只有1件，所以暫按1件計）。獸面紋嘴角略外侈，銑外張。標本1，由鐃（近出110），1983年出於河南安陽市大司空村商代墓葬（M663：4）。體呈扁筒形，弧口平底，下有筒形柄，與體相通，鼓部飾獸面紋。河南安陽市花園莊54號商代墓葬出有3件亞長鐃與此形同。時代屬二期。

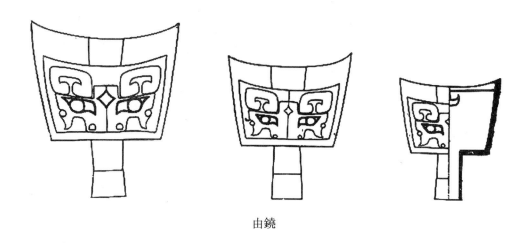

由鐃

Ⅱ式：27件（組）。獸面紋嘴外侈或飾牛角獸面紋。銑略內收。標本1，爰鐃（近出111、112、近出113），1984年出於河南安陽市戚家莊東269號商代墓葬。體呈扁筒形，口沿呈弧形，底平而微凸，中部有圓筒形柄，兩面均飾獸面紋。高分別為18.4釐米、13.7釐米、11.9釐米。體側銘"爰"字。標本2，中鐃（集成367、368、369），1977年出於河南安陽市殷墟西區孝民屯南商代墓葬（M699）。寬體弧口，圓柄中空，腔體飾牛角獸面紋。高分別為21釐米、18釐米、14.3釐米。內銘"中"字。時代屬三、四期。

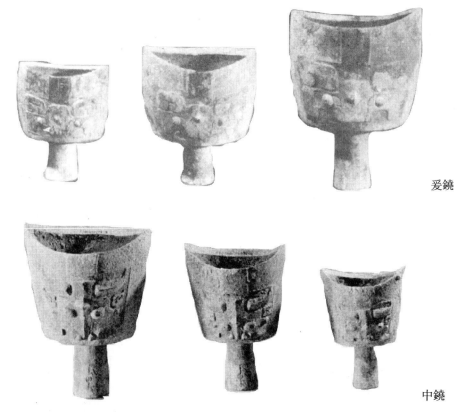

爰鐃

中鐃

Ⅲ式：2件。獸面紋嘴外侈，弧口近平，兩銑斜收。標本1，亞夫鐃（集成385），體呈扁筒形，平底，兩銑斜收，柄較長，中部有一道弦紋，體飾獸面紋。時代為四期。

亞夫鐃

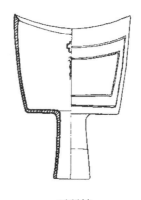

亞弜鐃

B型：27件（組）。鼓部飾回字形凸弦紋或素面。分三式。

Ⅰ式：23件（組）。銑外張。標本1，亞弜鐃（集成383），1976年出於河南安陽市小屯村殷墟婦好墓（M5：839－1）。鐃體略呈扁筒形，口寬於頂，口稍內凹呈弧形，平頂，頂中部有管狀柄。通高14.4釐米，口橫10.3釐米，柄長5.7釐米。屬二期。

Ⅱ式：1組。銑略斜收，弧口近平。標本1，巳鐃（近二51、52、53），通高分別為22.5釐米、20釐米、17釐米。器體銘"巳"。時代為三期。

Ⅲ式：3件。銑略斜收，口近平。魚正乙鐃（集成410），體呈扁筒形，平口平底，下有筒形柄，鼓部飾回字形弦紋。口部銘"魚正乙"三字。時代屬四期或西周早期。

巳鐃

魚正乙鐃

第五節　商代有銘青銅兵器的斷代與分期

包括戈、鉞、矛。

一　戈

商代有銘青銅器中戈有282件，其中筆者收集到有圖像者177件。根據其裝柲方式的不同，分為兩類。

甲類：97件。夾內戈。根據內部及援部的差異分三型。

A型：83件。長方形內，長條形援。分二亞型。

Aa型：57件。長方形內，長援，有欄。分四式。

Ⅰ式：3件。長條形援，內與援基本等寬，鋒較圓鈍。標本1，乇戈（集成10774），直援直內，欄上下出齒。時代為中商時期。但殷墟一期延用。

乇戈

Ⅱ式：14件。長條三角形援，內相對位於援中部偏上，鋒較圓鈍。標本1，㑥戈（集成10714），援的橫截面呈菱形，援平伸，欄上下出齒，長方形內上有一小圓穿。通長23.8釐米。標本2，交戈（集成10637），直援平伸，長方形內上有一個圓形穿，欄有上下齒。內的一面飾龍面紋，另一面飾一對夔紋。通長11.1寸，寬2.7寸（《善齋》）。此式戈一期已出現，流行於二、三期。

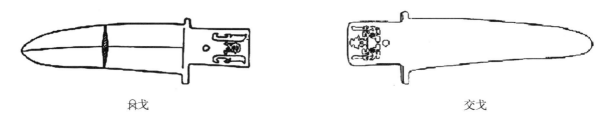

㑥戈   交戈

Ⅲ式：26件。長條三角形援，下刃較弧，援末寬於內，內上端與援上刃平，鋒較尖銳。標本1，旂戈（集成10653），寬援，下刃弧度較大，直內上有一圓穿。標本2，聑奠戈（集成10869），直援，有中脊，欄上下出齒，長方形內。流行於二、三期。

旂戈   聑奠戈

Ⅳ式：14件。長條形援，鋒呈圭形，內相對位於援中部，內寬小於援寬，欄側有的有穿。標本1，交戈（集成10638），直援，長方形內，內上有一圓穿，欄側有一對長方形穿。標本2，|執|戈（集成10757），直援，長方形內，內上有一圓穿，欄上下出齒。流行於四期。

交戈

|執|戈

Ab型：26件。長方形內外弧，下有歧刺，長援，有欄。分三式。

Ⅰ式：1件。長條形援，內與援基本等寬。標本1，臣戈（集成10667），直援，有欄，內正中有一圓穿。通長24.6釐米，援寬4.2釐米，內長6.5釐米，內寬3.7釐米。時代為中商。

臣戈

Ⅱ式：12件。長條三角形援，內相對位於援中上部。標本1，臣戈（集成10666），直援，欄上下出齒，援的本部和內的前部各有一個圓穿。內的下角圜收。通長27.5釐米，援長20釐米，援寬4.8釐米。時代為中商。標本2，望戈（集成10668），直援下刃稍弧，欄上下出齒，內部有一個圓穿。內的下角圜收。流行於一、二期。

臣戈　　　　　　　　　　　　　　　　　望戈

Ⅲ式：13件。長條形援，內相對位於援中部，鋒多呈圭形。標本1，参戈（集成10651），內一面飾獸面紋，一面鑄銘文。通長29.8釐米，寬10.3釐米。標本2，螶戈（集成10690），直援，有中脊。欄上下出齒，內部有一個圓穿，內的下角圜收。二期盛行，傳至三期。

参戈　　　　　　　　　　　　　　　　　螶戈

B型：11件。長條形援，鳥首形內。分二式。

Ⅰ式：7件。無欄。標本1，李戈（集成10658），扁平體，直援微胡，內端作鳥首形。通長36釐米。形體與戚家莊M269：4近同。流行於三期。

Ⅱ式：4件。有欄，援下略出胡。標本1，大祖日己戈（集成11401），直援微胡，脊微隆起，欄上下出齒，內作鏤雕歧冠鳥形。通長27.5釐米，援長17.8釐米。時代為四期或西周早期。

夲戈

大祖日己戈

C型：3件。三角形援，長方形內，無欄。標本1，龜戈（近出1069），三角援，起脊，近本處飾牛首形垂葉，中嵌綠松石。本有二穿。內部有一長穿，一面有銘文，另一面飾渦紋，夾以立羽紋。通長19.5釐米。形體與殷墟西區GM355：8及GM279：1近同。流行於三、四期。

乙類：銎內戈。80件。據胡部的不同分為二型。

A型：77件。無胡。內部有的為長方形，有的只有歧刺，據此分二亞型。

Aa型：68件。長方形內。標本1，❖戈（集成10604），直援微下弧，中間起脊，鋒尖銳。標本2，伇戈（10681），直援，中間起脊，鋒較圓鈍。流行於二、三期。

龜戈

❖戈

伇戈

Ab型：9件。長方形內外弧，下有歧刺。標本1，西吂戈（集成10880），援有中脊，長方形內，後端圓頭下出刺，前部有橢圓形銎穿。通長23釐米。形體與戚家莊東M269：18近同。流行於三、四期。

西吂戈

鄉宁戈

B型：3件。有胡。標本1，鄉宁戈（近出1089），直援，有中脊。長胡二穿。通長25釐米。此戈出土於河南安陽市郭家莊（M135：5），流行於四期。

二　鉞

商代有銘文的青銅鉞共有44件，其中見有圖像者40件。根據形體的異同分為A、B、C、D四型。

A型：30件。不對稱刃，內多偏於一側。分二亞型。

Aa型：25件。鉞身較寬。器身本部多飾獸面紋或倒三角紋。分四式。

Ⅰ式：2件。刃部稍不對稱，内位於本部中間稍外偏。標本1，亞啟鉞（集成11742），出土於河南安陽市小屯村殷墟婦好墓（M5：1156）。鉞身近長方形，兩側稍内凹，弧形刃，平肩，長方形内。通長24.4釐米，刃寬14.8釐米。時代屬二期。

Ⅱ式：16件。刃不對稱，内偏於長刃一側。本部多以夔紋構設成獸口作裝飾。標本1，箄子鉞（集成11751），弧刃寬援，援本部飾虎紋。長方形内，内上有一圓孔，本部飾獸面紋。通高20.3釐米，寬13釐米。出於河南安陽市花園莊的亞長鉞（M54：86）也屬此式。時代為二期。

Ⅲ式：3件。不對稱刃，刃端外突，有的刃部與本部有明顯分界。内較長，有的設有銎孔。器身多飾倒三角紋。標本1，甗鉞（集成11737），斜弧刃，長方形内，内上裝柲處有一圓穿，兩面均飾對稱夔紋，上端兩面各銘一字。援體本部飾圓渦紋和三角紋。此式同於戚東M269：77。時代屬三期。

Ⅳ式：4件。寬援寬刃。内偏於一側，欄側内上一穿，内下二穿。標本1，伐鉞（集成11723），長方形内，飾對稱夔紋。鉞身飾獸面紋與倒三角紋。此式與後崗M9：3及殷西GM1713：7近同。時代屬四期。

Ab型：5件。器身較瘦，内偏於一側，刃不對稱。標本1，亞吴鉞（集成11746），長方形内。援本部飾一圓渦紋。時代屬二期。

亞啟鉞　　　　　　　　　　　　　箄子鉞

甗鉞　　　　　　　　　伐鉞　　　　　　　　亞吴鉞

B型：4件。對稱形刃，内位於援身正中。標本1，婦好鉞（集成11739），出於河南安陽市小屯村殷墟婦好墓（M5：799），弧刃，長方形内，肩部有對稱長方形穿，肩下兩側有小槽六對。援中飾虎撲人紋。通長39.5釐米，刃寬37.3釐米。標本2，亞醜鉞（集成11743），出於山東青州蘇埠屯商墓

（M1：2），寬弧刃，長方形內，肩部有對稱長方形穿，肩下兩側有扉棱。援中飾鏤空人面紋。通長32.7釐米，刃寬34.5釐米。時代屬二、三期。

婦好鉞　　　　　　　　　　　　　　亞醜鉞

C型：5件。舌形鉞，內略偏於一側。標本1，蟲鉞（集成11727），弧刃，長方形內上有一圓穿，一面銘"蟲"，一面飾夔紋。鉞身有一圓孔，圓孔側飾相對稱的龍首夔紋，雷紋為地。通長18.9釐米，刃寬7.9釐米。標本2，鉞（集成11732），出於陝西綏德縣墕頭村窖藏。長方形內，有一圓穿。肩部有對稱長方形穿。援身飾卷體夔紋。長16.1釐米，刃寬8.8釐米。時代屬二期。

D型：1件。卷刃。兮鉞（近出1246），刃作圓弧形，兩刃角反卷。飾饕餮紋，雷紋為地。上下欄長短不等。內部一圓穿。銘"兮"夾立羽紋。時代為二期。

蟲鉞　　　　　　　　　　鉞　　　　　　　　　　兮鉞

三 矛

商代有銘文的青銅矛共35件，其中筆者收集到有圖像的27件。根據葉的形態分為A、B二型。

A型：16件。亞腰形葉，骹下沿兩側有圓穿。分二式。

Ⅰ式：3件。葉較細長，腰微束，骹部較長。標本1，亞長矛（近二1261），出於河南安陽市花園莊54號墓（M54：37）。長27.9釐米。骹部兩圓穿之間銘"亞長"。時代為二、三期。

Ⅱ式：13件。亞腰明顯，骹較短。標本1，亞醜矛（集成11440），通長24釐米，銎徑5.4釐米。尖鋒寬葉，有中脊，葉中部有尖桃形凹紋，葉下兩邊各有一個穿，圓形銎。時代為三、四期。

B型：11件。三角葉。分二亞型。

Ba型：8件。骹下部有兩鈕。分三式。

Ⅰ式：5件。葉下緣圓弧，骹直通葉尖。標本1，亞長矛，出於河南安陽市花園莊商墓（M54：113）。長23.7釐米。骹部兩半圓形環鈕之間銘“亞長”。時代為二期。

Ⅱ式：1件。葉下緣銳折，方骹通至葉中部。標本1，李矛（集成11421），刃呈三角形，橢圓形鋬，鋬中部有脊，兩旁有側翼，翼下端各有一穿。時代為三期。

Ⅲ式：2件。葉較圓鈍。標本1，交矛（集成11423），出於河南安陽市殷墟西區孝民屯南商代墓葬（M374：7）。通長23.2釐米。葉尖鈍圓，兩側有半圓形鈕，鋬口呈橢圓形。時代為四期。

Bb型：3件。長骹無鈕。標本1，息矛（集成11425），出於河南羅山縣天湖村商代墓葬（M9：10）。通長20釐米。長骹短葉，有中脊，骹呈橢圓形，上有一對穿。時代為四期。

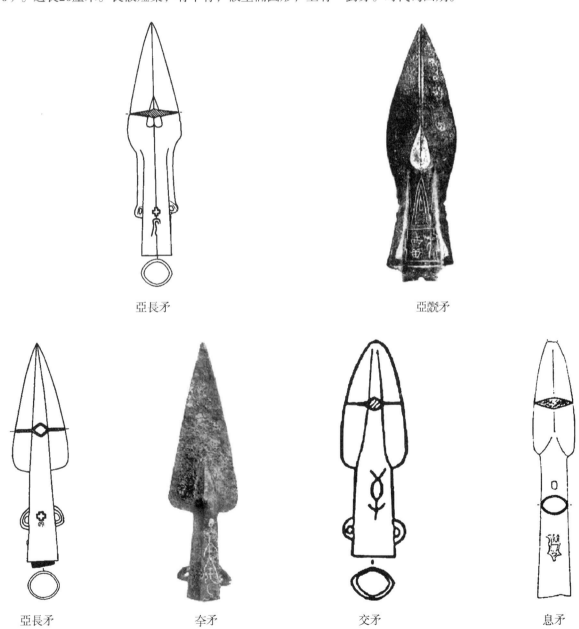

亞長矛　　　　　　　　　　　　　　亞䣌矛

亞長矛　　　　　　李矛　　　　　　交矛　　　　　　息矛

第六節　商代有銘青銅雜器的斷代與分期

包括箕、方形器、罐、鍑、鐏、刀等。

一　箕

商代有銘文的青銅箕共6件，其中見有圖像的4件。形制基本一致。標本1，婦好箕（集成10394），出自河南安陽市小屯村殷墟婦好墓（M5：869）。身如簸箕，後壁正中有一圓筒形斜柄，柄中空，近上端有一小孔，可固定木柄。柄面上端飾獸面紋。通長36.5釐米，身寬22釐米。時代為二期。標本2，尹箕（近出1054），1979年出自河南羅山縣後李村商代墓葬（M1：16）。前寬後窄，三面直壁，後壁有一長方筒形柄向上斜出，銎可插裝木柄。通長35.2釐米，寬16～20.5釐米，柄長13.5釐米。時代為三期。

婦好箕

尹箕

二　方形器

此器或以為是"冰鑒"，是盛冰用以保持食物的器具[1]。或稱之為"盧形器"，以為是用作炊煮的器具或盛食物的器具[2]。因發現較少，現還暫以器形稱之為方形器。有銘文者共2件。標本1，射婦桑方形器（集成10286），體呈長方形，直口直壁，長方圈足，圈足每面有一個長方圓角形缺。口下飾仰三角紋，腹飾獸面紋，圈足飾蛇紋，四角飾獸面紋，均以雲雷紋填地。高4.9寸，腹深2.9寸，口橫8.6寸，口縱8.1寸，重12.6875斤（西清）。標本2，婦辛方形器（集成10345），出自河南安陽市小屯村殷墟婦好墓（M5：850）。方口平沿，平底，方形高圈足，稍小於口，體兩側中部有拐尺形銎，銎上飾獸頭紋，口部一面的正中有長條形缺口，圈足四面正中各有一個弧形缺口。體飾弦紋三道。通高7.8釐米，口橫12.8釐米，口縱2.2釐米。時代為二期。

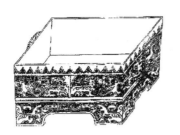

射婦桑方形器

婦辛方形器

---

① 此說見《西清古鑒》，卷三十一，第六十一。
② 中國社會科學院考古研究所：《安陽殷墟郭家莊商代墓葬》，第104頁，中國大百科全書出版社，1998年。

三　罐

商代有銘文的青銅罐共3件，均有圖。標本1，婦好罐（集成9985），出自河南安陽市小屯村殷墟婦好墓（M5：852）。圓口平底，頸内斂，圓腹外鼓，頸下兩側有一對半圓形耳。頸下飾斜角雷紋。通高19.8釐米，口徑16.9釐米。時代為二期。標本2，罐（集成9983），1972年出自河南安陽市殷墟西區孝民屯南商代墓葬（M152：2）。侈口斜頸，溜肩平底，下腹收斂，肩上有對稱半環鈕接絢索狀提梁。肩上飾兩道弦紋，腹上一道弦紋。通高16釐米，口徑10.8釐米。時代為四期。

婦好罐

罐

四　鍑

商代有銘文的青銅鍑2件，均有圖。標本1，宁□鍑（近出1043），1995年出自河南安陽市郭家莊商代墓（M26：28）。形似罐，侈口束頸，鼓腹圜底，口沿上有一對半環鈕，套接索形提梁。頸部飾三道弦紋。通高27.6釐米，口徑22.4釐米。標本2，鍑（集成4765），體似釜形，侈口束頸，鼓腹圜底，頸部有索形提梁，兩端飾圓雕蟾蜍。頸部飾三道弦紋。通高23.8釐米，口徑15.2釐米。時代為二期。

宁□鍑

鍑

五　錛

商代有銘文的錛共21件，其中有圖像者13件。分二型。

A型：6件。錛身較寬，弧形刃，刃角外張。標本1，↓錛（集成11771），扁平長方形，弧形刃，一面開刃，上有長方形銎口，上部有弦紋兩道。二、三、四期皆見。

B型：7件。鏟身窄長，平刃或弧形刃，刃角不外張。標本1，弔龜鏟（集成11781），一面平，一側開刃，頂部有長方形銎。正面和兩側面均飾夔紋和三角紋。通長15.2釐米，銎口長4.5釐米，寬2釐米。標本2，征鏟（集成11766），長條形，弧刃，頂端有長方形銎。正面和背面均飾獸面紋和三角紋。二、三、四期皆見。

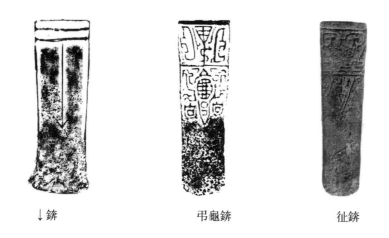

↓鏟	弔龜鏟	征鏟

六 刀

商代有銘文的青銅刀共10件，其中有圖像者7件。分A、B、C三型。

A型：1件。卷首刀。標本1，亞長刀（近二1336），刀身長，背部有三个長方形穿。刀背處飾一夔龍紋帶。刀身一側靠近柄部銘“亞長”。通長44.4釐米。時代為二期。

B型：3件。曲背，弧刃，刀尖上揚，柄用木柲夾持。標本1，𠂤刀（集成11803），扁平體，曲背，刀尖上揚，柄呈長方形。通長31.8釐米。標本2，亞矣刀（集成11813），凹背，曲刃，刀尖上揚，柄微下傾。長30.5釐米。時代為二、三期。

C型：3件。拱背凹刃，柄端有環首。標本1，𨛲刀（集成11807），1957年出自山東長清縣興復河北岸。柄兩面向內凹，每面有兩條凸起的棱綫，有欄，首為半環形。通長40.2釐米。標本2，己刀（集成11808），1983年出自山東壽光縣古城村商代晚期陪葬坑。刀體作長條形，鋒端向上斜，柄扁平，向下斜，有環形首。通長30.8釐米。時代為三、四期。

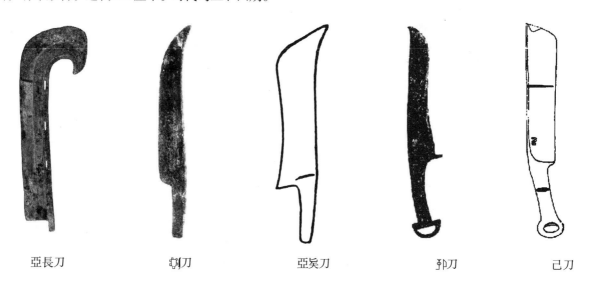

亞長刀	𠂤刀	亞矣刀	𨛲刀	己刀

第三章
武丁以前有銘青銅器探討

　　商代開始流行在青銅器上鑄造銘文。目前發現的商代有銘青銅器絕大多數都是武丁及其以後時期的，作為中國古代文字早期發展過程中的一個重要階段，關於武丁以前的青銅器上是否有銘文，如果有，那時的銘文又是一種怎樣的狀況，這一問題與探索武丁以前的甲骨文一樣，始終為學界所關注[①]。

　　下面將筆者所見商代中期有銘文的銅器[②]作一歸納。

　　1. 冃鼎[③]，現藏日本東京國立博物館。雙立耳，寬折沿，深腹，三空錐足。腹上部有三組淺平雕連珠獸面紋。兩耳下口沿上各鑄一陽文。時代為中商時期。

　　2. 眉鼎[④]。現藏保利藝術博物館。圜底，錐足形。卷沿窄方唇，雙耳直立，侈口束頸。頸飾獸面紋帶。器內底陽文"眉"字。通高27.5釐米，口徑20釐米。時代為殷墟一期。

---

①　這方面的論著有：曹淑琴：《商代中期有銘銅器初探》，《考古》1988年第3期。張光遠：《商代早期酒器上的金文——兼論周官"𪊨人"的族徽》，見《中華民國建國八十年中國藝術文物討論會論文集/器物》（上），臺北故宮博物院，1992年。朱鳳瀚：《古代中國青銅器》，南開大學出版社，1995年，第452頁。王宇信：《山東桓臺史家〈成宁觚〉的再認識及其啟示》，見《夏商周文明研究——'97山東桓臺中國殷商文明國際學術研討會論文集》，中國文聯出版社，1999年。中國社會科學院考古研究所：《中國考古學·夏商卷》，中國社會科學出版社，2003年，第425頁。

②　下文所舉商代中期的有銘青銅器，其中3、5、6、9、13、14、15、16、17、18、19諸器均見於曹淑琴：《商代中期有銘銅器初探》，《考古》1988年第3期。文中定其時代為二里崗時期或殷墟一期。下文不再出注。

③　楊曉能：《早期有銘青銅器的新資料》，《考古》2004年第7期，第96頁，圖三。

④　《保利藏金》編輯委員會：《保利藏金》，嶺南美術出版社，1999年，第15－16頁。

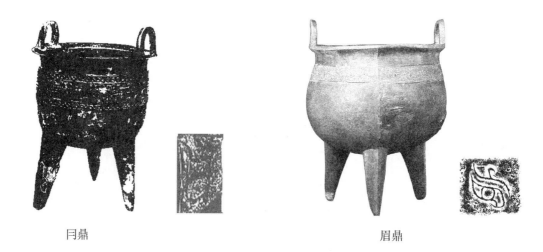

月鼎   眉鼎

3. 天鼎①，現藏陝西歷史博物館。1965年出自陝西綏德縣墕頭村商代銅器窖藏。口稍斂，一對立耳，深腹圜底，三柱足細小。口下飾雲雷紋組成的獸面紋。腹內壁銘"天"字。通高24釐米，口徑14.5釐米，腹深14.5釐米。時代為殷墟一期。

4. 薔鼎②，現藏陝西歷史博物館。斂口鼓腹，平沿，一對小立耳，圜底。三條上粗下細柱足。上腹部飾以連珠紋鑲邊的雷紋條帶。通高16.8釐米，口徑14.3釐米。時代為殷墟一期。

5. 蟲簋③，侈口，深腹，矮圈足。腹部最大徑在口沿下。口沿下飾三道凸弦紋。器內底銘"蟲"字。時代為殷墟一期。

天鼎   薔鼎   蟲簋

6. 蟲鼎④，出土自河南安陽市園莊南M115。方唇，折沿，口微斂，圓鼓腹，圜底，三錐足。口沿下二周弦紋。器內底銘"蟲"。時代為殷墟一期。

7. 耳鬲⑤，現藏中國國家博物館。束頸侈口，雙立耳，高襠袋足，下承中空尖錐足。頸飾三道弦紋，腹飾雙綫人字紋。口內側銘"耳"。通高22釐米，口徑15.4釐米。時代為中商時期。

① 陝西省考古研究所、陝西省文物管理委員會、陝西省博物館：《陝西出土商周青銅器》（一），圖版83，文物出版社，1979年。該文定此鼎為商代晚期。銘文又見《集成》992。
② 吳鎮烽：《商周青銅器銘文暨圖像集成》第00004號，上海古籍出版社，2012年。
③ 羅振玉：《夢郼草堂吉金圖》續編一卷廿三號，1917年影印本。銘文又見《集成》2944。
④ 中國社會科學院考古研究所、安陽市文物考古研究所：《殷墟新出土青銅器》（3），雲南人民出版社，2008年。
⑤ 石志廉：《商戌鬲》，《文物》1961年第1期。銘文又見《集成》447。

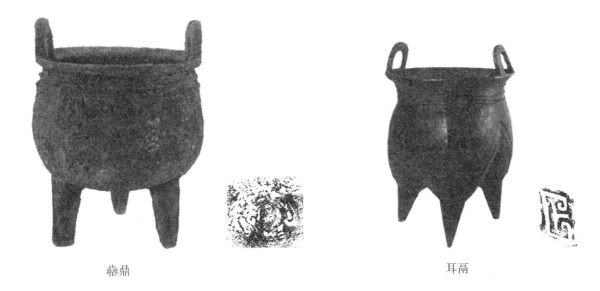

蠱鼎　　　　　　　　　　　　　　　　　　　　　耳鬲

8. 义壺①。現藏上海博物館。小口有蓋，長頸，圓肩，鼓腹，圈足，肩飾獸目紋，腹飾饕餮紋。圈足內銘"义"。高25.3釐米，口徑5釐米，腹徑15.3釐米，底徑10.1釐米。時代為中商時期。

9. ⇡甗②，現藏山西長治市博物館。1972年出於山西長子縣北關北高廟。敞口深腹，口沿上折，兩直立小耳，折沿，束腰，內無箅，三空錐足，一足殘。通體素面。內壁銘陽文"⇡"。通高39釐米，口徑25釐米，腹深19釐米。時代為中商時期。

义壺　　　　　　　　　　　　　　　　　　　　　⇡甗

10. 宁辜甗③，現藏內蒙古赤峰市文物工作站。1981年出於內蒙古昭烏達盟翁牛特旗牌子鄉敖包山前。直口深腹，口沿加厚，上有一對方形立耳，腹壁近直，鬲部較小，束腰分襠，袋形足下部有較矮的圓柱形實足。上腹飾三道弦紋。器內壁銘陽文"宁辜"。通高66釐米，口徑41釐米。時代為殷墟一期。

11. 耳斝④，現藏保利藝術博物館。平底錐形足。侈口長頸，二柱立於口一側。菌形柱帽坡度較陡。

---

① 陳佩芬：《上海博物館中國古代青銅器》，1995年，第34頁，圖7。
② 王進先：《山西長治市揀選、徵集的商代青銅器》，《文物》1982年第9期，第50頁，圖4。銘文又見《集成》786。
③ 蘇赫：《從昭盟發現的大型青銅器試論北方的早期青銅文明》，《內蒙古文物考古》第2期，圖1：1。銘文又見《集成》792。
④ 《保利藏金》編輯委員會：《保利藏金》，嶺南美術出版社，1999年，第12頁。

腹很深，直壁略向外鼓，平底下有三外撇的錐足，扁條獸首鋬①。口內側銘"耳"。通高17釐米，口徑17釐米。時代為中商時期。

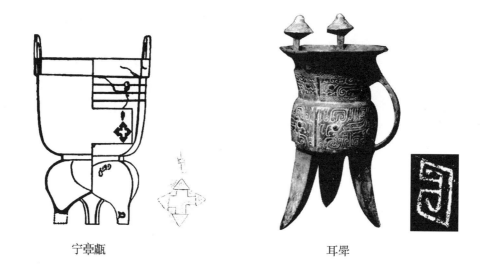

宁𧊒甗　　　　　　　　耳斝

12. 父甲角②，現藏美國魯本斯氏。兩翼上翹，口弧曲，直腹平底，一側有獸首扁環鋬，下有三條三棱錐足。腹飾單綫獸面紋。鋬內腹壁銘"父甲"。通高15釐米，兩翼間距11.5釐米。時代為中商時期。但此器銘筆道細弱，不排除是偽銘的可能。

13. ⌒爵③，現藏上海博物館。窄長流，短尖尾，長頸，寬扁形腹，平底下有三棱形錐足，流折處有矮小的丁字形雙柱，扁平鋬。鋬內腹壁銘陽文"⌒"。通高15.6釐米，流至尾長14.5釐米。時代為中商時期。

14. 犬觚④，大喇叭口，弧腰，大圈足。飾連珠紋鑲邊的獸面紋。時代為中商時期。

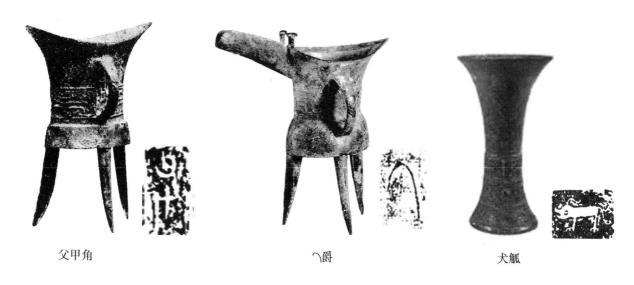

父甲角　　　　　　　　⌒爵　　　　　　　　犬觚

---

① 此器之菌形柱與鋬或認為是後加的。見《保利藏金》第12頁孫華、王藝所撰互（耳）斝說明，嶺南美術出版社，1999年。

② 中國科學院考古研究所（陳夢家）：《美帝國主義劫掠的我國殷周銅器集録》，R212、A397，科學出版社，1962年。銘文又見《集成》7873。

③ 陳佩芬：《夏商周青銅器研究》第031號，上海古籍出版社，2004年。銘文又見《集成》7755，但銘文倒置。

④ 曹淑琴：《商代中期有銘銅器初探》，《考古》1988年第3期，圖一：1。

15. 臣戈^①，現藏陝西岐山縣文化館。1972年出於陝西岐山縣京當。直內長援。通長24.6釐米。內兩側銘"臣"。時代為中商時期。

臣戈

16. 鳥戈^②，現藏湖南省博物館。直內長援，內部銘"鳥"。時代為中商時期。

鳥戈

17. 萬戈^③，現藏故宮博物院。直援直內，內兩側有圓渦紋。內上銘"萬"。通長24.6釐米。時代為中商時期。

萬戈

18. 臣戈^④，現藏河南博物院。1978年出於河南中牟縣大莊商墓。直內長援，通長27.5釐米。內兩側各有一銘"臣"。時代為中商時期。

臣戈

---

① 陝西省考古研究所、陝西省文物管理委員會、陝西省博物館：《陝西出土商周青銅器》（一），圖版10，文物出版社，1979年。銘文又見《集成》10667。
② 周世榮：《湖南出土戰國以前青銅器銘文考》，《古文字研究》第10輯，第268頁，圖15：1。銘文又見《集成》10711。
③ 曹淑琴：《商代中期有銘銅器初探》，《考古》1988年第3期，圖二，下。
④ 趙新來：《中牟縣黃店大莊發現商代銅器》，《文物》1980年第12期，第89頁，圖1。銘文又見《集成》10666。

19. ₹戈①，現藏湖北襄陽地區博物館。1977年出於湖北隨州淅河。直援直內，通長32.5釐米。內部銘 "₹"。時代為中商時期。

·₹戈

① 曹淑琴：《商代中期有銘銅器初探》，《考古》1988年第3期，圖一：3。銘文又見《集成》10774。

第四章
商代青銅器銘文的分期

　　關於商代銅器銘文的分期，學者多是從區分商器與周器的角度進行討論（參見第一章之斷代研究部分），而對商代銘文本身進行分期工作則明顯不足，涉及這一方面的也多是從器物分期角度，將銘文作為銅器的一項附屬特徵在器物分期的範圍內作一些概括。

　　1981年張振林先生作《試論銅器銘文形式上的時代標記》一文，將銅器分成9期：商前期、商後期、西周前期、西周中期、西周後期、春秋前期、春秋後期、戰國前期、戰國後期。從銅器有無銘文、族氏文字情況、文字的點畫結體、章法佈局、文辭的常見格式等方面對每期進行分析說明。商前期指從成湯至盤庚遷殷前。其共同特點是没有銘文。商後期時間從盤庚遷殷至受辛失國。根據銘文長短、内容、字形結構的特點，可分成兩段。"上段從盤庚至康丁，約一百六十年，銅器大部分没有銘文；有銘文的，多數也只有一二個族氏文字，也有一些是記載人名的，如著名的'司母戊'、'司母辛'、'婦好'等，字數也不多。""下段是從武乙至受辛約一百一十年。這期間銅器銘文有的只有族氏文字，更多的為族氏文字加祖或父或兄或母或妣的日干名。"其中族氏文字方面，"銘文中大多數都有。其中表示動物、植物、人體、房屋、工具和武器的字或偏旁，往往隨體詰屈，象形意味較濃。諸亞官的銅器，銘文族氏文字上常帶有亞形標誌，有單獨的亞字冠於族氏文字之首，有將族氏文字置於亞字之中，有將全部銘文都用亞字包括起來等幾種形式"。在點畫結構上，"文字點畫，普遍給人以粗肥的感覺。凡表示動物、植物、人體、房屋、工具和武器的文字或偏旁，因其象形意味濃，結體長短、寬窄、疏密不定"。章法佈局方面，"章法佈局較隨意。字數三四個以上者，有的分行，有的不分行，整體外緣或正方、長方形，也有很多呈不規則形的。每個字的大小不一致，字與字常互相穿插，祖或父或妣常與日干名合文書寫"。文辭格式方面，"（一）單獨的族氏文字，或單獨的結體象形意味較濃的人名。此為這一期的典型特徵。（二）族氏文字或官職字加祖或父或母或妣帶日干的名。（三）某乍某某寶尊彝。銘前或銘後，銘下或銘上，附加族氏文字。（四）干支紀日，簡單紀事（多為賜貝），乍寶尊彝，族氏文字。也有在銘文後，族氏文字之前系‘才某月，隹王幾祀’紀時的”[1]。

1985年中國社會科學院考古研究所編著出版了《殷墟青銅器》一書，其中鄭振香與陳志達先生所撰的《殷墟青銅器的分期與年代》一文將殷墟出土青銅器分成四期。在此基礎上，對各期銅器上的銘文的分期特徵進行了分析和總結，認為：

第一期：年代約為盤庚遷殷至武丁早期，禮器上尚未發現銘文。不過在相當於二里崗期的一件傳世銅鬲上有銘文“耳”一字。

第二期：武丁晚期至祖甲時期，銘文已較普遍，各類埋葬幾乎都發現有銘銅器。如婦好墓有銘銅禮器佔禮器數總的90％，4件銅鉞也都有銘文。小屯M18的禮器半數以上有銘文。……銘文1～4字不等，以2～3字為最普遍。內容有族徽、私名、日名、“亞”加方國名或族名及私名後附記日名的。有的銘文見於甲骨文或傳世銅器，有的則未見著錄。銘文的書法比較成熟，有的帶有藝術性，如“好”字寫作二女相對跪坐形；有的似較原始。此外，在二期墓出土的少數玉石器與骨角器上也出現了刻文，並有罕見的記事體朱書玉戈。可見到了第二期，文字已經廣泛地被應用了。

第三期：廩辛至文丁時期，實用禮器多鑄有銘文，如西區墓GM2508的4件禮器，3件有“子衛”銘文；苗圃北PNM172的5件禮器，均有“亞盤”二字。一般說來，銘文以2～3字為多見，內容有族徽、私名、日名加族徽、“亞”加族名或方國名等。明器一般都沒有銘文。可注意的是，第三期銘文“亞”字，與二期比較有明顯的區別。三期的“亞”字，上下兩橫，有的外伸，有的與左右的短豎相接，私名或族名框在“亞”字內。“亞”字多與族名或方國名上下或左右分書，如“亞啟”等。

第四期：帝乙帝辛時期，銅器銘文的主要特點是字數增多，內容較前豐富。就發掘品而言，銘文最多的30字（戍嗣子鼎），一般的3～5字。內容有族徽、日名、族徽加日名（即有作器者的族徽或私名，其下有受祭者的日名，省略動詞，如小屯82M1的5件有銘銅器，均屬此種），王為某作器（如“大亥作母彝”簋），某人因某事為某人作器（如戍嗣子鼎銘）等。據學者們的研究，在傳世銅器中，屬於乙、辛時期的有銘銅器約有40多件，其中有些為短篇記事性銘文，最長的達46字。總之，此期銘文在字數、記事、書法等方面都有新的發展。[2]

2004年岳洪彬先生的《殷墟青銅容器分期研究》一文在對殷墟青銅容器分期研究的基礎上，也對殷墟階段的各期銅器銘文特點作了概括。

第一期［相當於盤庚（可能還包括盤庚以前的一段時期）、小辛、小乙時期］：此期發掘出土的銅器上至今尚未見銘文。但據有關學者考證，在相當於二里崗期的銅器上已發現部分銘文，目前所知有20餘件，多為單字，有些可能是族徽文字。由此推測，殷墟一期銅器上也應有銘文，只是目前還沒有發現而已。

第二期（相當於武丁時期）：早段：銘文少見，目前僅有一例可以確認是此段之銘文（武父乙盉）。晚段：銘文較為常見，但字數較少，多為1～4字。文辭格式有單一族徽或象形意味較濃的私名，職官加祖或父或母或姓帶日干之名。此期的部分銘文見於甲骨文或傳世銅器，有的則不見於著錄。總的來說，此時銘文的書法已比較成熟，有的帶有藝術性。

第三期（相當於廩辛、康丁、武乙、文丁時期）：早段：所出銘文從章法佈局和文辭格式上看，與二期晚段沒有太大區別。但就某些字形本身來說還是有了不小的變化。如“亞”字本身內腔較大，足可容字，苗圃北M172出土的“亞盤”複合族徽，已開始將“盤”字置於“亞”字框內。二期晚段的“亞”字則多與族名或方國名上下或左右分書，如“亞啟”。其他如“宁”、“辛”等字也有較大的變化。晚

---

① 張振林：《試論銅器銘文形式上的時代標記》，《古文字研究》第5輯，第55－56頁。

② 鄭振香、陳志達：《殷墟青銅器的分期與年代》，載於中國社會科學院考古研究所編著《殷墟青銅器》，文物出版社，1985年，第45－56頁。

段：銘文除個別字體寫法上有些差異外，在佈局和章法結構方面無大的變化。

第四期（相當於帝乙、帝辛時期）：相對以前各期來說，四期銘文發生了質的變化。首先，鑄銘字數增多，内容豐富。在發掘品中，有的銘文多達30字（戍嗣子鼎），出現記事性銘文。在傳世銅器中，屬於四期的有銘銅器有數十件之多，最長的銘文達46字（鄔其卣乙巳器）。其次，字體本身的寫法與前不同，如"亞"字内包容的字不單單是一個或兩個字的族徽，而是多達七八個字的簡單記事性文字，如GM93：1的觚形尊銘即是。另如"癸"字，三期以前四端不出頭，四期時均向外伸出。其他如"辛"、"王"、"其"等字都有不同程度的變化。再次，字體點畫雖仍給人以粗肥之感，象形意味仍然濃厚，但其寬窄疏密，略顯定規，戍嗣子鼎的銘文排列就頗顯成熟。最後，文辭格式豐富多樣，除以前常見的族徽文字和帶有日名或職官名的人名外，還出現了"某乍某寶尊彝+族徽文字"和"干支紀日+簡單記事（常為賜貝）+乍寶尊彝+族徽文字"，或有的還鑄上"才某月，唯王幾祀"等紀時語。[1]

這些研究從考古材料出發，得出的認識是比較符合實際的，為今後的分期研究打下了良好的基礎，但由於條件所限，没有對商代青銅器銘文進行全面整理，所以有些具體的論斷也有可商之處。筆者擬在前董研究的基礎上，對這一問題作進一步的探討。先對單個的銘文形體進行分期研究，歸納出字形變化的特徵，然後再根據銅器的考古斷代，對銘文進行總體的分期。

第一節 商代青銅器銘文單字形體的分期

綜合銅器的分期，筆者製作了《商代金文字編》，本文選取在商代青銅器銘文各期中字形有所變化的13個常見字進行分期。示意如下（表中所示僅是說明這類字型在該期比較常見。表中數字是《殷周金文集成》中的器號）。

单字＼分期	二期	三期	四期
正	2948		410
鳥	9403	567	53477
宁	1362	7006	1448
車	9776		5590
戉	6357	6177	3189

---

① 岳洪彬：《殷墟青銅容器分期研究》，《考古學集刊》第15集，第58－66頁。

分期 單字	二期	三期	四期
辛	1296	9280	6410
其	9163	6949	9823
戈	近出383	4707	9404
庚	1626	8587	4968
尋	1326	9782	5097
丙			2708
女	1708	3457	9291
亞	7181		1433

第二節　商代青銅器銘文分期特點

根據前文對商代銅器類型學研究及分期結果，對各期銘文的特徵稍作概括。

一　商代中期與殷墟一期

相當於武丁以前。這一階段的有銘青銅器共19件，銘文有冃、眉、天、黽、耳（2件）、蠱（2件）、臣（2件）、犬、鳥、萬、乂、⦶、〜、乚、宁章。銘文的特點有：

其一，陽文銘多見。其上有6件為陽文，約占32%。從鑄造的角度說，那就是直接在外範上刻寫銘文，這是一種比較省功與方便的做法。但不可否認的是，陰文銘還是佔了較大比重，這種費功費時的做法何以一開始就如此盛行，而且長此以往一直都是銘文製作手法中最常見的形式，這是一個費解的問題。

其二，字數多為一字。這是早期銘文的一個顯著的特點。但是這一階段也出現了二字銘文。宁章甗的銘文也是二字，按當前學界的一般意見，這樣的兩字銘就是複合族徽或複合氏名，如果說複合族徽是族氏分化的結果，那麼宁章族中的母族（宁或章）的存世年代就可能更為古老。

其三，銘文的象形性強。如"眉"字，眼上的眉毛也有細緻的表現。"鳥"字也細緻地表現了鳥翅、鳥尾、鳥足。

其四，這些銘文中抽象的符號性銘文比較多，如乇、冂、乂、⊕等。

其五，在這19個銘文中，共有3組6件同銘，即臣戈2件；耳斝與耳鬲；蠱鼎與蠱簋，表明這些銘文並非孤例。"蠱"字因為字體成熟是文字殆無問題。而"臣"與"耳"，形體較異，但多件器上都有此銘，所以是文字也不會有問題。這種多器同銘現象表明，這一階段在銅器上鑄銘是一種例常的行為，而不是偶而為之的特例之舉。

其六，有一些器的銘文的位置與商代晚期常見者不類，如耳斝銘在口內與鋬相對處，冃鼎銘在口沿耳下，等等。但也有的銘文所在位置與商代晚期的銘文所在位置基本一致。如戈的銘文在內部，衛簋的銘文在內底，父甲角與冂爵銘在鋬內外腹壁。這種銘文位置的不固定性是早期銘文還處於鑄銘探索階段的表現，但不可否認的是，這些早期銘文畢竟也逐漸固定了銘文的位置。

其七，有銘文的銅器器類比較多，基本涵蓋了銅器的主要類別，如食器（鼎、簋、甗、鬲），酒器（爵、斝、瓿、角），水器（壺），兵器（戈）。但其中鼎與戈所見有銘文者最多，這二者也許正體現了祀與戎兩事在銅器發展史上的特殊重要性。

這一時期在其他質料的器物上也發現有文字資料。比較明確的有河北藁城臺西遺址。在該遺址出土的多件陶器上刻有多個文字符號，其在陶器上出現的位置多在器物口沿、肩部、頸部、腹部、底部、內壁等處。內容可分為三類：一類是數位類，如一、二、三、五、六、七、八、九等；二類為工匠或器主的族氏或人名類，如"止"、"臣（或目）"、"五"、"天（或屰）"、"刀"、"矢"、"戈"等；再一類是尚難釋讀的字元①。而河南鄭州小雙橋遺址還見有朱書文字。據報告②，小雙橋朱書文字僅發現於祭祀區的地層和遺迹中，出現在18件陶缸殘片上。其中大型缸類口沿外表2件、口沿內壁2件、腹部表面3件；小型缸類腹部表面7件、內腹壁1件、口沿外表面1件、口沿內壁1件；器蓋表面1件。朱書的位置不固定，其中口沿內壁及內腹壁出現4件，這一點為殷代的青銅容器銘文所延續，其他的14件朱書位置都出現在容器的外表，這一方面也許是因為書寫的方便，另一方面可能還是由於早期器銘位置尚未定型的緣故。朱書內容大致分為三類：一類是數目字，另一類是象形文字或徽記類，還有一些性質不明的其他類。其中"二"、"三"、"帚"、"陶"、"天"、"尹"等字形體清晰可辨。臺西與小雙橋這兩批出土較集中的陶文，從字形、筆畫、結構及表現手法分析，兩者有很多的共性，而它們與商代中期青銅器銘文也有着比較密切的內在聯繫，當屬於同一文字體系。陶文與青銅器銘文皆以單獨書寫為主；文字所出現的位置往往不固定（個別的則又相對固定）；多個文字重複出現，如"天"、"臣"等，一方面說明它們作為文字殆無問題，同時也說明這些器物上的文字的功能更多的當是族氏徽記一類的性質。但是陶文中常見的數字在青銅器銘文中則少見，這是一個尚待討論的現象。

---

① 河北省文物研究所：《藁城臺西商代遺址》，文物出版社，1985年，第90－99頁。

② 宋國定：《鄭州小雙橋遺址出土陶器上的朱書》，《文物》2003年第5期。

二 殷墟二期

相當於武丁、祖庚、祖甲時期。這一階段的有銘青銅器特點如下。

其一，銘文字數較少，以一、二、三字多見，這三者佔總數的98%。5字以上的極少見，5字和9字者各僅一例。

其二，銘文內容較簡單。可分為如下幾類。

1. 族氏（包括職官）名。共423例，約佔總數的62%。戈、弓、史、職、正、冉、其、矣、鳶、丙、長等是此期較常見的族氏銘文。

2. 日名。較少，僅見2例。

3. 親屬稱謂＋日名。11例。

4. 族氏名＋日名。見有23例。

5. 族氏名＋親屬稱謂＋日名。67例。親屬稱謂有示、祖、父、母。尚不見妣。其中以父器為多，有58例；母器次之，有14例；祖器有6例。

6. 名號。有149例。如婦好、婦旋、子妥、子漁、子䔣等。

7. 其他。主要是方位詞，3例，如左、中、右。還有1例器有自名"盂"（10302）。

其三，表人體、動物、器用的銘文有較強的象形性。部分體現較抽象意思的銘文則更強調該字的造字本意。

其四，文字形體多用肥筆，體現出較明顯的筆書風格。

其五，銘文字數少，銘文佈局比較簡單。很多銘文為追求美觀，常進行對稱性佈置。這種增複繁構或許也是一種鄭重的表示。

三 殷墟三期

相當於廩辛、康丁、武乙、文丁時期。

這一階段的有銘青銅器（有圖像可供斷代者）共480件。其特點如下。

其一，銘文字數仍以一、二、三字多見，這三項約佔總數的94%。字數最多者7字，出現2例。

其二，銘文內容較簡單。可分為如下幾類。

1. 族氏（包括職官）名。共358例，約總數的75%。戎、址、冀、爰、息、己㚏、李等是此期較常見的族氏銘文。

2. 日名。較少，僅見3例。

3. 親屬稱謂＋日名。13例。

4. 族氏名＋日名。見有37例。

5. 族氏名＋親屬稱謂＋日名。47例。

親屬稱謂有示、祖、父、母。尚不見妣。其中以父器為多，有52例；祖器有6例；母器有3例；示（主）器1例。

6. 名號。有21例。如守婦、婦姍、奄婦㪔、子工、子蝠、子衛等。

7. 其他。出現記事性銘文，但還少見。如亞羍盂（9415）"亞羍作仲子辛彝"。這是與二期區別較大的一類銘文內容。

其三，在銘文象形性、書體風格與銘文佈局方面，與二期基本相同。

四　殷墟四期

相當於帝乙、帝辛時期。

這一階段的有銘青銅器（可斷代者）共1249件。其特點如下。

其一，銘文字數仍以一、二、三字多見，這三項約佔總數的80%。但長銘也大量出現，字數最多者48字，出現1例。銘文10字以上的共有47件，佔總數的3.6%。

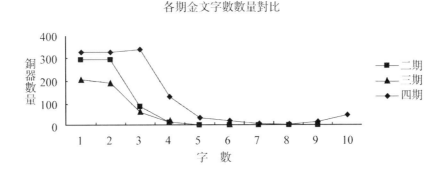

各期金文字數數量對比

注：表中字數10表示銘文字數在10字以上者。

其二，銘文內容較以前增多。可分為以下幾類。

1. 族氏（包括職官）名。共572例。約佔總數的46%。中、䫇、畜、戈、息、獲、𠂤、𤔲、丙、史、融、疏、𠂤、盾得、耴貝等是此期較常見的族氏銘文。

2. 日名。較少。僅見3例。

3. 親屬稱謂+日名。40例。

4. 族氏名+日名。見有66例。

5. 族氏名+親屬稱謂+日名。486例。

親屬稱謂有示、祖、妣、父、母、兄、姑。其中以父器為多，有418例。祖器有61例。母器有31例。妣器9例。兄器5例（有可能有的是人名）。姑器6例。示（主）器1例。

6. 名號。73例。如：子雨、子犬、子媚、商婦、山婦、杞婦。

7. 記事銘文。85例。其中大部分都是"某作某器"的格式，這類共80例。記事的內容除"作器"之外，則多是賞賜類的內容。四期的長銘中，記事性銘文是其主體。

其三，特徵性字體。王、賞、賜，就目前材料看，僅出現在四期。

其四，新出現干支記時與記年文辭。如："甲子"、"乙巳"，"在某月"、"唯王某祀"，這都是與記事銘文相伴出現的。

其五，銘文中有的字體象形性強，字數少的銘文佈局與以前近似。但隨着長篇銘文的出現，此期的銘文佈局也出現了較大變化。多數長篇銘文都縱向排列整齊，銘文各字形體大小接近。銘文書體除了還保持肥筆的特徵外，也大量出現首末基本等粗的瘦體。

下面試對各期中銘文內容的各項內容在本期內所佔比重進行對比，如下表。從表中可以看出，三期銘文的內容的前4項內容所佔比例基本上一致。第5項內容（族氏名+親屬稱謂+日名）則是二、三期近同，與四期相區別。第6項內容（人物名號）則是三、四期近同，與二期相區別。關於第5項，四期時的比重顯著增大，是與此期大量出現親屬稱謂有關。與二、三期相比，四期時多出現妣、兄、姑等被祭者名，而商代的周祭系統也是在帝乙、帝辛時期被確立與完善的。四期時大量親屬稱謂的出現與受祭，當與其不無關係。二期時的人物名號出現比重要比三、四期高。筆者覺得這其實並不是當時實際情況的反映。二期的婦好墓出土物中大量的都是銘有私名的器物，其中私名比例高當是受其影響所致。

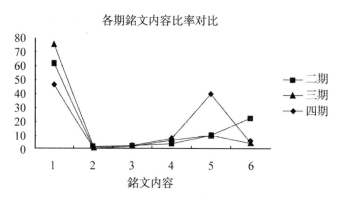

各期銘文内容比率对比

注：1.族氏名；2.日名；3.親屬稱謂＋日名；4.族氏名＋日名；5.族氏名＋親屬稱謂＋日名；6.名號。

以上是據銅器分期的結果對商代青銅器銘文各期的特點進行了總結分析，根據這一分析，不難發現，二期與三期的青銅器銘文有很大的共性，表現在：

其一，字數上，都以二三字為主，長銘不見，最多的也就7字或9字。

其二，銘文内容上，都是族氏名與親屬日名為主，基本不見記事性銘文。

其三，一些特徵性銘文的形體也有相當的共性。

其四，銘文的書體接近，以肥筆居多，基本不見瘦體。

基於以上特點，從銘文發展史的角度來說，殷墟二期銘文與殷墟三期銘文可合併為同一階段銘文。

據此，從銘文本身的特點與發展史的角度，筆者以為可將商代銘文分為如下新的三期（為同基於銅器分期的四期相區別，在各期前加“金文”二字）。

金文一期，相當於商代中期與殷墟一期。這是金文的肇始階段。

金文二期，相當於殷墟二期、三期。這是商代金文的發展階段。

金文三期，相當於殷墟四期。這是商代金文的轉型階段。西周金文直接繼承了這一期銘文的風格特點。

附　商代青銅器銘文分期斷代總表

鐃

編號	著録號	器名	出土地	型式	期別	銘文	器形來源
0001	359	鳶鐃		A I	二期	鳶	圖集15880
0002	360	🜚鐃	河南安陽（傳）	A I	二期	🜚	鄴三上2
0003	361	躍鐃		A I	二期	躍	圖集15882
0004	362	專鐃	河南安陽（傳）	B I	二期	專	鄴初上2
0005	363	專鐃	河南安陽（傳）	B I	二期	專	鄴初上3
0006	364	專鐃	河南安陽（傳）	B I	二期	專	鄴初上4
0007	365	匿鐃	河南安陽（傳）			匿	
0008	366	匿鐃	河南安陽（傳）			匿	
0009	367	中鐃	河南安陽西區M699	A II	三、四期	中	全集3.185
0010	368	中鐃	河南安陽西區M699	A II	三、四期	中	全集3.185
0011	369	中鐃	河南安陽西區M699	A II	三、四期	中	全集3.185
0012	370	中鐃		A II	四期	中	青研186
0013	371	中鐃		A II	四期	中	圖集15855
0014	372	史鐃		A II	三期	史	圖集15869

編號	著録號	器名	出土地	型式	期別	銘文	器形來源
0015	373	史鐃		A II	三期	史	青研184
0016	374	受鐃				受	
0017	375	賈鐃		B I	二期	賈	綜覽鉦10
0018	376	舌鐃		A II	三期	舌	圖集15879
0019	377	苟鐃		B I	二期	苟	鄴初上5
0020	378	苟鐃		B I	二期	苟	鄴初上7
0021	379	苟鐃		B I	二期	苟	鄴初上6
0022	404	擒鐃	河南安陽（傳）	A III	四期	擒	善圖19
0023	J110	由鐃	河南安陽大司空村M663	A I	二期	由	
0024	J111	爰鐃	河南安陽戚家莊東M269	A II	三期	爰	
0025	J112	爰鐃	河南安陽戚家莊東M269	A II	三期	爰	
0026	J113	爰鐃	河南安陽戚家莊東M269	A II	三期	爰	
0027	E51	巳鐃		B II	三期	巳	
0028	E52	巳鐃		B II	三期	巳	
0029	E53	巳鐃		B II	三期	巳	
0030	380	亞矣鐃	河南安陽（傳）	B I	二期	亞矣	鄴二上1
0031	381	亞矣鐃	河南安陽（傳）	B I	二期	亞矣	鄴二上2
0032	382	亞矣鐃		B I	二期	亞矣	綜覽鉦9
0033	383	亞弜鐃	河南安陽婦好墓	B I	二期	亞弜	全集3.184
0034	384	亞弜鐃	河南安陽婦好墓	B I	二期	亞弜	全集3.184
0035	385	亞夫鐃	河南安陽（傳）	A III	四期	亞夫	鄴三上3
0036	386	亞奧鐃		A II	三期	亞奧	青研183
0037	387	亞劦鐃	河南安陽（傳）	A II	三、四期	亞劦	鄴三上1
0038	398	亞戠鐃		A II	四期	亞戠	武英151
0039		亞長鐃	河南安陽花園莊M54：119	A I	二期	亞長	何毓靈
0040		亞長鐃	河南安陽花園莊M54：108	A I	二期	亞長	何毓靈
0041		亞長鐃	河南安陽花園莊M54：199	A I	二期	亞長	何毓靈
0042	388	北單鐃		B I	二期	北單	圖集15898
0043	389	北單鐃		B I	二期	北單	圖集15899

續表

編號	著録號	器名	出土地	型式	期別	銘文	器形來源
0044	390	北單鐃		B I	二期	北單	圖集15900
0045	391	𥄂𠁁鐃		B I	二期	𥄂𠁁	十二賈2
0046	392	冘冊鐃		B III	四期	冘冊	圖集15901
0047	395	𠂤合鐃	河南安陽（傳）	B I	二期	𠂤合	綜覽鉦5
0048	396	𠂤合鐃	河南安陽（傳）	B I	二期	𠂤合	綜覽鉦6
0049	397	𠂤合鐃	河南安陽（傳）	B I	二期	𠂤合	綜覽鉦7
0050	399	亞𡧀嫡鐃		A II	四期	亞𡧀嫡	全集4.181
0051	403	亞畞左鐃		A II	三、四期	亞畞左	綜覽鉦13
0052	405	亞仈姍鐃	河南安陽大司空M312	A II	三期	亞仈姍	全集3.182
0053	406	亞仈姍鐃	河南安陽大司空M312	A II	三期	亞仈姍	全集3.182
0054	407	亞仈姍鐃	河南安陽大司空M312	A II	三期	亞仈姍	全集3.182
0055	400	畬見冊鐃		A II	三、四期	畬見冊	綜覽鉦1
0056	401	畬見冊鐃		A II	三、四期	畬見冊	綜覽鉦1
0057	402	畬見冊鐃		A II	三、四期	畬見冊	綜覽鉦1
0058	408	魚正乙鐃			四期或周早	魚正乙	
0059	409	魚正乙鐃		B III	四期或周早	魚正乙	冠斝中42
0060	410	魚正乙鐃		B III	四期或周早	魚正乙	綜覽鉦28
0061	411	亞萬父己鐃		A II	三、四期	亞萬父己	綜覽鉦25
0062	J114	亞𡧊止鐃	河南安陽郭家莊M160：22	A II	三期	亞𡧊止，中	郭家莊
0063	J115	亞𡧊止鐃	河南安陽郭家莊M160：23	A II	三期	亞𡧊止，中	郭家莊
0064	J116	亞𡧊止鐃	河南安陽郭家莊M160：41	A II	三期	亞𡧊止，中	郭家莊
0065	412	姎辛鐃	河南安陽（傳）	A II	三、四期	沫林尹姎辛	綜覽鉦2

鈴

編號	著録號	器名	出土地	型式	期別	銘文	器形來源
0066	413	亞㠱鈴	河南安陽大司空南地（傳）			亞㠱	圖集15952
0067	414	亞㠱鈴	河南安陽大司空南地（傳）			亞㠱	圖集15953
0068	415	亞㠱鈴	河南安陽（傳）			亞㠱	十二隻8

鼎

編號	著錄號	器名	出土地	型式	期別	銘文	器形來源
0069	985	父鼎		甲AbⅢ	三期	父	故銅16
0070	986	丁鼎	河南安陽	甲AbⅣ	四期	丁	河南1.328
0071	987	廥鼎				廥	
0072	988	廥鼎		甲AbⅣ	四期	廥	考古圖1.3
0073	990	辭鼎				辭	
0074	991	天鼎		甲AbⅡ	二期	天	綜覽鼎66
0075	992	天鼎	陝西綏德縣墕頭村窖藏	甲AbⅠ	一期	天	陝銅1.83
0076	993	卩鼎		甲AbⅡ	二期	卩	博古3.15
0077	994	見鼎	河南安陽（傳）	甲BaⅠ	二期	見	綜覽鼎135
0078	996	吳鼎				吳	
0079	997	吳鼎				吳	
0080	998	婤鼎				婤	
0081	999	好鼎	河南安陽殷墟M5：819	甲AbⅡ	二期	好	殷銅106
0082	1000	竟鼎				竟	
0083	1001	保鼎				保	
0084	1002	保鼎		甲CⅢ	四期	保	善圖20
0085	1003	重鼎		甲AbⅡ	二期	重	文物1964年4期
0086	1004	重鼎		甲CⅠ	二期	重	綜覽鬲鼎8
0087	1005	佣鼎				佣	
0088	1006	佣鼎				佣	
0089	1007	佣鼎				佣	
0090	E150	佣鼎				佣	
0091	1008	犾鼎				犾	
0092	1009	犾鼎				犾	
0093	J166	犾鼎		甲AbⅣ	四期	犾	
0094	1010	何鼎	河南安陽郭家灣北地	甲AbⅢ	三期	何	圖集00221
0095	1011	伐鼎		甲AbⅢ	三期	伐	圖集00222
0096	1012	鼎					

編號	著録號	器名	出土地	型式	期別	銘文	器形來源
0097	1013	鼎	河南安陽西區M355	甲AbⅢ	三期		殷銅195
0098	1014	化鼎				化	
0099	1015	文鼎				文	
0100	E156	文鼎				文	
0101	1016	付鼎				付	
0102	1017	卷鼎		甲AcⅢ	四期	卷	西甲2.10
0103	1018	卷鼎	山東濟南劉家莊			卷	
0104	E133	卷鼎		甲AcⅡ	三期	卷	
0105	1019	鼎					
0106	1020	癸鼎				癸	
0107	1021	癸鼎		甲AbⅡ	二期	癸	綜覽鼎94
0108	1022	癸鼎				癸	
0109	1023	癸鼎		甲AbⅢ	三期	癸	頌續3
0110	E136	癸鼎		甲AbⅢ	三期	癸	
0111	1024	光鼎				光	
0112	1025	光鼎		甲BaⅠ	二期	光	貞圖上3
0113	1027	以鼎				以	
0114	1028	失鼎				失	
0115	1029	鼎					
0116	1030	先鼎	河南安陽	甲AbⅡ	二期	先	綜覽鼎68
0117	1031	鼎		甲AbⅢ	三期		十二貯6
0118	1033	羆鼎				羆	
0119	1034	鼎		甲AbⅣ	四期		首師22
0120	1035	芀鼎		甲CⅢ	四期	芀	綜覽鬲鼎26
0121	1036	芀鼎				芀	
0122	1041	襄鼎		甲AbⅡ	二期	襄	美集A17
0123	1042	子鼎		甲AbⅢ	三期	子	博古1.10
0124	1043	子鼎		甲AbⅣ	四期	子	西甲1.40
0125	1044	子鼎	河南安陽			子	
0126	1045	子鼎				子	

編號	著録號	器名	出土地	型式	期別	銘文	器形來源
0127	J185	子鼎		甲AbⅢ	三期	子	
0128	J186	子鼎		甲AbⅣ	四期	子	
0129	1047	囝鼎				囝	
0130	1048	囝鼎				囝	
0131	1050	出鼎				出	
0132	1051	旋鼎		甲CⅠ	二期	旋	故銅14
0133	1052	蟲鼎				蟲	
0134	1053	躍鼎				躍	
0135	1054	躍鼎				躍	
0136	1055	躍鼎				躍	
0137	1056	躍鼎				躍	
0138	J183	躍鼎		甲BaⅠ	二期	躍	
0139	1058	正鼎		甲AdⅢ	三期	正	故銅21
0140	1059	正鼎				正	
0141	1060	正鼎	河南安陽侯家莊西北崗 HPKM1133：3	甲AbⅢ	三期	正	綜覽鼎14
0142	1061	正鼎		甲CⅡ	三期	正	西清1.7
0143	1057	正鼎	河南安陽			正	
0144	1062	徙鼎				徙	
0145	1063	徙鼎	河南温縣小南張村	乙AaⅠ	二期	徙	河南1.336
0146	1064	□鼎				□	
0147	1065	○鼎	河南安陽（傳）			○	
0148	1066	得鼎		甲CⅠ	二期	得	美集A37
0149	1067	得鼎				得	
0150	1068	妥鼎				妥	
0151	1069	叔鼎				叔	
0152	1070	羞鼎				羞	
0153	1071	羞鼎		甲AbⅡ	二期	羞	圖集00115
0154	1072	羞鼎		乙AaⅡ	三期	羞	美集A68
0155	1073	史鼎				史	

編號	著録號	器名	出土地	型式	期別	銘文	器形來源
0156	1074	史鼎		甲AbⅢ	三期	史	圖集00031
0157	1075	史鼎		甲AbⅡ	二期	史	西甲1.19
0158	1076	史鼎				史	
0159	1077	史鼎		甲AbⅡ	二期	史	綜覽鼎45
0160	1078	史鼎	河南安陽			史	
0161	1079	史鼎		甲AbⅡ	二期	史	綜覽鼎157
0162	1080	史鼎				史	
0163	1081	史鼎				史	
0164	1082	史鼎				史	
0165	1083	史鼎				史	
0166	1084	史鼎		甲CⅡ	三期	史	圖集00032
0167	1085	史鼎		甲AbⅡ	二期	史	綜覽鼎97
0168	1086	史鼎		甲CⅠ	二期	史	圖集00035
0169	1087	史鼎		甲CⅠ	二期	史	圖集00036
0170	1088	史鼎		甲BaⅢ	四期	史	故圖下下24
0171	E137	史鼎		乙AaⅢ	四期	史	
0172	E138	史鼎		乙AaⅢ	四期	史	
0173	E139	史鼎		乙AaⅢ	四期	史	
0174	E140	史鼎		甲AbⅡ	二期	史	
0175	E141	史鼎		甲AcⅢ	四期	史	
0176	E142	史鼎		甲AbⅣ	四期	史	
0177	E143	史鼎		甲AbⅡ	四期	史	
0178	E144	史鼎		甲CⅢ	四期	史	
0179	E145	史鼎		甲CⅢ	四期	史	
0180	E146	史鼎		甲AdⅣ	商末周初	史	
0181	E147	史鼎		甲AdⅣ	商末周初	史	
0182	1089	擒鼎		甲CⅠ	二期	擒	陶續1.13
0183	1090	叉鼎				叉	
0184	1091	卅鼎		甲AdⅢ	四期	卅	西清3.9

續表

編號	著録號	器名	出土地	型式	期別	銘文	器形來源
0185	1092	執鼎		乙AaⅡ	三期	執	綜覽方鼎28
0186	1093	嬰鼎		甲AbⅡ	二期	嬰	博古1.9
0187	1094	嬰鼎		甲AbⅢ	三期	嬰	遺珠6
0188	1095	嬰鼎		甲AdⅢ	三期	嬰	善齋2.9
0189	1096	守鼎	河北藁城前西關	甲AbⅡ	二期	守	叢刊1輯160頁
0190	1097	左鼎				左	
0191	1098	㸑鼎	河南安陽西區M907：3	甲AbⅢ	三期	㸑	殷銅72
0192	1099	聿鼎		甲AdⅢ	三、四期	聿	圖集00195
0193	1100	專鼎				專	
0194	1101	受鼎				受	
0195	J179	受鼎	河南安陽郭家莊M26：29	甲CⅠ	二期	受	
0196	E155	受鼎		甲AbⅣ	四期	受	
0197	1103	牛鼎				牛	
0198	1105	羊鼎				羊	
0199	1106	羊鼎		甲AbⅣ	四期	羊	圖集00012
0200	1107	䇘鼎		甲BaⅡ	三、四期	䇘	青研045
0201	1108	䇘鼎				䇘	
0202	1109	䇘鼎		甲AbⅢ	三期	䇘	圖集00015
0203	1112	馬鼎				馬	
0204	1113	豕鼎				豕	
0205	1114	豕鼎				豕	
0206	1115	豕鼎				豕	
0207	1116	豕鼎		甲AbⅡ	二期	豕	考古1986年9期
0208	1117	夒鼎	河南安陽			夒	
0209	1118	夒鼎	河南安陽（傳）			夒	
0210	1120	鳥鼎		甲AbⅣ	四期	鳥	善齋2.2
0211	1121	鳥鼎		甲AbⅡ	四期	鳥	十二貯5

編號	著録號	器名	出土地	型式	期別	銘文	器形來源
0212	1122	隻鼎				隻	
0213	1123	鳶鼎		甲AbⅡ	二期	鳶	全集2.37
0214	1124	鳶鼎		甲AbⅡ	二期	鳶	綜覽鼎73
0215	1125	舛鼎				舛	
0216	1126	魚鼎		甲AbⅣ	四期	魚	圖集00143
0217	1127	魚鼎				魚	
0218	1128	鮮鼎				鮮	
0219	1129	閂鼎		甲BaⅠ	二期	閂	綜覽鼎134
0220	1131	黿鼎				黿	
0221	1132	黿鼎		甲CⅢ	四期	黿	西清3.36
0222	1133	蕈鼎		甲AbⅠ	一期	蕈	圖集00004
0223	1134	萬鼎		甲AbⅣ	四期	萬	博古1.28
0224	1135	枬鼎	河南安陽西北崗M2020	甲CⅡ	三期	枬	綜覽禺鼎43
0225	1136	糞鼎				糞	
0226	1137	門鼎	河南安陽（傳）	甲AbⅢ	三期	門	圖集00336
0227	1138	甾鼎				甾	
0228	1140	合鼎	山東長青縣興復河	甲AbⅡ	二期	合	綜覽鼎113
0229	E134	合鼎	河南安陽孝民屯北 M2065：1	甲CⅢ	四期	合	
0230	E135	合鼎	河南安陽孝民屯商代墓葬 M17：11	甲BaⅢ	四期	合	
0231	1141	臺鼎		甲CⅠ	二期	臺	綜覽禺鼎60
0232	1142	倉鼎				倉	
0233	1143	狗鼎				狗	
0234	1145	亞鼎		甲AdⅢ	四期	亞	善齋2.4
0235	1147	亞鼎		甲CⅢ	四期	亞	美集A49
0236	1148	舟鼎	河南安陽武官村WKGM8	甲CⅠ	二期	舟	河南1.267
0237	1150	車鼎				車	

編號	著錄號	器名	出土地	型式	期別	銘文	器形來源
0238	1151	⊗鼎				⊗	
0239	1152	⊗鼎				⊗	
0240	1153	☀鼎				☀	
0241	1155	⼋鼎				⼋	
0242	1157	⼋鼎		甲Ac I	二期	⼋	圖集00309
0243	1158	卬鼎		甲AbⅢ	三期	卬	綜覽鼎119
0244	1159	卬鼎				卬	
0245	1160	卬鼎		甲CⅡ	三期	卬	美集A30
0246	1161	卬鼎	河南安陽M17：4	甲AbⅡ	二期	卬	殷銅164
0247	1162	卬鼎	山西靈石縣㫃介村M1：2	乙AaⅢ	四期	卬	㫃介圖170
0248	J200	卬鼎		甲BaⅢ	四期	卬	
0249	J201	卬鼎	山西靈石縣㫃介村M2：38	甲AbⅣ	四期	卬	
0250	J202	卬鼎	陝西長安縣灃西鄉馬王村	甲CⅢ	四期	卬	
0251	1163	囲鼎		乙AaⅡ	三期	囲	故銅87
0252	1164	囲鼎		乙B	三期	囲	美集A78
0253	1165	囲鼎	河南安陽（傳）	甲AdⅢ	三、四期	囲	故銅86
0254	1166	宁鼎		甲BaⅢ	四期	宁	綜覽鼎77
0255	1167	賈鼎		甲AbⅢ	三期	賈	圖集00225
0256	1168	買鼎				買	
0257	1169	𤔲鼎				𤔲	
0258	1170	𤔲鼎				𤔲	
0259	1171	𤔲鼎		甲AbⅡ	二期	𤔲	綜覽鼎90
0260	1172	𤔲鼎		甲AdⅢ	三期	𤔲	圖集00323
0261	1173	𤔲鼎		甲AbⅡ	二期	𤔲	青研050
0262	1174	盨鼎				盨	
0263	1175	壴鼎		甲AbⅡ	二期	壴	尊古1.14
0264	1176	夨鼎	河南安陽西北崗M1550	甲AbⅣ	四期	夨	綜覽鼎61
0265	1177	夨鼎		甲AbⅣ	四期	夨	綜覽鼎129
0266	1178	夨鼎		甲AcⅢ	四期	夨	西清3.8

編號	著錄號	器名	出土地	型式	期別	銘文	器形來源
0267	1179	㠱鼎		甲C Ⅱ	三期	㠱	懷米上3
0268	1180	㠱鼎		甲C Ⅲ	四期	㠱	圖集00237
0269	1181	㠱鼎		甲Ab Ⅳ	四期	㠱	陶齋1.19
0270	1182	㠱鼎				㠱	
0271	J203	㠱鼎		甲Ab Ⅲ	三期	㠱	
0272	E132	㠱鼎		甲Ac Ⅱ	三期	㠱	
0273	1188	鼎鼎				鼎	
0274	1189	鼎鼎				鼎	
0275	1190	鼎鼎	陝西鳳翔縣南指揮西村79M42：5	甲C Ⅲ	四期	鼎	考古與文物1982年4期圖版伍
0276	1191	🦉鼎				🦉	
0277	1192	串鼎				串	
0278	1193	勺鼎		乙Aa Ⅱ	三期	勺	鄴三上13
0279	1195	戈鼎		甲Ab Ⅲ	三期	戈	美集A9
0280	1196	戈鼎				戈	
0281	1197	戈鼎		甲Ba Ⅲ	四期	戈	綜覽鼎137
0282	1199	戈鼎		甲Ab Ⅳ	四期	戈	博古1.40
0283	1200	戈鼎				戈	
0284	1201	戈鼎			三、四期	戈	
0285	1202	戈鼎			三、四期	戈	
0286	1203	戈鼎		甲Ab Ⅲ	三期	戈	圖集00051
0287	1204	戈鼎		甲Ab Ⅳ	四期	戈	武英20
0288	1206	戈鼎			三、四期	戈	
0289	1207	戈鼎				戈	
0290	E148	戈鼎		甲Ab Ⅲ	三期	戈	
0291	E149	戈鼎		甲Ba Ⅰ	二期	戈	
0292	1208	職鼎		甲Ab Ⅱ	二期	職	雙古上2
0293	1209	職鼎		甲C Ⅱ	三期	職	綜覽鬲鼎46
0294	1210	職鼎		甲Ab Ⅱ	二期	職	故銅17

編號	著録號	器名	出土地	型式	期別	銘文	器形來源
0295	1211	職鼎	河南安陽殷墟M5：1173	甲AdⅡ	二期	職	殷銅134
0296	1212	爻鼎				爻	
0297	1213	戉鼎		甲AbⅢ	三期	戉	貞圖上4
0298	1215	萄鼎				萄	
0299	1216	萄鼎	河南安陽（傳）	甲AdⅢ	三期	萄	鄴三上15
0300	1217	萄鼎	河南安陽（傳）	甲AbⅡ	二期	萄	鄴三上16
0301	E154	萄鼎		甲AbⅡ	二期	萄	
0302	1218	ﾚ鼎		甲AbⅣ	商末周初	ﾚ	文物1985年8期圖版柒
0303	1220	舌鼎	河南安陽	乙AaⅡ	三期	舌	鄴二上3
0304	1221	舌鼎	河南安陽（傳）	甲AdⅢ	四期	舌	鄴二上4
0305	J176	舌鼎		甲AbⅡ	二期	舌	
0306	E131	舌鼎		甲BaⅡ	三、四期	舌	
0307	1222	耳鼎	河南安陽	甲BaⅢ	四期	耳	綜覽鼎133
0308	1223	耶鼎		甲AbⅡ	二期	耶	圖集00184
0309	1224	凵鼎	河南安陽（傳）	甲AbⅡ	二期	凵	鄴三上6
0310	1225	息鼎	河南羅山縣蟒張M28：10		四期	息	
0311	1226	息鼎	河南羅山縣蟒張M5：1	甲AbⅣ	四期	息	全集4.2
0312	1227	息鼎	河南羅山縣蟒張M28：12		四期	息	
0313	1228	霝鼎				霝	
0314	1229	霝鼎		甲AbⅢ	三期	霝	綜覽鼎158
0315	1230	溫鼎	河南安陽侯家莊西北崗M1435	甲Bb	二期	溫	綜覽鼎81
0316	1237	夰鼎	河南鄴郡漳河之濱	甲AbⅣ	四期	夰	考古圖1.23
0317	1238	乂鼎		乙AaⅢ	四期	乂	西拾3
0318	1244	皀鼎		甲AbⅢ	三期	皀	圖集00220
0319	1245	束鼎				束	
0320	1246	束鼎	"得於京師"	甲AbⅡ	二期	束	考古圖1.4
0321	1247	束鼎				束	
0322	1248	呆鼎				呆	

編號	著錄號	器名	出土地	型式	期別	銘文	器形來源
0323	J165	戎鼎		乙AaⅡ	三期	戎	
0324	J168	益鼎		甲AbⅣ	四期	益	
0325	J169	飲鼎	河南安陽苗圃北地M123：01（盜坑內）	甲AbⅣ	四期	飲	
0326	J170	邑鼎	山西靈石縣旌介村M1：36	甲BaⅢ	四期	邑	
0327	J171	免鼎		甲AbⅡ	二期	免	
0328	J172	以鼎		甲AbⅢ	三期	以	
0329	J177	血鼎		甲AbⅡ	二期	血	
0330	J178	共鼎	河北薊縣張家園M2：1	甲AbⅣ	四期	共	
0331	J187	巳鼎	河南武陟縣寧郭村	甲AcⅠ	二期	巳	
0332	J188	亞鼎	河南安陽郭家莊M1：19	乙AaⅢ	四期	亞	
0333	J192	𢆶鼎		甲AbⅡ	二期	𢆶	
0334	J193	融鼎	山東青州蘇埠屯M8：13	乙AaⅢ	四期	融	
0335	J194	矢鼎	河北武安縣趙窯村M10：7	甲AbⅡ	二期	矢	
0336	J197	卜鼎	河北遷安縣夏官營鎮馬哨村	甲BaⅡ	三、四期	卜	
0337	J199	向鼎	河南安陽梅園莊M1：5	甲AbⅣ	四期	向	
0338	J180	爰鼎	河南安陽戚家莊東M269	甲AbⅢ	三期	爰	
0339	J181	爰鼎	河南安陽戚家莊東M269	甲AbⅢ	三期	爰	
0340	J182	爰鼎	河南安陽戚家莊東M269：41	乙AaⅡ	三期	爰	
0341	J184	隻鼎		甲AbⅢ	三期	隻	
0342	E127	眉鼎		甲AaⅡ	一期	眉	
0343	E128	彐鼎		甲AaⅠ	中商	彐	
0344	E129	◆鼎		甲AbⅡ	二期	◆	
0345	E130	𠙴鼎		甲AbⅣ	四期	𠙴	
0346	E151	旅鼎		甲AbⅣ	四期	旅	
0347	E152	旅鼎		甲AbⅣ	四期	旅	
0348	E153	西鼎	湖南望城縣高塘嶺鎮高砂脊AM1：18	甲AbⅡ	二期	西	
0349	1449	𤔲鼎		乙AaⅢ	四期	𤔲	綜覽方鼎26

編號	著録號	器名	出土地	型式	期別	銘文	器形來源
0350	1458	舟鼎		甲AbⅡ	二期	舟	綜覽鼎96
0351	1459	爾鼎		甲AbⅡ	二期	爾	綜覽鼎58
0352	J189	寵鼎	湖北蘄春縣達城鄉新屋灣	乙AaⅡ	三期	寵	
0353	J190	寵鼎	湖北蘄春縣達城鄉新屋灣	乙AaⅡ	三期	寵	
0354	J198	酉鼎	湖北蘄春縣達城鄉新屋灣	乙AaⅡ	三期	酉	
0355	1251	祖乙鼎				祖乙	
0356	1252	祖乙鼎				祖乙	
0357	1253	祖戊鼎		甲CⅢ	四期	祖戊	圖集00373
0358	1254	祖辛鼎				祖辛	
0359	1255	父丁鼎				父丁	
0360	1257	父戊鼎				父戊	
0361	1258	父戊鼎				父戊	
0362	1259	父戊鼎		乙AaⅡ	三期	父戊	青研063
0363	1260	父己鼎		甲CⅢ	四期	父己	寶蘊6
0364	1263	父己鼎		甲AbⅣ	四期	父己	善齋2.6
0365	1264	父己鼎	河南安陽（傳）	甲AbⅡ	二期	父己	鄴三上10
0366	1265	父己鼎	河南安陽	乙AaⅡ	三期	父己	全集2.49
0367	1266	父己鼎				父己	
0368	1267	父辛鼎				父辛	
0369	1268	父辛鼎	河南安陽（傳）	甲AbⅢ	二、三期	父辛	鄴初上8
0370	1269	父辛鼎				父辛	
0371	1275	父癸鼎				父癸	
0372	J276	父癸鼎	河南安陽	甲AbⅣ	四期	父癸	鄴二上7
0373	1277	父癸鼎				父癸	
0374	1280	文父鼎		乙AaⅢ	四期	文父	圖集00404
0375	1281	母乙鼎				母乙	
0376	1282	母癸鼎				母癸	
0377	1284	丮乙鼎		甲BaⅢ	四期	丮乙	考古圖1.22
0378	1285	西乙鼎		甲AbⅡ	二期	西乙	美集A20

編號	著録號	器名	出土地	型式	期別	銘文	器形來源
0379	1286	酉乙鼎		甲CⅡ	三期	酉乙	美集A50
0380	1287	戎乙鼎	河南彰德（傳）		二、三期	戎乙	綜覽鼎65
0381	1288	㠱丁鼎				㠱丁	
0382	1289	臺丁鼎		甲AbⅢ	三期	臺丁	西清3.37
0383	1290	弔丁鼎	河南安陽（傳）	甲CⅡ	三期	弔丁	圖集00409
0384	1291	句戊鼎				句戊	
0385	1292	臺己鼎		甲AbⅣ	四期	臺己	寧壽1.1
0386	1296	臺辛鼎		甲AbⅡ	二期	臺辛	西清3.38
0387	1297	臺南鼎		甲AbⅣ	四期	臺南	西甲1.27
0388	1293	戈己鼎				戈己	
0389	E187	戈己鼎		甲AbⅣ	四期	戈己	
0390	1294	賊己鼎		甲CⅡ	三期	賊己	寶蘊5
0391	1295	賊己鼎				賊己	
0392	1298	舟辛鼎		乙AaⅢ	四期	舟辛	青研064
0393	1300	正癸鼎		甲CⅡ	三期	正癸	圖集00456
0394	1301	子妥鼎	河南安陽	甲BaⅠ	二期	子妥	鄴初上9
0395	1302	子妥鼎				子妥	
0396	1303	子妥鼎		甲AdⅢ	三期	子妥	00462
0397	1304	子妥鼎				子妥	
0398	1305	子妥鼎		甲CⅡ	三期	子妥	圖集00461
0399	1306	子粦鼎		甲AbⅢ	三期	子粦	圖集00466
0400	1307	子粦鼎		甲AbⅢ	三期	子粦	圖集00467
0401	1308	子粦鼎	河南輝縣	甲AcⅡ	三期	子粦	圖集00468
0402	E165	子龍鼎		甲AcⅢ	四期	子龍	
0403	1309	子媚鼎	河南安陽	甲AdⅢ	三、四期	子媚	綜覽扁足鼎19
0404	1310	子廄鼎				子廄	
0405	1311	子蟲鼎		甲CⅡ	三期	子蟲	貞圖上8
0406	1312	子蟲鼎				子蟲	

編號	著錄號	器名	出土地	型式	期別	銘文	器形來源
0407	E177	子𧊒鼎	河南安陽殷墟西區M2508：1	乙AaⅡ	三期	子𧊒	
0408	1313	子櫜鼎		甲AbⅡ	二期	子櫜	寶蘊17
0409	1314	子櫜鼎	陝西寶雞竹園溝M13：19	乙AaⅢ	四期	子櫜	弜墓
0410	1319	子疕鼎	河南洛陽（傳）	甲AcⅢ	四期	子疕	綜覽鼎128
0411	J213	子蝠鼎	四川銅梁縣土橋鄉八村M	乙AaⅡ	三期	子蝠	
0412	1315	子乙鼎		甲AbⅢ	三期	子乙	綜覽鼎120
0413	1316	子戊鼎				子戊	
0414	1317	子癸鼎				子癸	
0415	1320	婦好鼎	河南安陽殷墟M5：754	甲AbⅡ	二期	婦好	殷銅105
0416	1321	婦好鼎	河南安陽殷墟M5：755	甲AbⅡ	二期	婦好	婦好
0417	1322	婦好鼎	河南安陽殷墟M5：756	甲AbⅡ	二期	婦好	婦好
0418	1323	婦好鼎	河南安陽殷墟M5：758			婦好	婦好
0419	1324	婦好鼎	河南安陽殷墟M5：760	甲AbⅡ	二期	婦好	婦好
0420	1325	婦好鼎	河南安陽殷墟M5：761	甲AbⅡ	二期	婦好	殷銅9
0421	1326	婦好鼎	河南安陽殷墟M5：762	甲AbⅡ	二期	婦好	殷銅8
0422	1327	婦好鼎	河南安陽殷墟M5：814	甲AbⅡ	二期	婦好	婦好
0423	1328	婦好鼎	河南安陽殷墟M5：815	甲AbⅡ	二期	婦好	全集2.6
0424	1329	婦好鼎	河南安陽殷墟M5：821	甲AbⅡ	二期	婦好	全集2.4
0425	1330	婦好鼎	河南安陽殷墟M5：816	甲AbⅡ	二期	婦好	婦好
0426	1331	婦好鼎	河南安陽殷墟M5：831	甲AbⅡ	二期	婦好	婦好
0427	1332	婦好鼎	河南安陽殷墟M5：775	甲AbⅡ	二期	婦好	婦好
0428	1333	婦好鼎	河南安陽殷墟M5：835	甲BaⅠ	二期	婦好	婦好
0429	1334	婦好鼎	河南安陽殷墟M5：776	甲AdⅡ	二期	婦好	婦好
0430	1335	婦好鼎	河南安陽殷墟M5：817		二期	婦好	婦好
0431	1336	婦好鼎	河南安陽殷墟M5：1150	甲AdⅡ	二期	婦好	全集2.53
0432	1337	婦好鼎	河南安陽殷墟M5：813	乙AbⅠ	二期	婦好	全集2.40
0433	1338	婦好鼎	河南安陽殷墟M5：834	乙AaⅠ	二期	婦好	殷銅102
0434	E174	婦好鼎	河南安陽殷墟M5：812		二期	婦好	
0435	1340	婦旋鼎				婦旋	

編號	著録號	器名	出土地	型式	期別	銘文	器形來源
0436	1341	婦𤔔鼎			商末周初	婦𤔔	
0437	1342	婦𤔔鼎			商末周初	婦𤔔	
0438	1343	婦𤔔鼎		甲AbIV	商末周初	婦𤔔	考古1986年9期
0439	1344	𥦋婦鼎				𥦋婦	
0440	1350	保谷鼎				保谷	
0441	E183	保谷鼎		甲AbIV	四期	保谷	
0442	1355	𤱞冊鼎				𤱞冊	
0443	1356	𤯘冊鼎				𤯘冊	
0444	1357	𩏑冊鼎		甲BaI	二期	𩏑冊	故圖下上28
0445	1358	𧉚典鼎				𧉚典	
0446	1359	陸冊鼎		甲AbIV	商末周初	陸冊	西甲1.43
0447	1360	叀冊鼎				叀冊	
0448	1361	美宁鼎		甲AbII	二期	美宁	綜覽鼎71
0449	1362	鄉宁鼎	河南安陽	甲AbII	二期	鄉宁	全集2.38
0450	1363	鄉宁鼎				鄉宁	
0451	1364	鄉宁鼎				鄉宁	
0452	1365	劦宁鼎			四期	宁劦	
0453	1366	西宁鼎	河南安陽	甲AbIII	三期	宁西	鄴三上5
0454	1367	尹宁鼎				宁尹	
0455	1368	告宁鼎	河南安陽西區M1118：1	甲AbIV	四期	告宁	全集2.26
0456	1370	牟旅鼎				牟旅	
0457	1371	牟旅鼎				牟旅	
0458	1372	又羖鼎				又羖	
0459	1032	敇以鼎		甲AbIII	三期	敇以	十二賈7
0460	1381	𠈌𤯘鼎		甲AbII	二期	𠈌𤯘	青研059
0461	1382	𠈌𤯘鼎		甲AbII	二期	𠈌𤯘	綜覽鼎69
0462	1383	𠈌𤯘鼎	河南安陽（傳）	甲CI	二期	𠈌𤯘	鄴三上9
0463	1384	𠈌𤯘鼎				𠈌𤯘	
0464	1385	𠈌乙鼎				𠈌乙	

續表

編號	著録號	器名	出土地	型式	期別	銘文	器形來源
0465	1386	龏丁鼎				龏丁	
0466	1388	龏己鼎	湖南寧鄉張家坳	甲CⅢ	四期	龏己	湘博13
0467	1389	龏辛鼎		甲AcⅡ	三期	龏辛	綜覽鼎24
0468	1390	龏辛鼎		甲CⅡ	三期	龏辛	西清3.2
0469	J211	龏辛鼎		甲AdⅣ	四期	龏辛	
0470	1391	龏癸鼎				龏癸	
0471	1392	龏癸鼎		乙AaⅡ	三期	龏癸	綜覽方鼎21
0472	1393	亞弜鼎		甲AbⅡ	二期	亞弜	西清4.15
0473	1394	亞弜鼎				亞弜	
0474	1395	亞弜鼎				亞弜	
0475	1396	亞弜鼎				亞弜	
0476	1397	亞弜鼎				亞弜	
0477	1398	亞弜鼎		甲AbⅡ	二期	亞弜	美集A21
0478	1399	亞弜鼎				亞弜	
0479	1400	亞弜鼎	河南安陽殷墟M5：808	甲AcⅠ	二期	亞弜	全集2.8
0480	1401	亞豕鼎		甲AbⅡ	二期	亞豕	貞圖上7
0481	1402	亞守鼎	河南安陽侯家莊西北崗 HPKM1133：4殉葬坑	甲AbⅡ	四期	亞守	圖集00593
0482	1403	亞□鼎				亞□	
0483	1404	亞彳鼎				亞彳	
0484	1405	亞羌鼎		甲CⅡ	三期	亞羌	圖集00585
0485	1406	亞舟鼎				亞舟	
0486	1407	亞舟鼎	河南安陽（傳）	甲AbⅡ	二期	亞舟	全集2.35
0487	E186	亞舟鼎		甲AbⅡ	二期	亞舟	
0488	1408	亞天鼎				亞天	
0489	1409	亞厷鼎				亞厷	
0490	1410	亞告鼎				亞告	
0491	1411	亞告鼎		甲AbⅢ	三期	亞告	尊古1.15.2
0492	1412	亞果鼎				亞果	
0493	1413	亞卯鼎		乙AaⅢ	四期	亞卯	雙古上6

編號	著録號	器名	出土地	型式	期別	銘文	器形來源
0494	1416	亞畬鼎				亞畬	
0495	1417	亞畬鼎				亞畬	
0496	1418	亞甗鼎		甲BaⅢ	四期	亞甗	綜覽鼎78
0497	1419	亞琪鼎				亞琪	
0498	1420	亞琪鼎		甲AbⅢ	三期	亞琪	尊古1.16.2
0499	1421	亞隘鼎				亞隘	
0500	1422	亞隘鼎		甲CⅡ	三期	亞隘	武英10
0501	1423	亞寰鼎		甲AbⅢ	三期	亞寰	南大12
0502	J214	亞址鼎	河南安陽郭家莊M160：32	乙B	三期	亞址	
0503	J215	亞址鼎	河南安陽郭家莊M160：134	乙AaⅡ	三期	亞址	
0504	J216	亞址鼎	河南安陽郭家莊M160：62	甲AcⅡ	三期	亞址	
0505	1425	亞衡鼎				亞衡	
0506	1426	亞夨鼎		甲AbⅢ	三期	亞夨	綜覽鼎108
0507	1427	亞夨鼎				亞夨	
0508	1428	亞夨鼎				亞夨	
0509	1429	亞夨鼎		甲CⅢ	四期	亞夨	美集A47
0510	1430	亞夨鼎		甲AbⅡ	二期	亞夨	美集A4
0511	1431	亞夨鼎				亞夨	
0512	1432	亞夨鼎	改入1416亞夨卣				
0513	1433	亞䰧鼎		甲CⅢ	四期	亞䰧	懷米上5
0514	1434	亞䰧鼎		甲CⅢ	四期	亞䰧	故圖下下17
0515	1435	亞䰧鼎		甲AdⅢ	四期	亞䰧	西清4.14
0516	1436	亞䰧鼎		甲CⅢ	四期	亞䰧	西甲2.17
0517	1437	亞䰧鼎				亞䰧	
0518	1438	亞䰧鼎		乙AaⅢ	四期	亞䰧	故圖下下19
0519	1439	亞䰧鼎		乙AaⅢ	四期	亞䰧	西清4.18
0520	1440	亞䰧鼎		甲CⅢ	四期	亞䰧	故圖下上14
0521	1441	亞䰧鼎		乙AaⅢ	四期	亞䰧	西清4.13
0522	1442	亞䰧鼎		乙AaⅢ	四期	亞䰧	武英6

編號	著錄號	器名	出土地	型式	期別	銘文	器形來源
0523	1443	亞醜鼎	河南安陽（傳）	乙AaⅢ	四期	亞醜	巖窟上4
0524	1444	亞醜鼎		乙AaⅢ	四期	亞醜	故圖下上15
0525	1445	亞醜鼎				亞醜	
0526	1446	亞叀鼎	陝西長安縣灃西M			亞叀	
0527	1447	亞戈鼎		甲AdⅠ	三期	亞戈	圖集00515
0528	E181	亞叔鼎		甲BaⅢ	四期	亞叔	
0529	E180	亞鼎鼎		甲CⅡ	三期	亞鼎	
0530	E176	亞盥鼎	河南安陽苗圃北地M172：5	甲AbⅢ	三期	亞盥	
0531	E169	亞玑鼎	河南安陽劉家莊M1046：3	甲AbⅣ	四期	亞玑	
0532	E170	亞玑鼎	河南安陽劉家莊M1046：71	甲AbⅣ	四期	亞玑	
0533	E171	亞玑鼎	河南安陽劉家莊M1046：27	甲CⅢ	四期	亞玑	
0534	E172	亞玑鼎	河南安陽劉家莊M1046：17	乙AaⅢ	四期	亞玑	
0535	E173	亞玑鼎	河南安陽劉家莊M1046：16	乙AaⅢ	四期	亞玑	
0536	E166	亞長鼎	河南安陽花園莊M54：167	甲CⅠ	二期	亞長	
0537	E168	亞長鼎	河南安陽花園莊M54：240	甲AcⅠ	二期	亞長	
0538	E185	亞建鼎		甲CⅠ	二期	亞建	
0539	1450	亡終鼎	河南安陽（傳）	甲AbⅢ	三期	亡終	館刊1982年4期
0540	1451	亡終鼎		甲AbⅢ	三期	亡終	故銅19
0541	1452	亡終鼎	河南安陽（傳）	甲BaⅢ	四期	亡終	鄴三上8
0542	1453	宁矢鼎	河南鄴下	甲BaⅢ	四期	宁矢	青研046
0543	J224	宁矢鼎		甲AbⅣ	四期	宁矢	
0544	1455	車戈鼎		甲BaⅡ	三期	車戈	綜覽鼎136
0545	1456	車戈鼎				車戈	
0546	1460	佣母鼎		甲AcⅢ	商末周初	佣母	博古2.31
0547	1461	佣母鼎				佣母	
0548	1462	耶鼎				耶	

編號	著錄號	器名	出土地	型式	期別	銘文	器形來源
0549	1463	羊失鼎	河南安陽（傳）	甲AbⅡ	二期	羊失	鄴三上7
0550	1464	魚羌鼎				魚羌	
0551	1466	🐟🏠鼎				🐟🏠	
0552	1467	🐟羊鼎	河南安陽大司空村M51：3			🐟羊	
0553	1468	弔龜鼎	河南安陽	甲BaⅡ	三期	弔龜	鄴初上10
0554	1469	弔龜鼎	河南安陽	甲AbⅡ	二期	弔龜	鄴二上6
0555	1470	蟲聝鼎				蟲聝	
0556	1471	己鼎				己	
0557	1472	大禾鼎	湖南寧鄉黃材	乙AaⅡ	三期	大禾	全集4.24
0558	1474	万婦鼎	河南輝縣褚邱	甲AbⅡ	二期	万婦	河南1.356
0559	1475	守雩鼎				守雩	
0560	1477	叉宁鼎				叉宁	
0561	1478	叉宁鼎				叉宁	
0562	1479	盥丶鼎				盥丶	
0563	1480	盥丶鼎				盥丶	
0564	1481	交鼎鼎				交鼎	
0565	1482	告田鼎				告田	
0566	1483	告田鼎				告田	
0567	1487	齊囧鼎				齊囧	
0568	1488	齒嫩鼎				齒嫩	
0569	1380	萁叔鼎	山東費縣（傳）	甲CⅢ	四期	萁叔	文物1982年9期
0570	E182	萁叔鼎	山東費縣（傳）	甲CⅢ	四期	萁叔	
0571	1490	萁徵鼎		乙AaⅢ	商末周初	萁徵	十二雙2
0572	1491	萁登鼎				萁登	
0573	1498	襄奸鼎	河南安陽（傳）	甲CⅡ	三期	襄奸	圖集00658
0574	1501	茻刀鼎				茻刀	
0575	1765	黍失鼎				黍失	

編號	著錄號	器名	出土地	型式	期別	銘文	器形來源
0576	J206	戈乙鼎	湖北武漢新洲縣陽邏鎮架子山	甲AbⅣ	四期	戈乙	
0577	J206	戈乙鼎	湖北武漢新洲縣陽邏鎮架子山	甲AbⅣ	四期	戈乙	
0578	J207	己竝鼎	山東壽光縣"益都侯城"	甲AbⅢ	三期	己竝	
0579	J208	己竝鼎	山東壽光縣"益都侯城"	甲AbⅢ	三期	己竝	
0580	J209	己竝鼎	山東壽光縣"益都侯城"	甲CⅡ	三期	己竝	
0581	J210	秉己鼎		甲AbⅢ	三期	秉己	
0582	J212	守辛鼎		甲AbⅡ	二期	守辛	
0583	J218	疋未鼎	河南安陽戚家莊東M269：38	甲AdⅢ	三、四期	疋未	
0584	J219	絑荀鼎	河南安陽梯家口村M3：5	甲AbⅢ	三期	絑荀	
0585	J220	敄象鼎	河南安陽薛家莊M3：25	甲AbⅡ	二期	敄象	
0586	J221	融冊鼎	山東青州蘇埠屯M8：17	甲AdⅢ	四期	融冊	
0587	J222	融冊鼎	山東青州蘇埠屯M8：15	乙AbⅡ	四期	融冊	
0588	J223	𢼸豐鼎	河南安陽（傳）	乙AaⅢ	四期	𢼸豐	
0589	J223	𢼸豐鼎	河南安陽（傳）	乙AaⅢ	四期	𢼸豐	
0590	1454	盲盾鼎		甲AbⅣ	四期	盲盾	圖集00657
0591	J226	心母鼎		甲AbⅣ	四期	心母	
0592	J227	回癸鼎	河南正陽縣傅寨鄉伍莊村窖藏	甲AbⅢ	三期	回癸	
0593	E179	田彐鼎	河南安陽戚家莊東M63：11	甲AbⅣ	四期	田彐	
0594	E178	𠂤己鼎	河南安陽苗圃南地M47：1	甲AcⅡ	三期	𠂤己	
0595	E188	酉己鼎	河南安陽徐家橋村北M23：1	甲AbⅢ	三期	酉己	
0596	E175	五己鼎		甲BaⅢ	四期	五己	
0597	E184	□寅鼎		甲AbⅣ	四期	□寅	
0598	1373	曓冊鼎		甲AbⅣ	四期	曓冊	善齋2.40
0599	1374	曓冊鼎				曓冊	

續表

編號	著錄號	器名	出土地	型式	期別	銘文	器形來源
0600	1375	冪冊鼎				冪冊	
0601	1376	冪冊鼎				冪冊	
0602	1377	射婦桑鼎		甲BaⅡ	二期	射婦桑	西清3.14
0603	1378	射婦桑鼎		甲AbⅡ	二期	射婦桑	故圖下上27
0604	1379	射婦桑鼎		甲AbⅡ	二期	射婦桑	全集2.33
0605	1510	倗祖丁鼎		甲CⅢ	四期	倗祖丁	圖集00743
0606	1511	戈祖辛鼎		甲CⅢ	四期	戈祖辛	西清1.13
0607	1513	戈祖癸鼎		甲CⅢ	四期	戈祖癸	西清1.19
0608	1515	戈妣辛鼎		甲CⅢ	四期	戈妣辛	圖集00751
0609	1517	戈父甲鼎		甲CⅡ	三期	戈父甲	博古1.41
0610	1599	戈父丁鼎				戈父丁	
0611	1676	戈父癸鼎			三、四期	戈父癸	
0612	1698	戈父庚鼎		甲AcⅢ	四期	戈父庚	湘博12
0613	1512	象祖辛鼎				象祖辛	
0614	1522	▲父甲鼎				▲父甲	
0615	1523	龏父乙鼎		乙AaⅢ	商末周初	龏父乙	西甲1.4
0616	1524	龏父乙鼎		乙AaⅢ	四期	龏父乙	十二式3
0617	1525	龏父乙鼎				龏父乙	
0618	1527	龏父乙鼎				龏父乙	
0619	1570	龏父丁鼎				龏父丁	
0620	1571	龏父丁鼎				龏父丁	
0621	1572	龏父丁鼎				龏父丁	
0622	1573	龏父丁鼎		乙AaⅢ	四期	龏父丁	圖集00833
0623	1603	龏父己鼎		甲CⅢ	四期	龏父己	懷米上2
0624	1604	龏父己鼎		甲CⅢ	四期	龏父己	綜覽鬲鼎70
0625	1670	龏父癸鼎		乙AaⅢ	四期	龏父癸	西甲1.17
0626	J236	龏父癸鼎	河南安陽劉家莊M9：70	甲AbⅣ	四期	龏父癸	
0627	J237	龏父癸鼎	陝西麟游縣九成宮鎮後坪村	甲AbⅣ	四期	龏父癸	

續表

編號	著録號	器名	出土地	型式	期别	銘文	器形來源
0628	E198	葊父□鼎	河南鹿邑縣太清宫長子口墓M1：46	乙AaⅢ	四期	葊父□	
0629	1533	戎父乙鼎	河南安陽西區M284：1	甲AcⅢ	四期	戎父乙	全集2.25
0630	1535	息父乙鼎	河南羅山縣莽張M6	甲CⅢ	四期	息父乙	近出230
0631	1536	癸父乙鼎				癸父乙	
0632	1605	癸父己鼎		甲CⅡ	三、四期	癸父己	善齋2.22
0633	1669	癸父癸鼎				癸父癸	
0634	1537	萄父乙鼎				萄父乙	
0635	1695	萄父癸鼎		甲CⅠ	二期	萄父癸	博古1.26
0636	1539	萄父乙鼎		甲CⅡ	三期	萄父乙	美集A39
0637	1625	萄父庚鼎		甲AbⅣ	四期	萄父庚	西清1.12
0638	1541	穴父乙鼎				穴父乙	
0639	1576	穴父丁鼎		甲AbⅡ	二期	穴父丁	青研055
0640	1607	穴父己鼎	"得於郊城"	甲CⅠ	二期	穴父己	考古圖2.5
0641	1608	穴父己鼎		甲CⅢ	商末周初	穴父己	故圖上下22
0642	1610	穴父己鼎		乙AaⅡ	三期	穴父己	西拾1
0643	1611	穴父己鼎				穴父己	
0644	1647	穴父辛鼎				穴父辛	
0645	1673	穴父癸鼎		甲AbⅣ	四期	穴父癸	綜覽鼎92
0646	J239	穴父癸鼎		甲CⅢ	四期	穴父癸	
0647	1545	兵父乙鼎				兵父乙	
0648	1566	兵父丙鼎		甲CⅡ	三、四期	兵父丙	圖集00805
0649	1575	兵父丁鼎		甲CⅢ	四期	兵父丁	陶齋1.22
0650	1651	兵父辛鼎	遼寧喀左縣北洞村2號窖藏	甲AcⅢ	商末周初	兵父辛	考古1974年6期
0651	1652	兵父辛鼎		甲AcⅡ	三、四期	兵父辛	寶蘊21
0652	1546	鼏父乙鼎				鼏父乙	
0653	1547	鼏父乙鼎		甲AbⅡ	二期	鼏父乙	圖集00795
0654	1548	谷父乙鼎				谷父乙	
0655	1614	谷父己鼎				谷父己	

編號	著録號	器名	出土地	型式	期別	銘文	器形來源
0656	1615	谷父己鼎		甲AbⅣ	商末周初	谷父己	雙吉上7
0657	1555	黿父乙鼎		乙AaⅢ	四期	黿父乙	圖集01116
0658	1556	黿父乙鼎				黿父乙	
0659	1557	黿父乙鼎				黿父乙	
0660	1558	黿父乙鼎				黿父乙	
0661	1565	犬父丙鼎		甲CⅡ	三期	犬父丙	圖集00804
0662	1569	龜父丙鼎				龜父丙	
0663	1578	父丁鼎				父丁	
0664	1579	父丁鼎		乙AaⅡ	三期	父丁	故圖下上21
0665	1580	父丁鼎				父丁	
0666	1680	父癸鼎		乙AaⅢ	四期	父癸	圖集00940
0667	1581	父丁鼎		乙AaⅢ	四期	父丁	綜覽 方鼎42
0668	1681	父癸鼎		甲AdⅡ	二期	父癸	善齋2.28
0669	1582	豕父丁鼎		甲CⅢ	四期	豕父丁	故圖下上20
0670	1584	黽父丁鼎				黽父丁	
0671	1586	鼻父丁鼎	河南安陽（傳）	甲BaⅢ	四期	鼻父丁	館刊1982 年4期
0672	1590	天父丁鼎				天父丁	
0673	1602	天父己鼎		甲AdⅣ	四期	天父己	故圖下下37
0674	1667	天父癸鼎				天父癸	
0675	1591	何父丁鼎				何父丁	
0676	1594	蠱父丁鼎		甲CⅡ	三、四期	蠱父丁	寶蘊4
0677	1595	此父丁鼎				此父丁	
0678	1596	子父丁鼎				子父丁	
0679	1621	子父己鼎		甲CⅢ	四期	子父己	圖集00854
0680	1661	子父辛鼎				子父辛	
0681	1697	子父癸鼎		甲AdⅢ	四期	子父癸	博古3.33
0682	1716	子脊主鼎		甲AbⅢ	三期	子脊主	鄴二上5
0683	1717	子雨己鼎		甲AdⅢ	三、四期	子雨己	美集A81

編號	著錄號	器名	出土地	型式	期別	銘文	器形來源
0684	1718	屰子干鼎				屰子干	
0685	1597	句父丁鼎		甲AdⅣ	商末周初	句父丁	寧壽1.3
0686	1658	句父辛鼎				句父辛	
0687	1600	罢父丁鼎				罢父丁	
0688	1612	叩父己鼎		甲CⅢ	四期	叩父己	武英11
0689	1613	♠父己鼎		甲AbⅡ	二期	♠父己	西甲1.2
0690	1616	舌父己鼎				舌父己	
0691	1617	守父己鼎		甲CⅢ	四期	守父己	西清2.41
0692	1622	車父己鼎		乙AaⅢ	四期	車父己	美集A64
0693	1623	史父庚鼎				史父庚	
0694	1626	牵父庚鼎		甲BaⅠ	二期	牵父庚	雙古上3
0695	1627	羊父庚鼎		甲CⅢ	商末周初	羊父庚	美集A47
0696	1628	父庚叟鼎		甲CⅢ	商末周初	父庚叟	寧壽1.4
0697	1632	旗父辛鼎				旗父辛	
0698	1634	⚒父辛鼎		甲AbⅢ	三期	⚒父辛	館刊1982年4期
0699	1635	需父辛鼎				需父辛	
0700	1636	需父辛鼎				需父辛	
0701	1640	獸父辛鼎				獸父辛	
0702	1641	獸父辛鼎		甲CⅢ	商末周初	獸父辛	西清4.8
0703	1642	田父辛鼎	山東長清縣	乙AaⅢ	四期	田父辛	圖集00881
0704	1644	剢父辛鼎				剢父辛	
0705	1645	豺父辛鼎		乙AaⅢ	四期	豺父辛	西清4.9
0706	1654	木父辛鼎				木父辛	
0707	1665	木父壬鼎				木父壬	
0708	1656	♀父辛鼎		甲CⅡ	三、四期	♀父辛	懷米上4
0709	1657	聑父辛鼎		甲CⅢ	四期	聑父辛	美集A52
0710	1662	癹父辛鼎				癹父辛	
0711	1664	□父辛鼎		甲AbⅣ	四期	□父辛	考古與文物1983年6期圖版壹

編號	著録號	器名	出土地	型式	期別	銘文	器形來源
0712	1666	重父壬鼎	河南安陽西地M1：11	甲AbⅣ	四期	重父壬	殷銅84
0713	1668	𡙁父癸鼎		甲AbⅣ	四期	𡙁父癸	綜覽鼎150
0714	1672	𠂤父癸鼎		甲CⅢ	四期	𠂤父癸	圖集00943
0715	1677	狀父癸鼎				父癸	
0716	1679	酋父癸鼎		甲AbⅣ	四期	酋父癸	寶蘊19
0717	1682	黿父癸鼎				黿父癸	
0718	1683	黿父癸鼎		甲AbⅡ	二期	黿父癸	西甲1.3
0719	1685	鳥父癸鼎		甲AbⅣ	四期	鳥父癸	圖集00920
0720	1687	𠙹父癸鼎		甲CⅢ	四期	𠙹父癸	西清3.10
0721	E195	嬰父乙鼎	河北定州北莊子商代墓葬 M95：1	甲CⅢ	四期	嬰父乙	
0722	1688	嬰父癸鼎		甲CⅢ	四期	嬰父癸	西甲2.20
0723	1689	嬰父癸鼎		甲CⅢ	四期	嬰父癸	西甲2.19
0724	1692	銜父癸鼎		甲CⅢ	商末周初	銜父癸	美集A44
0725	1693	串父癸鼎		甲CⅢ	四期	串父癸	寶蘊7
0726	1694	𣱱父癸鼎	湖北江陵縣五三〇農場			𣱱父癸	
0727	1699	鄉宁乙鼎		甲BaⅠ	二期	鄉宁乙	圖集00959
0728	1700	鄉宁癸鼎		乙AaⅠ	二期	鄉宁癸	圖集00960
0729	1701	鄉宁癸鼎		甲CⅠ	二期	鄉宁癸	圖集00961
0730	1702	車乙丁鼎		乙AaⅡ	三期	車乙丁	美集A65
0731	1703	亞乙丁鼎				亞乙丁	
0732	1740	亞受鼎		乙AaⅡ	三期	亞受旗	武英1
0733	1741	亞魚鼎			四期	亞鳥魚	
0734	1758	亞𠀇丁鼎		甲AbⅡ	二期	亞𠀇丁	美集A18
0735	J241	亞明乙鼎		甲AbⅣ	四期	亞明乙	
0736	1424	亞寏止鼎		甲CⅡ	三期	亞寏止	日　精　華 3.184
0737	J245	亞寏址鼎	河南安陽郭家莊M160：21	乙AaⅡ	三期	亞寏址	

編號	著錄號	器名	出土地	型式	期別	銘文	器形來源
0738	J246	亞夔止鼎	河南安陽郭家莊M160：135	甲CⅡ	三期	亞夔止	
0739	J247	亞夔止鼎	河南安陽郭家莊M160：123	甲CⅡ	三期	亞夔止	
0740	1706	姤戊鼎	河南安陽武官村1939	乙AaⅠ	三期	姤戊	全集2.47
0741	1707	姤辛鼎	河南安陽殷墟M5：789	乙AaⅠ	二期	姤辛	殷銅3
0742	1708	姤辛鼎	河南安陽殷墟M5：809	乙AaⅠ	二期	姤辛	河南1.130
0743	1709	魚婦妊鼎		甲AbⅣ	四期	魚婦妊	西清3.6
0744	1710	婦羊告鼎	河南安陽	甲AbⅡ	二期	婦羊告	巖窟上7
0745	1711	黿婦妖鼎		乙AaⅡ	三期	黿婦妖	美集A66
0746	1713	舟婦冊鼎				舟婦冊	
0747	1736	□史己鼎				□史己	
0748	1737	冊宅鼎				冊宅	
0749	1738	又羧癸鼎	河南安陽	甲CⅡ	三期	又羧癸	巖窟上5
0750	1739	又羧癸鼎		甲CⅡ	三期	又羧癸	圖集00979
0751	1747	北單戈鼎		甲AbⅢ	三期	北單戈	圖集00982
0752	1748	北單戈鼎		甲AdⅠ	三期	北單戈	圖集00983
0753	1749	北單戈鼎		甲AdⅠ	三期	北單戈	圖集00984
0754	1750	北單戈鼎				北單戈	
0755	1752	耴□鼎		甲AbⅡ	二期	耴□	十二賈4
0756	1760	力鼎	河南安陽（傳）	甲AbⅡ	二期	力	鄴三上11
0757	1762	矞見冊鼎				矞見冊	
0758	1763	耴秉盾鼎		甲CⅢ	四期	耴秉盾	博古1.30
0759	1764	秉盾戊鼎			二期	秉盾戊	
0760	1823	父乙鼎				父乙	
0761	1857	舥父丁鼎				舥父丁	
0762	1859	醇父丁鼎	"見於長安"	乙AaⅡ	三期	醇父丁	綜覽方鼎13
0763	1876	醇父己鼎				醇父己	
0764	1896	衡父癸鼎		甲AbⅣ	商末周初	衡父癸	西清1.21
0765	1959	臦其鼎				臦其	

續表

編號	著錄號	器名	出土地	型式	期別	銘文	器形來源
0766	J229	晝祖□鼎		甲BaⅢ	四期	晝祖□	
0767	J233	⌐父丁鼎		甲CⅠ	二期	⌐父丁	
0768	J234	芇父庚鼎		乙AaⅢ	四期	芇父庚	
0769	J235	息父辛鼎	河南羅山縣天湖村M28：10	甲AbⅣ	四期	息父辛	
0770	J240	得父癸鼎		乙AaⅡ	三期	得父癸	
0771	E196	戎父乙鼎	河南安陽殷墟西區GM1573：1	甲AdⅣ	四期	戎父乙	
0772	E197	吳父癸鼎		甲AcⅢ	四期	吳父癸	
0773	1838	爾父丁鼎		甲AbⅢ	三期	爾父丁	青研056
0774	J262	夕戎祖丁鼎	征集於河北新樂縣中同村	甲AbⅣ	四期	夕戎祖丁	
0775	2002	耳衡父乙鼎				耳衡父乙	
0776	1834	耳衡父乙鼎		甲CⅢ	商末周初	耳衡父乙	綜覽鬲鼎91
0777	1835	耳衡父乙鼎		甲CⅢ	商末周初	耳衡父乙	
0778	1853	耳衡父丁鼎				耳衡父丁	
0779	1567	南門父丙鼎				南門父丙	
0780	1715	子脊鼎				子脊婦士	
0781	1826	子刀父乙鼎				子刀父乙	
0782	1882	子刀父辛鼎				子刀父辛	
0783	1850	子羊父丁鼎				子羊父丁	
0784	1828	子鼑父乙鼎		甲AdⅣ	四期	子鼑父乙	考古1986年9期
0785	1891	子舜父癸鼎				子舜父癸	
0786	1910	子膚君蓋鼎		甲AbⅣ	四期	子膚君蓋	青研057
0787	J265	子父戊子鼎		甲CⅡ	三期	子父戊子	
0788	1813	⌐祖丁癸鼎				⌐祖丁癸	
0789	1815	祖己父癸鼎				祖己父癸	
0790	1816	亞毌祖癸鼎		甲CⅢ	商末周初	亞毌祖癸	貞圖上10
0791	1817	亞鳥父甲鼎			三、四期	亞鳥父甲	

編號	著錄號	器名	出土地	型式	期別	銘文	器形來源
0792	1846	亞旂父丁鼎		甲CⅡ	三期	亞旂父丁	美集A32
0793	1871	亞旂父己鼎				亞旂父己	
0794	1820	亞殿父乙鼎				亞殿父乙	
0795	1819	亞戠父乙鼎		甲AbⅣ	四期	亞戠父乙	西清1.5
0796	1837	亞戠父丙鼎		乙AaⅢ	四期	亞戠父丙	西拾2
0797	1839	亞戠父丁鼎		乙AaⅢ	四期	亞戠父丁	故銅79
0798	1840	亞戠父丁鼎		乙AaⅢ	商末周初	亞戠父丁	善圖40
0799	1867	亞戠父己鼎		乙AaⅢ	四期	亞戠父己	故銅78
0800	1883	亞戠父辛鼎		甲CⅢ	商末周初	亞戠父辛	西清1.14
0801	1884	亞戠父辛鼎				亞戠父辛	
0802	1841	亞獏父丁鼎				亞獏父丁	
0803	1842	亞獏父丁鼎		甲CⅢ	四期	亞獏父丁	圖集01149
0804	1843	亞獏父丁鼎	河南安陽（傳）	甲CⅢ	四期	亞獏父丁	圖集01150
0805	1844	亞獏父丁鼎	河南安陽（傳）	甲CⅢ	四期	亞獏父丁	綜覽鬲鼎64
0806	1845	亞獏父丁鼎		乙AaⅢ	四期	亞獏父丁	博古1.17
0807	1847	亞酉父丁鼎		甲CⅡ	三期	亞酉父丁	綜覽鬲鼎65
0808	1863	亞𢦚父戊鼎		甲AcⅢ	四期	亞𢦚父戊	故青17
0809	1865	亞𨺹父己鼎		甲CⅢ	四期	亞𨺹父己	圖集01178
0810	1866	亞𨺹父己鼎				亞𨺹父己	
0811	1868	亞巽父己鼎				亞巽父己	
0812	1869	亞戈父己鼎		甲AdⅣ	四期	亞戈父己	美集A80
0813	1870	亞麿父己鼎	陝西渭南縣南堡村	甲AbⅣ	四期	亞麿父己	考古與文物1980年2期
0814	1880	亞得父庚鼎		甲AdⅢ	三期	亞得父庚	綜覽扁足鼎26
0815	E219	亞得父庚鼎		甲AdⅠ	三期	亞得父庚	
0816	1944	亞㝬聞𢆶鼎				亞㝬聞𢆶	
0817	1909	亞敢汝子鼎				亞敢汝子	

續表

編號	著録號	器名	出土地	型式	期别	銘文	器形來源
0818	1833	爻敢父乙鼎		甲CⅢ	商末周初	父乙爻敢	西清1.4
0819	1821	扶冊父乙鼎		乙AaⅢ	四期	扶冊父乙	十六1.1
0820	1822	天冊父乙鼎				天冊父乙	
0821	1824	鄉宁父乙鼎	河南安陽（傳）	乙AaⅢ	四期	鄉宁父乙	鄴三上14
0822	1825	矢宁父乙鼎	陝西岐山縣禮村	乙AaⅡ	三期	矢宁父乙	陝銅1.15
0823	1830	[illegible]父乙鼎				[illegible]父乙	
0824	1829	廠父乙鼎				廠父乙乙	
0825	J276	鳥母𡡆鼎	河南安陽郭家莊M1：24	甲AbⅣ	四期	鳥母𡡆彝	
0826	1851	嫥父丁鼎				嫥父丁	
0827	1855	庚豨父丁鼎	河南安陽殷墟西地M1：44	乙AaⅢ	四期	庚豨父丁	殷銅232
0828	1856	翠冊父丁鼎		乙AaⅢ	四期	翠冊父丁	綜覽方鼎53
0829	1858	[illegible]冊父丁鼎		乙AaⅢ	四期	[illegible]父丁冊	文物1964年4期
0830	1862	季父戊子鼎		甲CⅡ	三期	季父戊子	圖集01174
0831	1864	角字父戊鼎		甲AbⅢ	三期	角戊父字	圖集01176
0832	1874	小子父己鼎	河南安陽（傳）	乙AaⅠ	二期	小子父己	館刊1982年4期
0833	1875	又羖父己鼎	河南安陽（傳）	甲AbⅣ	四期	又羖父己	十二賈8
0834	1939	又羖父癸鼎				又羖父癸	
0835	1889	鸂父辛鼎		甲AbⅣ	四期	鸂父辛	善齋2.26
0836	1893	何疾父癸鼎		甲CⅢ	四期	何疾父癸	善齋2.39
0837	1894	何疾父癸鼎		甲CⅢ	四期	何疾父癸	善齋2.38
0838	J264	廝冊父丁鼎		甲CⅡ	三期	廝冊父丁	
0839	1897	廝冊父癸鼎				廝冊父癸	
0840	1898	S2冊父癸鼎		甲AbⅣ	四期	S2冊父癸	尊古1.19
0841	1900	疋冊父癸鼎		甲AbⅢ	三期	疋冊父癸	綜覽扁足鼎14
0842	1941	劦冊八辛鼎				劦冊八辛	
0843	1904	聑䢅婦[illegible]鼎	河南輝縣褚邱	甲AbⅣ	四期	聑䢅婦[illegible]	河南1.348
0844	1905	婦未于鼁鼎		乙AaⅢ	四期	婦未于鼁	圖集01389

續表

編號	著録號	器名	出土地	型式	期別	銘文	器形來源
0845	1996	盥祖庚父辛鼎				盥祖庚父辛	
0846	1998	亞𠃬覃父甲鼎				亞𠃬覃父甲	
0847	2033	亞㚔孤竹迺鼎		乙AaⅢ	四期	亞㚔孤竹迺	博古1.16
0848	2000	馬羊失父乙鼎		甲CⅢ	四期	馬羊失父乙	綜覽鬲鼎75
0849	2001	西單光父乙鼎		乙AaⅡ	三期	西單光父乙	博古2.32
0850	2008	作父乙鼎	河南安陽（傳）	甲AbⅡ	二、三期	作父乙□鬻	故銅20
0851	2011	丩盾作父戊鼎		甲AdⅢ	四期	丩盾作父戊	圖集01392
0852	2013	黿作父戊鼎				黿作父戊彝	
0853	2015	小子作父己鼎		甲BaⅢ	四期	小子作父己	美集A11
0854	2016	小子作父己鼎		乙AaⅡ	四期	小子作父己	圖集01384
0855	2017	子克冊父辛鼎				子克冊父辛	
0856	2018	子作鼎盟彝鼎			西周（?）	子作鼎盟彝	
0857	2019	𢦏兄戊父癸鼎				𢦏兄戊父癸	
0858	2020	𢦏母𠕋父癸鼎				𢦏母𠕋父癸	
0859	2026	𤞷母鼎		甲AbⅡ	二期	𤞷母作山□	寶蘊20
0860	J285	句父丁鼎	河南羅山縣後李村M44：2	甲CⅢ	四期	句父丁作彝	
0861	2111	祖辛禹鼎	山東長清縣興復河北岸	乙B	三期	𢦏祖辛禹亞𢀛	全集4.22
0862	2112	祖辛禹鼎	山東長清縣興復河北岸	乙B	三期	𢦏祖辛禹亞𢀛	文物1964年4期
0863	E229	亞䰻父丁鼎		甲AbⅣ	四期	亞䰻父丁卪歸	

編號	著錄號	器名	出土地	型式	期別	銘文	器形來源
0864	E245	亞共方鼎		乙AaⅢ	四期	亞共祖辛父乙	
0865	2113	犬祖辛祖癸鼎		甲AbⅢ	三期	犬祖辛祖癸宜	圖集01499
0866	2117	龠犬犬魚父乙鼎		甲AbⅣ	四期	龠犬犬魚父乙	十二鏡3
0867	2114	般作父乙鼎		乙AaⅢ	四期	宜冊般作父乙	美集A60
0868	2118	龠作父丙鼎				疋彈龠作父丙	
0869	2124	共日戊鼎				共夬日戊作彝	
0870	2125	束冊作父己鼎				束冊作父己彝	
0871	2136	子父癸鼎		甲CⅢ	四期	子刀▲糸父癸	十二雪1－2
0872	2137	黿婦姑鼎				黿作婦姑鼏彝	
0873	2138	黿婦姑鼎				黿作婦姑鼏彝	
0874	2139	爻癸婦鼎		甲AbⅣ	四期	爻癸婦戟作彝	
0875	E243	祖辛父辛鼎	河南安陽殷墟西區M874：9	甲BaⅢ	四期	祖辛邑父辛云	
0876	E244	膚冊父庚鼎		乙AaⅡ	三期	膚冊。父庚㐭吾	
0877	2578	姨鼎		甲AcⅢ	四期	姨作父庚鼏，膚冊	全集4.12
0878	E259	豆作父丁鼎		甲CⅢ	四期	串資豆作父丁彝	
0879	2245	曆作祖己鼎		甲AbⅣ	四期	亞俞曆作祖己彝	故銅15
0880	2262	亳作槀母癸鼎	河南安陽（傳）			亞畀吳亳作母癸	巖窟上8
0881	2311	咸媒子作祖丁鼎				咸媒子作祖丁尊彝	
0882	2318	引作父丁鼎		甲AcⅢ	四期	引作文父丁鸞。臤鑊	月刊245期
0883	2328	木▲冊作母辛鼎				木▲冊作母辛尊彝	

續表

編號	著錄號	器名	出土地	型式	期別	銘文	器形來源
0884	2335	季作兄己鼎				亞醜季作兄己尊彝	
0885	J306	盂鼎	湖北蘄春縣達城鄉新屋灣	乙Aa Ⅲ	四期	盂鬻文帝母日辛尊	
0886	J307	盂鼎	湖北蘄春縣達城鄉新屋灣	乙Aa Ⅲ	四期	盂鬻文帝母日辛尊	
0887	2362	亞寞鄉宁鼎		甲C Ⅲ	四期	鄉宁亞寞竹宔智光	鄴三上12
0888	2363	亞父庚祖辛鼎		甲C Ⅲ	商末周初	亞保祖辛俞父旐父庚	圖集01852
0889	2400	亞若癸鼎		甲Ab Ⅳ	四期	亞若癸自乙受丁旐乙	西清1.28
0890	2401	亞若癸鼎		甲C Ⅲ	四期	亞若癸受丁父甲旗乙丁	博古1.32
0891	2402	亞若癸鼎		甲C Ⅱ	四期	亞若癸自乙受丁旐乙	善齋2.54
0892	2403	婦鼎				婦作文姑日癸尊彝。	
0893	2425	乙未鼎				乙未，王賞姒□帛，在寑，用作□彝	
0894	2427	亞寞鼎		乙Aa Ⅲ	四期	亞寞宔父癸宅于Ⅱ冊吹	博古1.19
0895	2431	乃孫作祖己鼎		甲Ac Ⅲ	商末周初	乃孫作祖己宗寶彝亾賓	故圖下上17
0896	2433	彙姒鼎	河南安陽（傳）		商末周初	彙姒賞賜貝于司作父乙彝	
0897	2434	彙姒鼎	河南安陽（傳）	乙Aa Ⅲ	商末周初	彙姒賞賜貝于司作父乙彝	美集A77
0898	2594	亞受鼎				戊寅，王曰殷隠馬彭賜貝，用作父丁尊彝。亞受	

編號	著錄號	器名	出土地	型式	期別	銘文	器形來源
0899	2648	小子𡧛鼎				乙亥子賜小子𡧛王賞貝，在襄師（次），𡧛用作父己寶尊。葟	
0900	J339	亞魚鼎	河南安陽殷墟西區 M1713：27	甲CⅢ	四期	壬申，王賜亞魚貝，用作兄癸尊。在六月，唯王七祀翌日	
0901	2653	小臣缶鼎		乙AaⅢ	四期	王賜小臣缶湡積五年，缶用作亯大子乙家祀尊。葟父乙	故銅22
0902	2694	戍甬鼎		甲AbⅡ	四期	亞印，丁卯，王令宜子迨西方于省，唯返，王賞戍甬貝二朋，用作父乙彝	
0903	2708	戍嗣鼎	河南安陽後崗殉葬坑 HGH10：5	甲AcⅢ	四期	丙午，王賞戍嗣貝廿朋，在闌宗，用作父癸寶𩵦。唯王䰟闌大室，在九月。犬魚	全集2.28
0904	2709	尹光鼎		乙AaⅢ	四期	乙亥，王餗，在𦰧師，王鄉酉（酒），尹光邐（列），唯各，賞貝，用作父丁彝。唯王征井方。𡩵	通鑒01726

續表

編號	著錄號	器名	出土地	型式	期別	銘文	器形來源
0905	2710	寢蒦鼎		甲CⅢ	四期	庚午，王令寢蒦省北田四品，在二月。作冊友史賜賣貝，用作父乙尊。羊冊	博古1.7
0906	2711	作冊豊鼎		甲AcⅢ	四期	癸亥，王迖于作冊般新宗，王賞作冊豊貝，大子賜東大貝，用作父己寶鬶	博古2.26
0907	E311	寢孳方鼎		乙AaⅢ	四期	甲子，王賜寢孳，賞，用作父辛尊彝。在十月又二，遘祖甲登日，唯王曰祀。盾佣	
0908	E314	㪤方鼎		乙AaⅢ	四期	乙未，王賓文武帝乙肜日自闌佣，王返入闌，王商（賞）㪤貝，用作父丁寶尊彝，在五月，唯王廿祀又二。魚	

鬲

編號	著錄號	器名	出土地	型式	期別	銘文	器形來源
0909	441	魚鬲		AbⅡ	四期	魚	武英35
0910	442	東鬲		AaⅡ	四期	東	西乙14.1
0911	443	皇鬲				皇	
0912	444	羧鬲				羧	

續表

編號	著録號	器名	出土地	型式	期別	銘文	器形來源
0913	445	失鬲		Ab I	四期	失	考古1988年3期
0914	446	鬲					
0915	447	耳鬲		Aa I	中商	耳	歷博28
0916	449	奴鬲				奴	
0917	456	亞牧鬲	河北豐寧縣	Ab I	四期	亞牧	河北81
0918	461	莫母鬲		Aa II	四期	莫母	武英36
0919	463	婦鬲				婦	
0920	467	癸鬲				癸	
0921	472	亞□其鬲			四期	亞□其	
0922	485	亞母鬲	甘肅涇川縣莊底墓	B	三、四期	亞母	文物1977年9期
0923	473	盲祖癸鬲		Aa II	四期	盲祖癸	西清31.1
0924	476	鳥父乙鬲		Ab II	四期	鳥父乙	首師20
0925	478	重父丙鬲				重父丙	
0926	481	齒父己鬲	陝西寶雞（傳）	Aa II	四期	齒父己	綜覽鬲12
0927	482	父己鬲				父己	
0928	483	父癸鬲				父癸	
0929	484	母辛鬲				母辛	
0930	486	齊婦鬲		Ab I	四期	齊婦莫	青研070
0931	487	子眉鬲	山東滕縣种寨村	Ab II	四期或周早	眉▲子	文物1972年5期
0932	J253	作冊祝鬲	河南安陽郭家莊M50：6	Ab II	四期	作冊祝	
0933	496	鳥宁祖癸鬲			四期	鳥宁祖癸	
0934	499	丙父丁鬲	河南安陽西區M1102：1	Aa II	四期	丙父丁	全集2.69
0935	502	亞牧父戊鬲				亞牧父戊	
0936	503	亞獏父己鬲				亞獏父己	
0937	505	亞狀母乙鬲		Aa II	四期	亞狀母乙	博古19.6
0938	538	祖辛父甲鬲				正父甲束祖辛	
0939	539	亞从父丁鬲			四期	亞从父丁鳥宁	

瓺

編號	著録號	器名	出土地	型式	期別	銘文	器形來源
0940	761	好瓺	河南安陽殷墟M5：870	A Ⅲ	二期	好	全集2.75
0941	762	好瓺	河南安陽殷墟M5：767、864	Ba	二期	好	殷銅110
0942	763	好瓺	河南安陽殷墟M5：764		二期	好	全集2.82
0943	765	戈瓺		A Ⅳ	四期	戈	圖集03102
0944	766	戈瓺		A Ⅳ	四期	戈	美集A138
0945	767	戈瓺	陝西岐山縣賀家村	A Ⅳ	四期	戈	陝銅1.20
0946	769	冚瓺				冚	
0947	774	𠁁瓺				𠁁	
0948	776	正瓺	河南安陽殷墟M18	A Ⅲ	二期	正	全集2.74
0949	777	𡗗瓺				𡗗	
0950	778	㐅瓺		A Ⅳ	三、四期	㐅	西清30.12
0951	779	戉瓺				戉	
0952	780	工瓺		A Ⅳ	四期	工	美集A132
0953	781	木瓺		A Ⅳ	三、四期	木	西清30.9
0954	782	弔瓺		A Ⅳ	三、四期	弔	西清30.7
0955	784	戎瓺	山東蒼山東高堯村	A Ⅳ	二、四期	戎	文物1965年7期
0956	785	彡瓺	甘肅靈臺縣白草坡M1	A Ⅳ	四期	彡	學報1977年2期
0957	786	⊙瓺	山西長子縣北郊	A Ⅰ	中商	⊙	山西珍8
0958	790	李瓺				李	
0959	791	李瓺				李	
0960	J148	妻瓺	山東壽光縣"益都侯城"故址	A Ⅳ	四期	妻	
0961	789	亞夨瓺		A Ⅲ	二期	亞夨	綜覽瓺15
0962	E102	亞長瓺	河南安陽花園莊M54：154	A Ⅲ	二期	亞長	

續表

編號	著録號	器名	出土地	型式	期別	銘文	器形來源
0963	792	宁辜瓿	内蒙古昭烏達盟翁牛特旗敖包村	A II	一期	宁辜	内蒙古文物考古1982年2期
0964	793	婦好三联瓿	河南安陽殷墟M5	Bb	二期	婦好	全集2.77
0965	794	婦好瓿	河南安陽殷墟M5	Ba	二期	婦好	全集2.76
0966	E101	婦好瓿	河南安陽婦好M5：865	A III	二期	婦好	
0967	795	龏婦瓿				龏婦	
0968	796	龏叔瓿	山東費縣（傳）	A V	四期	龏叔	文物1982年9期
0969	797	戈五瓿		A V	四期	戈五	寶蕴38
0970	798	祖丁瓿		A IV	三、四期	祖丁	西清30.1
0971	800	父乙瓿				父乙	
0972	801	父己瓿		A IV	四期	父己	叢刊2輯
0973	804	✳繭瓿		A IV	四期	✳繭	燕園51
0974	813	守父丁瓿		A IV	三、四期	守父丁	西清30.6
0975	815	令父己瓿				令父己	
0976	824	爰父癸瓿		A IV	三、四期	爰父癸	西清30.11
0977	E106	出父辛瓿		A IV	四期	出父辛	
0978	825	司婷瓿				司婷	
0979	838	子犬父乙瓿		A IV	三、四期	子犬父乙	博古18.27
0980	844	亞得父己瓿				亞得父己	
0981	845	黽作父辛瓿		A IV	四期	黽作父辛	美集A136
0982	846	荀ᑯ父癸瓿		A IV	三、四期	荀ᑯ父癸	陶齋2.61
0983	E111	南單母癸瓿		A IV	四期	南單母癸	
0984	856	彭母瓿		A IV	四期	彭母彝。☖	陶續2.1
0985	866	子商瓿				子商亞羔乙	
0986	867	商婦瓿		A IV	四期	商婦作彝，龏	青研221
0987	J155	邚瓿		A IV	四期	邚作祖癸彝	

編號	著録號	器名	出土地	型式	期別	銘文	器形來源
0988	886	亞𤔲作季尊彝甗		AⅣ	四期	亞𤔲作季尊彝	西清30.14
0989	891	黿作婦姑甗		AⅣ	四期	黿作婦姑𦉥彝	圖集03284
0990	922	婦𡊁甗		AⅣ	四期	婦𡊁作文姑日癸尊彝，𡊁	綜覽甗18
0991	944	作冊般甗		AⅣ	四期	王宜人方無㪥。咸。王賞作冊般貝，用作父己尊。來冊	圖集03347

簋

編號	著録號	器名	出土地	型式	期別	銘文	器形來源
0992	2912	天簋		BaⅡ	三期	天	西甲7.8
0993	2913	天簋				天	
0994	2914	天簋	陝西長武縣劉主河村1969	BaⅢ	四期	天	綜覽小型盂68
0995	J365	天簋	河北薊縣張家園M4：2	BaⅢ	四期	天	
0996	2916	狀簋		AbⅢ	四期	狀	故銅27
0997	2917	狀簋		BaⅣ	四期	狀	西清13.41
0998	2918	專簋		AbⅤ	三期	專	故銅26
0999	2919	執簋				執	
1000	2922	婦簋		AaⅡ	二期	婦	雙古上21
1001	2923	好簋	河南安陽殷墟M5：823	AaⅠ	二期	好	婦好
1002	2924	嫂簋				嫂	
1003	2925	婞簋		AbⅢ	二、三期	婞	綜覽小型盂40
1004	2927	重簋	河南安陽（傳）	AbⅢ	二期	重	鄴三上25
1005	2928	何簋	河南安陽郭家灣北地（傳）	AaⅡ	二、三期	何	圖集03451

續表

編號	著録號	器名	出土地	型式	期別	銘文	器形來源
1006	2929	𦥑簋	河南安陽西區M355：6	AbⅤ	三期	𦥑	殷銅196
1007	2931	卷簋	山東濟南劉家莊	AaⅡ	二、三期	卷	東南2001年3期
1008	2936	竟簋		BaⅣ	四期	竟	
1009	2937	𣂪簋				𣂪	
1010	2941	萰簋	河南安陽（傳）	AaⅢ	三期	萰	綜覽簋18
1011	2942	萰簋	河南安陽（傳）			萰	
1012	2944	蛬簋		AbⅠ	一期	蛬	夢續23
1013	2945	蹕簋		AbⅡ	四期	蹕	綜覽小型盂70
1014	2946	蹕簋		AbⅢ	三期	蹕	文物1985年8期
1015	2947	蹕簋		AbⅡ	二期	蹕	文物1986年8期
1016	2948	正簋		AaⅠ	二期	正	青研072
1017	2949	正簋		AaⅠ	二期	正	杉林10
1018	2950	徙簋	河南温縣小南張村	AbⅡ	二期	徙	河南1.343
1019	2951	口簋		AaⅢ	三期	口	綜覽簋17
1020	2953	田簋		BaⅢ	四期	田	寶蘊47
1021	2956	奴簋		AbⅢ	二期	奴	善齋8.2
1022	2957	史簋		BaⅢ	四期	史	綜覽簋43
1023	2958	史簋		BaⅢ	四期	史	綜覽簋27
1024	2959	史簋		BaⅡ	三期	史	美集A160
1025	2960	史簋		BaⅣ	四期	史	武英47
1026	2961	史簋				史	
1027	2962	史簋				史	
1028	E342	史簋		AbⅢ	二、三期	史	
1029	2964	執簋		AbⅢ	三期	執	善圖53
1030	2965	執簋		BaⅢ	四期	執	美集A164
1031	2966	執簋		BaⅡ	三期	執	青研080

編號	著錄號	器名	出土地	型式	期別	銘文	器形來源
1032	2967	守簋				守	
1033	2968	守簋				守	
1034	2969	耒簋		BaⅡ	三期	耒	美集A158
1035	2970	刔簋				刔	
1036	J375	融簋	山東青州蘇埠屯M8：12	AbⅢ	四期	融	
1037	2973	牛簋		Bb	商末周初	牛	全集5.57
1038	2978	虎簋				虎	
1039	2981	鳶簋		AbⅢ	二期	鳶	美集A142
1040	2986	亯簋				亯	
1041	2987	亯簋				亯	
1042	2988	車簋			三、四期	車	
1043	2990	𠂤簋		AbⅣ	三期	𠂤	寶蘊58
1044	2991	𠂤簋	河南安陽（傳）	AaⅢ	三期	𠂤	綜覽簋16
1045	2992	𠂤簋	陝西武功縣游鳳鄉黃南窨村	BaⅡ	三期	𠂤	文博1986年1期
1046	2994	𠬪簋				𠬪	
1047	2995	𠬪簋				𠬪	
1048	2996	𠬪簋				𠬪	
1049	2997	𠬪簋		BaⅣ	四期	𠬪	西拾6
1050	2998	𠬪簋		AbⅡ	三期	𠬪	西拾9
1051	2999	𠬪簋				𠬪簋	
1052	3000	𠬪簋		BaⅢ	四期	𠬪	寶蘊42
1053	J378	𠬪簋		AaⅡ	三期	𠬪	
1054	J377	𠬪簋	山西靈石縣旌介村M2：39	BaⅡ	四期	𠬪	
1055	E340	𠬪簋		BaⅢ	三、四期	𠬪	
1056	E341	𠬪簋		AaⅢ	二、三期	𠬪	
1057	3001	𤰒簋				𤰒	
1058	3007	皿簋		BaⅡ	三期	皿	美集A159
1059	3008	𠨧簋				𠨧	

編號	著録號	器名	出土地	型式	期別	銘文	器形來源
1060	3009	兔簋		AaⅢ	二、三期	兔	十二遐7
1061	3010	兔簋		AbⅢ	二、三期	兔	雙古上23
1062	3011	兔簋				兔	
1063	J379	兔簋	河北遷安縣夏官營鎮馬哨村	BaⅢ	四期	兔	
1064	3016	𤠮簋		BaⅣ	四期	𤠮	西甲7.19
1065	3017	𤠮簋	陝西武功縣游鳳鎮淳沱村	AbⅢ	四期	𤠮	陝銅1.126
1066	3018,J383	戈簋		AaⅠ	二期	戈	文物1986年8期
1067	3019	戈簋				戈	
1068	3021	戈簋		BaⅣ	商末周初	戈	武英69
1069	3022	戈簋		BaⅣ	四期	戈	西清13.40
1070	3023	戈簋		AbⅢ	商末周初	戈	通鑒03513
1071	3025	酘簋		BaⅢ	四期	酘	圖集03444
1072	3030	受簋	河北磁縣下七垣村	AaⅢ	三期	受	河北74
1073	3031	受簋		AaⅠ	二期	受	西清14.33
1074	3033	⌣簋		AaⅢ	二期	⌣	西清13.35
1075	3026	五簋				五	
1076	3035	九簋		BaⅢ	四期	九	圖集03401
1077	3040	九簋		BaⅣ	四期	九	西清13.33
1078	3037	爵簋		AbⅡ	二期	爵	綜覽小型盉1
1079	3038	𠔽簋				𠔽	
1080	3039	風簋		AbⅡ	二期	風	綜覽小型盉13
1081	3041	啓簋		AaⅡ	二、三期	啓	寧壽6.15
1082	3042	⊢簋		BaⅣ	商末周初	⊢	寶蘊52
1083	3044	𠁥簋		BaⅣ	四期	𠁥	美集A215
1084	3045	黃簋		AaⅢ	二、三期	黃	青研076
1085	3106	艸簋		AbⅡ	二期	艸	綜覽小型盉46

續表

編號	著録號	器名	出土地	型式	期別	銘文	器形來源
1086	3107	舟簋		BaⅣ	四期	舟	
1087	J366	罗簋		AbⅣ	三期	罗	
1088	J367	見簋	河南安陽大司空村M663：38	AaⅠ	二期晚段	見	
1089	J368	爰簋	河南安陽戚家莊東M269：40	BaⅡ	三期早段	爰	
1090	J369	伊簋		AbⅣ	三期	伊	
1091	J370	毃簋		AaⅠ	二期	毃	
1092	2971	毃簋	河南安陽（傳）	AaⅢ	二期	毃	鄴二上13
1093	J376	⊗簋		AaⅢ	三期	⊗	
1094	J382	亞簋		AaⅠ	二期	亞	
1095	J387	◇簋	河南安陽梅園莊M1：6	BaⅡ	四期	◇	
1096	3118	旲簋				旲	
1097	E345	弔簋		AbⅤ	四期	弔	
1098	3049	祖乙簋				祖乙	
1099	3050	祖戊簋				祖戊	
1100	3057	父己簋	河南鶴壁庞村	BaⅣ	四期	父己	叢刊3輯36頁
1101	3058	父己簋				父己	
1102	3059	父辛簋				父辛	
1103	3061	戈乙簋	河南安陽西區M764：4	AaⅢ	三期	戈乙	河南1.233
1104	3062	戈乙簋		BaⅡ	三期	戈乙	鄴三上27
1105	3066	戈己簋			三、四期	戈己	
1106	3063	魚乙簋				魚乙	
1107	3064	卷丁簋		BaⅡ	三期	卷丁	故青77
1108	3065	何戊簋	陝西岐山縣（傳）	BaⅡ	三期	何戊	圖集03687
1109	3067	天己簋				天己	
1110	3068	倗辛簋	陝西武功縣浮沱村	AaⅢ	三期	倗辛	陝銅1.125
1111	3069	圅辛簋		AbⅢ	三、四期	圅辛	美集A150
1112	3071	子癸簋		BaⅢ	四期	子癸	綜覽簋42

續表

編號	著錄號	器名	出土地	型式	期別	銘文	器形來源
1113	3072	子南簋	河南安陽	AaⅡ	二、三期	子南	全集2.93
1114	3073	子妻簋				子妻	
1115	3074	子妻簋				子妻	
1116	3075	子妥簋				子妥	
1117	E346	子妥簋		AaⅡ	二期	子妥	
1118	3076	子昊簋		AaⅡ	三期	子昊	博古8.10
1119	3077	子孤簋				子孤	
1120	3078	子鼻簋		BaⅡ	三期	子鼻	圖集03653
1121	3081	婦姍簋		AaⅡ	三期	婦姍	綜覽簋10
1122	3082	守婦簋		AaⅡ	三期	守婦	綜覽簋62
1123	3228	婦旋簋		AaⅠ	二期	婦旋	遺珠14
1124	3083	鼻母簋		AaⅡ	三期	鼻母	圖集03601
1125	3084	襄母簋		BaⅡ	三期	襄母	西甲7.13
1126	3086	𣂏乙簋		BaⅢ	四期	𣂏乙	美集A163
1127	3087	𣂏丁簋		AbⅣ	四期	𣂏丁	善齋8.16
1128	3088	𣂏己簋		BaⅡ	三期	𣂏己	博古8.7
1129	3089	𣂏癸簋	河南安陽（傳）	AaⅠ	二期	𣂏癸	故銅28
1130	3090	亞昊簋		AaⅠ	二期	亞昊	圖集03666
1131	3091	亞昊簋				亞昊	
1132	3093	亞奚簋	河南安陽（傳）	AaⅡ	三期	亞奚	雙吉上18
1133	3094	亞告簋	河南安陽	AaⅢ	三期	亞告	綜覽簋286
1134	3096	亞𪔂簋		BaⅣ	四期	亞𪔂	武英40
1135	3097	亞𪔂簋				亞𪔂	
1136	3098	亞𪔂簋		Bc	四期	亞𪔂，諸姒太子尊彝	故青99
1137	3099	亞𪔂簋		BaⅢ	四期	亞𪔂	西清14.1
1138	3095	亞𪔂簋		BaⅡ	四期	亞𪔂	善齋8.15
1139	3100	亞盥簋	河南安陽苗圃M172：1	AaⅡ	三期	亞盥	全集2.88
1140	3101	亞𪓐簋				亞𪓐	
1141	3102	亞獏簋				亞獏	

編號	著錄號	器名	出土地	型式	期別	銘文	器形來源
1142	3103	亞夫簋		AbⅢ	三期	亞夫	綜覽小型盂7
1143	3104	亞光簋	陝西鳳翔縣田家莊公社河北村周墓	BaⅡ	四期	亞光	陝銅3.183
1144	3105	亞登簋				亞登	
1145	E348	亞刁簋	河南安陽劉家莊M1046：61	BaⅣ	四期	亞刁	
1146	E347	酉己簋	河南安陽徐家橋村北M23：4	AaⅢ	三期	酉己	
1147	3108	眔冊簋				眔冊	
1148	3109	光冊簋	河南安陽（傳）	AbⅡ	三、四期	光冊	圖集03626
1149	3110	允冊簋		BaⅢ	四期	允冊	寶蘊41
1150	3111	鄉宁簋		AbⅡ	二期	鄉宁	綜覽小型盂4
1151	E349	宁苟簋	河南安陽戚家莊東M63：17	BaⅡ	四期	宁苟	
1152	3112	芺叔簋	山東費縣（傳）	BaⅡ	四期	芺叔	文物1982年9期
1153	3113	芺逋簋		BaⅣ	商末周初	芺逋	
1154	3114	芺㠱簋	河南安陽西北崗M1601	BaⅡ	三、四期	芺㠱	綜覽簋73
1155	3116	弔黽簋		AaⅢ	三期	弔黽	圖集03630
1156	3117	▲萬簋				▲萬	
1157	3119	𤕚簋	河南安陽郭家灣北地（傳）	AaⅡ	二、三期	𤕚	綜覽簋167
1158	3120	北單簋				北單	
1159	3121	秉盾簋				秉盾	
1160	3122	禾㤟簋				禾㤟	
1161	3123	甋𐄂簋				甋𐄂	
1162	2920	珥𤔔簋		AbⅣ	三期	珥𤔔	綜覽小型盂38
1163	3124	珥嘼簋				珥嘼	

編號	著錄號	器名	出土地	型式	期別	銘文	器形來源
1164	2989	亦車簋		AaⅠ	二期	亦車	全集2.94
1165	3126	車徙簋	河南安陽（傳）	AaⅡ	三期	車徙	全集2.92
1166	3127	正侯簋	河南安陽小屯村M18：5	AaⅠ	二期	正侯	全集2.85
1167	3241	𢆶豐簋				𢆶豐	
1168	J389	夲旅簋		AaⅢ	三期	夲旅	
1169	3135	𠦪祖丁簋		AbⅢ	二、三期	𠦪祖丁	圖集03747
1170	3199	𠦪父辛簋				𠦪父辛	
1171	3136	門祖丁簋		AbⅢ	二、三期	門祖丁	武英52
1172	3137	竹祖丁簋		BaⅣ	四期	竹祖丁	西清13.3
1173	3139	戈祖丁簋				戈祖丁	
1174	3143	戈父甲簋		BaⅢ	四期	戈父甲	博古8.12
1175	3156	戈父乙簋				戈父乙	
1176	3172	戈父丁簋		BaⅠ	二期	戈父丁	青研079
1177	3173	戈父丁簋				戈父丁	
1178	3221	戈母丁簋	陝西武功縣柴家嘴	BaⅣ	商末周初	戈母丁	陝銅4.108
1179	3237	戈亳冊簋		AbⅤ	三期	戈亳冊	考古1986年9期
1180	3141	⼁祖辛簋		BaⅣ	四期	⼁祖辛	圖集03754
1181	3142	田父甲簋		BaⅣ	商末周初	田父甲	綜覽簋60
1182	3145	𡠖父乙簋				𡠖父乙	
1183	3146	𡠖父乙簋				𡠖父乙	
1184	3147	𡠖父乙簋		BaⅢ	四期	𡠖父乙	西甲6.37
1185	3148	𡠖父乙簋				𡠖父乙	
1186	3169	𡠖父丁簋				𡠖父丁	陶齋1.47
1187	3170	𡠖父丁簋		BaⅢ	四期	𡠖父丁	恒軒43
1188	3224	𡠖母辛簋				𡠖母辛	
1189	3149	𤕦父乙簋	陝西渭南南堡村	AbⅣ	四期	𤕦父乙	考古與文物1980年2期
1190	3150	咸父乙簋				咸父乙	

編號	著錄號	器名	出土地	型式	期別	銘文	器形來源
1191	3175	䧹父丁簋		BaⅡ	三期	䧹父丁	圖集03790
1192	3153	雋父乙簋		BaⅣ	四期	雋父乙	十二遲6
1193	3154	臾父乙簋				臾父乙	
1194	3191	臾父己簋				臾父己	
1195	3192	臾父己簋	河南安陽	BaⅡ	四期	臾父己	雙吉上19
1196	3155	黿父乙簋				黿父乙	
1197	3179	黿父丁簋				黿父丁	
1198	3187	黿父戊簋				黿父戊	
1199	3157	苟父乙簋				苟父乙	
1200	3163	爻父乙簋		BaⅡ	三期	爻父乙	圖集03766
1201	3152	从父乙簋		BaⅢ	四期	从父乙	圖集03768
1202	3174	从父丁簋		BaⅢ	四期	从父丁	故圖下下134
1203	3177	鼎父丁簋		BaⅢ	四期	鼎父丁	武英72
1204	3178	䣉父丁簋		BaⅢ	四期	䣉父丁	圖集03792
1205	J394	子父丁簋		BaⅣ	四期	子父丁	
1206	3186	子父戊簋		BaⅣ	四期	子父戊	寶蘊44
1207	3188	舊父戊簋				舊父戊	
1208	3189	奴父戊簋		AbⅡ	四期	奴父戊	善齋9.48
1209	3193	京父己簋				京父己	
1210	3194	車父己簋		BaⅡ	三、四期	車父己	綜覽簋54
1211	3195	癸父己簋	河南安陽	BaⅠ	二期	癸父己	鄴初上16
1212	3196	埶父己簋				埶父己	
1213	3201	鳶父辛簋				鳶父辛	
1214	3202	析父辛簋		BaⅢ	四期	析父辛	故銅32
1215	3203	串父辛簋		BaⅣ	四期	串父辛	西甲6.43
1216	3204	串父辛簋		BaⅣ	四期	串父辛	西清13.15
1217	3210	西父癸簋		BaⅢ	四期	西父癸	青研083
1218	3211	𠂤父癸簋				𠂤父癸	

編號	著錄號	器名	出土地	型式	期別	銘文	器形來源
1219	3212	獸父癸簋				獸父癸	
1220	3213	臤父癸簋				臤父癸	
1221	3222	戎母己簋	河南安陽西區M1573：2	BaⅢ	四期	戎母己	殷銅81
1222	3223	豕妣辛簋		BaⅣ	四期	豕妣辛	圖集03999
1223	3227	放母鳶簋				放母鳶	
1224	3229	婦酃咸簋		BaⅣ	商末周初	婦酃咸	陶齋1.50
1225	J407	亞褱止簋	河南安陽郭家莊M160：33	AbⅤ	三期晚段	亞褱止	
1226	3232	扵乙簋				扵乙	
1227	3233	天己丁簋	"麟游"（傳）	Bb	商末周初	天己丁	博古16.22
1228	3234	子▲止簋				子▲止	
1229	3238	辰寢出簋	河南安陽大司空村M539：30	AbⅡ	二期晚段	辰寢出	全集2.86
1230	3239	北單戠簋	河南安陽武官村E9	AaⅠ	二期	北單戠	全集2.83
1231	3243	西單隻簋		AbⅢ	三、四期	西單隻	博古8.17
1232	3325	舿父己簋				舿父己	
1233	3240	作母皿簋				作母皿	
1234	3297	亞啓父乙簋				亞啓父乙	
1235	3298	亞矢父乙簋		BaⅠ	二期	亞矢父乙	泉博20
1236	3308	亞束父丁簋		BaⅣ	商末周初	亞束父丁	頌續26
1237	3309	亞宣父丁簋				亞宣父丁	
1238	3310	亞齅父丁簋		Bb	四期	亞齅父丁	故銅80
1239	3331	亞齅父辛簋				亞齅父辛	
1240	3332	亞齅父辛簋		BaⅢ	四期	亞齅父辛	綜覽簋113
1241	3333	亞齅父辛簋				亞齅父辛	
1242	3326	亞竝父己簋		BaⅣ	商末周初	亞竝父己	美集A203
1243	3330	亞鼻父辛簋		AbⅢ	三期	亞鼻父辛	圖集03987
1244	3338	亞弜父癸簋		BaⅠ	二期	亞弜父癸	西清13.2
1245	3339	亞㠱父癸簋		BaⅣ	四期	亞㠱父癸	尊古1.48
1246	3393	亞尤黿□簋		AaⅡ	三期	亞尤黿□	綜覽簋314
1247	J412	亞獏母辛簋		BaⅢ	四期	亞獏母辛	

編號	著錄號	器名	出土地	型式	期別	銘文	器形來源
1248	3185	丩盾父戊簋				丩盾父戊	
1249	3303	✦冊父乙簋				✦冊父乙	
1250	3311	驪父丁簋				驪父丁	
1251	3312	文眶父丁簋		Ba Ⅳ	商末周初	文眶父丁	美集A171
1252	3313	⌒羊父丁簋				⌒羊父丁	
1253	3314	⌒羊父丁簋		Ba Ⅳ	商末周初	⌒羊父丁	美集A197
1254	3316	𠂤𣏟父丁簋				𠂤𣏟父丁	
1255	3321	□□父丁簋		Ba Ⅲ	四期	□□父丁	兩罍1.8
1256	3324	北覃父己簋				北覃父己	
1257	3340	耳衡父癸簋				耳衡父癸	
1258	3337	鄉宁父癸簋		Ba Ⅲ	四期	鄉宁父癸	美集A162
1259	3343	彭母簋				彭母彝𠂤	
1260	J410	子𢝫父乙簋				子𢝫父乙	
1261	J411	玄冊父癸簋		Ba Ⅱ	三期	玄冊父癸	
1262	J413	鳥嬕簋	河南安陽郭家莊M1：16	Ba Ⅱ	四期	鳥嬕弄彝	
1263	3345	耴𨟊婦𡥈簋	河南輝縣褚邱	Ba Ⅲ	四期	耴𨟊婦𡥈	河南1.353
1264	E366	子糸▲刀簋		Ab Ⅴ	四期	子糸▲刀	
1265	E367	母嫥日辛簋		Ab Ⅴ	四期	母嫥日辛	
1266	E369	北單父乙簋		Ba Ⅲ	四期	北單父乙	
1267	3302	◇辇荀父乙簋				◇辇荀父乙	
1268	3417	西單匜祖己簋		Ba Ⅳ	四期	西單匜祖己	寶蘊43
1269	3418	庚豕馬父乙簋	河南安陽	Ba Ⅱ	四期	庚豕馬父乙	殷銅233
1270	3419	亞𦥑覃父乙簋		Ba Ⅲ	四期	亞𦥑覃父乙	故圖下下135
1271	3420	子眉▲父乙簋	陝西鳳翔縣			子眉▲父乙	
1272	3421	秉盾冊父乙簋		Ba Ⅳ	四期	秉盾冊父乙	美集A199

編號	著録號	器名	出土地	型式	期別	銘文	器形來源
1273	3428	戈亳冊父丁簋				戈亳冊父丁	
1274	3429	◆乚父丁簋		Bb	商末周初	作父丁◆乚	綜覽簋268
1275	J417	亞盤父丁簋		AbⅣ	三、四期	亞盤父丁，隻	
1276	3457	大丏簋	河南安陽殷墟西區	Bb	四期	大丏作母彝	河南1.314
1277	E376	受祖己父辛簋		BaⅠ	二期	受祖己父辛	
1278	3502	文父乙簋		BaⅢ	四期	文父乙卯婦娸	圖集04402
1279	3601	偁缶作祖癸簋		BaⅣ	商末周初	偁缶作祖癸尊彝	泉博25
1280	3604	眔冊簋	"洛陽"			宔父丁尊彝眔冊	
1281	3602	𠨘𣏓作父乙簋		BaⅢ	四期	作父乙寶彝。𠨘𣏓	圖集04402
1282	3665	戈厚作兄日辛簋		Bb	商末周初	戈厚作兄日辛寶彝	西清28.2
1283	3713	亞若癸簋		AbⅢ	三、四期	亞，若癸，自乙，受丁，旋乙	美集A143
1284	E398	子𤔲簋		BaⅣ	四期	子𤔲在𡨄，作文父乙彝	
1285	3717	奴作父辛簋		BaⅣ	商末周初	戠北單冊。奴作父辛尊彝	懷米上30
1286	J454	寢魚簋	河南安陽西區M1713：33	BaⅡ	四期	辛卯，王賜寢魚貝，用作父丁彝	
1287	3861	亞古作父己簋	河南洛陽（傳）	BaⅢ	四期	己亥，王賜貝，在闌，用作父己尊彝，亞古	故銅30

續表

編號	著錄號	器名	出土地	型式	期別	銘文	器形來源
1288	3904	小子🔲子簋					僞銘，当删
1289	3940	褠瞅簋				亞舟，乙亥，王賜褠瞅玉十珏、璋，用作祖丁彝	
1290	3941	寢敄簋				辛亥，王在寢，賞寢敄🔲貝二朋，用作祖癸寶尊	
1291	3975	耴簋		BaⅢ	四期	辛巳，王饮多亞，耴壴邁（列），賜貝二朋用作大子丁。耴琞	故銅29
1292	4138	小子𡖊簋		BaⅣ	四期	癸巳，𩅧賞小子𡖊貝十朋，在上𪔓，唯𩅧令伐人（夷）方，𡖊賓貝，用作文父丁尊彝，在十月四。𦤠	圖集05128
1293	4144	緯作父乙簋		BaⅣ	四期	戊辰，弜師賜緯🔲户賣貝，用作父乙寶彝，在十月一，唯王曰祀𠭥日，遘于妣戊武乙奭彖一。牵旅	全集2.101

豆

編號	著錄號	器名	出土地	型式	期別	銘文	器形來源
1294	4651	🔲豆			四期	🔲	故銅85

續表

1295	4652	𡧰叔豆			四期	𡧰叔	全集4.47
1296	4653	亞吳豆				亞吳	
1297	J540	𡧰父癸豆	陝西西安東郊老牛坡		四期	𡧰父癸	
1298	4658	串𧮫父丁豆				串𧮫父丁	

匕

編號	著録號	器名	出土地	型式	期別	銘文	器形來源
1299	966	𩵋匕				𩵋	
1300	968	亞念匕				亞念	故銅25
1301	10476	亞𡕓匕	河南安陽西區M907：15		三期	亞，𡕓辛覃乙	

卣

編號	著録號	器名	出土地	型式	期別	銘文	器形來源
1302	4701	戈卣		E	二、三期	戈	泉博88
1303	4702	戈卣				戈	
1304	4703	戈卣			三、四期	戈	
1305	4707	戈卣	湖南寧鄉縣王家墳	Ab	四期	戈	湘博40
1306	4711	戠卣		E	二、三期	戠	青研153
1307	4712	𠃬卣				𠃬	
1308	4713	𠃬卣				𠃬	
1309	4714	𠃬卣		AaⅢ	四期	𠃬	西甲8.20
1310	4715	𠃬卣		AaⅢ	四期	𠃬	雙古上27
1311	4716	𠃬卣				𠃬	
1312	4717	𠃬卣	河南安陽殷墟	E	二、三期	𠃬	綜覽卣2
1313	4718	𠃬卣	陝西岐山縣賀家村	Ab	四期	𠃬	周原6.1236
1314	4719	𠃬卣				𠃬	
1315	4720	𠃬卣	山西靈石縣旌介村M1：8	AaⅢ	四期	𠃬	旌介圖185
1316	J553	𠃬卣	山西靈石縣旌介村M1：13	AaⅢ	四期	𠃬	
1317	J554	𠃬卣		AaⅢ	三、四期	𠃬	

編號	著録號	器名	出土地	型式	期別	銘文	器形來源
1318	4721	史卣	河南安陽殷墟西區M2575：23	AaⅠ	二期	史	殷銅177
1319	4722	史卣				史	
1320	4723	史卣		AaⅢ	三、四期	史	西清16.23
1321	4724	史卣				史	
1322	4725	史卣				史	
1323	4726	史卣		AaⅢ	三、四期	史	博古10.18
1324	E490	史卣	山東滕州前掌大村商周墓地M38：66	AaⅢ	商末周初	史	
1325	E491	史卣	山東滕州前掌大村商周墓地M38：61	AaⅢ	商末周初	史	
1326	4727	夨卣				夨	
1327	4728	夨卣				夨	
1328	4729	夨卣		AaⅣ	四期	夨	美集A562
1329	4730	夨卣		AaⅡ	二、三期	夨	西清16.14
1330	4731	夨卣		AaⅣ	四期	夨	綜覽卣91
1331	4732	子卣		AaⅣ	四期	子	寶蘊97
1332	4733	竝卣		AaⅢ	三、四期	竝	善齋4.1
1333	4734	奚卣		Ab	三期	奚	綜覽卣49
1334	4735	埶卣		AaⅢ	三、四期	埶	綜覽卣81
1335	4736	闋卣		E	二、三期	闋	全集3.138
1336	4737	受卣	河北磁縣下七垣	AaⅢ	三、四期	受	河北72
1337	4738	爰卣		AaⅢ	三期	爰	圖集12533
1338	4739	守卣				守	
1339	4740	魚卣				魚	
1340	4741	鼻卣				鼻	
1341	4742	鼻卣		E	二、三期	鼻	圖集12529
1342	4743	燮卣				燮卣	
1343	4744	亞卣				亞	
1344	4747	秅卣		C	四期	秅	故青58

續表

編號	著錄號	器名	出土地	型式	期別	銘文	器形來源
1345	4748	卣					
1346	4749	禾卣		Ab	三期	禾	雙古上29
1347	4750	禾卣		Ab	三期	禾	圖集12535
1348	4751	卣					
1349	4753	羖卣				羖	
1350	4754	嫂卣				嫂	
1351	4755	嫂卣				嫂	
1352	4756	酉卣				酉	
1353	4757	酉卣				酉	
1354	4758	臺卣		AaⅢ	三、四期	臺	圖集12536
1355	J546	衡卣		AaⅠ	二期	衡	
1356	4760	黿卣		AaⅢ	三、四期	黿	西甲8.15
1357	4761	黿卣				黿	
1358	4764	卣	陝西岐山縣賀家村	BⅡ	四期		周原10.2182
1359	4767	舌卣		Ab	三期	舌	美集A588
1360	4768	舌卣	河南安陽	Ab	三期	舌	圖集12540
1361	4769	天卣	河南羅山縣蟒張M1：24	AaⅢ	四期	天	學報1986年2期
1362	4771	天卣				天	
1363	4770	卣	廣西武鳴縣勉嶺山	Ab	四期		綜覽卣98
1364	4773	卣		AaⅠ	二期		博古11.14
1365	4774	卣		AaⅣ	四期		圖集12541
1366	4775	伐卣		AaⅢ	三、四期	伐	綜覽卣19
1367	4776	卷卣	山東濟南劉家莊	AaⅢ	三、四期	卷	東南2001年3期
1368	4777	卣					
1369	4778	卣					
1370	4779	衛卣	河南安陽武官村E9	BⅠ	二期	衛	全集3.117
1371	4780	葡卣				葡	

編號	著錄號	器名	出土地	型式	期別	銘文	器形來源
1372	4781	苟卣		BI	二期	苟	綜覽卣5
1373	4782	🔲卣				🔲	
1374	4783	𠂤卣	河南安陽殷墟西區M907		三期	𠂤	學報1979年1期
1375	4784	龍卣	山西保德縣林遮峪村	AaⅢ	三期	龍	山西58
1376	4785	叀卣	山東濱縣藍家村	AaⅡ	二、三期	叀	綜覽卣87
1377	4786	弔卣		AaⅢ	三、四期	弔	善齋4.11
1378	4787	鳶卣		Ab	三、四期	鳶	全集3.131
1379	4788	隻卣		Ab	三期	隻	圖集12547
1380	4789	蒙卣		AaⅢ	三、四期	蒙	精品26
1381	4790	牛卣		E	二、三期	牛	美集A570
1382	E488	牛卣		Ab	二、三期	牛	
1383	4791	叉卣		E	二、三期	叉	圖集12549
1384	4792	㲋卣		AaⅣ	四期	㲋	西清16.29
1385	4794	徙卣		E	二、三期	徙	青研152
1386	4795	得卣				得	
1387	4796	東卣				東	
1388	4797	示卣				示	
1389	4798	霝卣	河南安陽	AaⅢ	三、四期	霝	圖集12552
1390	4799	🔲卣		BⅡ	四期	🔲	館刊4期
1391	4800	🔲卣		D	三、四期	🔲	綜覽卣63
1392	4801	🔲卣				🔲	
1393	4802	爻卣		AaⅣ	四期	爻	西乙8.9
1394	9461	耳卣				耳	
1395	4842	爯卣				爯	
1396	4843	妌卣		Ab	三期	妌	綜覽卣47
1397	4759	蓏卣		AaⅢ	三、四期	蓏	圖集12537
1398	J545	蓏卣		AaⅢ	三期	蓏	
1399	J547	羊卣	河南安陽郭家莊M6：29	AaⅢ	四期	羊	
1400	J549	融卣	山東青州蘇埠屯M8：11	C	四期	融	

編號	著錄號	器名	出土地	型式	期別	銘文	器形來源
1401	J550	明卣	山西靈石縣旌介村M2：40	AaⅢ	四期	明	
1402	J551	○卣	陝西麟游縣九成宮鎮後坪村	BⅡ	四期	○	
1403	J552	丹卣	河南安陽豫北紡織廠	AaⅢ	三期	丹	
1404	E489	車卣		E	二、三期	車	
1405	4805	亞伐卣	河北靈壽縣西木佛村	Ab	三期	亞伐	叢刊5輯
1406	4806	亞醜卣				亞醜	
1407	4807	亞醜卣				亞醜	
1408	4808	亞醜卣		AaⅣ	四期	亞醜	善齋4.5
1409	4809	亞醜卣		AaⅢ	三期	亞醜	故銅82
1410	4810	亞醜卣		BⅡ	四期	亞醜	寶蘊84
1411	J560	亞醜卣		AaⅢ	三、四期	亞醜	
1412	J561	亞址卣	河南安陽郭家莊M160：172	Ab	三期晚段	亞址	
1413	4811	亞𣀓卣				亞𣀓	
1414	4812	亞奚卣				亞奚	
1415	4813	亞矣卣	河南安陽侯家莊	D	二期	亞矣	全集3.134
1416	1432	亞矣卣	河南安陽（傳）	G	二期	亞矣	日精華3.195
1417	4814	亞丏卣				亞丏	
1418	4815	亞茻卣		E	二、三期	亞茻	冠斝上53
1419	4816	亞茻卣		E	二、三期	亞茻	圖集12652
1420	4817	亞𢍺卣	河南安陽		二期	亞𢍺	
1421	4818	亞母卣	河南上蔡縣田莊村	AaⅢ	三、四期	亞母	文物1957年11期
1422	4819	亞盥卣	河南安陽苗圃北地M172：3	AaⅢ	三期	亞盥	全集3.123
1423	4820	亞告卣		C	四期	亞告	圖集12645
1424	集刊	亞乓卣	河南安陽劉家莊M1046：10	AaⅢ	四期	亞乓	
1425	E495	亞奠卣		AaⅢ	四期	亞奠	

續表

編號	著錄號	器名	出土地	型式	期別	銘文	器形來源
1426	4821	祖辛卣	河南輝縣褚邱	Ab	三期	祖辛	河南1.367
1427	4822	父乙卣				父乙	
1428	E502	父乙卣	山東滕州前掌大村商周墓地M21：40	AaⅢ		父乙	
1429	4835	父辛卣				父辛	
1430	4837	父癸卣		AaⅢ	三、四期	父癸	美集A566
1431	4823	𠦪乙卣		AaⅢ	三、四期	𠦪乙	善齋4.6
1432	4824	𠦪丙卣				𠦪丙	
1433	4827	𠦪丁卣				丁𠦪	
1434	4833	𠦪己卣				𠦪己	
1435	4834	𠦪辛卣		Ab	四期	𠦪辛	圖集12683
1436	4838	𠦪癸卣	湖南寧鄉黃材	Ab	三、四期	𠦪癸	湘博23
1437	4855	𠦪𤊲卣				𠦪𤊲	
1438	4856	𠦪𥝩卣		AaⅣ	四期	𠦪𥝩	西清16.16
1439	4857	𠦪𥝩卣				𠦪𥝩	
1440	4825	丰丁卣		Ab	三、四期	丰丁	西清16.12
1441	4826	犬丁卣				犬丁	
1442	4828	冈丁卣				冈丁	
1443	4829	賊己卣				賊己	
1444	4830	賊己卣				賊己	
1445	4831	賊己卣		AaⅢ	三、四期	賊己	尊古2.11
1446	4832	𢼸己卣		AaⅢ	三、四期	𢼸己	南大15
1447	E499	珥丁卣		Ab	三、四期	珥丁	
1448	4839	飲癸卣		AaⅢ	三、四期	飲癸	圖集12685
1449	4840	飲癸卣				飲癸	
1450	4841	豕癸卣				豕癸	
1451	4845	婦𡜎卣				婦𡜎	
1452	4846	婦𡜎卣		AaⅣ	四期	婦𡜎	善齋4.15
1453	4847	子侯卣				子侯	
1454	4848	子▲卣		AaⅢ	三、四期	子▲	陶齋2.28

續表

編號	著録號	器名	出土地	型式	期別	銘文	器形來源
1455	4849	子臭卣				子臭	
1456	4850	子㫃卣				子㫃	
1457	J562	鼻子卣			四期	鼻子	
1458	4851	魚母卣	河南安陽	AaⅢ	三、四期	魚母	嚴窟上21
1459	4852	竹旗卣		Ab	三期	竹旗	青研156
1460	4860	𠙵音卣				𠙵音	
1461	4861	𠙵音卣				𠙵音	
1462	4862	𠙵音卣		Ab	四期	𠙵音	博古9.10
1463	4863	𢼊卣		AaⅣ	四期	𢼊	武英129
1464	4864	木戊卣		Ab	三、四期	木戊	圖集12707
1465	4865	𣎆刀卣		AaⅣ	四期	𣎆刀	冠斝上55
1466	4866	谷皿卣		BⅡ	四期	谷皿	图集12015
1467	4867	危耳卣		AaⅢ	三、四期	危耳	西甲8.27
1468	4869	𠙵戈卣				𠙵戈	
1469	4870	徙冊卣				徙冊	
1470	4871	𥅆冊卣		AaⅣ	四期	𥅆冊	圖集12696
1471	4872	告冊卣		BⅠ	二期	告冊	全集3.119
1472	4874	買車卣	河南安陽		三、四期	買車	嚴窟上23
1473	4875	�
𠆢卣				�
𠆢	
1474	4844	𡚾婦卣				𡚾婦	
1475	4876	𡚾徹卣				𡚾徹	
1476	4877	𡚾叔卣	山東費縣	AaⅢ	四期	𡚾叔	文物1982年9期
1477	4878	𡚾叔卣	山東費縣	D	四期	𡚾叔	文物1982年9期
1478	4879	𡚾叔卣	山東費縣	BⅡ	四期	𡚾叔	文物1982年9期
1479	4880	𤰔甫卣				𤰔甫	
1480	4881	𠂉安卣				𠂉安	
1481	4882	匄貝卣		E	二、三期	匄貝	故銅59

續表

編號	著録號	器名	出土地	型式	期別	銘文	器形來源
1482	E497	戈匋卣	河南安陽戚家莊東M235：5	AaⅢ	四期	戈匋	
1483	5016	𤔲乎卣				𤔲乎	
1484	E496	爰爾卣	河南安陽殷墟西區M875：6	AaⅢ	三期	爰爾	
1485	4889	鳥祖甲卣				鳥祖甲	
1486	4902	鳥父甲卣				鳥父甲	
1487	4890	𩁹祖乙卣		Ab	三、四期	𩁹祖乙	圖集12749
1488	4891	子祖丁卣		AaⅣ	四期	子祖丁	陶齋2.41
1489	4894	子祖己卣				子祖己	
1490	4901	子祖癸卣				子祖癸	
1491	9500	子父乙卣		BⅡ	四期	子父乙	故青63
1492	4943	子父丁卣				子父丁	
1493	4969	子父庚卣				子父庚	
1494	5004	子辛智卣				子辛智	
1495	4892	剡祖戊卣				剡祖戊	
1496	4893	𩵋祖戊卣		AaⅣ	四期	𩵋祖戊	綜覽卣126
1497	4897	鳶祖辛卣		BⅡ	四期	鳶祖辛	故銅55
1498	4899	𠃜祖癸卣				𠃜祖	
1499	4904	𠃜父甲卣				𠃜父甲	
1500	4920	𠃜父乙卣				𠃜父乙	
1501	4965	𠃜父己卣				𠃜父己	
1502	4966	𠃜父己卣		AaⅢ	三、四期	𠃜父己	故青59
1503	4973	𠃜父辛卣				𠃜父辛	
1504	4900	蕐祖癸卣				蕐祖癸	
1505	4926	蕐父乙卣		BⅡ	四期	蕐父乙	善圖115
1506	4938	蕐父丁卣				蕐父丁	
1507	4960	蕐父己卣		AaⅣ	四期	蕐父己	寧壽7.2
1508	4961	蕐父己卣		AaⅣ	四期	蕐父己	考古圖4.24
1509	4980	蕐父辛卣		BⅡ	四期	蕐父辛	圖集12808
1510	4998	蕐父癸卣				蕐父癸	
1511	5000	蕐母己卣				蕐母己	

編號	著錄號	器名	出土地	型式	期別	銘文	器形來源
1512	5011	葽亞卣	山東長清縣興復河	AaⅢ	四期	葽亞卣	綜覽卣40
1513	4903	田父甲卣	山東長清縣崮山驛	AaⅣ	四期	田父甲	綜覽卣92
1514	4905	丰父甲卣		AaⅢ	三、四期	丰父甲	綜覽卣89
1515	4906	羖父甲卣				羖父甲	
1516	4931	羖父乙卣				羖父乙	
1517	4908	天父乙卣				天父乙	
1518	4909	天父乙卣		Ab	商末周初	天父乙	圖集12764
1519	4976	天父辛卣		AaⅣ	四期	天父辛	善齋4.14
1520	4910	何父乙卣		AaⅢ	三、四期	何父乙	北圖156
1521	4913	冊父乙卣		AaⅢ	三、四期	冊父乙	圖集12770
1522	4914	魚父乙卣				魚父乙	
1523	4915	魚父乙卣		AaⅢ	三、四期	魚父乙	善齋4.12
1524	4916	魚父乙卣				魚父乙	
1525	4917	魚父乙卣		AaⅢ	三、四期	魚父乙	善齋4.9
1526	4997	魚父癸卣		AaⅢ	三、四期	魚父癸	圖集12817
1527	4918	卷父乙卣				卷父乙	
1528	4919	尹父乙卣	山西洪趙	BⅡ	四期	尹父乙	山西珍62
1529	4922	黿父乙卣				黿父乙	
1530	4923	黿父乙卣		AaⅣ	四期	黿父乙	武英127
1531	4924	黿父乙卣				黿父乙	
1532	4950	黿父戊卣		AaⅢ	三、四期	黿父戊	西清16.27
1533	4978	黿父辛卣				黿父辛	
1534	4993	黿父癸卣				黿父癸	
1535	4925	𣎆父乙卣		AaⅢ	三、四期	𣎆父乙	西清16.18
1536	J565	光祖乙卣	河南安陽梅園莊南地M92：3	AaⅢ	四期	光祖乙	
1537	4927	光父乙卣	河南安陽	AaⅡ	二、三期	光父乙	嚴窟上22
1538	4928	罍父乙卣				罍父乙	
1539	4929	史父乙卣				史父乙	
1540	4930	鼄父乙卣				鼄父乙	

編號	著録號	器名	出土地	型式	期別	銘文	器形來源
1541	4932	⺊父乙卣				⺊父乙	
1542	4933	亞父乙卣		BⅡ	四期	亞父乙	博古11.11
1543	4934	谷父乙卣				谷父乙	
1544	4936	析父丙卣		BⅡ	四期	析父丙	圖集12041
1545	E506	析父丁卣		AaⅡ	四期	析父丁	
1546	4944	束父丁卣				束父丁	
1547	4945	耒父丁卣				耒父丁	
1548	4946	耒父丁卣		AaⅢ	三、四期	耒父丁	博古10.10
1549	4947	酉父丁卣				酉父丁	
1550	4952	酉父己卣				酉父己	
1551	4987	酉父辛卣		AaⅢ	四期	酉父辛	鄴初上19
1552	4948	爻父丁卣	山東滕縣井亭煤礦	AaⅢ	三、四期	爻父丁	綜覽卣42
1553	4949	冎父丁卣		AaⅢ	三、四期	冎父丁	西清15.1
1554	4953	父己卣				父己	
1555	4954	戈父己卣			三、四期	戈父己	西清16.27
1556	4955	戈父己卣	"龍游"	AaⅢ	三、四期	戈父己	博古10.5
1557	4956	倗父己卣				倗父己	
1558	4957	丌父己卣		AaⅣ	四期	丌父己	圖集12792
1559	4958	受父己卣				受父己	
1560	4968	弓父庚卣		BⅡ	四期	弓父庚	長安1.21
1561	4977	執父辛卣	陝西寶雞峪泉村	AaⅢ	四期	執父辛	陝銅4.10
1562	4975	父辛卣				父辛	
1563	4972	父辛卣				父辛	
1564	4979	黽父辛卣		AaⅣ	四期	黽父辛	恒軒63
1565	4981	弔父辛卣		AaⅢ	三、四期	弔父辛	西甲8.13
1566	4983	父辛卣		AaⅢ	三、四期	父辛	博古10.17
1567	4985	翌父辛卣		BⅡ	四期	翌父辛	通鑒12735
1568	4986	父辛卣		AaⅣ	四期	父辛	美集A565
1569	4989	卥父癸卣		AaⅢ	三、四期	卥父癸	恒軒56

編號	著録號	器名	出土地	型式	期別	銘文	器形來源
1570	4994	取父癸卣		AaⅢ	三、四期	取父癸	西清15.6
1571	4995	𥅆父癸卣		BⅡ	四期	𥅆父癸	西清16.34
1572	5048	𡶾祖己卣				𡶾祖己	
1573	J567	𤔲父乙卣	陝西麟游縣九成宮鎮後坪村	AaⅢ	四期	𤔲父乙	
1574	E504	未祖壬卣		AaⅢ	三、四期	未祖壬	
1575	E507	冊父丁卣				冊父丁	
1576	J575	比丁癸卣		AaⅢ	三、四期	比丁癸	
1577	5006	劦冊竹卣		AaⅢ	三、四期	劦冊竹	善圖110
1578	5007	西單隻卣				西單隻	
1579	5008	秉盾丁卣		Ab	四期	秉盾丁	圖集12822
1580	5009	𨾊丁卣		C	四期	𨾊丁	泉博93
1581	5010	蟲典癸卣		Ab	三期	蟲典癸	圖集12826
1582	5012	臨其𤛪卣				臨其𤛪	
1583	5013	林亞俞卣				林亞俞	
1584	5014	亞詝術卣		BⅡ	四期	亞詝術	十二絜12
1585	5015	亞其矣卣			商末周初	亞其矣	
1586	E505	亞宦孔卣	河南安陽M1046	AaⅢ	四期	亞宦孔	
1587	5017	鳥𤔲卣	河南安陽郭家灣（傳）	AaⅢ	三、四期	鳥𤔲	圖集12835
1588	5019	乇田舌卣		AaⅢ	三、四期	乇田舌	賸稿24
1589	5111	丰微母彝卣				丰微母彝	
1590	5045	𥅆冊祖丁卣		AaⅢ	四期	𥅆冊祖丁	考古圖4.22
1591	5046	𥅆冊祖丁卣		AaⅢ	四期	𥅆冊祖丁	博古9.30
1592	5047	戈荀祖乙卣		AaⅢ	三、四期	戈荀祖乙	圖集12894
1593	5088	荀貝父辛卣		Ab	四期	荀貝父辛	博古10.8
1594	5053	亞覃父乙卣				亞覃父乙	
1595	5054	亞俞父乙卣				亞俞父乙	
1596	5055	亞厷父乙卣		BⅡ	四期	亞厷父乙	綜覽卣66
1597	5079	亞址父乙卣		AaⅡ	三期	亞址父乙	考古圖4.25
1598	5085	亞𪐴父辛卣		AaⅢ	三、四期	亞𪐴父辛	西清16.30

編號	著錄號	器名	出土地	型式	期別	銘文	器形來源
1599	5097	亞甗杞婦卣		AaⅢ	三、四期	亞甗杞婦	故青92
1600	5086	亞獏父辛卣		AaⅣ	四期	亞獏父辛	西清16.22
1601	5094	亞得父癸卣		AaⅢ	三、四期	亞得父癸	西甲8.9
1602	5100	亞奠皇祈卣	江西遂川縣泉江鎮洪門村	Ab	三、四期	亞奠皇祈	全集4.164
1603	5050	陸冊父甲卣				陸冊父甲	
1604	5052	陸冊父乙卣				陸冊父乙	
1605	5081	陸冊父庚卣				陸冊父庚	
1606	5051	蟲典父乙卣				蟲典父乙	鄴初上18
1607	5056	田告父乙卣				田告父乙	
1608	5057	子疐父乙卣		AaⅢ	三、四期	子疐父乙	出光35
1609	5070	子厥父丁卣		AaⅣ	商末周初	子厥父丁	西清15.3
1610	5058	聑□父乙卣				聑□父乙	
1611	5059	丩盾父乙卣		Ab	商末周初	丩盾父乙	故銅58
1612	5060 5076	丩盾父乙父戊卣		AaⅢ	三、四期	丩盾父乙 丩盾父戊	圖集12921
1613	5068	串贅父丁卣				串贅父丁	
1614	5069	串隽父丁卣	遼寧喀左縣山灣子窖藏	AaⅣ	商末周初	串隽父丁	文物1977年12期
1615	5073	舟丏父丁卣				舟丏父丁	
1616	5074	埶公父丁卣		BⅡ	四期	埶公父丁	圖集12916
1617	5077	又羛父己卣				又羛父己	
1618	5082	家戈父庚卣		AaⅢ	三、四期	家戈父庚	西甲8.16
1619	5083	婦隻父庚卣				婦隻父庚	鄴初上19.1
1620	5084	𧴪牵父辛卣				𧴪牵父辛	
1621	5089	句飲父辛卣		AaⅢ	三、四期	句飲父辛	圖集12930
1622	5091	何疾父癸卣		AaⅢ	三、四期	何疾父癸	善齋4.20
1623	5092	失作父癸卣				作失父癸	
1624	5093	行天父癸卣		AaⅡ	二、三期	行天父癸	西清16.7
1625	5096	昪S2父癸卣				昪S2父癸	
1626	5098	聑邍婦𡦍卣	河南輝縣褚邱	AaⅢ	四期	聑邍婦𡦍	河南1.354

編號	著錄號	器名	出土地	型式	期別	銘文	器形來源
1627	5099	婦聿卣		AaⅢ	三、四期	婦聿征膚	圖集12943
1628	5101	᠀萄灭辰卣		Ab	三、四期	᠀萄灭辰	青研155
1629	5102	王作妠弄卣		AaⅣ	四期	王作妠弄	美集A560
1630	5110	彭母卣		AaⅣ	商末周初	彭母彝Ω	雙古上28
1631	5114	闌卣		AaⅢ	三、四期	闌作尊彝	善圖112
1632	5142	朏子弓萄卣		BⅠ	四期	朏子弓萄	日精華1.47
1633	J579	驪父丁卣		BⅡ	四期	驪父丁	
1634	J581	劇冊父癸卣	山東兗州縣嶬山區李宮村	BⅡ	四期	劇冊父癸	
1635	E520	母嫥日辛卣		Ab	四期	母嫥日辛	
1636	5145	◐祖己父己卣		AaⅢ	三、四期	◐父己戊 ◐祖己戊	圖集12897
1637	5146	♨祖己父辛卣				♨祖己父辛	
1638	5147	柩父乙壺		C	四期	亞虎柩父乙	圖集12129
1639	5165	北子Ω父辛卣		AaⅢ	四期	北子Ω父辛	善圖111
1640	5155	文眰父丁卣		Ab	三、四期	文眰父丁甌	美集A585
1641	5156	西單盾父丁卣		AaⅣ	四期	西單盾父丁	美集A561
1642	5161	丩盾父戊卣		D	三、四期	丩盾六六六父戊	故銅57
1643	5163	蕻父己母癸卣		AaⅣ	四期	蕻父己母癸	西清16.33
1644	5148	蕻作父乙卣		Ab	四期	蕻作父乙彝	圖集13034
1645	5167	蕻扶父辛卣				蕻扶父辛彝	
1646	5172	蕻父癸龠母卣		AaⅢ	四期	蕻父癸龠母	圖集13028
1647	5166	灾木父辛卣				灾木父辛冊	
1648	5168	亞其戈父辛卣		AaⅢ	三、四期	亞其戈父辛	善齋4.18
1649	5169	萄戌冊父辛卣				萄戌冊父辛	

續表

編號	著錄號	器名	出土地	型式	期別	銘文	器形來源
1650	5173	天册父癸卣				天册册父癸	
1651	5175	小子作母己卣				小子作母己	
1652	5176	小子作母己卣		AaⅣ	四期	小子作母己	美集A559
1653	5186	允册卣				允册作尊彝	
1654	J564	𡿥門卣	山東濰坊坊子區院上水庫南崖	AaⅢ	三、四期	𡿥門父辛	
1655	5174	又羖癸卣				又羖癸又母延	
1656	5199	亞祖乙父己卣		D	四期	亞祖乙父己	圖集13075
1657	5201	𦩗祖辛卣	山東長清縣興復河	F	四期	𦩗祖辛禹亞𦩗	文物1964年4期
1658	5203	寢卣		Ab	四期	亞寢寍父乙	美集A579
1659	5206	亞矢望父乙卣				亞矢望丩父乙	
1660	5208	父丙卣		AaⅢ	三、四期	弓天兼未父丙	博古10.4
1661	5211	黿作丁揚卣				作丁揚尊彝黿	
1662	5238	亞𤔔作季卣				亞𤔔作季尊彝	
1663	J593	宁月卣	山東章丘縣明水鎮東潤西村	AaⅢ	二、四期	宁月作父癸彝	
1664	E528	作太子丁卣		AaⅢ	三、四期	作太子丁尊彝	
1665	5205	采作父乙卣		AaⅢ	三、四期	采作父乙彝，舣。舣作父乙彝	西清15.28
1666	J596	葡卣		BⅡ	商末周初	葡作父癸尊彝	
1667	5265	盉示己卣		AaⅢ	四期	盉。示己、祖丁、父癸	十二尊15
1668	5266	輦作妣癸卣				輦作妣癸尊彝。𤔔	
1669	5271	亞𡧗父丁卣		AaⅢ	三、四期	亞𡧗寍孤竹父丁	故銅62

編號	著録號	器名	出土地	型式	期別	銘文	器形來源
1670	5278	狽元作父戊卣		AaⅣ	商末周初	狽元作父戊尊彝	二百1.5
1671	5280	尸作父己卣				🗍，尸作父己尊彝	
1672	5285	𢻹危作父辛卣	"山東長山"			𢻹危作父辛尊彝	
1673	5286	竟作父辛卣				竟作父辛寶尊彝	
1674	5347	告田父乙卣		AaⅣ	商末周初	亞啓父乙（蓋）鳥父乙母告田（器）	貞圖上44
1675	5349	婦闌卣		AaⅣ	四期	婦闌作文姑日癸尊彝。蓏	綜覽卣72
1676	5350	婦闌卣		Ab	四期	婦闌作文姑日癸尊彝。蓏	陶齋2.37
1677	5351	小臣兒卣		BⅡ	四期	汝子小臣兒作己尊彝	長安1.20
1678	5353	寓卣		AaⅢ	三、四期	辛卯，子賜寓貝，用作𦨱，膚	季刊1989年3期
1679	5360	宼蠱作父癸卣				亞𠦪，宼蠱作父癸寶尊彝。蓏	
1680	5362	懇卣		AaⅣ	四期	懇作文父日丁寶尊旅彝。蓏	西清15.35
1681	E540	協卣		Ab	四期	王由攸田協，協作父丁尊。瀼	
1682	E541	協卣			四期	王由攸田協，協作父丁尊。瀼	
1683	E542	協卣			四期	王由攸田協，協作父丁尊。瀼	

續表

編號	著錄號	器名	出土地	型式	期別	銘文	器形來源
1684	5367	妥作母乙卣		AaⅢ	四期	丙寅，王賜妥貝朋，用作母乙彝	博古10.21
1685	5373	叔霖卣				子賜叔霖玗（璧）一，叔霖用作丁師彝	
1686	5378	小臣繇卣				王賜小臣繇，賜在寢，用作祖乙尊，爻敢	
1687	5379	小臣繇卣		D	四期	王賜小臣繇，賜在寢，用作祖乙尊，爻敢	圖集13284
1688	5380	馭卣				酘。辛子（巳），王賜馭八貝一具，用作父己尊彝	
1689	E546	犅伯䟒卣		Ab	四期	亞，庚寅，犅伯䟒作丰寶彝。在二月。有祐。)(	
1690	5394	小子省卣		BⅡ	四期	甲寅，子賞小子省貝五朋，省揚君賞，用作父己寶彝。葜	青研150
1691	5395	宰甫卣		AaⅣ	四期	王來獸自豆麓，在礿師，王饗酒，王光宰甫貝五朋，用作寶䜌	文物1986年4期
1692	5397	犒卣		AaⅣ	四期	丁巳，王賜犒峀貝，在寒，用作兄癸彝，在九月，唯王九祀罄日。宷	博古9.31

編號	著錄號	器名	出土地	型式	期別	銘文	器形來源
1693	5414	六祀邲其卣	河南安陽	AaⅣ	四期	乙亥，邲其賜作冊𦥑一、琼一，用作祖癸尊彝，在六月，唯王六祀翌日。亞獏	全集3.128
1694	5412	二祀邲其卣	河南安陽	AaⅣ	四期	亞獏父丁。丙辰，王令邲其貺顜于夆田，賓貝五朋。在正月，遘于妣丙肜日大乙奭。唯王二祀，既𥝩于上下帝	全集3.127
1695	5413	四祀邲其卣	河南安陽	BⅡ	四期	亞獏父丁。乙巳，王曰尊文武帝乙，宜在召大廳，遘乙，翌日丙午，𤋃，丁未，煮，己酉，王在梌，邲其賜貝，在四月，唯王四祀翌日	全集3.129
1696	5417	小子𢎥卣		AaⅣ	四期	乙巳，子令小子𢎥先以人于堇，子光賞𢎥貝二朋，子曰：貝唯丁蔑汝曆，𢎥用作母辛彝，在十月二，唯子曰令望人方罟。𢎥母辛	綜覽卣35

尊

編號	著錄號	器名	出土地	型式	期別	銘文	器形來源
1697	4748	𢎜尊				𢎜	
1698	5500	𢎜尊		BbⅠ	四期	𢎜	綜覽瓠形尊40
1699	5441	天尊		BaⅠ	商末周初	天	綜覽觶形尊1
1700	5442	夫尊			或周早	夫	
1701	5443	失尊		BbⅡ	四期	失	綜覽瓠形尊21
1702	5444	𩰚尊		BbⅠ	二期	𩰚	綜覽瓠形尊45
1703	5445	何尊		BbⅠ	二期	何	綜覽瓠形尊46
1704	5446	䇂尊	河南安陽大司空（傳）	ABⅡ	二期	䇂	綜覽有肩尊37
1705	5447	䇂尊		BbⅡ	四期	䇂	圖集11104
1706	5448	旗尊				旗	
1707	5449	又尊				又	
1708	5450	又尊				又	
1709	5451	奉尊	河南安陽（傳）	C	四期	奉	故銅50
1710	5452	口尊				口	
1711	5454	正鵙尊		D	二期	正	美集A670
1712	5456	史尊				史	
1713	5458	史尊		BbⅠ	四期	史	懷米上10
1714	5459	史尊		BbⅠ	四期	史	綜覽瓠形尊31
1715	5460	史尊				史	
1716	5461	史尊				史	
1717	E550	史尊		BbⅠ	四期	史	
1718	5463	冊尊		BbⅡ	四期	冊	西清8.13
1719	5464	茍尊		ABⅡ	二期	茍	綜覽有肩尊39
1720	5466	𢆶尊				𢆶	
1721	5467	我尊		ABⅡ	二期	我	綜覽有肩尊38
1722	5468	戈尊			三、四期	戈	
1723	5469	戈尊	河南安陽（傳）	AbⅠ	四期	戈	鄴二上8
1724	5470	戈尊		BaⅡ	四期	戈	綜覽瓠形尊14
1725	5471	戈尊	山西靈石縣旌介村M1：5	BaⅢ	四期	戈	旌介圖180

續表

編號	著録號	器名	出土地	型式	期別	銘文	器形來源
1726	5477	虎尊	河南安陽侯家莊西北崗M1885	D	二期	虎	綜覽鳥獸形尊9
1727	5478	[illegible]尊	河南安陽（傳）	D	二期	[illegible]	綜覽鳥獸形尊8
1728	5480	[illegible]尊		Ab Ⅰ	二期	[illegible]	青研140
1729	5481	[illegible]尊		Bb Ⅰ	三期	[illegible]	全集3.107
1730	5482	[illegible]尊		Ab Ⅰ	二期	[illegible]	圖集11160
1731	5483	[illegible]尊		Bb Ⅰ	四期	[illegible]	綜覽觚形尊27
1732	5484	[illegible]尊		Bb Ⅰ	二、三期	[illegible]	圖集11154
1733	5485	[illegible]尊				[illegible]	
1734	5486	[illegible]尊		Ab Ⅱ	二期	[illegible]	
1735	5487	[illegible]尊				[illegible]	
1736	5488	[illegible]尊		Ab Ⅰ	四期	[illegible]	西清9.1
1737	5489	[illegible]尊		Ba Ⅱ	四期	[illegible]	綜覽觚形尊73
1738	5491	[illegible]尊		Bb Ⅰ	二、三期	[illegible]	圖集11150
1739	5492	酉尊				酉	
1740	5493	[illegible]尊		Ab Ⅰ	四期	[illegible]	青研141
1741	5494	[illegible]尊				[illegible]	
1742	5495	[illegible]尊		AB Ⅱ	二期	[illegible]	全集3.99
1743	5498	[illegible]尊	河南安陽侯家莊西北崗M1400	Ab Ⅰ	二、三期	[illegible]	圖集11164
1744	5499	[illegible]尊				[illegible]	
1745	5501	宀尊		Ab Ⅰ	二期	宀	綜覽有肩尊42
1746	5502	[illegible]尊				[illegible]	
1747	5503	串尊		AB Ⅱ	二期	串	西清8.40
1748	5505	夸尊				夸	
1749	5506	交尊	山東滕縣井亭	Bb Ⅰ	三期	交	綜覽觚形尊25
1750	5507	[illegible]尊		Ab Ⅰ	二期	[illegible]	綜覽有肩尊41
1751	5508	[illegible]尊	山東蒼山縣東高堯村	Bb Ⅰ	四期	[illegible]	綜覽觚形尊30
1752	5509	[illegible]尊		Ba Ⅱ	四期	[illegible]	恒軒51
1753	J606	[illegible]尊		Ba Ⅱ	四期	[illegible]	

編號	著録號	器名	出土地	型式	期別	銘文	器形來源
1754	J607	剢尊	山東泗水縣張莊公社	BbⅠ	四期	剢	
1755	J608	融尊	山東青州蘇埠屯M8：8	BaⅡ	四期	融	
1756	E551	融尊		BaⅠ	四期	融	
1757	E549	虡尊		ABⅡ	二期	虡	
1758	5578	夲旅尊				夲旅	
1759	5579	夲旅尊				夲旅	
1760	5510	祖戊尊		BaⅡ	四期	祖戊	西甲5.1
1761	5516	父乙尊				父乙	
1762	5517	父乙尊		BaⅡ	四期	父乙	通鑒11177
1763	5518	父乙尊	陝西長安縣張家坡村M106：5	BaⅢ	商末周初	父乙	考古1984年9期
1764	5523	父丁尊		BbⅠ	四期	父丁	西清8.4
1765	5526	父己尊	河南（傳）	BbⅠ	二期	父己	美集A408
1766	5529	父辛尊		BaⅢ	四期	父辛	綜覽觚形尊12
1767	5530	父辛尊		BbⅠ	四期	父辛	綜覽觚形尊47
1768	5531	父辛尊		BaⅢ	四期	父辛	青研143
1769	5535	婦好尊	河南安陽殷墟M5：792	AaⅠ	二期	婦好	全集3.108
1770	5536	婦好鴞尊	河南安陽殷墟M5：784	D	二期	婦好	殷銅26
1771	5537	婦好鴞尊	河南安陽殷墟M5：785	D	二期	婦好	全集3.113
1772	5540	子襄尊	河南安陽殷墟M5：318	ABⅡ	二期	子襄	婦好
1773	5541	子襄尊	河南安陽殷墟M5：320	ABⅡ	二期	子襄	婦好
1774	5542	子漁尊	河南安陽殷墟M18：13	ABⅡ	二期	子漁	全集3.97
1775	5543	子龏尊		AbⅠ	二期	子龏	圖集11206
1776	5544	子廄尊		BaⅢ	商末周初	子廄	西清9.23
1777	E552	子狀尊		BaⅢ	四期	子狀	
1778	5514	鳥祖尊				鳥祖	
1779	5545	匿乙尊		ABⅡ	二期	匿乙	美集A401
1780	5547	夨丁尊		AbⅠ	四期	夨丁	綜覽有肩尊26
1781	5548	夨丁尊		AbⅠ	二、三期	夨丁	日精華2.124

編號	著録號	器名	出土地	型式	期別	銘文	器形來源
1782	5549	㕛丁尊		Ab I	三、四期	㕛丁	綜覽有肩尊25
1783	5551	㕛己尊				㕛己	
1784	5587	㕛盉尊				㕛盉	
1785	5550	夆丁尊				夆丁	
1786	5555	聿辛尊		Bb I	四期	聿辛	西清9.19
1787	5589	魚乙尊	遼寧喀左縣山灣子村窖藏	Bb II	四期	魚乙	綜覽瓠形尊2
1788	5559	亞醜尊				亞醜	
1789	5560	亞醜尊				亞醜	
1790	5561	亞醜尊		Bb I	四期	亞醜	出光27
1791	5562	亞醜尊		Aa III	四期	亞醜	故青90
1792	5563	亞醜尊				亞醜	
1793	5564	亞配尊	河南安陽（傳）	Ab I	四期	亞配（醜）	鄴三上18
1794	5565	亞龟鴞尊		D	二期	亞龟	全集4.136
1795	5566	亞守尊				亞守	
1796	5567	亞齒尊		Ba III	四期	亞齒	雙古上13
1797	5568	亞犬尊			商末周初	亞犬	
1798	5570	亞矣尊	河南安陽西北崗（傳）	Ab I	二期	亞矣	綜覽有肩尊32
1799	5571	亞盤尊				亞盤	
1800	5572	亞奚尊				亞奚	
1801	J609	亞址尊	河南安陽郭家莊M160：118	Ba I	三期晚段	亞址	
1802	J610	亞址尊	河南安陽郭家莊M160：152	Aa III	三期晚段	亞址	
1803	E553	亞丮尊	河南安陽劉家莊M1046：45	Aa III	四期	亞丮	
1804	E554	亞丮尊	河南安陽劉家莊M1046：7	Ba II	四期	亞丮	
1805	E557	亞長尊	河南安陽花園莊東地商墓M54：84	Aa II	二期	亞長	
1806	E589	亞長牛尊	河南安陽花園莊東地商墓M54：475+146	D	二期	亞長	

續表

編號	著録號	器名	出土地	型式	期别	銘文	器形來源
1807	5556	𦍒𠭯尊	山東费縣（傳）	BaⅡ	四期	𦍒𠭯	文物1982年9期
1808	5558	危耳尊		AbⅠ	二期	危耳	西清10.22
1809	5573	𦊅冊尊		BaⅡ	四期	𦊅冊	青研142
1810	5577	鄉宁尊	河南安陽	ABⅡ	二期	鄉宁	美集A400
1811	5580	𧊒辰尊				𧊒辰	
1812	5583	丩盾尊				丩盾	
1813	5584	𨐌刀尊				𨐌刀	
1814	5585	羊㠭尊	河北正定縣新城鋪	BaⅠ	四期	羊㠭	文物1984年12期
1815	5590	買車尊			三、四期	買車	
1816	5595	息尊尊	河南羅山縣蟒張M6	BaⅡ	四期	息尊	學報1986年2期
1817	J614	息㔾尊	河南羅山縣天湖村M41：9	BaⅢ	四期	息㔾	
1818	E555	㔾𦣞尊	河南安陽戚家莊東M235：6	BaⅡ	四期	㔾𦣞	
1819	5538	司𡠦尊	河南安陽殷墟M5：793	ABⅡ	二期	司𡠦	婦好
1820	5539	司𡠦尊	河南安陽殷墟M5：867	ABⅡ	二期	司𡠦	全集3.95
1821	5596	己祖乙尊				己祖乙	
1822	5597	己祖乙尊				己祖乙	
1823	5598	奄祖乙尊				奄祖乙	
1824	5655	奄父辛尊	陝西岐山縣（傳）	BaⅡ	四期	奄父辛	雙吉上25
1825	5678	奄父癸尊				奄父癸	
1826	5600	𠬝祖丁尊				𠬝祖丁	
1827	5620	𠬝父乙尊		BaⅡ	四期	𠬝父乙	圖集11304
1828	5671	𠬝父癸尊				𠬝父癸	
1829	5610	𦍒祖癸尊		BaⅢ	四期	𦍒祖癸	寧壽3.8
1830	5618	𦍒父乙尊		BbⅡ	商末周初	𦍒父乙	綜覽觚形尊42
1831	5629	𦍒父丁尊		BaⅡ	四期	𦍒父丁	寶蘊104
1832	5679	𦍒母己尊		BaⅡ	四期	𦍒母己	西清8.10
1833	5611	冎祖癸尊				冎祖癸	

編號	著錄號	器名	出土地	型式	期別	銘文	器形來源
1834	5641	冗父戊尊		BbⅠ	四期	冗父戊	寧壽3.4
1835	5658	冗父辛尊		BaⅡ	四期	冗父辛	美集A424
1836	5673	冗父癸尊				冗父癸	
1837	5674	冗父癸尊				冗父癸	
1838	5612	亞妣辛尊		BaⅡ	四期	亞妣辛	博古6.12
1839	5613	咸妣癸尊		BaⅡ	四期	咸妣癸	博古6.17
1840	5614	山父乙尊				山父乙	
1841	5642	山父戊尊				山父戊	
1842	5615	東父乙尊		BbⅠ	二期	東父乙	綜覽觚形尊24
1843	5617	㦲父乙尊	"河南"	BbⅡ	四期	㦲父乙	綜覽觚形尊17
1844	5626	父乙尊		BbⅠ	三、四期	休父乙	圖集11305
1845	5627	母父丁尊		BaⅡ	四期	母父丁	綜覽觚形尊43
1846	5628	母父丁尊				母父丁	
1847	5631	蟲父丁尊		BbⅠ	三、四期	蟲父丁	西清8.5
1848	5632	鴞父丁尊				鴞父丁	
1849	E559	鴞婦丁尊		BaⅢ	四期	鴞婦丁	
1850	5634	凰父丁尊		BbⅠ	二期	凰父丁	美集A412
1851	5686	凰齊㛗尊		AbⅠ	四期	凰齊㛗	圖集11465
1852	5635	魚父丁尊		BbⅡ	四期	魚父丁	善圖144
1853	5637	豕父丁尊				豕父丁	
1854	5638	豕父丁尊		BbⅡ	四期	豕父丁	綜覽觚形尊19
1855	J616	豕父丁尊		BbⅡ	四期	豕父丁	
1856	5729	驪父乙尊				驪父乙	
1857	5737	驪父丁尊		BaⅢ	四期	驪父丁	考古1984年12期
1858	5640	天父戊尊				天父戊	
1859	5687	天矞御尊	湖北漢陽縣東城垸紗帽山遺址	BbⅡ	四期	天矞御	全集4.120
1860	5643	麣父己尊				麣父己	

編號	著錄號	器名	出土地	型式	期別	銘文	器形來源
1861	5648	鼎父己尊		BbⅡ	四期	鼎父己	泉博76
1862	5649	鼎父己尊		BaⅡ	四期	鼎父己	博古6.10
1863	5650	兮父己尊		BaⅢ	四期	兮父己	綜覽瓠形尊11
1864	5651	馬父己尊		BbⅠ	三、四期	馬父己	西清9.41
1865	5657	盾父辛尊				盾父辛	
1866	E560	史父乙尊				史父乙	
1867	5662	史父壬尊		BbⅠ	二期	史父壬	美集A411
1868	5663	舟父壬尊				舟父壬	
1869	5664	屾父壬尊				屾父壬	
1870	E560	戈父壬尊				戈父壬	
1871	5669	戈父癸尊			三、四期	戈父癸	
1872	5668	夲父癸尊		BbⅠ	二期	夲父癸	寧壽3.20
1873	5670	哭父癸尊				哭父癸	
1874	5677	鳥父癸尊		BbⅡ	四期	鳥父癸	青研145
1875	5741	舟父己尊		BbⅠ	四期	舟父己	綜覽瓠形尊77
1876	5806	魚父壬尊		BaⅡ	四期	魚父壬	青研258
1877	J617	卷父己尊	山西靈石縣旌介村M1：34	BbⅡ	四期	卷父己	
1878	J619	𠂉父辛尊		BaⅡ	四期	𠂉父辛	
1879	J620	冊父癸尊	陝西麟游縣九成宮鎮後坪村	BaⅡ	四期	冊父癸	
1880	5683	佣兄丁尊		BaⅢ	四期	佣兄丁	圖集11348
1881	5682	子厰圖尊		BbⅠ	四期	子厰圖	西清10.24
1882	5689	冊亯尊		AaⅢ	四期	冊亯	綜覽有肩尊47
1883	5694	盍見冊尊	河南安陽（傳）	AbⅠ	三期	盍見冊	鄴三上19
1884	E558	歐侯妊尊		BaⅢ	四期	歐侯妊	
1885	5646	辰蟲父己尊	河南安陽	BaⅡ	四期	辰蟲父己	全集3.105
1886	5680	司婡癸尊	河南安陽殷墟M5：868	AaⅡ	二期	司婡癸	全集3.109
1887	5681	司婡癸尊	河南安陽殷墟M5：806	AaⅡ	二期	司婡癸	殷銅43
1888	E569	母嬻日辛尊		AaⅢ	四期	母嬻日辛	

编号	著录号	器名	出土地	型式	期别	铭文	器形来源
1889	E570	母嬋日辛尊		AbⅡ	四期	母嬋日辛	
1890	5714	齒受祖丁尊		BaⅢ	商末周初	齒受祖丁	图集11430
1891	5715	族尊		BaⅢ	商末周初	族作祖丁	博古6.20
1892	5716	子步祖辛尊		BbⅠ	四期	子步祖辛	综览瓠形尊29
1893	5726	子步父乙尊		BbⅠ	四期	子步父乙	综览瓠形尊26
1894	5721	失𪭟父乙尊				失𪭟父乙	
1895	5722	失𪭟父乙尊				失𪭟父乙	
1896	5724	𦥑册父乙尊		BaⅡ	三、四期	𦥑册父乙	博古6.14
1897	5728	亚醜父乙尊		BbⅠ	四期	亚醜父乙	宝蕴103
1898	5735	亚醜父丁尊				亚醜父丁	
1899	5730	亚啓父乙尊		BbⅠ	四期	亚啓父乙	青研260
1900	5736	亚獏父丁尊		BbⅠ	四期	亚獏父丁	全集3.106
1901	1841	亚獏父丁尊		BbⅠ	四期	亚獏父丁	
1902	5745	亚𠷎父辛尊		BaⅡ	三、四期	亚𠷎父辛	善斋4.67
1903	5747	亚龏父辛尊		BbⅡ	四期	亚龏父辛	美集A413
1904	5751	亚天父癸尊				亚天父癸	
1905	5731	戎鼎父乙尊				戎鼎父乙	
1906	5739	丩盾父戊尊				丩盾父戊	
1907	5740	又𩧅父己尊	河南安阳（传）	BaⅢ	四期	又𩧅父己	鄴二上9
1908	5744	𤔲盾父庚尊		BaⅡ	四期	𤔲盾父庚	善斋4.70
1909	5748	𩵋葡父辛尊		BbⅡ	四期	𩵋葡父辛	综览瓠形尊20
1910	5749	馬𠃌父辛尊		BaⅡ	三、四期	馬𠃌父辛	青研144
1911	5753	劦册父癸尊				劦册父癸	
1912	5754	劦册父癸尊				劦册父癸	
1913	5756	何疾父癸尊		BbⅠ	四期	何疾父癸	善斋4.71
1914	5757	何疾父癸尊		BbⅠ	四期	何疾父癸	善斋4.72
1915	5758	弓夆父癸尊				弓夆父癸	
1916	5760	珥𪒠婦𡩜尊	河南辉县褚邱	BaⅡ	四期	珥𪒠婦𡩜	河南1.352
1917	5794	作祖戊尊		BbⅡ	四期	作祖戊尊彝	博古6.7

續表

編號	著錄號	器名	出土地	型式	期別	銘文	器形來源
1918	5802	𠨷父辛尊				𠨷父辛𤕌	
1919	5808	亢父癸尊				亞𠂤亢父癸	
1920	J628	臣辰失父乙尊		BaⅡ	四期	臣辰失父乙	
1921	5836	亞子父辛尊				亞羊子征父征辛	
1922	5840	季尊		BaⅡ	四期	亞𣪘作季尊彝	雙古上14
1923	E576	㬎尊		BaⅡ	四期	亞𣪘，㬎作尊彝	
1924	5894	酓作父乙尊				亞𣪘，酓作父乙尊彝	
1925	5893	�作妣癸尊				䦉作妣癸尊彝，𓏲	
1926	5911	亞覃尊	河南安陽殷墟西區 M93：1	BaⅡ	四期	亞，覃乙，𦥑甲，受日辛	全集3.102
1927	5949	亞覃尊	河南安陽殷墟西區M93	BaⅡ	四期	亞，覃日乙，受日辛，𦥑日甲	全集3.101
1928	5926	旅芺父辛尊		BbⅡ	西周早期	亞𤔲，旅芺作父辛彝尊	雙古上10
1929	5935	者妸方尊		AaⅢ	四期	亞𣪘，者妸大子尊彝	故青
1930	5936	者妸方尊		AaⅢ	四期	亞𣪘，者妸大子尊彝	故銅83
1931	5937	亞若癸尊				亞，施乙，受丁，若癸，自乙	
1932	5938	亞若癸尊				亞，施乙，受丁，若癸，自乙	
1933	5965	子啓父辛尊		BbⅠ	四期	子光賞子啓貝，用作文父辛尊彝。𣫳	雙古上11

續表

編號	著錄號	器名	出土地	型式	期別	銘文	器形來源
1934	5967	小子夫父己尊		BbⅠ	四期	鈇賞小子夫貝二朋，用作父己尊彝。𝄇	故圖下上108
1935	5990	小臣俞犀尊	山東壽張縣梁山下	D	四期	丁巳王省夒京，王賜小臣俞夒貝，唯王來征人方，唯王十祀又五肜日	綜覽鳥獸形尊6

觶

編號	著錄號	器名	出土地	型式	期別	銘文	器形來源
1936	6017	辛觶	山西靈石縣旌介村M	AⅠ	三期	辛	旌介圖194
1937	6018	癸觶		AⅡ	三、四期	癸	綜覽觶12
1938	6019	癸觶				癸	
1939	6020	子觶				子	
1940	J640	子觶	河南安陽戚家莊東M269：78	AⅢ	三期	子	
1941	6022	菨觶				菨	
1942	6023	菨觶		AⅢ	三、四期	菨	頌齋16
1943	6024	菨觶				菨	
1944	6026	共觶	山東長清縣興復河	AⅣ	商末周初	共	綜覽觶35
1945	6025	夫觶				夫	
1946	6027	文觶	河南魯山縣倉頭村	AⅣ	商末周初	文	文物1958年5期
1947	6028	羞觶		AⅡ	三、四期	羞	綜覽觶54
1948	6030	光觶	河南安陽	AⅡ	三期	光	圖集10052
1949	6032	㐬觶	山東蒼山縣東高堯村	AⅣ	商末周初	㐬	文物1965年7期
1950	6033	舌觶				舌	
1951	6034	鳴觶		AⅢ	三、四期	鳴	綜覽觶50
1952	6035	躣觶	河南安陽侯家莊西北崗M1768	AⅡ	三、四期	躣	綜覽觶6
1953	6036	歷觶蓋				歷	

編號	著錄號	器名	出土地	型式	期別	銘文	器形來源
1954	6037	歷觶				歷	
1955	6038	徙觶				徙	
1956	6039	印觶				印	
1957	6040	聿觶				聿	
1958	6041	受觶		AⅠ	二期	受	西清14.33
1959	6042	執觶		AⅢ	三、四期	執	十二雪14
1960	6044	鼓觶				鼓	
1961	6045	史觶		AⅢ	三、四期	史	西清26.16
1962	6046	史觶				史	
1963	6047	史觶		AⅢ	三、四期	史	青研129
1964	6048	史觶蓋				史	
1965	E594	史觶	山東滕州官橋鎮前掌大村商周墓地M11：58	AⅡ	四期	史	
1966	E595	史觶	山東滕州官橋鎮前掌大村商周墓地M34：11	AⅡ	四期	史	
1967	E596	史觶	山東滕州官橋鎮前掌大村商周墓地M11：103	AⅡ	四期	史	
1968	6050	🔲觶		AⅢ	三、四期	🔲	綜覽觶55
1969	6051	🔲觶	河南安陽（傳）	C	晚期	🔲	故銅90
1970	6052	箙觶		AⅡ	三期	箙	綜覽觶11
1971	6053	戈觶		AⅢ	三、四期	戈	陶續2.14
1972	6054	戈觶			三、四期	戈	
1973	6055	戈觶	山東長清縣興復河M25			戈	
1974	J641	戈觶	河南安陽郭家莊M1：25	AⅡ	四期	戈	
1975	J642	戈觶		AⅢ	三、四期	戈	
1976	6067	發觶		AⅠ	二期	發	全集2.140
1977	6069	馬觶				馬	
1978	6070	萬觶				萬	
1979	6072	鳶觶	"洛陽"			鳶	
1980	6073	🔲觶				🔲	
1981	6074	🔲觶		AaⅢ	三期	🔲	圖集10116

編號	著錄號	器名	出土地	型式	期別	銘文	器形來源
1982	J647	冈觶		A Ⅲ	三、四期	冈	
1983	6077	夂觶				夂	
1984	E597	夂觶	山東滕州官橋鎮前掌大村商周墓地M120：20	A Ⅳ	四期	夂	
1985	6083	旬觶				旬	
1986	6085	串觶				串	
1987	J639	息觶	河南羅山縣後李村M44：9		四期	息	
1988	J644	融觶	山東青州蘇埠屯M8：9	A Ⅲ	三期	融	
1989	E593	皆觶		A Ⅱ	二、三期	皆觶	
1990	6093	祖丁觶		A Ⅲ	三期	祖丁	西清8.3
1991	6097	父乙觶	山東長清縣興復河	A Ⅱ	三、四期	父乙	綜覽觶24
1992	6098	父乙觶	河南安陽	A Ⅲ	三期	父乙	綜覽觶49
1993	6099	父乙觶				父乙	
1994	6103	父丁觶				父丁	
1995	6104	父丁觶				父丁	
1996	6105	父丁觶				父丁	
1997	6106	父丁觶				父丁	
1998	6107	父丁觶	陝西長安縣	A Ⅲ	三、四期	父丁	長安1.42
1999	6115	父戊觶	山東鄒縣小西韋村	A Ⅳ	商末周初	父戊	綜覽觶37
2000	6119	父己觶				父己	
2001	6120	父己觶		A Ⅳ	四期	父己	武英140
2002	J649	父癸觶	陝西長安縣引鎮孫嚴村M	A Ⅳ	四期	父癸	
2003	6134	母戊觶		A Ⅳ	商末周初	母戊	頌續74
2004	6136	子媚觶	河南安陽大司空（傳）			子媚	
2005	6137	子彙觶				子彙	
2006	6138	子彙觶				子彙	
2007	6139	子刀觶				子刀	
2008	6140	子弓觶		A Ⅲ	三、四期	子弓	綜覽觶29

編號	著録號	器名	出土地	型式	期别	銘文	器形來源
2009	6141	婦好觶	河南安陽殷墟M5：810		二期	婦好	
2010	6142	婦冬觶				婦冬	
2011	6144	山婦觶		AⅢ	二、三期	山婦	故銅45
2012	6148	婦姦觶	河南安陽（傳）			婦姦	
2013	J653	婦旋觶		AⅢ	二、三期	婦旋	
2014	6145	守婦觶				守婦	
2015	6146	守婦觶		AⅡ	二期	守婦	圖集10187
2016	6147	✳婦觶	河南安陽（傳）	AⅣ	四期	✳婦	鄴三下1
2017	6150	蕫母觶		AⅡ	三、四期	蕫母	冠斝中38
2018	6152	鼻失觶				鼻失	
2019	6153	🜲辛觶				🜲辛	
2020	6155	珥米觶				珥米	
2021	6157	亞共觶		AⅣ	商末周初	亞共	善齋5.48
2022	6158	亞牧觶	河南安陽（傳）	AⅢ	四期	亞牧	鄴初上25
2023	6159	亞醜觶		AⅡ	三、四期	亞醜	貞圖中2
2024	6160	亞醜觶	山東青州蘇埠屯	AⅡ	三、四期	亞醜	圖集10207
2025	6161	亞束觶	陝西鳳翔縣		商末周初	亞束	
2026	6162	亞重觶				亞重	
2027	6163	亞井觶				亞井	
2028	6164	亞齒觶		AⅢ	三期	亞齒	美集A518
2029	6165	亞隻觶				亞隻	
2030	J648	亞址觶	河南安陽郭家莊M160：126	AⅢ	三期	亞址	
2031	J652	亞奠觶		AⅡ	三期	亞奠	
2032	6170	大丂觶		AⅢ	四期	大丂	善齋5.63
2033	6172	册夕觶				册夕	
2034	6176	龹丁觶		AⅣ	商末周初	龹丁	兩罍2.18
2035	6177	龹戊觶	山東	AⅢ	三、四期	龹戊	故銅47
2036	6178	龹辛觶				龹辛	
2037	6179	龹米觶				龹米	

編號	著録號	器名	出土地	型式	期別	銘文	器形來源
2038	6181	𡩡爲觶		AⅣ	商末周初	𡩡爲	頌續75
2039	6180	爰🐟觶		AⅡ	三期	爰🐟	綜覽觶10
2040	6182	弔龜觶		AⅡ	三期	弔龜	圖集10217
2041	6183	庚豕觶	河南安陽殷墟M1：26	AⅣ	四期	庚豕	殷銅235
2042	E602	麿冊觶		AⅣ	四期	麿冊	
2043	6190	車豕觶				車豕	
2044	6184	羊囗觶	河北正定縣新城鋪村	AⅢ	三、四期	羊囗	文物1984年12期
2045	6187	叔菣觶	山東費縣（傳）	AⅣ	商末周初	叔菣	文物1982年9期
2046	6188	北單觶		AⅡ	三、四期	北單	雙古上36
2047	6189	僻觶		AⅢ	三、四期	僻	綜覽觶51
2048	6191	告田觶		AⅡ	四期	告田	陶齋3.31
2049	J650	虫乙觶		AⅡ	三、四期	虫乙	
2050	J654	戚萄觶		AⅢ	三期	戚萄	
2051	E603	史乙觶	山東滕州官橋鎮前掌大村商周墓地M30：11	AⅢ	商末周初	史乙	
2052	6200	史祖乙觶		AⅢ	三、四期	史祖乙	貞圖中3
2053	6272	史父己觶				史父己	
2054	6201	封祖乙觶		AⅢ	三、四期	封祖乙	貞圖中4
2055	6202	𠂎祖丙觶				𠂎祖丙	
2056	6233	𠂎父乙觶				𠂎父乙	
2057	6234	𠂎父乙觶				𠂎父乙	
2058	6308	𠂎父辛觶				𠂎父辛	
2059	6205	我祖丁觶				我祖丁	
2060	6206	■祖丁觶				■祖丁	
2061	6207	監祖丁觶				監祖丁	
2062	6208	襄祖戊觶				襄祖戊	
2063	6256	襄父丁觶	河南洛陽	AⅣ	四期	襄父丁	謄稿39
2064	6271	襄父己觶				襄父己	
2065	6209	戈祖己觶			商末周初	戈祖己	

編號	著録號	器名	出土地	型式	期別	銘文	器形來源
2066	6251	戈父丙觶			三、四期	戈父丙	
2067	6303	戈父辛觶		AⅡ	三、四期	戈父辛	博古16.11
2068	6304	戈父辛觶				戈父辛	
2069	6212	𠬞祖癸觶	河南安陽	AⅡ	三期	𠬞祖癸	嚴窟上59
2070	6213	征中祖觶				征中祖	
2071	6218	𠭰父乙觶			商末周初	𠭰父乙	
2072	6255	𠭰父丁觶		B	四期	𠭰父丁	美集A554
2073	6300	𠭰父辛觶				𠭰父辛	
2074	6301	𠭰父辛觶	"洛陽"	AⅣ	商末周初	𠭰父辛	頌續72
2075	6326	𠭰父癸觶		AⅣ	商末周初	𠭰父癸	懷米上27
2076	6327	𠭰父癸觶				𠭰父癸	
2077	J663	𠭰父癸觶	河南安陽劉家莊M9：36	AⅣ	四期	𠭰父癸	
2078	6345	𠭰母辛觶				𠭰母辛	
2079	6224	𢦔父乙觶				𢦔父乙	
2080	6226	牧父乙觶		AⅢ	三、四期	牧父乙	綜覽觶2
2081	6228	𣄰父乙觶		AⅢ	三、四期	𣄰父乙	西清26.24
2082	6229	受父乙觶				受父乙	
2083	6231	𦥑父乙觶				𦥑父乙	
2084	6237	𤳣父乙觶				𤳣父乙	
2085	6238	𤳣父乙觶		AⅢ	三期	𤳣父乙	青研126
2086	6240	寡父乙觶				寡父乙	
2087	6245	黿父乙觶				黿父乙	
2088	6289	黿父己觶				黿父己	
2089	E607	文父乙觶		AⅣ	四期	文父乙	
2090	6249	重父丙觶				重父丙	
2091	6324	重父癸觶		AⅢ	三、四期	重父癸	貞圖中8
2092	6325	重父癸觶		AⅣ	商末周初	重父癸	西清26.22
2093	6257	萬父丁觶				萬父丁	
2094	E608	萬父丁觶		AⅢ	三、四期	萬父丁	

編號	著錄號	器名	出土地	型式	期別	銘文	器形來源
2095	6291	萬父己觶				萬父己	
2096	6260	舌父丁觶				舌父丁	
2097	6263	爻父丁觶	山東滕縣井亭村			爻父丁	
2098	6397	𦰩父戊觶				𦰩父戊	
2099	6264	𦥑父丁觶				𦥑父丁	
2100	6267	𠨎父丁觶				𠨎父丁	
2101	6275	𠨎父己觶				𠨎父己	
2102	6356	亞龜𠨎觶		AⅢ	三、四期	亞龜。𠨎	故銅46
2103	6270	字父己觶	河南安陽	AⅡ	三、四期	字父己	頌續77
2104	E610	字父己觶				字父己	
2105	6274	主父己觶				主父己	
2106	6279	䊆父己觶		AⅢ	三、四期	䊆父己	考古圖4.37
2107	6280	木父己觶		AⅢ	三、四期	木父己	考古圖4.36
2108	6282	執父己觶	河南安陽	AⅢ	三、四期	執父己	綜覽觶76
2109	6283	羊父己觶	河北正定縣新城鋪村	AⅢ	三、四期	己羊父	文物1984年12期
2110	6285	⊚父己觶				⊚父己	
2111	6286	守父己觶		AⅣ	商末周初	守父己	綜覽觶32
2112	6287	守父己觶	河南安陽大司空村	AⅢ	三期	守父己	文物1986年8期
2113	6311	守父辛觶	陝西寶雞鬭雞臺（傳）	AⅢ	三、四期	守父辛	考古與文物1991年1期
2114	E609	子祖己觶		AⅣ	商末周初	子祖己	
2115	6292	子父庚觶		AⅣ	商末周初	子父庚	善齋5.74
2116	6296	子父辛觶				子父辛	
2117	J661	子父辛觶		AⅢ	四期	子父辛	
2118	J665	子▲觶	河南安陽劉家莊M1：20	AⅢ	四期	子▲。乙	
2119	6349	彝子觶		B	四期	母。彝子	美集A529
2120	6351	子癸壘觶		AⅢ	三、四期	子癸壘	綜覽觶46
2121	6294	𤞤父庚觶				𤞤父庚	
2122	6297	立父辛觶				立父辛	

編號	著錄號	器名	出土地	型式	期別	銘文	器形來源
2123	6298	炅父辛觶				炅父辛	
2124	6306	𡆥父辛觶				𡆥父辛	
2125	6315	羊父辛觶				羊父辛	
2126	6328	戎父癸觶		AⅢ	三、四期	戎父癸	考古圖4.34
2127	6338	臤父癸觶	河南安陽殷墟西區M793：9	AⅡ	四期	臤父癸	殷銅208
2128	6339	爰父癸觶		AⅢ	三期	爰父癸	綜覽觶44
2129	6343	魚父癸觶	陝西岐山縣禮村	AⅡ	四期	魚父癸	綜覽觶84
2130	6344	羖父癸觶		AⅢ	三、四期	羖父癸	十二賈17
2131	6422	舯父癸觶				舯父癸	
2132	E611	亞父丁觶	山東滕州官橋鎮前掌大村商周墓地M21：3	AⅣ	商末周初	亞父丁	
2133	6346	亞弜婦觶		AⅠ	二期	亞婦弜	美集A533
2134	6353	齒兄丁觶		AⅣ	商末周初	齒兄丁	貞圖中10
2135	6354	奄兄丁觶		AⅡ	三、四期	奄兄丁	博古6.21
2136	6355	合兄辛觶				合兄辛	
2137	6357	秉盾戊觶		AⅢ	二、三期	秉盾戊	寧壽11.2
2138	6358	𤔔冊亯觶		AⅣ	四期	𤔔冊亯	圖集10387
2139	6359	𠂤皿省觶				𠂤皿省	
2140	6360	臼作衞觶				臼作衞	
2141	6364	西單𨻐觶		AⅢ	三、四期	西單𨻐	美集A542
2142	6367	唐子祖乙觶				唐子祖乙	
2143	6368	徙作祖丁觶		AⅢ	商末周初	徙作祖丁	綜覽觶64
2144	6370	口合祖己觶				口合祖己	
2145	6395	亞丏父丁觶				亞丏父丁	
2146	6404	亞執父己觶				亞執父己	
2147	6380	麝冊父乙觶				麝冊父乙	
2148	6381	庚豕父乙觶	河南安陽殷墟M1			庚豕父乙	
2149	J669	榮門父辛觶	山東濰坊坊子區院上水庫南崖	AⅢ	四期	榮門父辛	

續表

編號	著録號	器名	出土地	型式	期別	銘文	器形來源
2150	6382	鄉宁父乙觶				鄉宁父乙	
2151	6383	𨑃𦱳父乙觶		AⅢ	三、四期	𨑃𦱳父乙	圖集10502
2152	6389	𨑃𦱳父丙觶				𨑃𦱳父丙	
2153	6394	𨑃𦱳父丁觶				𨑃𦱳父丁	
2154	6430	亞若癸觶				亞若癸𨑃	
2155	6384	西單父乙觶	河南安陽	AⅣ	四期	西單父乙	嚴窟上58
2156	6396	西單父丁觶				西單父丁	
2157	6386	荀𡆥父乙觶				荀𡆥父乙	
2158	6385	耼𡆥父乙觶				耼𡆥父乙	
2159	6390	絫冊父丁觶				絫冊父丁	
2160	6393	典弜父丁觶				典弜父丁	
2161	6398	告宁父戊觶				告宁父戊	
2162	6400	蠱辰父己觶	河南安陽	AⅢ	四期	蠱辰父己	全集2.138
2163	6401	矢戎父己觶				矢戎父己	
2164	6399	子𡇭父己觶				子𡇭父己	
2165	6410	子▲父辛觶		AⅢ	四期	子▲父辛	青研125
2166	6420	子蠱父癸觶				子蠱父癸	
2167	6423	齊豺父癸觶		AⅡ	三、四期	齊豺父癸	西清26.25
2168	6424	何疾父癸觶	河南安陽（傳）	AⅡ	三、四期	何疾父癸	綜覽觶5
2169	6426	❈作父癸觶				❈作父癸	
2170	6450	❈集母乙觶	河南安陽大司空村M53：27	AⅢ	四期	❈集母乙	全集2.132
2171	6427	光作母辛觶				光作母辛	
2172	6428	婦妹觶		AⅡ	三、四期	婦妹𪩘冊	長安1.40
2173	6429	何兄日壬觶				何兄日壬	
2174	6443	登串父丁觶				𣆏登串父丁	
2175	E618	父乙觶	山東滕州官橋鎮前掌大村商周墓地M128：6	AⅢ	商末周初	亞□□父乙	
2176	6463	邑祖辛父辛觶	河南安陽殷墟GM874：8	AⅡ	四期	邑祖辛父辛云	殷銅207

續表

編號	著録號	器名	出土地	型式	期別	銘文	器形來源
2177	6484	亞示作父己觶				亞示作父己尊彝	
2178	6485	子达觶		AⅣ	商末周初	子达作兄日辛彝	陶續補9
2179	6496	子作父戊觶				子作父戊彝，犬山取	
2180	6505	何作日辛觶		AⅣ	商末周初	何作執日辛尊彝。亞得	博古16.14
2181	J671	翌鳳觶	河南安陽高樓莊M1：4	AⅢ	四期	母戊翌鳳□（器）。母戊翌鳳（蓋）	
2182	E621	爨保乙觶	山東滕州官橋鎮前掌大村商周墓地M38：60	AⅢ	商末周初	爨保乙。爨保友鳥母丁	

觚

編號	著録號	器名	出土地	型式	期別	銘文	器形來源
2183	6800	示觚	河南安陽侯家莊西北崗M1550：3	甲BbⅠ	二期	示	綜覽觚34
2184	6520	祖觚				祖	
2185	6521	母觚				母	
2186	6522	婦觚		甲BbⅠ	二期	婦	綜覽觚26
2187	6523	媓觚		甲BbⅡ	四期	媓	綜覽觚159
2188	6524	子觚	山西石樓縣義牒	甲BbⅠ	二期	子	考古1972年4期
2189	6525	子觚	河南輝縣褚邱	甲AaⅠ	二期	子	河南1.361
2190	6526	子觚	河南輝縣褚邱	甲AaⅠ	二期	子	河南1.360
2191	6527	子觚		甲BbⅠ	二期	子	寧壽10.17
2192	6528	子觚	"長安"			子	
2193	6529	子觚				子	
2194	J695	子觚		甲AaⅠ	二期	子	
2195	6530	字觚		甲AaⅡ	三、四期	字	圖集08895

編號	著録號	器名	出土地	型式	期別	銘文	器形來源
2196	6531	団觚				団	
2197	J696	団觚		甲Aa I	二期	団	
2198	6532	旆觚				旆	
2199	6533	旆觚	陝西寶雞			旆	
2200	6534	旆觚		甲Bb I	四期	旆	叢刊2輯
2201	6535	旅觚		甲Aa I	二期	旅	文物1984年12期
2202	6536、J683	旅觚		甲Bb I	二期	旅	文物1985年8期
2203	7000	㚔旅觚				㚔旅	
2204	7001	㚔旅觚				㚔旅	
2205	7002	㚔旅觚				㚔旅	
2206	E633	㚔旅觚		甲Aa I	二期	㚔旅	
2207	6537	盇觚				盇	
2208	J744	飌觚	河南安陽郭家莊東南 M26：16	甲Aa I	二期	飌	
2209	6538	㚤觚				㚤	
2210	6539	共觚	山東長清縣興復河北岸	甲Bc	四期	共	文物1964年4期
2211	6540	共觚				共	
2212	6541	共觚				共	
2213	6542	𡗡觚				𡗡	
2214	6543	𡗡觚		甲Bb I	二期	𡗡	故圖下上193
2215	6544	天觚				天	
2216	6545	天觚				天	
2217	J679	天觚		甲Aa II	四期	天	
2218	J680	天觚		甲Bb I	二期	天	
2219	6546	屰觚		甲Aa I	二期	屰	青研110
2220	6549	失觚				失	
2221	6550	失觚				失	
2222	6551	失觚				失	
2223	6552	襄觚				襄	

編號	著錄號	器名	出土地	型式	期別	銘文	器形來源
2224	J704	襄觚		甲AaⅡ	二、三期	襄	
2225	6553	𦈀觚		甲AaⅠ	二期	𦈀	綜覽觚70
2226	6554	𦈀觚				𦈀	
2227	6555	𦈀觚				𦈀	
2228	6556	𦈀觚				𦈀	
2229	6557	参觚				参	
2230	6558	参觚				参	
2231	6559	矢觚				矢	
2232	6560	𦈀觚		甲Ab	四期	𦈀	故銅42
2233	6561	奚觚		甲AaⅡ	三、四期	奚	博古15.36
2234	6562	𦈀觚		甲AaⅡ	三、四期	𦈀	圖集08932
2235	6563	𦈀觚				𦈀	
2236	6564	𦈀觚				𦈀	
2237	E635	𦈀觚		甲AaⅡ	三、四期	𦈀	
2238	6565	戾觚				戾	
2239	6566	飲觚				飲	
2240	6567	飲觚				飲	
2241	6568	重觚		甲AaⅠ	二期	重	陶續補8
2242	6569	重觚				重	
2243	6570	弔觚		甲BbⅠ	二期	弔	尊古2.40
2244	E625	弔觚		甲BbⅠ	二期	弔	
2245	E627	夷觚		甲Ab	四期	夷	
2246	E626	夷觚		甲BbⅠ	二期	夷	
2247	6572	杏觚				杏	
2248	6573	⺅觚				⺅	
2249	6574	𠃊觚		甲Bc	四期	𠃊	美集A516
2250	6575	𦈀觚		甲AaⅠ	二期	𦈀	圖集09138
2251	6576	伇觚		甲AaⅠ	二期	伇	綜覽觚179

編號	著録號	器名	出土地	型式	期別	銘文	器形來源
2252	6577	何瓿	河南安陽郭家灣北地	甲Ba I	二期	何	圖集08942
2253	E623	何瓿		甲Bb I	二期	何	
2254	6578	牽瓿				牽	
2255	6579	竝瓿		甲Aa II	三、四期	竝	中原1985年1期
2256	6580	舌瓿				舌	
2257	6581	舌瓿		甲Aa II	三、四期	舌	尊古2.41
2258	6644	舌瓿		Aa II	三、四期	舌	冠斝中8
2259	6582	朋瓿				朋	
2260	E650	朋瓿	山東鄒城北宿鎮西丁村M1：4	甲Bb I	四期	朋	
2261	6583	嬰瓿				嬰	
2262	6584	嬰瓿				嬰	
2263	6586	耴瓿				耴	
2264	6597	挂瓿	河南安陽	甲Bb II	四期	挂	綜覽瓿158
2265	6587	執瓿				執	
2266	6588	又瓿				又	
2267	6589	守瓿	河南安陽西北崗M1001	甲Bb I	二期	守	圖集09139
2268	6590	守瓿	河南安陽西北崗M1001	甲Bb I	二期	守	圖集09140
2269	6591	守瓿				守	
2270	6592	守瓿		甲Bb I	二期	守	綜覽瓿52
2271	J687	守瓿		甲Bb II	四期	守	
2272	6593	啓瓿	河北磁縣下七垣	甲Bb II	四期	啓	河北75
2273	6594	啓瓿	河北磁縣下七垣	甲Aa II	三、四期	啓	河北76
2274	6595	臤瓿	山西永和縣下辛角村	甲Bb I	二、三期	臤	考古1977年5期
2275	6596	臤瓿	山東長清縣興復河北岸			臤	文物1964年4期
2276	6598	黃瓿		甲Aa I	二期	黃	青研113
2277	6599	奴瓿				奴	
2278	6600	共瓿				共	

編號	著錄號	器名	出土地	型式	期別	銘文	器形來源
2279	6601	受觚	河北磁縣下七垣	甲Bb I	三、四期	受	綜覽觚57
2280	6602	受觚	河南安陽（傳）	甲Bb II	四期	受	鄴三上39
2281	6603	受觚		甲Aa II	三、四期	受	故銅44
2282	6604	旨觚		甲Aa I	二期	旨	善齋5.10
2283	6605	卷觚		甲Aa II	四期	卷	
2284	6606	秉觚				秉	
2285	6607	史觚				史	
2286	6608	史觚				史	
2287	6609	史觚				史	
2288	6610	史觚		甲Bb I	二期	史	貞圖上51
2289	6611	史觚				史	
2290	6612	史觚		甲Bb II	四期	史	善齋5.6
2291	6613	史觚				史	
2292	6614	史觚		甲Bb II	四期	史	綜覽觚196
2293	6615	史觚		甲Aa II	三、四期	史	圖集08863
2294	6616	史觚				史	
2295	6617	史觚				史	
2296	6618	史觚		甲Aa II	三、四期	史	圖集08874
2297	6619	史觚				史	
2298	6620	史觚		甲Bb II	四期	史	兩罍2.6
2299	6621	史觚				史	
2300	6622	史觚				史	
2301	6623	史觚		甲Aa II	四期	史	西清23.44
2302	E643	史觚	河南安陽劉家莊南M32：1	甲Bb II	三期	史	
2303	E644	史觚	山東滕州官橋鎮前掌大村商周墓地M11：72	甲Bb II	四期	史	
2304	E645	史觚	山東滕州官橋鎮前掌大村商周墓地M11：73	甲Aa II	四期	史	
2305	E646	史觚	山東滕州官橋鎮前掌大村商周墓地M21：36	甲Aa II	四期	史	

續表

編號	著録號	器名	出土地	型式	期別	銘文	器形來源
2306	E647	史觚	山東滕州官橋鎮前掌大村商周墓地M21：38	甲AaⅡ	四期	史	
2307	E648	史觚	山東滕州官橋鎮前掌大村商周墓地M38：67			史	
2308	E649	史觚	山東滕州官橋鎮前掌大村商周墓地M13：10	甲Bc	四期	史	
2309	6624	冊觚				冊	
2310	6625	宁觚	河南安陽郭家莊M1：21	甲AaⅡ	四期	宁	全集2.119
2311	J708	宁觚	河南安陽劉家莊M2：1	甲AaⅡ	四期	宁	
2312	6626	牵觚	河北正定縣新城鋪村	甲BbⅠ	二期	牵	文物1982年2期
2313	6627	牵觚		甲BbⅠ	二期	牵	青研103
2314	6628	執觚				執	
2315	6629	執觚		甲BbⅠ	二期	執	西清23.33
2316	6630	執觚				執	
2317	6631	圉觚	河北趙縣雙廟村	甲BbⅡ	四期	圉	叢刊1輯
2318	6632	步觚				步	
2319	6633	徙觚		甲AaⅡ	四期	徙	綜覽觚118
2320	J693	徙觚		甲AaⅠ	二期	徙	
2321	6634	得觚				得	
2322	6635	得觚		甲AaⅠ	二期	得	日精華2.167
2323	6636	正觚	河南安陽（傳）	甲AaⅠ	二期	正	美集A484
2324	6637	踵觚				踵	
2325	J691	踵觚		甲BbⅠ	二期	踵	
2326	J692	踵觚		甲BbⅠ	二期	踵	
2327	E634	踵觚		甲AaⅠ	二期	踵	
2328	6638	蠱觚	河南安陽殷墟M17：5	甲BbⅠ	二期	蠱	殷銅166
2329	6639	蠱觚				蠱	
2330	6642	告觚	"河南安陽"	甲AaⅠ	二期	告	頌續61
2331	6643	告觚		甲BbⅡ	四期	告	中原1985年1期

編號	著録號	器名	出土地	型式	期別	銘文	器形來源
2332	6645、J705	由瓿	河南安陽大司空村M663：50	甲Aa I	二期	由	考古1983年10月
2333	6646	賈瓿				賈	
2334	6647	犬瓿		甲Aa II	三、四期	犬	日精華2.160
2335	考88/3	犬瓿		甲Ba I	中商	犬	考古1988年3期
2336	6648	豖瓿				豖	
2337	6649	豖瓿				豖	
2338	6650	剢瓿		甲Aa I	二、三期	剢	出光24
2339	6651	犵瓿		甲Aa I	二、三期	犵	尊古2.42
2340	6652	圂瓿				圂	
2341	6653	圂瓿				圂	
2342	6654	驫瓿		甲Bb I	二期	驫	貞圖上48
2343	6655	豪瓿				豪	
2344	6656	羊瓿				羊	
2345	6657	羊瓿		甲Bb II	四期	羊	中原1985年1期
2346	J698	羊瓿	河南安陽郭家莊村北M6：26	甲Bb II	四期	羊	
2347	E637	羊瓿		甲Bb I	二、三期	羊	
2348	6658	䍩瓿		甲Aa II	三、四期	䍩	出光16
2349	J699	䍩瓿		甲Aa II	三、四期	䍩	
2350	6659	㫚瓿		甲Aa II	三、四期	㫚	出光16
2351	6660	㫚瓿				㫚	
2352	6661	㫚瓿				㫚	
2353	6662	牧瓿				牧	
2354	6663	羖瓿				羖	
2355	6664	🐂瓿		甲Aa II	四期	🐂	寶蘊108
2356	6665	🐕瓿		甲Aa I	二、三期	🐕	圖集09148
2357	6666	鹿瓿				鹿	

編號	著録號	器名	出土地	型式	期別	銘文	器形來源
2358	6667	象觚	河南安陽薛家莊M3：26	甲AaI	二期	象	考古1986年12期
2359	6668	豕觚				豕	
2360	6670	獸觚				獸	
2361	6671	獸觚				獸	
2362	6672	鳥觚				鳥	
2363	6673	鳥觚				鳥	
2364	6674	鳥觚		甲AaI	二、三期	鳥	圖集09023
2365	6675	鳥觚				鳥	
2366	6676	鳶觚				鳶	
2367	6677	鳶觚		甲AaI	二期	鳶	綜覽觚105
2368	6678	鳶觚				鳶	
2369	6679	進觚	河南安陽	甲BbI	二期	進	圖集09031
2370	6680	萬觚		甲AaII	三、四期	萬	圖集09032
2371	6681	黿觚				黿	
2372	6682	𡘍觚				𡘍	
2373	6683	魚觚				魚	
2374	6684	魚觚				魚	
2375	6685	鼻觚		甲AaI	二期	鼻	貞圖上50
2376	6686	鼻觚				鼻	
2377	6687	戈觚				戈	
2378	6688	戈觚		甲BbI	二期	戈	美集A492
2379	6689	戈觚		甲AaI	二期	戈	美集A455
2380	6690	戈觚		甲BaI	三、四期	戈	圖集09046
2381	6691	戈觚	河南汝陽（傳）	甲BbI	二期	戈	圖集09047
2382	6692	戈觚	河南汝陽（傳）			戈	
2383	6693	戈觚				戈	
2384	6694	戈觚				戈	
2385	6695	戈觚				戈	

編號	著錄號	器名	出土地	型式	期別	銘文	器形來源
2386	6696	戈觚				戈	
2387	6697	戈觚				戈	
2388	J709	戈觚		甲AaⅡ	四期	戈	
2389	J710	戈觚	河南羅山縣後李村M43：1	甲BbⅡ	四期	戈	
2390	J711	戈觚	河南羅山縣天湖村M27：1	甲BbⅡ	三期	戈	
2391	6698	犾觚	陝西寶雞（傳）			犾	
2392	6699	犾觚		甲BbⅠ	二、三期	犾	青研105
2393	6700	犾觚	河南安陽殷墟西區M271：8	甲BbⅡ	三期	犾	河南1.212
2394	J681	犾觚	河南安陽郭家莊M220：4	甲AaⅡ	四期	犾	
2395	6702	戒觚	河南安陽殷墟西區M18：8	甲AaⅠ	二期	戒	殷銅58
2396	6703	戒觚	河南安陽殷墟西區M18：18	甲AaⅠ	二期	戒	全集106
2397	6704	戒觚	河南安陽殷墟西區M18：19		二期	戒	
2398	6701	戒觚	河南安陽殷墟西區M18：7		二期	戒	
2399	6705	玜觚	河南安陽	甲AaⅠ	二、三期	玜	嚴窟上50
2400	6706	戎觚		甲BbⅠ	三期	戎	貞圖上49
2401	6707	戎觚	山東蒼山縣東高堯村	甲AaⅡ	三期	戎	綜覽觚95
2402	6708	戎觚	山東蒼山縣東高堯村	甲AaⅡ	三期	戎	綜覽觚95
2403	J682	戎觚		甲BbⅠ	三期	戎	
2404	6709	烕觚				烕	
2405	6710	賊觚		甲AaⅠ	二期	賊	尊古2.43
2406	6711	臧觚				臧	
2407	6712	臧觚				臧	
2408	6713	臧觚		甲AaⅠ	二期	臧	美集A469
2409	6714	臧觚		甲AaⅠ	二期	臧	美集A487

編號	著録號	器名	出土地	型式	期別	銘文	器形來源
2410	6715	聝觚		甲AaⅠ	二期	聝	青研115
2411	6716	癸觚		甲AaⅡ	三、四期	癸	圖集09074
2412	6717	癸觚				癸	
2413	E636	癸觚		甲AaⅠ	二期	癸	
2414	6718	伐觚				伐	
2415	6719	刀觚		甲AaⅡ	四期	刀	綜覽觚149
2416	6720	♀觚				♀	
2417	6721	膚觚		甲AaⅠ	二期	膚	中原1985年1期
2418	E639	膚觚		甲AaⅡ	三期	膚	
2419	6722	庚觚				庚	
2420	6724	鼎觚				鼎	
2421	6725	▨觚				▨	
2422	6726	▨觚				▨	
2423	6727	▨觚	河南安陽（傳）	甲AaⅡ	三、四期	▨	鄴初上22
2424	6728	合觚				合	
2425	6729	合觚				合	
2426	6730	合觚				合	
2427	6731	合觚		甲BbⅡ	三、四期	合	冠斝中6
2428	6732	合觚				合	
2429	6733	合觚		甲BbⅠ	二期	合	故銅41
2430	6734	合觚		甲AaⅠ	二期	合	中原1985年1期
2431	6735	合觚	河南安陽侯家莊西北崗 M1400：2	甲AaⅠ	二期	合	綜覽觚63
2432	6736	合觚	河南安陽侯家莊西北崗 M1400	甲AaⅠ	二期	合	圖集09155
2433	6737	合觚	河南安陽侯家莊西北崗 M1400：3		二期	合	
2434	E622	合觚				合	
2435	6738	宵觚				宵	
2436	6739	宵觚				宵	

編號	著録號	器名	出土地	型式	期別	銘文	器形來源
2437	6740	臺觚				臺	
2438	E632	臺觚		甲AaⅡ	三、四期	臺	
2439	6741	竹觚				竹	
2440	6742	木觚		甲AaⅡ	四期	木	博古15.29
2441	6743	木觚		甲AaⅠ	二期	木	寧壽10.22
2442	6744	束觚	河南安陽殷墟西區M1116：1	甲AaⅡ	四期	束	河南1.255
2443	6745	🔲觚				🔲	
2444	E638	封觚		甲AaⅡ	二期	封	
2445	E642	夕觚	河南安陽劉家莊南M19：1	甲BbⅠ	四期	夕	
2446	6746	臣觚	山東鄒縣南關窯場			臣	
2447	6747	串觚		甲Bc	四期	串	西甲11.23
2448	6748	串觚		甲AaⅡ	四期	串	西清23.34
2449	6749	車觚	河南安陽（傳）	甲BbⅡ	四期	車	鄴三上38
2450	6750	車觚				車	
2451	6751	車觚		甲AaⅠ	二期	車	美集A456
2452	6752	車觚				車	
2453	6753	⊗觚				⊗	
2454	6754	⊗觚				⊗	
2455	6755	𣂤觚				𣂤	
2456	6756	𣂤觚				𣂤	
2457	6757	𤔔觚		甲AaⅡ	二期	𤔔	圖集09166
2458	6758	𤔔觚				𤔔	
2459	J703	𤔔觚		甲AaⅠ	二期	𤔔	
2460	6759	酉觚		甲BbⅠ	二期	酉	圖集09168
2461	6760	苗觚				苗	
2462	6761	𢁒觚				𢁒	
2463	6762	⬛觚		甲BbⅡ	四期	⬛	西甲11.18
2464	6763	𠁩觚				𠁩	

續表

編號	著録號	器名	出土地	型式	期別	銘文	器形來源
2465	6764	𤰔觚				𤰔	
2466	J712	𤰔觚	山西靈石縣旌介村M2：30	甲AaⅡ	四期	𤰔	
2467	J713	𤰔觚	山西靈石縣旌介村M2：29	甲AaⅡ	四期	𤰔	
2468	6765	𠆢觚				𠆢	
2469	6766	𠆢觚				𠆢	
2470	6767	𠆢觚		甲AaⅡ	四期	𠆢	頌續64
2471	E640	𠆢觚	河南安陽苗圃南地M58：4	甲AaⅠ	二期	𠆢	
2472	6768	𡗢觚				𡗢	
2473	E624	𡗢觚		甲AaⅡ	三、四期	𡗢	
2474	6778	辛觚				辛	
2475	6779	祋觚				祋	
2476	6937	祋觚				祋	
2477	6780	㪥觚	河南安陽（傳）	甲AaⅠ	二期	㪥	綜覽觚79
2478	6781	㪥觚	河南安陽（傳）	甲AaⅠ	二期	㪥	鄴三上40
2479	6782	㪥觚		甲AaⅠ	二期	㪥	綜覽觚78
2480	J688	㪥觚		甲BbⅠ	二期	㪥	
2481	6783	雫觚				雫	
2482	6785	亢觚				亢	
2483	6786 J706	柬觚	河南安陽大司空村M663：53	甲AaⅠ	二期	柬	考古1983年10期
2484	6787	𠦛觚		甲AaⅡ	三、四期	𠦛	善齋5.1
2485	6788	𠂈觚				𠂈	
2486	6789	宲觚				宲	
2487	6790	口觚				口	
2488	6791	𩇪觚				𩇪	
2489	6792	既觚				既	
2490	6795	𠕋觚				𠕋	

續表

編號	著録號	器名	出土地	型式	期别	銘文	器形來源
2491	6796	[illegible]觚				[illegible]	
2492	6797	爻觚		甲BbⅠ	二期	爻	圖集09120
2493	6798	爻觚	山東滕縣井亭			爻	
2494	6801	[illegible]觚				[illegible]觚	
2495	6802	丨觚	河南安陽侯家莊西北崗M2046：9	甲AaⅡ	四期	丨	綜覽觚106
2496	6803	乀觚		甲Bc	四期	乀	善圖148
2497	6804	鮏觚				鮏	
2498	6923	䎽觚		甲AaⅡ	三、四期	䎽	圖集09340
2499	6941	[illegible]觚		甲BbⅠ	二期	[illegible]	青研107
2500	6943	𣀔觚				𣀔	
2501	6999	舟尹觚		甲AaⅡ	三、四期	舟尹	博古15.33
2502	7031	壺觚				壺	
2503	7034	戠觚			三、四期	戠	
2504	7035	虢觚		甲Bc	四期	虢	綜覽觚22
2505	7037	僰觚		甲AaⅡ	二期	僰	圖集09480
2506	7038	僰觚				僰	
2507	7039	僰觚				僰	
2508	J684	倗觚		甲BbⅡ	四期	倗	
2509	J685	倗觚		甲BbⅠ	二期	倗	
2510	7053	𩰫觚				𩰫	
2511	J686	印觚		甲BbⅠ	二期	印	
2512	J691	爰觚	河南安陽戚家莊東M269：24	甲AaⅡ	三期	爰	
2513	J690	爰觚	河南安陽戚家莊東M269：23	甲Bc	三期	爰	
2514	J694	念觚		甲AaⅠ	二期	念	
2515	J700	集觚		甲BbⅡ	四期	集	
2516	J701	融觚	山東青州蘇埠屯M8：3	甲BaⅡ	四期	融	

編號	著録號	器名	出土地	型式	期別	銘文	器形來源
2517	J702	融瓠	山東青州蘇埠屯M8：2	甲BaⅡ	四期	融	
2518	J707	弓瓠		甲BbⅠ	二期	弓	
2519	E628	癸瓠		甲AaⅡ	三、四期	癸	
2520	E629	至瓠		甲AaⅡ	三、四期	至	
2521	E630	亞瓠	河南安陽劉家莊M1046：9	甲Bc	四期	亞	
2522	E631	亞瓠	河南安陽劉家莊M1046：11	甲Bc	四期	亞	
2523	E653	示丁瓠		甲BbⅠ	二期	示丁	
2524	6805	□己瓠			商末周初	□己	
2525	J714	祖丁瓠		甲AaⅠ	二期	祖丁	
2526	6806	祖辛瓠		甲BbⅠ	四期	祖辛	兩罍2.2
2527	6809	祖壬瓠		甲BbⅠ	二期	祖壬	泉博62
2528	6810	父乙瓠		甲AaⅠ	二、三期	父乙	出光23
2529	6811	父乙瓠				父乙	
2530	E658	父乙瓠		甲BbⅠ	二期	父乙	
2531	6812	父丙瓠				父丙	
2532	6813	父己瓠				父己	
2533	6814	父己瓠	"西安"	甲AaⅠ	二期	父己	頌續62
2534	6815	父己瓠				父己	
2535	6816	父庚瓠		甲BbⅠ	二、三期	父庚	博古15.32
2536	E680	父辛瓠	河南鹿邑縣太清宮長子口墓M1：101	甲AaⅡ	四期	父辛	
2537	6818	戈甲瓠		甲BbⅡ	四期	戈甲	博古15.30
2538	6825	戈乙瓠			三、四期	戈乙	
2539	6826	戈乙瓠	河南安陽	甲AaⅡ	三、四期	戈乙	圖集09233
2540	6839	戈辛瓠				戈辛	
2541	7033	⊙⊙戈瓠				⊙⊙戈	
2542	6819	封乙瓠		甲AaⅠ	二期	封乙	西清24.11

編號	著録號	器名	出土地	型式	期別	銘文	器形來源
2543	6820	羊乙觚				羊乙	
2544	6836	羊己觚				羊己	
2545	6821	正乙觚				正乙	
2546	6822	正乙觚				正乙	
2547	6823	夅乙觚				夅乙	
2548	J736	息母觚	河南羅山縣天湖村 M28：7	甲BaI	二期早	息母	
2549	6824	息乙觚	河南羅山縣天湖村M8：4	甲AaII	三期	息乙	圖集09231
2550	J737	息乙觚	河南羅山縣天湖村M8：5	甲AaII	三期	息乙	
2551	7071	尊息觚	河南羅山縣天湖村M6：7		四期	尊息	
2552	6827	見乙觚		甲AaI	二、三期	見乙	博古7.3
2553	6828	見乙觚				見乙	
2554	6830	見丁觚	河南安陽（傳）	甲AaII	三、四期	見丁	圖集09239
2555	6831	見丁觚		甲AaII	三、四期	見丁	綜覽觚122
2556	E651	見辛觚		甲AaII	二期	見辛	
2557	6843	見癸觚		甲Bc	四期	見癸	考古圖5.14
2558	7062	見爲觚				見爲	
2559	7063	見爲觚				見爲	
2560	7064	見羊觚				見羊	
2561	E675	史午觚		甲Ab	四期	史午	
2562	6829	口乙觚		甲AaII	三、四期	口乙	綜覽觚109
2563	6793	丙觚				丙	
2564	E669	丁觚		甲AaII	三、四期	丁	
2565	7051	弔觚		甲AaII	三、四期	弔	圖集09490
2566	6833	弔丁觚			商末周初	弔丁	
2567	6832	丁觚	河南安陽殷墟西區 M355：3	甲AaII	三期	丁	殷銅198
2568	6834	木戊觚				木戊	
2569	6835	羊己觚				羊己	

編號	著錄號	器名	出土地	型式	期別	銘文	器形來源
2570	6837	聿己瓢				聿己	
2571	6838	户庚瓢				户庚	
2572	6844	口己瓢		甲Aa I	二期	口己	青研109
2573	6845	叹己瓢		甲Aa I	二期	叹己	館刊1982年4期
2574	6846	叹己瓢		甲Aa I	二期	叹己	館刊1982年4期
2575	6840	重癸瓢		甲Ba I	二期	重癸	綜覽瓢206
2576	6841	🦉癸瓢		甲Aa II	二期	🦉癸	美集A460
2577	6842	🐄癸瓢		甲Aa II	二期	🐄癸	故銅43
2578	E657	𡿧癸瓢		甲Aa II	三、四期	𡿧癸	
2579	6847	婦好瓢	河南安陽殷墟M5：601	甲Aa I	二期	婦好	婦好
2580	6848	婦好瓢	河南安陽殷墟M5：602	甲Aa I	二期	婦好	婦好
2581	6849	婦好瓢	河南安陽殷墟M5：603	甲Aa I	二期	婦好	婦好
2582	6850	婦好瓢	河南安陽殷墟M5：604	甲Aa I	二期	婦好	婦好
2583	6851	婦好瓢	河南安陽殷墟M5：605	甲Aa I	二期	婦好	全集2.105
2584	6852	婦好瓢	河南安陽殷墟M5：611	甲Aa I	二期	婦好	婦好
2585	6853	婦好瓢	河南安陽殷墟M5：621	甲Aa I	二期	婦好	河南1.167
2586	6854	婦好瓢	河南安陽殷墟M5：639	甲Aa I	二期	婦好	殷銅126
2587	6855	婦好瓢	河南安陽殷墟M5：640	甲Aa I	二期	婦好	婦好
2588	6856	婦好瓢	河南安陽殷墟M5：642	甲Aa I	二期	婦好	婦好
2589	6857	婦瓢	河南安陽殷墟M5：618	甲Aa I	二期	婦	婦好
2590	6858	婦瓢	河南安陽殷墟M5：633	甲Aa I	二期	婦	婦好
2591	6859	婦好瓢	河南安陽殷墟M5：629	甲Aa I	二期	婦好	婦好
2592	6860	婦好瓢	河南安陽殷墟M5：827	甲Aa I	二期	婦好	殷銅128
2593	6861	婦好瓢	河南安陽殷墟M5：648	甲Aa I	二期	婦好	婦好
2594	6862	婦好瓢	河南安陽殷墟M5：650	甲Aa I	二期	婦好	殷銅127
2595	6863	婦好瓢	河南安陽殷墟M5：644	甲Aa I	二期	婦好	婦好
2596	6864	婦好瓢	河南安陽殷墟M5：634	甲Aa I	二期	婦好	婦好
2597	6865	婦好瓢	河南安陽殷墟M5：641		二期	婦好	
2598	6866	婦瓢	河南安陽殷墟M5：647		二期	婦	

續表

編號	著錄號	器名	出土地	型式	期別	銘文	器形來源
2599	6867	婦好觚				婦好	
2600	6868	婦𰀀觚			商末周初	婦𰀀	
2601	6869	婦𰀀觚			商末周初	婦𰀀	
2602	6870	婦鳥觚			商末周初	婦鳥	
2603	6871	婦田觚				婦田	
2604	7171	婦嬕觚		甲AaⅡ	三、四期	婦嬕	博古15.25
2605	7172	婦嬕觚		甲AaⅡ	三、四期	婦嬕	博古15.25
2606	6872	賓母觚				賓母	
2607	6873	賓母觚				賓母	
2608	6874	盥母觚				盥母	
2609	6875	母戊觚				母戊	
2610	6876	魚母觚		甲BbⅠ	四期	魚母	綜覽觚92
2611	6877	魚母觚		甲AaⅡ	四期	魚母	善齋5.21
2612	6879	朕母觚				朕母	
2613	J697	朕母觚		甲BbⅠ	二、三期	朕母	
2614	6773	橐觚	河南安陽殷墟M5：613	甲AaⅠ	二期	橐	婦好
2615	6774	橐觚	河南安陽殷墟M5：607	甲AaⅠ	二期	橐	婦好
2616	6775	橐觚	河南安陽殷墟M5：616	甲AaⅠ	二期	橐	婦好
2617	6776	橐觚	河南安陽殷墟M5：635		二期	橐	
2618	6777	橐觚	河南安陽殷墟M5：624		二期	橐	
2619	6891	子橐觚	河南安陽殷墟M5：610	甲AaⅠ	二期	子橐	殷銅136
2620	6892	子橐觚	河南安陽殷墟M5：622	甲AaⅠ	二期	子橐	婦好
2621	6893	子橐觚	河南安陽殷墟M5：620		二期	子橐	
2622	6894	子𪐩觚		甲AaⅡ	二期	子𪐩	故青39
2623	6895	子𪐩觚				子𪐩	
2624	6896	子妥觚				子妥	
2625	6897	子脊觚				子脊	
2626	6898	子媚觚				子媚	
2627	6899	子媚觚				子媚	

編號	著録號	器名	出土地	型式	期別	銘文	器形來源
2628	6900	子𠂤觚		甲BbⅠ	二期	子𠂤	圖集09329
2629	6901	子𠂤觚		甲BbⅠ	二期	子𠂤	美集A504
2630	6902	子𡚸觚				子𡚸	
2631	6903	子𡚸觚	河南安陽殷墟西區M2508：3	甲AaⅡ	三期	子𡚸	殷銅65
2632	6904	子𡚸觚		甲AaⅡ	三期	子𡚸	圖集09320
2633	6905	子𡚸觚				子𡚸	
2634	6906	子贏觚				子贏	
2635	6907	子𠀉觚				子𠀉	
2636	6908	子蝠觚		甲AaⅡ	三、四期	子蝠	圖集09315
2637	6909	子保觚	山東鄒縣	甲Bc	四期	子保	綜覽觚138
2638	6910	子▲觚				子▲	
2639	6911	子�觚		甲AaⅡ	四期	子�	十二居30
2640	6912	子光觚				子光	
2641	6913	子雨觚		甲AaⅠ	二期	子雨	美集A462
2642	7270	子㜎觚		甲AaⅡ	四期	子㜎	首師26
2643	J731	子癸觚		甲BbⅡ	四期	子癸	
2644	J732	子䢅觚		甲AaⅠ	二期	子䢅	
2645	6914	子䢅觚		甲AaⅠ	二期	子䢅	青研114
2646	E654	子佣觚		甲AaⅡ	二期	子佣	
2647	E655	子佣觚		甲AaⅡ	二期	子佣	
2648	6915	襄末觚				襄末	
2649	6916	比♡觚				比♡	
2650	6917	比♡觚				比♡	
2651	6918	䒵叔觚	山東費縣（傳）	甲BbⅠ	四期	䒵叔	文物1982年9期
2652	6919	䒵叔觚	山東費縣（傳）		四期	䒵叔	
2653	6920	樂文觚				樂文	
2654	6921	羊建觚		甲BbⅠ	二期	羊建	綜覽觚88
2655	6922	見爻觚				見爻	

編號	著録號	器名	出土地	型式	期別	銘文	器形來源
2656	6924	交示瓢		甲Aa I	二期	交示	首師28
2657	6925	？？瓢	河南安陽郭家灣北地	甲Aa II	三、四期	？？	圖集09523
2658	6926	柔羌瓢				柔羌	
2659	6927	※舟瓢	河南安陽（傳）	甲Bb I	四期	※舟	鄴二上23
2660	6928	聑※瓢				聑※	
2661	6929	聑※瓢				※聑	
2662	6930	聑圈瓢				聑圈	
2663	6931	玣耳瓢				玣耳	
2664	6932	聑竹瓢	河南安陽（傳）	甲Aa II	三、四期	聑竹	鄴初上24
2665	6933	朋中瓢		甲Bb I	四期	朋中	善齋5.20
2666	6934	叒聑瓢				叒聑	
2667	6935	叒聑瓢				叒聑	
2668	6936	受川瓢				受川	
2669	6938	叉穼瓢				叉穼	
2670	6939	叉穼瓢				叉穼	
2671	J733	叉穼瓢		甲Bb I	二、三期	叉穼	
2672	6940	冂鼻瓢	河南安陽侯家莊西北崗M1795：10	甲Aa II	三期	冂鼻	圖集09334
2673	6942	正給瓢				正給	
2674	6944	◆衛瓢				◆衛	
2675	6945	亞冂瓢				亞冂	
2676	6946	亞巽瓢	河南安陽殷墟M5：630	甲Aa I	二期	亞巽	河南1.166
2677	6947	亞巽瓢	河南安陽殷墟M5：820	甲Aa I	二期	亞巽	考古與文物1985年4期
2678	6948	亞巽瓢	河南安陽殷墟M5：643	甲Aa I	二期	亞巽	婦好
2679	6949	亞巽瓢	河南安陽殷墟M5：627	甲Aa I	二期	亞巽	婦好
2680	6950	亞巽瓢	河南安陽殷墟M5：626	甲Aa I	二期	亞巽	婦好
2681	6951	亞巽瓢	河南安陽殷墟M5：637	甲Aa I	二期	亞巽	殷銅53
2682	6952	亞巽瓢	河南安陽殷墟M5：646		二期	亞巽	

編號	著録號	器名	出土地	型式	期別	銘文	器形來源
2683	6953	亞斝瓿		甲AaⅠ	二期	亞斝	文物1986年8期
2684	6954	亞斝瓿		甲AaⅠ	二期	亞斝	考古1979年2期
2685	6955	亞其瓿			四期	亞其	
2686	6956	亞弜瓿				亞弜	
2687	6957	亞弜瓿		甲AaⅠ	二期	亞弜	圖集09365
2688	6958	亞弜瓿				亞弜	
2689	6959	亞矣瓿				亞矣	
2690	6960	亞矣瓿		甲AaⅡ	二期	亞矣	綜覽瓿152
2691	6961	亞矣瓿				亞矣	
2692	6962	亞矣瓿				亞矣	
2693	6963	亞矣瓿		甲AaⅡ	二期	亞矣	故青43
2694	6964	亞矣瓿				亞矣	
2695	6965	亞矣瓿	河南安陽大司空村	甲AaⅠ	二期	亞矣	綜覽瓿82
2696	6966	亞矣瓿	河南安陽大司空村	甲AaⅠ	二期	亞矣	圖集09369
2697	E672	亞矣瓿	河南安陽劉家莊南 M22：2	甲BbⅠ	二期	亞矣	
2698	6967	亞醜瓿				亞醜	
2699	6968	亞醜瓿		甲AaⅡ	四期	亞醜	寧壽10.19
2700	6969	亞醜瓿		甲Ab	四期	亞醜	青研112
2701	6970	亞醜方瓿		乙Ⅱ	四期	亞醜	故青85
2702	J728	亞醜瓿	山東青州蘇埠屯M7：6	甲BbⅠ	四期	亞醜	
2703	故青86	亞醜瓿		甲Bc	四期	亞醜	故青86
2704	6971	亞竟瓿		甲AaⅡ	四期	亞竟	圖集09384
2705	6972	亞告瓿		甲AaⅠ	二期	亞告	善齋5.14
2706	6973	亞牧瓿				亞牧	
2707	6974	亞果瓿				亞果	
2708	6975	亞玆瓿				亞玆	
2709	6976	亞史瓿		甲BbⅠ	二期	亞史	綜覽瓿139
2710	6977	亞玆瓿				亞玆	

編號	著録號	器名	出土地	型式	期別	銘文	器形來源
2711	6978	亞𰋁觚				亞𰋁	
2712	6979	亞𰋁觚				亞𰋁	
2713	6980	亞雔觚		甲Bb I	二期	亞雔	綜覽觚43
2714	J727	亞雔觚	河南羅山縣天湖村M11：5	甲Aa II	三期	亞雔	
2715	E656	亞雔觚	河南羅山縣天湖村M11：4	甲Aa II	三期	亞雔	
2716	6981	亞隻觚				亞隻	
2717	6982	亞隻觚	河南安陽大司空村（傳）	甲Aa II	二期	亞隻	美集A485
2718	J729	亞隻觚		甲Aa II	二期	亞隻	
2719	6983	亞豭觚				亞豭	
2720	6984	亞叟觚				亞叟	
2721	6985	亞夊觚				亞夊	
2722	6986	亞𡪄觚		甲Aa II	三期	亞𡪄	美集A468
2723	6987	亞耳觚				耳亞	
2724	6988	亞弗觚		甲Bb I	四期	亞弗	圖集09386
2725	6989	亞酉觚		甲Aa II	四期	亞酉	十二賈15
2726	6990	亞酉觚				亞酉	
2727	J730	亞酉觚		甲Bb II	四期	亞酉	
2728	6991	亞盥觚	河南安陽苗圃北地M172：4	甲Bb II	三期	亞盥	全集2.112
2729	6992	亞址觚		甲Bb I	三期	亞址	陶齋3.27
2730	J717	亞址觚	河南安陽郭家莊M160：112		三期晚段	亞址	
2731	J718	亞址觚	河南安陽郭家莊M160：113		三期晚段	亞址	
2732	J719	亞址觚	河南安陽郭家莊M160：114	乙 I	三期晚段	亞址	
2733	J720	亞址觚	河南安陽郭家莊M160：116		三期晚段	亞址	

編號	著録號	器名	出土地	型式	期別	銘文	器形來源
2734	J721	亞址觚	河南安陽郭家莊M160：133	乙Ⅰ	三期晚段	亞址	
2735	J722	亞址觚	河南安陽郭家莊M160：166	乙Ⅰ	三期晚段	亞址	
2736	J723	亞址觚	河南安陽郭家莊M160：139		三期晚段	亞址	
2737	J724	亞址觚	河南安陽郭家莊M160：171	乙Ⅰ	三期晚段	亞址	
2738	J725	亞址觚	河南安陽郭家莊M160：170	乙Ⅰ	三期晚段	亞址	
2739	J726	亞址觚	河南安陽郭家莊M160：150	乙Ⅰ	三期晚段	亞址	
2740	E666	亞長觚	河南安陽花園莊M54：190	甲AaⅠ	二期	亞長	
2741	E667	亞長觚	河南安陽花園莊M54：194	甲AaⅠ	二期	亞長	
2742	E652	亞乩觚	河南安陽劉家莊M1046：51	甲Bc	四期	亞乩	
2743	E660	亞奚觚		甲AaⅡ	四期	亞奚	
2744	6993	▲冊觚		甲AaⅡ	四期	▲冊	青研119
2745	6994	廇冊觚	河北正定縣新城鋪	甲BbⅠ	三、四期	廇冊	叢刊1輯
2746	J738	廇冊觚		甲BbⅠ	三期	廇冊	
2747	6995	乩冊觚				乩冊	
2748	J734	蟲冊觚	河南安陽梅園莊南地M92：1	甲AaⅡ	四期	蟲冊	
2749	6996	糸保觚				糸保	
2750	E659	谷保觚		甲AaⅠ	二期	谷保	
2751	6997	馬何觚				馬何	
2752	6998	馬何觚	河南安陽大司空村M267：2	甲AaⅡ	二期	馬何	全集2.114
2753	7003	鄉宁觚	河南安陽（傳）	甲AaⅡ	三期	鄉宁	鄴初上23

編號	著録號	器名	出土地	型式	期別	銘文	器形來源
2754	7004	鄉宁觚		甲Aa Ⅱ	四期	鄉宁	日精華2.166
2755	7005	告宁觚		甲Aa Ⅱ	三期	告宁	綜覽觚169
2756	7006	告宁觚	河南安陽殷墟西區M907：1	甲Aa Ⅱ	三期	告宁	全集2.111
2757	7007	宁矢觚	河南安陽	甲Bb Ⅱ	三、四期	宁矢	圖集09450
2758	7008	宁矢觚	河南安陽	甲Bb Ⅱ	三、四期	矢宁	圖集09451
2759	E670	矢宁觚		甲Aa Ⅱ	四期	矢宁	
2760	7009	宁戈觚		甲Aa Ⅱ	四期	宁戈	圖集09453
2761	7010	美宁觚				美宁	
2762	7011	宁朋觚				宁朋	
2763	7070	專宁觚		甲Bc	四期	專宁	中原1985年1期
2764	E673	宁萄觚	河南安陽戚家莊東M63	甲Bb Ⅱ	四期	宁萄	
2765	E674	戉萄觚	河南安陽戚家莊東M235：10	甲Bc	四期	戉萄	
2766	7012	周兔觚				周兔	
2767	J741	𡨄田觚	河南安陽後崗M33：3	甲Aa Ⅱ	三期	𡨄田	
2768	7014	南單觚				南單	
2769	7015	西單觚		甲Aa Ⅱ	三期	西單	美集A465
2770	7016	西單觚		甲Aa Ⅱ	三期	西單	美集A477
2771	6784	西單觚		甲Bb Ⅰ	三期	西單	圖集09183
2772	J740	西單觚	河南安陽梅園莊南地M20：2	甲Aa Ⅱ	三期	西單	
2773	7017	北單觚	河南安陽（傳）	甲Aa Ⅰ	二期	北單	鄴三上43
2774	E662	北單觚				北單	
2775	7018	單光觚				單光	
2776	7019	甗征觚		甲Aa Ⅱ	四期	甗征	貞圖上53
2777	7020	甗奞觚				甗奞	
2778	7021	▲甗觚				▲甗	
2779	7022	▲旗觚		甲Bb Ⅰ	三、四期	▲旗	圖集09517
2780	7023	亡終觚		甲Aa Ⅱ	四期	亡終	青研120

續表

編號	著録號	器名	出土地	型式	期別	銘文	器形來源
2781	7024	亡終觚		甲AaⅡ	四期	亡終	故銅40
2782	7025	盾得觚		甲AaⅡ	四期	盾得	美集A463
2783	7026	盾得觚		甲AaⅡ	四期	盾得	美集A464
2784	J739	盾得觚	河南安陽豫北纺织厂	甲AaⅡ	四期	盾得	
2785	7027	來盾觚				來盾	
2786	7028	來盾觚				來盾	
2787	7029	秉盾觚				秉盾	
2788	7030	丩盾觚				丩盾	
2789	7032	[illegible]刀觚				[illegible]刀	
2790	7036	卜亯觚		甲BbⅠ	二期	卜亯	青研108
2791	7040	車涉觚		甲AaⅡ	二期	車涉	美集A457
2792	7041	車[illegible]觚				車[illegible]	
2793	7042	亦車觚		甲AaⅡ	四期	亦車	博古15.31
2794	7043	亦車觚			三、四期	亦車	
2795	7044	亦車觚		甲AaⅡ	四期	亦車	圖集09498
2796	7045	亦車觚	河南安陽	甲AaⅡ	四期	亦車	綜覽觚120
2797	7046	車𦎫觚				車𦎫	
2798	7047	車𦎫觚				車𦎫	
2799	7048	買車觚			商末周初	買車	
2800	7049	弔車觚		甲AaⅡ	三期	弔車	美集A472
2801	7050	[illegible]觚				[illegible]	
2802	7052	禾[illegible]觚				禾[illegible]	
2803	7054	目[illegible]觚				目[illegible]	
2804	7055	[illegible]豩觚				[illegible]豩	
2805	7056	鳥[illegible]觚	河南安陽殷墟M18：16	甲AaⅠ	二期	鳥[illegible]	學報1981年4期
2806	7058	弔龜觚		甲BbⅠ	四期	弔龜	貞圖上52
2807	7059	弔龜觚				弔龜	
2808	7060	弔龜觚				弔龜	
2809	7061	[illegible]觚				[illegible]	

續表

編號	著録號	器名	出土地	型式	期別	銘文	器形來源
2810	7066	｜臾瓢		甲AaⅡ	二期	｜臾	故青41
2811	7067	｝免瓢	河南安陽殷墟西區M198：3	甲AaⅡ	三期	｝免	全集2.110
2812	7069	囗刀瓢				囗刀	
2813	E663	□□瓢		甲Bc	三、四期	□□	
2814	E668	恖己瓢		甲AaⅡ	四期	恖己	
2815	E671	炏失瓢		甲BbⅡ	三、四期	炏失	
2816	7198	炏失瓢		甲AaⅡ	三、四期	炏失	綜覽瓢162
2817	7199	炏失瓢				炏失	
2818	7200	炏失瓢		甲AaⅡ	三、四期	炏失	善齋5.33
2819	6878	射婦桑瓢				射婦桑	
2820	6880	司婷瓢	河南安陽殷墟M5：625	甲AaⅠ	二期	司婷	殷銅48
2821	6881	司婷瓢	河南安陽殷墟M5：612	甲AaⅠ	二期	司婷	婦好
2822	6882	司婷瓢	河南安陽殷墟M5：606		二期	司婷	
2823	6883	司婷瓢	河南安陽殷墟M5：628		二期	司婷	
2824	6884	司婷瓢	河南安陽殷墟M5：631	甲AaⅠ	二期	司婷	婦好
2825	6885	司婷瓢	河南安陽殷墟M5：614	甲AaⅠ	二期	司婷	婦好
2826	6886	司婷瓢	河南安陽殷墟M5：617	甲AaⅠ	二期	司婷	婦好
2827	6887	司婷瓢	河南安陽殷墟M5：615	甲AaⅠ	二期	司婷	婦好
2828	6888	司鴌瓢	河南安陽殷墟M5：632		二期	司鴌	
2829	6889	司婷瓢	河南安陽殷墟M5：649		二期	司婷	
2830	6890	司ɕ瓢				司ɕ	
2831	7072	羊祖甲瓢				羊祖甲	
2832	7160	☞羊乙瓢				☞羊乙	
2833	7201	羊囗車瓢			三、四期	羊囗車	
2834	7073	黽祖乙瓢				黽祖乙	
2835	7074	家祖乙瓢				家祖乙	
2836	7075	匞祖乙瓢				匞祖乙	
2837	7076	戎祖丙瓢		甲Ab	四期	戎祖丙	精品125

編號	著録號	器名	出土地	型式	期別	銘文	器形來源
2838	7077	ꔮ祖丁瓿		甲AaⅡ	三、四期	ꔮ祖丁	博古15.22
2839	7217	丰徵祖壬瓿		甲BbⅡ	四期	丰徵祖壬	西清24.3
2840	7078	戈祖丁瓿		甲AaⅡ	三、四期	戈祖丁	美集A517
2841	7083	戈祖辛瓿			三、四期	戈祖辛	
2842	7155	戈父癸瓿		甲AaⅡ	三、四期	戈父癸	善齋5.32
2843	7079	鼻祖己瓿		甲BbⅠ	三、四期	鼻祖己	善齋5.34
2844	7119	鼻父丁瓿				鼻父丁	
2845	7080	襄祖己瓿				襄祖己	
2846	E677	犬父甲瓿		甲AaⅠ	二、三期	犬父甲	
2847	7081	山祖庚瓿				山祖庚	
2848	7115	山父丁瓿		甲AaⅡ	四期	山父丁	貞圖上58
2849	7116	山父丁瓿		甲AaⅡ	四期	山父丁	懷米上13
2850	7117	山父丁瓿		甲BbⅠ	二期	山父丁	日精華2.140
2851	7082	子祖辛瓿				子祖辛	
2852	7085	子祖癸瓿		甲Ab	四期	子祖癸	綜覽瓿180
2853	7124	子父己瓿				子父己	
2854	7138	子父庚瓿		甲Ab	四期	子父庚	綜覽瓿135
2855	7158	子父癸瓿		甲BbⅠ	二期	子父癸	故青37
2856	7084	ꔮ祖癸瓿		甲AaⅡ	四期	ꔮ祖癸	圖集09550
2857	7100	ꔮ父乙瓿	陝西岐山縣禮村	甲AaⅡ	四期	ꔮ父乙	周原10.2196
2858	7112	ꔮ父丁瓿				ꔮ父丁	
2859	7196	ꔮ串妹瓿				ꔮ串妹	
2860	7197	ꔮ串妹瓿				ꔮ串妹	
2861	7086	得父乙瓿				得父乙	
2862	7087	羧父乙瓿		甲AaⅡ	三、四期	羧父乙	貞圖上56
2863	7104	牧父丙瓿				牧父丙	
2864	7088	鳥父乙瓿		甲BaⅡ	四期	鳥父乙	西清24.20
2865	7089	係父乙瓿		甲BbⅠ	二期	係父乙	
2866	7090	ꔮ父乙瓿				ꔮ父乙	

編號	著録號	器名	出土地	型式	期別	銘文	器形來源
2867	7091	豕父乙觚				豕父乙	
2868	7092	䕫父乙觚		甲Aa II	四期	䕫父乙	夢鄣續27
2869	7093	䕫父乙觚				䕫父乙	
2870	7094	䕫父乙觚		甲Aa II	三、四期	䕫父乙	西清23.21
2871	7109	䕫父丁觚				䕫父丁	
2872	7121	䕫父戊觚				䕫父戊	
2873	7137	䕫父庚觚				䕫父庚	
2874	7140	䕫父辛觚				䕫父辛	
2875	7095	黿父乙觚				黿父乙	
2876	7096	黿父乙觚				黿父乙	
2877	7097	亞父乙觚		甲Bb II	四期	亞父乙	博古15.28
2878	7126	亞父己觚				亞父己	
2879	7098	𠂤父乙觚		甲Ba II	四期	𠂤父乙	西清23.37
2880	7129	𠂤父己觚		甲Aa II	三、四期	𠂤父己	武英137
2881	7099	孟父乙觚		甲Aa II	四期	孟父乙	善齋5.25
2882	7223	虓父乙觚		甲Aa II	四期	虓父乙	圖集09739
2883	E678	埶父乙觚		甲Bc	四期	埶父乙	
2884	7106	史父丁觚		甲Bb I	二期	史父丁	故青34
2885	J747	史母癸觚	山東泗水縣張莊公社	甲Ab	四期	史母癸	
2886	7107	文父丁觚				文父丁	
2887	7118	鳶父丁觚		甲Bb I	二期	鳶父丁	貞圖上57
2888	7122	臽父戊觚				臽父戊	
2889	7123	奴父戊觚				奴父戊	
2890	7131	奴父己觚		甲Aa II	三、四期	奴父己	善齋5.17
2891	7127	𡨄父己觚				𡨄父己	
2892	E661	舌父觚		甲Aa I	二期	舌父	
2893	7132	舌父己觚		甲Aa I	二期	舌父己	冠斝中12
2894	7133	嬰父己觚				嬰父己	
2895	7134	雔父己觚		甲Bb II	四期	雔父己	枂林18

編號	著錄號	器名	出土地	型式	期別	銘文	器形來源
2896	7136	羊父己瓿		甲AaⅠ	二期	羊父己	美集A459
2897	7141	英父辛瓿	河南安陽（傳）	甲AaⅡ	四期	英父辛	鄴三上44
2898	7142	竝父辛瓿				竝父辛	
2899	7144	癸父辛瓿		甲AaⅡ	三期	癸父辛	善齋5.31
2900	7146	枕父辛瓿		甲Bc	四期	枕父辛	綜覽瓿200
2901	7150	枕父辛瓿		甲BbⅠ	四期	枕父辛	美集A515
2902	7147	弔父辛瓿		甲BbⅠ	四期	弔父辛	西清24.6
2903	7151	串父辛瓿		甲AaⅡ	四期	串父辛	兩罍2.4
2904	7152	啓父辛瓿		甲AaⅡ	三、四期	啓父辛	綜覽瓿144
2905	7154	隻父癸瓿				隻父癸	
2906	7156	个父癸瓿				个父癸	
2907	7159	乀父癸瓿				乀父癸	
2908	J742	息父乙瓿	河南羅山縣後李村M44：11	甲Bc	四期	息父乙	
2909	E676	息父己瓿	河南安陽劉家莊南M63：4	甲AaⅡ	四期	息父己	
2910	J743	卩父戊瓿		甲AaⅠ	二期	卩父戊	
2911	J745	柬父壬瓿		甲AaⅡ	三期	柬父壬	
2912	J746	大父癸瓿		甲BbⅠ	三期	大父癸	
2913	7236	舟父丁瓿		甲AaⅠ	二期	舟父丁	綜覽瓿64
2914	7238	南父戊瓿		甲AaⅠ	二期	南父戊	圖集09755
2915	E679	雁父丁瓿	山東滕州官橋鎮前掌大村商周墓地M9：13	甲BbⅠ	四期	雁父丁	
2916	7161	舌兽戊瓿	河南安陽（傳）	甲AaⅡ	四期	舌兽戊	鄴二上22
2917	7162	鄉宁己瓿		甲BbⅡ	四期	鄉宁己	貞圖上55
2918	7163	鄉宁辛瓿	河南安陽（傳）	甲BbⅠ	二期	鄉宁辛	鄴三上41
2919	7164	甲母合瓿	河南安陽（傳）	甲AaⅡ	四期	甲母合	圖集09633
2920	7165	甲母合瓿	陝西鳳翔縣董家莊	甲AaⅡ	四期	甲母合	陝銅3.186
2921	7166	魚母乙瓿		甲AaⅡ	四期	魚母乙	圖集09634
2922	7167	弓亯冊瓿		甲Bc	四期	弓亯冊	美集A513

編號	著錄號	器名	出土地	型式	期別	銘文	器形來源
2923	7168	⻊肓冊瓿		甲Bc	四期	⻊肓冊	美集A514
2924	7169	⻊肓冊瓿			四期	⻊肓冊	
2925	7170	⻊肓冊瓿			四期	⻊肓冊	
2926	E665	肓冊瓿		甲AaⅡ	四期	肓冊	
2927	7173	子蝠炯瓿		甲AaⅡ	四期	子蝠炯	西清24.15
2928	7174	子蝠炯瓿		甲AaⅡ	四期	子蝠炯	西清24.16
2929	7175	子眉▲瓿				子眉▲	
2930	7176	允冊丁瓿				允冊丁	
2931	7177	幾廯冊瓿				幾廯冊	
2932	7178	亞夲爾瓿				亞夲爾	
2933	7179	亞卩犬瓿		甲AaⅠ	二期	亞卩犬	博古15.35
2934	7180	蒜亞次瓿		甲AaⅡ	四期	蒜亞次	綜覽瓿115
2935	7181	亞木守瓿		甲AaⅡ	二期	亞木守	美集A481
2936	7182	亞丁孔瓿				亞丁孔	
2937	7183	亞糞乙瓿				亞糞乙	
2938	7184	亞高亢瓿				亞高亢	
2939	J748	亞豕馬瓿		甲AaⅠ	二期	亞豕馬	
2940	J750	亞干示瓿		甲AaⅠ	二期	亞干示	
2941	7187	◆衛自瓿				◆衛自	
2942	7188	◇箙舉瓿	河南安陽（傳）	乙Ⅰ	三期	◇箙舉	全集2.128
2943	7189	弓丁囲瓿	浙江安吉縣周家灣	甲AaⅡ	三、四期	弓丁囲	文物1986年2期
2944	7190	弓丁囲瓿	浙江安吉縣周家灣			弓丁囲	文物1986年2期
2945	7191	南單蕣瓿		甲AaⅡ	四期	南單蕣	遺珠27
2946	7192	西單光瓿				西單光	
2947	7193	西單己瓿		甲AaⅡ	三、四期	西單己	善齋5.19
2948	7194	西單𠃟瓿				西單𠃟	
2949	7195	北單戈瓿	河南安陽武官村	甲BbⅠ	二期	北單戈	河南1.273
2950	7203	冬臣單瓿	河南安陽	甲BaⅠ	四期	冬臣單	嚴窟上54
2951	7202	耒瓿		甲AaⅠ	二期	𡿺𡇁耒	綜覽瓿69

編號	著錄號	器名	出土地	型式	期別	銘文	器形來源
2952	7211	祖丁父乙觚		甲Bb II	四期	祖丁父乙	西清24.13
2953	7212	祖丁父乙觚				祖丁父乙	
2954	7213	黿獻祖丁觚				黿獻祖丁	
2955	7214	木戉祖戉觚		甲Aa I	二期	木戉祖戉	善齋5.41
2956	7215	大中祖己觚	河南安陽殷墟西區M1080：3	甲Bc	四期	大中祖己	全集2.118
2957	7216	𠂤祖辛觚		甲Aa II	二期	𠂤祖辛	西清23.23
2958	7218	弔龜祖癸觚		甲Bb I	四期	弔龜祖癸	美集A507
2959	7220	汝子姃丁觚		甲Bc	四期	汝子姃丁	嚴窟上19
2960	7221	卷父甲觚	河南安陽殷墟西區M1572：1	甲Aa II	四期	卷父日甲	全集2.115
2961	7222	爺冊父甲觚				爺冊父甲	
2962	7224	疋冊父乙觚				疋冊父乙	
2963	7226	丩盾父乙觚				丩盾父乙	
2964	7265	丩盾父乙觚				丩盾作父乙	
2965	J752	八盾父庚觚		甲Aa II	四期	八盾父庚	
2966	7227	麖冊父乙觚				麖冊父乙	
2967	7228	亞鷹父丁觚				亞鷹父丁	
2968	7248	亞宁父癸觚				亞宁父癸	寧壽10.21
2969	7230	亞醜父丁觚		甲Bc	四期	亞醜父丁	懷米上15
2970	7231	亞獏父丁觚	河南安陽	甲Bb I	四期	亞獏父丁	嚴窟上51
2971	7239	亞古父己觚	河南安陽（傳）	甲Bc	四期	亞古父己	鄴三上42
2972	7233	力冊父丁觚		甲Aa II	二期	力冊父丁	美集A475
2973	7237	𠂤戔父丁觚		甲Aa II	四期	𠂤戔父丁	美集A482
2974	7240	天冊父己觚	河南安陽殷墟西區M856：1	甲Ab	四期	天冊父己	全集2.116
2975	7242	蠱辰父己觚	河南安陽郊區	甲Bc	四期	蠱辰父己	全集3.105
2976	7244	戉未父己觚		甲Bc	四期	戉未父己	寧壽10.13
2977	7247	冊父辛叟觚		甲Aa II	三、四期	冊父辛叟	寧壽10.25

續表

編號	著録號	器名	出土地	型式	期別	銘文	器形來源
2978	7269	叕冊父辛曳瓿		甲AaⅡ	三、四期	叕冊父辛曳	西清23.40
2979	7249	夆葡父癸瓿		甲AaⅡ	三、四期	夆葡父癸	綜覽瓿143
2980	7250	何父癸疾瓿		甲BbⅡ	三、四期	何父癸疾	綜覽瓿58
2981	7251	何父癸疾瓿		甲BbⅡ	三、四期	何父癸疾	綜覽瓿58
2982	J751	兮建父丁瓿		甲AaⅡ	四期	兮建父丁	
2983	J753	𠂤冊父庚瓿		甲AaⅡ	四期	𠂤冊父庚	
2984	E682	車徙父乙瓿		甲AaⅡ	四期	車徙父乙	
2985	7253	亳戈冊乙瓿				亳戈冊乙	
2986	7262	亳戈冊父乙瓿				亳戈冊父乙	
2987	7254	耴遟婦𤰔瓿		甲Bc	四期	耴遟婦𤰔	綜覽瓿137
2988	7229	子刀父丁瓿		甲Bc	四期	子刀父丁	博古15.23
2989	7255	子糸▲刀瓿				子糸▲刀	
2990	7256	子▲木冊瓿				子▲木冊	
2991	7260	作耤從彝瓿				作耤從彝	
2992	E683	曾方施瓿	山東滕州官橋鎮前掌大村商周墓地M127：1	甲AaⅡ	四期	曾方施	
2993	E684	母嫥日辛瓿		甲AaⅡ	四期	母嫥日辛	
2994	7263	庚豕馬父乙瓿	河南安陽殷墟M1：19	甲BbⅡ	四期	庚豕馬父乙	殷銅236
2995	7264	髟莫父乙瓿		甲AaⅡ	四期	亞髟莫父乙	善圖145
2996	7271	亞登兄日庚瓿		甲BbⅠ	四期	亞登兄日庚	西清24.4
2997	7277	亞禽示辛瓿				亞禽示辛	
2998	7266	𧊸冊父庚疋瓿		甲AaⅠ	二、三期	𧊸冊父庚疋	冠斝中13
2999	E685	宋婦瓿	山東滕州官橋鎮前掌大村商周墓地M110：2	甲BbⅡ	四期	宋婦彝。史	

編號	著錄號	器名	出土地	型式	期別	銘文	器形來源
3000	7281	秉父庚觚	河南安陽大司空村M646：12			秉以父庚宗尊	
3001	7282	秉父庚觚	河南安陽大司空村M646：13			秉以父庚宗尊	
3002	J756	子不觚		甲AaⅡ	四期	子蝠砢不祖癸	
3003	7287	婦鵃觚				婦鵃作彝亞觶	
3004	7303	又羖父癸觚		甲BbⅠ	二、三期	又羖父癸朕母	綜覽觚48
3005	7293	亞矣父丁觚		甲AaⅡ	四期	亞矣宎父丁孤竹	中原1998年2期
3006	7288	亞巔觚		甲Bc	四期	亞巔母甲母辛尊彝	西清24.22
3007	J757	無壽觚	山東桓臺縣田庄公社史家大隊	甲Bc	四期	戍宎無壽作祖戊彝	
3008	7302	其說觚			四期	亞或其說作父己彝萊	
3009	7306	羌濿向觚	河南安陽殷墟西區M216：1	甲AaⅡ	四期	亞□羌濿向作尊彝	河南1.208
3010	7307	賏作父丁觚				亞巔賏作父丁寶尊彝	
3011	7308	亞若癸觚			四期	亞受丁旅乙若癸自乙	
3012	7309	亞若癸觚		乙Ⅱ	四期	亞受丁旅乙若癸自乙	西清23.26
3013	7311	鼻婟觚	河南輝縣	甲BbⅡ	四期	鼻婟賜賞貝于婟，用作父乙彝。	綜覽觚126
3014	7312	麇婦觚		甲BbⅠ	四期	甲午，麇婦賜貝于娏，用作辟日乙尊彝。叺	長安1.31

爵

編號	著錄號	器名	出土地	型式	期別	銘文	器形來源
3015	7313	子爵		AaⅢ	四期	子	善齋6.1
3016	7314	子爵	陝西寶雞（傳）	AaⅢ	四期	子	故青6
3017	7315	子爵	河南安陽西區M856：2	AbⅡ	四期	子	殷銅211
3018	7316	子爵				子	
3019	7317	子爵				子	
3020	7318	子爵		AbⅠ	二、三期	子	圖集06671
3021	J780	子爵		AbⅠ	二期	子	
3022	J781	子爵	山東滕州級索鎮	AaⅢ	四期	子	
3023	E710	子爵		AaⅠ	二期	子	
3024	J782	囝爵		AbⅡ	四期	囝	
3025	7322	𢂷爵				𢂷	
3026	7323	𤰞爵	河南安陽殷墟西區M692：10	AaⅠ	二期	𤰞	河南1.227
3027	7324	天爵	山西靈石縣旌介村M1：6	AaⅢ	四期	天	旌介圖199
3028	7325	天爵				天	
3029	7326	天爵				天	
3030	E709	大爵		AaⅢ	四期	大	
3031	7329	𡗠爵				𡗠	
3032	7330	𡗠爵				𡗠	
3033	7331	兴爵	山東長清縣興復河	AaⅢ	四期	兴	文物1964年4期
3034	7332	兴爵				兴	
3035	7333	兴爵				兴	
3036	7334	奚爵				奚	
3037	7335	奚爵				奚	
3038	7336	亢爵		AaⅢ	四期	亢	圖集06753
3039	7337	屰爵				屰	
3040	7338	屰爵		AbⅠ	二、三期	屰	綜覽爵102
3041	7339	逆爵				逆	
3042	7342	𠂤爵				𠂤	

編號	著錄號	器名	出土地	型式	期別	銘文	器形來源
3043	7343	㐱爵				㐱	
3044	7344	夒爵				夒	
3045	7345	𢀖爵		Ab II	三、四期	𢀖	陶齋3.23
3046	7346	𦏡爵		Ab II	三、四期	𦏡	博古14.33
3047	E721	先爵		Ba II	二期	先	
3048	7347	失爵				失	
3049	7348	失爵		Aa III	四期	失	圖集06826
3050	7349	失爵		Aa I	二期	失	圖集06827
3051	7350	失爵				失	
3052	7351	失爵				失	
3053	7352	失爵				失	
3054	7354	光爵	河南安陽			光	
3055	7357	見爵				見	
3056	7358	見爵		Ab I	二期	見	綜覽爵52
3057	7359	卩爵		Aa III	四期	卩	冠斝中19
3058	7360	令爵				令	
3059	8183	令爵				令	
3060	7361	印爵	陝西綏德縣後王家溝	Ab I	二期	印	陝銅1.94
3061	7362	卷爵				卷	
3062	7363	卷爵				卷	
3063	7364	𢀖爵	河南安陽殷墟西區	Aa I	二期	𢀖	殷銅184
3064	7365	重爵				重	
3065	7366	重爵				重	
3066	7367	重爵				重	
3067	7368	𣂪爵				𣂪	
3068	7369	給爵				給	
3069	7370	何爵	河南安陽郭家灣北地（傳）	Aa II	三、四期	何	圖集06568
3070	7371	何爵				何	
3071	7372	何爵				何	

續表

編號	著録號	器名	出土地	型式	期别	銘文	器形來源
3072	7373	匿爵				匿	
3073	7374	匿爵				匿	
3074	7375	匿爵				匿	
3075	7376	匿爵				匿	
3076	7377	匿爵				匿	
3077	7378	克爵				克	
3078	7379	克爵		AbⅡ	三期	克	貞圖中16
3079	7380	克爵		AbⅡ	三期	克	中原1985年1期
3080	7381	⿰皿卂爵				⿰皿卂	
3081	7382	⿱吅子爵				⿱吅子	
3082	7383	⿱吅⿰子丨爵				⿱吅⿰子丨	
3083	J846	舟伊爵	陝西長安縣灃西鄉馬王村	AbⅡ	商末周初	舟伊	
3084	7384	倗爵				倗	
3085	J847	僻爵		AaⅠ	二期	僻	
3086	J848	僻爵		AbⅡ	三、四期	僻	
3087	7385	僻爵				僻	
3088	7386	休爵				休	
3089	7387 J759	弜爵	河南羅山縣天湖村M5：4	AaⅡ	三期	弜	
3090	7388	戎爵	山東蒼山縣東堯村	AbⅡ	三、四期	戎	文物1965年7期
3091	7389	飲爵				飲	
3092	7390	役爵				役	
3093	7391	⿱夂大爵				⿱夂大	
3094	7392	⿱夂大爵				⿱夂大	
3095	7393	⿱夂大爵				⿱夂大	
3096	7394	⿱夂大爵				⿱夂大	
3097	7395	⿱夂大爵				⿱夂大	
3098	7396	⿱夂大爵				⿱夂大	
3099	7397	⿱夂大爵		AaⅠ	二期	⿱夂大	美集A350

編號	著録號	器名	出土地	型式	期別	銘文	器形來源
3100	7398	伐爵				伐	
3101	7399	𣂪爵				𣂪	
3102	7400	執爵	河南安陽（傳）	AaⅠ	二、三期	執	鄴二上27
3103	7465	執爵		AbⅡ	三、四期	執	美集A370
3104	7401	立爵				立	
3105	7402	北爵		AaⅠ	二、三期	北	圖集06790
3106	7403	比爵				比	
3107	7404	保爵	山東鄒縣	AaⅢ	四期	保	文物1972年5期
3108	7406	保爵				保	
3109	7405	扶爵				扶	
3110	7407	𠦁爵				𠦁	
3111	7408	鄉爵				鄉	
3112	7409	母爵	河南安陽侯家莊M1795			母	綜覽爵93
3113	7410	母爵	河南安陽侯家莊M1795			母	綜覽爵90
3114	7411	母爵	河南安陽殷墟M5：1579	AaⅠ	二期	母	殷銅38
3115	7412	母爵				母	
3116	7416	媓爵				媓	
3117	7417	媓爵				媓	
3118	7413	媚爵		BaⅢ	二、三期	媚	綜覽爵42
3119	7414	�爵				�	
3120	7415	�爵		AaⅢ	四期	�	陶齋3.24
3121	7418	萁爵				萁	
3122	7419	萁爵				萁	
3123	7420	萁爵			商末周初	萁	
3124	7421	𤞤爵		AaⅡ	三、四期	𤞤	善齋6.3
3125	7422	旗爵				旗	
3126	7423	旗爵	河南安陽	AaⅡ	三、四期	旗	嚴窟上38
3127	7424	夆旅爵				夆旅	
3128	7425	旅爵		AbⅡ	四期	旅	善齋6.4

編號	著録號	器名	出土地	型式	期別	銘文	器形來源
3129	7426	旅爵		Aa I	二期	旅	全集3.22
3130	7427	旅爵				旅	
3131	E718	旅爵		Aa III	四期	旅	
3132	J765	飆爵		Aa I	二期	飆	
3133	J866	飆爵	河南安陽郭家莊東南M26：18	Aa I	二期	飆	
3134	J867	飆爵	河南安陽郭家莊東南M26：19	Ab I	二期	飆	
3135	7428	黿爵				黿	
3136	7429	豕爵				豕	
3137	7430	豕爵				豕	
3138	7431	豕爵				豕	
3139	7432	李爵		Aa II	三、四期	李	十二賈20
3140	7433	李爵		Aa II	三、四期	李	十二賈18
3141	7434	𡥉爵				𡥉	
3142	7435	又爵				又	
3143	E712	又爵		Aa I	二期	又	
3144	7436	敇爵				敇	
3145	7437	守爵	河北藁城縣前西關	Aa III	四期	守	叢刊1輯
3146	7438	守爵		Aa III	四期	守	文物1985年8期
3147	7439	得爵				得	
3148	7440	聿爵				聿	
3149	7441	聿爵				聿	
3150	7442	聿爵				聿	
3151	7443	聿爵				聿	
3152	7444	聿爵				聿	
3153	7445	史爵				史	
3154	7446	史爵				史	
3155	7447	史爵				史	

續表

編號	著録號	器名	出土地	型式	期別	銘文	器形來源
3156	7448	史爵			商末周初	史	
3157	7449	史爵				史	
3158	7450	史爵				史	
3159	8193	史爵				史	
3160	J783	史爵		AbⅡ	四期	史	
3161	E707	史爵		AaⅡ	三、四期	史	
3162	E708	史爵	山東鄒城北宿鎮西丁村M1：1	AaⅢ	四期	史	
3163	E695	史爵	山東滕州官橋鎮前掌大村商周墓地M213：77	AaⅢ	四期	史	
3164	E696	史爵	山東滕州官橋鎮前掌大村商周墓地M129：2	AaⅢ	四期	史	
3165	E697	史爵	山東滕州官橋鎮前掌大村商周墓地M38：58	AaⅢ	四期	史	
3166	E698	史爵	山東滕州官橋鎮前掌大村商周墓地M38：62	AaⅢ	四期	史	
3167	E699	史爵	山東滕州官橋鎮前掌大村商周墓地M17：1	AaⅢ	四期	史	
3168	E700	史爵	山東滕州官橋鎮前掌大村商周墓地M120：15	AaⅢ	四期	史	
3169	E701	史爵	山東滕州官橋鎮前掌大村商周墓地M120：17	AaⅢ	四期	史	
3170	E702	史爵	山東滕州官橋鎮前掌大村商周墓地M11：98	AbⅡ	四期	史	
3171	E703	史爵	山東滕州官橋鎮前掌大村商周墓地M11：108	AaⅢ	四期	史	
3172	E704	史爵	山東滕州官橋鎮前掌大村商周墓地M11：104	AaⅢ	四期	史	
3173	E705	史爵	山東滕州官橋鎮前掌大村商周墓地M11：102	AaⅢ	四期	史	
3174	E706	史爵	山東滕州官橋鎮前掌大村商周墓地M18：29	AaⅢ	四期	史	

編號	著錄號	器名	出土地	型式	期別	銘文	器形來源
3175	E711	鼻爵	山東滕州官橋鎮前掌大村商周墓地M49：4	AbⅡ	四期	鼻	
3176	7451	奴爵				奴	
3177	7452	奴爵				奴	
3178	7453	Ｖ爵		BaⅡ	二期	Ｖ	綜覽爵163
3179	7454	抹爵				抹	
3180	7455	启爵	河北磁縣下七垣	AaⅡ	三、四期	启	河北73
3181	7456	㕭爵		AaⅠ	二期	㕭	西甲11.4
3182	7457	㕭爵		AaⅠ	二期	㕭	圖集06488
3183	7458	ㅿㅿ爵				ㅿㅿ	
3184	7459	爰爵				爰	
3185	E689	爰爵	河南安陽戚家莊東M269：9	AaⅡ	三期	爰	
3186	E690	爰爵	河南安陽戚家莊東M269：12	AaⅡ	三期	爰	
3187	7460	受爵				受	
3188	7461	興爵	河南安陽			興	
3189	7462	興爵		AaⅠ	二期	興	善齋6.15
3190	7463	興爵				興	
3191	7464	興爵		AbⅠ	二期	興	美集A371
3192	7467	͏爵				͏	
3193	7468	畁爵				畁	
3194	7469	͏爵				͏	
3195	7470	止爵				止？	
3196	7471	沚爵	河南安陽（傳）	AbⅠ	二期	沚	鄴初上26
3197	7472	沚爵	河南濬縣	AbⅠ	二期	沚	綜覽爵62
3198	7473	步爵				步	
3199	7474	步爵		AbⅠ	二期	步	善齋6.5
3200	7475	徙爵	河南溫縣小南張村	AbⅠ	二期	徙	河南1.341

編號	著録號	器名	出土地	型式	期別	銘文	器形來源
3201	7476	亞爵	河南安陽大司空村M304：6	AaⅡ	三期	亞	河南1.310
3202	7478	登爵				登	
3203	7479	𠂤爵				𠂤	
3204	7480	正爵				正	
3205	7481	正爵				正	
3206	7482	正爵				正	
3207	7484	正爵		AbⅠ	二、三期	正	綜覽爵97
3208	7485	踵爵	河南安陽侯家莊M1768	AbⅠ	二期	踵	綜覽爵112
3209	7486	踵爵	河南安陽侯家莊M1769	AbⅠ	二期	踵	圖集06499
3210	7487	踵爵				踵	
3211	7488	踵爵		AbⅠ	二期	踵	圖集06500
3212	7489	踵爵				踵	
3213	E717	址爵		AbⅠ	二期	址	
3214	7490	蟲爵				蟲	
3215	7491	蟲爵				蟲	
3216	7492	蟲爵		AbⅠ	二期	蟲	十二式14
3217	7493	目爵			商末周初	目	
3218	7495	匿爵			商末周初	匿	
3219	7496	嬰爵			商末周初	嬰	
3220	7497	嬰爵				嬰	
3221	7498	嬰爵	河南安陽M2：1	AbⅠ	二期	嬰	河南1.318
3222	E713	嬰爵		AaⅠ	二期	嬰	
3223	7500	聚爵				聚	
3224	7501	舌爵	河南安陽	AaⅠ	二、三期	舌	鄴二上28
3225	7502	舌爵		AbⅠ	二、三期	舌	綜覽爵105
3226	7503	舌爵				舌	
3227	7504	舌爵				舌	
3228	7505	耳爵				耳	

續表

編號	著録號	器名	出土地	型式	期別	銘文	器形來源
3229	7506	恩爵			商末周初	恩	
3230	7507	恩爵	河南洛陽	AaⅡ	三期	恩	嚴窟上29
3231	7508	虎爵		AbⅡ	四期	虎	綜覽爵67
3232	7509	象爵				象	
3233	J771	象爵	河南安陽薛家莊M3：27	AbⅠ	二期	象	
3234	E716	象爵		AaⅡ	三期	象	
3235	7510	羊爵				羊	
3236	7511	羊爵				羊	
3237	7512	羊爵				羊	
3238	7513	羊爵		AbⅠ	二期	羊	圖集06509
3239	7514	羍爵				羍	
3240	7515	羍爵	河南安陽大司空村M539：24	AbⅠ	二期	羍	全集3.6
3241	7516	牢爵	河南安陽（傳）	AbⅠ	二期	牢	鄴二上25
3242	7517	豕爵				豕	
3243	7518	豕爵				豕	
3244	7519	豕爵				豕	
3245	7520	豕爵				豕	
3246	7521	𡘺爵		AaⅡ	三、四期	𡘺	冠斝中24
3247	7522	𡘺爵				𡘺	
3248	7523	𡗻爵				𡗻	
3249	7524	犬爵				犬	
3250	7525	犬爵				犬	
3251	7526	犬爵	河南安陽（傳）			犬	
3252	7527	剢爵		AbⅠ	二期	剢	貞圖中15
3253	7528	剢爵		AaⅠ	二期	剢	月刊總118期
3254	7529	家爵		AaⅡ	三、四期	家	青研093
3255	7530	毚爵				毚	
3256	7531	彙爵				彙	

編號	著録號	器名	出土地	型式	期別	銘文	器形來源
3257	8284	橐爵	河南安陽殷墟M5：667	Aa I	二期	橐	殷銅136
3258	8285	橐爵	河南安陽殷墟M5：668	Aa I	二期	橐	河南1.165
3259	8286	橐爵	河南安陽殷墟M5：665	Aa I	二期	橐	河南1.164
3260	8287	橐爵	河南安陽殷墟M5：659		二期	橐	
3261	8288	橐爵	河南安陽殷墟M5：660		二期	橐	
3262	8289	橐爵	河南安陽殷墟M5：663		二期	橐	
3263	8290	橐爵	河南安陽殷墟M5：666		二期	橐	
3264	8291	橐爵	河南安陽殷墟M5：669		二期	橐	
3265	8292	橐爵	河南安陽殷墟M5		二期	橐	
3266	7532	龍爵				龍	
3267	7535	龜爵	河南安陽	Ab I	二期	龜	嚴窟上48
3268	7536	黿爵				黿	
3269	7537	魚爵				魚	
3270	7538	魚爵	陝西鳳翔縣董家莊	Aa III	四期	魚	陝銅3.187
3271	7539	魚爵				魚	
3272	7540	魚爵				魚	
3273	7541	魚爵		Ab II	四期	魚	北圖200
3274	7542	魚爵				魚	
3275	7544	魚爵				魚	
3276	7546	鼻爵		Aa II	三、四期	鼻	圖集06489
3277	7547	鼻爵				鼻	
3278	7548	鼻爵		Aa II	三、四期	鼻	圖集06490
3280	7550	萬爵		Aa II	三、四期	萬	綜覽爵157
3281	7551	萬爵		Ab I	二期	萬	冠斝中18
3282	7552	萬爵				萬	
3283	7553	萬爵				萬	
3284	7554	巳爵		Aa II	三、四期	巳	陶續2.9
3285	7555	虫爵				虫	
3286	7556	弔爵				弔	

編號	著録號	器名	出土地	型式	期別	銘文	器形來源
3287	7557	弔爵				弔	
3288	7558	弔爵				弔	
3289	7559	弔爵		AaⅢ	四期	弔	柊林24
3290	7560	弔爵		AaⅢ	四期	弔	冠斝中17
3291	7561	弔爵		AaⅢ	四期	弔	冠斝中16
3292	7562	弔爵				弔	
3293	7563	爵	河南安陽武官村	AaⅠ	二期		河南1.268
3294	7564	爵	河南安陽武官村	AaⅠ	二期		河南1.269
3295	7565	角					圖集08704
3296	7566	爵					
3297	7567	爵					
3298	7568	脊爵				脊	
3299	7569	鳥爵				鳥	
3300	7570	鳥爵		AbⅠ	二、三期	鳥	貞圖中14
3301	7571	鳥爵				鳥	
3302	7572	鳥爵			三、四期	鳥	
3303	7573	鳶爵	河南安陽（傳）	AaⅠ	二、三期	鳶	鄴三上46
3304	7574	鳶爵	河南安陽（傳）	AaⅠ	二期	鳶	鄴三上47
3305	7575	冊爵		AaⅢ	四期	冊	泉博45
3306	7576	冊爵		AbⅠ	二期	冊	美集A364
3307	7579	告爵				告	
3308	7580	爵					
3309	7581	爵					
3310	7582	爵					
3311	7583	爵					
3312	7584	爵		AaⅡ	三、四期		冠斝中15
3313	7585	爵					
3314	7586	爵					
3315	7587	爵	河南安陽侯家莊M1400	AaⅠ	二期		綜覽爵46
3316	8216	臺爵				臺	

續表

編號	著録號	器名	出土地	型式	期別	銘文	器形來源
3317	8217	韋爵				韋	
3318	8218	韋爵				韋	
3319	7588	邑爵				邑	
3320	7589	邑爵				邑	
3321	7590	酉爵	陝西耀縣丁家溝	AbⅠ	二期	酉	陝圖18
3322	7591	酉爵	安徽潁上縣趙集王拐村	AbⅠ	二、三期	酉	文物1985年10期
3323	7594	爵					
3324	7595	爵					
3325	7596	爵					
3326	7597	爵					
3327	7598	爵					
3328	7599	爵		AaⅢ	四期		善齋6.6
3329	J796	爵		AbⅡ	四期		
3330	7600	爵		AbⅡ	三、四期		文物1986年8期
3331	7601	爵					
3332	7602	爵					
3333	7603	豆爵		AaⅢ	四期	豆	陶齋3.25
3334	7604	皿爵				皿	
3335	7605	皿爵				皿	
3336	7606	盃爵	河南安陽侯家莊M1550	AbⅠ	二期	盃	圖集06497
3337	7607	盤爵				盤	
3338	7608	爵					
3339	7609	刀爵		AaⅡ	三、四期	刀	圖集06443
3340	7610	刀爵				刀	
3341	7613	紉爵				紉	
3342	7614	紉爵				紉	
3343	7615	戈爵		AbⅡ	四期	戈	北圖198
3344	7616	戈爵				戈	
3345	7617	戈爵				戈	

編號	著録號	器名	出土地	型式	期別	銘文	器形來源
3346	7618	戈爵				戈	
3347	7619	戈爵				戈	
3348	7620	戈爵				戈	
3349	7621	戈爵				戈	
3350	7622	戈爵				戈	
3351	7623	戈爵				戈	
3352	7624	戈爵				戈	
3353	7625	戈爵				戈	
3354	7626	戈爵				戈	
3355	7627	戈爵				戈	
3356	E714	戈爵		AaⅢ	四期	戈	
3357	7638	聝爵				聝	
3358	7639	聝爵		AaⅠ	二期	聝	美集A353
3359	7640	聝爵		AaⅠ	二期	聝	圖集06448
3360	J776	聝爵	河南安陽後崗M21：3	AaⅠ	二期	聝	
3361	7641	咸爵				咸	
3362	7632	寅爵				寅	
3363	7633	矢爵	河南安陽侯家莊M1001	AbⅠ	二期	矢	圖集06614
3364	J779	矢爵	河北武安縣趙窰村M10：4	AaⅠ	二期	矢	
3365	J778	↑爵	河南偃師縣山化鄉忠義村	AaⅠ	二期	↑	
3366	7634	射爵				射	
3367	7635	萄爵				萄	
3368	7636	萄爵				萄	
3369	7637	敕爵				敕	
3370	7642	戉爵		AaⅡ	三、四期	戉	博古14.22
3371	7643	盾爵				盾	
3372	7644	盾爵				盾	
3373	7645	旒爵				旒	

續表

編號	著錄號	器名	出土地	型式	期別	銘文	器形來源
3374	7646	觶爵		AaⅠ	二期	觶	美集A366
3375	7647	觶爵				觶	
3376	7649	早爵				早	
3377	7650	賈爵				賈	
3378	7651	賈爵				賈	
3379	7652	旬爵				旬	
3380	7655	冈爵				冈	
3381	7656	冈爵		AaⅠ	二期	冈	美集A367
3382	7657	冈爵		AbⅡ	三、四期	冈	澂秋45
3383	7658	冈爵	河南安陽殷墟西區M697：8	AbⅡ	四期	冈	河南1.229
3384	7659	冈爵	山西靈石縣旌介村M1：21	AaⅢ	四期	冈	旌介圖199
3385	7660	冈爵	山西靈石縣旌介村M1：42	AbⅡ	四期	冈	旌介圖81
3386	7661	冈爵				冈	
3387	7662	冈爵		AaⅢ	四期	冈	陶齋3.10
3388	7663	冈爵		AaⅠ	二期	冈	鄴三上45
3389	7664	冈爵		AbⅠ	二期	冈	美集A388
3390	7665	冈爵		AaⅢ	四期	冈	文物1983年7期
3391	7666	冈爵				冈	
3392	J799	冈爵		AaⅢ	四期	冈	
3393	J800	冈爵		AaⅢ	四期	冈	
3394	J801	冈爵	山西靈石縣旌介村M2：35	AaⅢ	四期	冈	
3395	J802	冈爵	山西靈石縣旌介村M2：42	AbⅡ	四期	冈	
3396	E720	冈爵		AaⅢ	四期	冈	
3397	7668	甲爵				甲	
3398	7669	庚爵				庚	
3399	7670	廗爵				廗	

編號	著録號	器名	出土地	型式	期別	銘文	器形來源
3400	E722	賸爵		Aa I	三期	賸	
3401	J777	賸爵		Aa I	二期	賸	
3402	7671	辛爵		Aa I	三期	辛	善齋6.12
3403	7672	辛爵				辛	
3404	7673	癸爵				癸	
3405	7674	吳爵	河南安陽殷墟M17：6	Ab I	二期	吳	殷銅165
3406	7675	吳爵	河南安陽侯家莊M1550	Ab I	二期	吳	圖集06725
3407	7676	吳爵		Ab I	二、三期	吳	綜覽爵49
3408	7677	吳爵		Aa I	二期	吳	圖集06727
3409	7678	吳爵		Aa III	四期	吳	西清23.3
3410	7679	吳爵	河北靈壽縣西木佛村			吳	
3411	7680	吳爵				吳	
3412	7681	吳爵		Aa III	四期	吳	梣林22
3413	7683	吳爵				吳	
3414	7684	吳爵				吳	
3415	7685	吳爵				吳	
3416	7688 J798	亼爵		Ab II	三、四期	亼	
3417	7689	亼爵				亼	
3418	7690	亼爵				亼	
3419	7691	亼爵				亼	
3420	7692	亼爵				亼	
3421	E687	亼爵	河南安陽苗圃南地M58：1	Ab I	二期	亼	
3422	E688	亼爵	河南安陽苗圃南地M58：2	Ab I	二期	亼	
3423	7696	血爵				血	
3424	7697	盦爵		Aa III	四期	盦	圖集06901
3425	7699	吏爵		Aa II	三、四期	吏	中原1985年1期
3426	7700	田爵				田	

編號	著録號	器名	出土地	型式	期別	銘文	器形來源
3427	7701	畕爵				畕	
3428	7702	名爵				名	
3429	7703	古爵				古	
3430	7706	口爵				口	
3431	7707	卒爵		AaⅡ	三、四期	卒	博古14.28
3432	7708	卒爵				卒	
3433	7709	睪爵				睪	
3434	7710	襄爵				襄	
3435	7711	襄爵				襄	
3436	7712	襄爵				襄	
3437	7713	乚爵				乚	
3438	7714	串爵				串	
3439	7715	串爵	河南安陽侯家莊M1049	AbⅠ	二期	串	綜覽爵61
3440	7716	中爵	河南安陽侯家莊M1032	AaⅠ	二期	中	圖集06407
3441	7717	⊗爵				⊗	
3442	7720	畲爵				畲	
3443	7221	畲爵				畲	
3444	7722	龠爵		AaⅠ	二期	龠	圖集06833
3445	7724	乁爵		AbⅠ	二期	乁	圖集06825
3446	7725	禾爵		AbⅠ	二期	禾	中原1985年1期
3447	7726	朿爵				朿	
3448	7727	嗇爵				嗇	
3449	7730	耒爵				耒	
3450	7731	屮爵				屮	
3451	7732	屰爵		AbⅡ	三、四期	屰	中原1985年1期
3452	7734	兮爵		AaⅠ	二期	兮	善齋6.17
3453	7735	弜爵				弜	
3454	7736	木爵	河南安陽侯家莊M2020	AbⅠ	二期	木	綜覽爵64
3455	7740	朿爵	河南安陽大司空村M663：54	AbⅠ	二期	朿	殷新29

續表

編號	著録號	器名	出土地	型式	期別	銘文	器形來源
3456	7739 J773	柬爵	河南安陽大司空村 M663：49	Ab Ⅰ	二期	柬	
3457	7741	析爵		Ab Ⅰ	二期	析	中原1985年1期
3458	7742	析爵				析	
3459	7743	文爵		Aa Ⅰ	二、三期	文	綜覽爵147
3460	7744	舟爵				舟	
3461	7745	�爵		Aa Ⅱ	三、四期	�	博古14.35
3462	7746	雫爵	河南安陽	Aa Ⅰ	二期	雫	學報1951年5册
3463	7747	◇爵				◇	
3464	7748	◇爵				◇	
3465	7751	息爵	河南羅山縣蟒張M6：5	Aa Ⅲ	四期	息	學報1986年2期
3466	7752	乙爵				乙	
3467	7753	凹爵				凹	
3468	7754	凹爵				凹	
3469	7755	⌐爵		Ba Ⅰ	中商	⌐	青研031
3470	7759	㸚爵				㸚	
3471	7760	爻爵		Ab Ⅰ	二期	爻	青研091.1
3472	7761	爻爵		Ab Ⅰ	二期	爻	青研091.2
3473	7762	爻爵				爻	
3474	7763	爻爵		Ab Ⅰ	二期	爻	首師30
3475	7764	爻爵	河南安陽殷墟西區 M354：2	Aa Ⅰ	二期	爻	河南1.214
3476	7765	▬爵				▬	
3477	7766	⊗爵				⊗	
3478	7767	罒爵				罒	
3479	7768	罒爵				罒	
3480	7769	⊀爵				⊀	
3481	7770	易爵				易	
3482	7771	中爵				中	

續表

編號	著錄號	器名	出土地	型式	期別	銘文	器形來源
3483	8222	彔爵		AaⅠ	二期	彔	十二賈23
3484	8279	宵爵	河南安陽	AaⅠ	二期	宵	鄴二上30
3485	8821	淳爵				淳	
3486	J760	犹爵		AaⅡ	三期	犹	
3487	J762	及爵				及	
3488	J763	邲爵		AaⅢ	四期	邲	
3489	J764	帚爵		AaⅡ	三期	帚	
3490	J769	涉爵	河南羅山縣天湖村M23：4	AaⅡ	三期	涉	
3491	J772	融爵	山東青州蘇埠屯M8：6	AaⅢ	四期	融	
3492	J774	臺爵	河南安陽梅園莊南地M59：1		四期	臺	
3493	J787	疏爵	河南安陽後崗M9：10	Bb	四期	疏	
3494	J788	疏爵	河南安陽後崗M9：4		四期	疏	
3495	J789	疏爵	河南安陽後崗M9：11	AaⅢ	四期	疏	
3496	J791	𢆶爵		AaⅢ	四期	𢆶	
3497	J793	賈爵	河南羅山縣天湖村M15：3		三期	賈	
3498	J803	⼘爵		AaⅡ	三、四期	⼘	
3499	8215	麝爵				麝	
3500	E691	㫃爵	河南安陽戚家莊東M235：3	AaⅢ	四期	㫃	
3501	E692	㫃爵	河南安陽戚家莊東M235：4	AaⅢ	四期	㫃	
3502	E693	丰爵		AbⅠ	二期	丰	
3503	E694	牧爵		AaⅡ	三期	牧	
3504	E731	毅爵		AaⅡ	三期	毅	
3505	E733	毅爵		AaⅡ	三期	毅	
3506	E726	叙爵	山東大辛莊M72：8	AaⅡ	三期	叙	
3507	E715	聑爵		AaⅠ	二期	聑	
3508	7611	亡終爵		AaⅡ	三、四期	亡終	文物1986年8期

編號	著録號	器名	出土地	型式	期別	銘文	器形來源
3509	7612	亡終爵				亡終	
3510	7704	◆衛爵				◆衛	
3511	7705	◆衛爵				◆衛	
3512	7723	耵囗爵				耵囗	
3513	7772	亞矣爵		AbⅠ	二期	亞矣	貞圖中26
3514	7773	亞矣爵		AbⅠ	二期	亞矣	冠斝中29
3515	7774	亞矣爵				亞矣	
3516	7775	亞矣爵				亞矣	
3517	7776	亞矣爵	河南安陽（傳）	AbⅠ	二期	亞矣	鄴二上26
3518	7777	亞矣爵				亞矣	
3519	7778	亞矣爵				亞矣	
3520	7779	亞矣爵				亞矣	
3521	7780	亞矣爵		AaⅠ	二期	亞矣	貞圖中27
3522	7781	亞矣爵		AaⅠ	二期	亞矣	貞圖中28
3523	J842	亞矣爵		AbⅠ	二期	亞矣	
3524	J827	亞醜爵	山東青州蘇埠屯M7：7	AaⅢ	四期	亞醜	
3525	7783	亞醜爵	山東青州蘇埠屯M1：18		四期	亞醜	
3526	7784	亞醜爵		Bb	四期	亞醜	圖集07065
3527	7785	亞醜爵		Bb	四期	亞醜	圖集07066
3528	7786	亞醜爵		Bb	四期	亞醜	陶續2.11
3529	7787	亞醜爵				亞醜	
3530	7788	亞子爵				亞子	
3531	7789	亞倗爵				亞倗	
3532	7790	亞竹爵				亞竹	
3533	7791	亞竹爵	山西靈石縣旌介村M1：11	AaⅢ	四期	亞竹	旌介圖78
3534	7792	亞竹爵	山西靈石縣旌介村M1	AaⅢ	四期	亞竹	旌介圖76
3535	7795	亞茊爵				亞茊	
3536	7796	亞茊爵		AaⅡ	三、四期	亞茊	綜覽爵78
3537	7798	亞敢爵				亞敢	

編號	著錄號	器名	出土地	型式	期別	銘文	器形來源
3538	7799	亞叀爵				亞叀	
3539	7800	亞盥爵	河南安陽苗圃北地 M172：5	AaⅡ	三期	亞盥	殷銅189
3540	7801	亞牧爵	河南安陽	AbⅠ	二期	亞牧	中原1985年1期
3541	7802	亞豕爵	河南安陽（傳）	AaⅢ	四期	亞豕	通鑒06883
3542	7803	亞犬爵				亞犬	
3543	7804	亞犬爵				亞犬	
3544	7805	亞🐎爵				亞🐎	
3545	7806	亞🐎爵		AbⅠ	二、三期	亞🐎	綜覽爵107
3546	7807	亞馬爵				亞馬	
3547	7808	亞盤爵		AaⅢ	商末周初	亞盤	陶齋1.11
3548	7809	亞鳥爵			二期	亞鳥	
3549	7810	亞雉爵				亞雉	
3550	7811	亞隻爵		AaⅠ	二期	亞隻	圖集07092
3551	7812	亞隻爵	河南安陽（傳）	AaⅠ	二期	亞隻	日精華3.126
3552	7813	亞隻爵		AaⅠ	二期	亞隻	綜覽爵127
3553	8281	亞禽爵		AbⅠ	二、三期	亞禽	杉林23
3554	7814	亞龜爵	"壽張縣梁山"			亞龜	
3555	7815	亞過爵		AaⅢ	四期	亞過	北圖207
3556	7816	亞🐟爵				亞🐟	
3557	7817	亞沚爵				亞沚	
3558	7818	亞沚爵				亞沚	
3559	7819	亞弜爵		AaⅠ	二期	亞弜	美集A359
3560	7820	亞弜爵				亞弜	圖集07099
3561	7821	亞弜爵		AaⅠ	二、三期	亞弜	貞圖中25
3562	7822	亞舟爵				亞舟	
3563	7823	亞舟爵		AbⅠ	二期	亞舟	圖集07101
3564	E738	亞舟爵		AbⅠ	二期	亞舟	
3565	7825	亞冈爵		AaⅠ	二、三期	亞冈	泉博44
3566	7826	亞冈爵				亞冈	

編號	著録號	器名	出土地	型式	期別	銘文	器形來源
3567	7827	亞戈爵		Ab I	二期	亞戈	貞圖中17
3568	7828	亞告爵				亞告	
3569	J828	亞告爵		Aa II	三、四期	亞告	
3570	J829	亞𦥑爵		Aa II	三、四期	亞𦥑	
3571	7829	亞𤉲爵				亞𤉲	
3572	7831	亞𤭯爵			二期	亞𤭯	
3573	7832	亞𤭯爵			二期	亞𤭯	
3574	7833	亞𤭯爵			二期	亞𤭯	
3575	7834	亞𤭯爵		Aa I	二期	亞𤭯	青研092
3576	7835	亞𤭯爵	河南安陽殷墟M5：655	Ba II	二期	亞𤭯	婦好
3577	7836	亞𤭯爵	河南安陽殷墟M5：651		二期	亞𤭯	
3578	7837	亞𤭯爵	河南安陽殷墟M5：679	Ba II	二期	亞𤭯	婦好
3579	7838	亞𤭯爵	河南安陽殷墟M5：684	Ba II	二期	亞𤭯	婦好
3580	7839	亞𤭯爵	河南安陽殷墟M5：682	Ba II	二期	亞𤭯	殷銅54
3581	7840	亞𤭯爵	河南安陽殷墟M5：687	Ba II	二期	亞𤭯	婦好
3582	7841	亞𤭯爵	河南安陽殷墟M5：674	Ba II	二期	亞𤭯	殷銅135
3583	7842	亞𤭯爵	河南安陽殷墟M5		二期	亞𤭯	
3584	7843	亞𤭯爵	河南安陽殷墟M5		二期	亞𤭯	
3585	7844	亞辛爵		Aa II	三、四期	亞辛	圖集07074
3586	E737	亞長爵	河南安陽花園莊東地商墓M54：138	Ba II	二期	亞長	
3587	7845	祖甲爵		Ab I	二期	祖甲	冠斝中30
3588	7846	祖甲爵				祖甲	
3589	7847	祖乙爵		Aa III	四期	祖乙	雙吉上33
3590	7848	祖乙爵				祖乙	
3591	7849	祖乙爵				祖乙	
3592	7852	祖丁爵				祖丁	
3593	7853	祖丁爵		Aa II	三、四期	祖丁	圖集07130
3594	7854	祖戊爵			四期	祖戊	

編號	著錄號	器名	出土地	型式	期別	銘文	器形來源
3595	7855	祖戊爵				祖戊	
3596	7856	祖戊爵			四期	祖戊	
3597	7857	祖己爵				祖己	
3598	7858	祖己爵		AaⅡ	三、四期	祖己	博古14.18
3599	7859	祖庚爵				祖庚	
3600	7860	祖庚爵		AaⅢ	四期	祖庚	考古1985年7期
3601	7861	祖庚爵				祖庚	
3602	7862	祖辛爵	河南安陽殷墟西區 M793：10	AaⅢ	四期	祖辛	殷銅210
3603	7863	祖辛爵				祖辛	
3604	J807	祖辛爵		AaⅡ	三、四期	祖辛	
3605	7868	祖壬爵		AaⅡ	三、四期	祖壬	善齋6.21
3606	7869	祖癸爵		AbⅠ	二、三期	祖癸	圖集07147
3607	7870	祖癸爵		AaⅡ	三、四期	祖癸	貞圖中18
3608	7871	祖癸爵				祖癸	
3609	7874	父甲爵	山東膠縣西庵村	AaⅢ	四期	父甲	文物1977年4期
3610	7875	父甲爵				父甲	
3611	7876	父甲爵				父甲	
3612	7877	父甲爵				父甲	
3613	7880	父乙爵		AbⅡ	四期	父乙	夢郼上49
3614	7881	父乙爵	河南洛陽邙山苗溝			父乙	
3615	7882	父乙爵		AbⅡ	四期	父乙	圖集07176
3616	7883	父乙爵				父乙	
3617	7884	父乙爵				父乙	
3618	7885	父乙爵		AaⅠ	二期	父乙	杉林26
3619	7886	父乙爵				父乙	
3620	7887	父乙爵				父乙	
3621	7888	父乙爵				父乙	
3622	7889	父乙爵				父乙	

續表

編號	著録號	器名	出土地	型式	期別	銘文	器形來源
3623	7890	父乙爵		AaⅡ	三、四期	父乙	博古14.7
3624	7891	父乙爵		AaⅠ	二、三期	父乙	博古14.9
3625	7892	父乙爵		AaⅠ	二期	父乙	博古14.10
3626	7893	父乙爵		AaⅠ	二、三期	父乙	博古14.11
3627	7894	父乙爵		AaⅡ	三、四期	父乙	博古14.12
3628	7895	父乙爵		AaⅠ	二期	父乙	博古14.13
3629	J808	父乙爵	河南羅山縣天湖村M41：6		四期	父乙	
3630	7902	父丁爵		AaⅡ	三、四期	父丁	雙吉上37
3631	7903	父丁爵				父丁	
3632	7904	父丁爵				父丁	
3633	7905	父丁爵				父丁	
3634	7906	父丁爵		AaⅡ	三、四期	父丁	綜覽爵193
3635	7907	父丁爵				父丁	
3636	7909	父丁爵				父丁	
3637	7910	父丁爵				父丁	
3638	7912	父丁爵				父丁	
3639	7915	父丁爵			（或偽）	父丁	
3640	E748	父丁爵	山東滕州官橋鎮前掌大村商周墓地M21：42	AbⅡ	四期	父丁	
3641	7927	父戊爵	河南安陽	AaⅡ	三、四期	父戊	嚴窟上36
3642	7928	父戊爵			三期	父戊	
3643	7929	父戊爵			四期（或偽）	父戊	
3644	7932	父己爵				父己	
3645	7933	父己爵				父己	
3646	7934	父己爵				父己	
3647	7935	父己爵				父己	
3648	7937	父己爵		AaⅢ	四期	父己	善齋6.28
3649	7938	父己爵				父己	

編號	著錄號	器名	出土地	型式	期別	銘文	器形來源
3650	7942	父己爵		AaⅡ	三、四期	父己	陝圖111
3651	7948	父庚爵				父庚	
3652	7952	父辛爵				父辛	
3653	7953	父辛爵	河南武陟縣龍睡村	AaⅡ	三、四期	父辛	中原1984年4期
3654	7954	父辛爵		AaⅡ	三、四期	父辛	綜覽爵231
3655	7955	父辛爵		AaⅡ	三、四期	父辛	二百1.11
3656	7956	父辛爵				父辛	
3657	7957	父辛爵				父辛	
3658	7959	父辛爵		AaⅡ	三、四期	父辛	陝圖110
3659	7962	父辛爵				父辛	
3660	7963	父辛爵				父辛	
3661	7971	父壬爵				父壬	
3662	7972	父壬爵				父壬	
3663	7973	父壬爵		AaⅠ	二期	父壬	博古14.30
3664	7466	父壬爵	河南安陽侯家莊M2006	AbⅠ	二期	父壬	圖集07246
3665	7976	父癸爵				父癸	
3666	7977	父癸爵				父癸	
3667	7978	父癸爵		AbⅡ	三、四期	父癸	恒軒77
3668	7979	父癸爵		AaⅠ	二、三期	父癸	善齋6.31
3669	7980	父癸爵				父癸	
3670	7981	父癸爵		AaⅠ	二期	父癸	貞圖中21
3671	E745	□父爵	河南臨汝縣小屯公社張莊村	AaⅢ	四期	□父	
3672	J814	母乙爵	山東泗水縣張莊公社		四期	母乙	
3673	7992	母己爵	河南安陽後崗祭祀坑H10：7	AaⅢ	四期	母己	殷銅240
3674	7993	母己爵				母己	
3675	J815	母癸爵	山東泗水縣張莊公社		四期	母癸	
3676	7998	姒癸爵				姒癸	
3677	7999	示甲爵		AaⅠ	二期	示甲	貞圖中22

續表

編號	著錄號	器名	出土地	型式	期別	銘文	器形來源
3678	8047	主庚爵				主庚	
3679	8000	虫甲爵		AaⅢ	四期	虫甲	泉博43
3680	8001	屮甲爵	河南安陽（傳）	AaⅠ	二期	屮甲	鄴三上48
3681	8002	執甲爵				執甲	
3682	8003	癸乙爵				癸乙	
3683	8004	何乙爵				何乙	
3684	8005	𡚿乙爵				𡚿乙	
3685	8006	𡚿乙爵				𡚿乙	
3686	8041	𡚿己爵				𡚿乙	
3687	8007	𡗗乙爵				𡗗乙	
3688	8008	𡗗乙爵				𡗗乙	
3689	8009	𡗗乙爵				𡗗乙	
3690	J817	𡗗乙爵		AaⅡ	三、四期	𡗗乙	
3691	E727	𡗗乙爵		AaⅡ	三、四期	𡗗乙	
3692	E728	𡗗乙爵		AaⅡ	三、四期	𡗗乙	
3693	8015	𡗗丙爵				𡗗丙	
3694	8019	𡗗丁爵				𡗗丁	
3695	8020	𡗗丁爵				𡗗丁	
3696	8021	𡗗丁爵				𡗗丁	
3697	8022	𡗗丁爵				𡗗丁	
3698	8023	𡗗丁爵				𡗗丁	
3699	8024	𡗗丁爵				𡗗丁	
3700	8262	𡗗戊爵			二期	𡗗戊	
3701	8040	𡗗己爵		AaⅡ	三、四期	𡗗己	善齋6.41
3702	8056	𡗗辛爵				𡗗辛	
3703	8057	𡗗辛爵				𡗗辛	
3704	8061	𡗗癸爵				𡗗癸	
3705	8062	𡗗癸爵				𡗗癸	
3706	8011	廾乙爵				廾乙	

編號	著録號	器名	出土地	型式	期別	銘文	器形來源
3707	8012	守乙爵	河南安陽武官村	Aa I	二期	守乙	河南1.277
3708	8013	束乙爵	河南安陽殷墟西區M271	Aa II	三期	束乙	河南1.211
3709	8035	束己爵	河南安陽	Aa II	三、四期	束己	嚴窟上37
3710	8014	戈乙爵	河南安陽郭家灣北地（傳）	Aa I	二期	戈乙	圖集07280
3711	J818	戈乙爵		Aa I	四期	戈乙	
3712	8026	戈丁爵			三、四期	戈丁	
3713	8052	戈辛爵		Aa II	三、四期	戈辛	圖集07318
3714	8053	戈辛爵		Aa II	三、四期	戈辛	圖集07319
3715	8054	戈辛爵			三、四期	戈辛	
3716	8016	牧丙爵	河南安陽	Ab I	二期	牧? 丙	文物1986年8期
3717	8017	山丁爵				山丁	
3718	8018	羞丁爵				羞丁	
3719	8025	共丁爵				共丁	
3720	8027	庐丁爵				庐丁	
3721	8028	□丁爵		Ab II	三、四期	□丁	美集A376
3722	8029	𠂤戊爵				𠂤戊	
3723	8030	竝己爵		Ab I	二、三期	竝己	善齋6.40
3724	8031	夕己爵	安徽潁上縣趙集王拐村	Ab I	二、三期	夕己	文物1985年10期
3725	8032	夕己爵	安徽潁上縣趙集王拐村	Ab I	二、三期	夕己	文物1985年10期
3726	8034	㞷己爵				㞷己	
3727	8036	西己爵		Ab II	四期	西己	鄴初上27
3728	E729	𠂤乙爵	河南安陽八里莊東M52：1	Ab II	四期	𠂤乙	
3729	8037	𠂤己爵				𠂤己	
3730	8044	執己爵				執己	
3731	8045	執己爵		Aa III	四期	執己	陶齋3.21
3732	8048	▲庚爵				▲庚	

續表

編號	著録號	器名	出土地	型式	期別	銘文	器形來源
3733	8050	萬庚爵		Aa Ⅱ	三、四期	萬庚	鄴三上49
3734	8051	羊庚爵				羊庚	
3735	8055	尤辛爵		Aa Ⅱ	三、四期	尤辛	貞圖中19
3736	8059	芦癸爵		Ab Ⅰ	二、三期	芦癸	十二賈24
3737	8060	企癸爵				企癸	
3738	8063	蟲癸爵				蟲癸	
3739	8064	兯癸爵		Aa Ⅰ	二期	兯癸	博古14.34
3740	8065	史癸爵		Aa Ⅱ	三、四期	史癸	出光116
3741	8067	屮癸爵				屮癸	
3742	8068	皿癸爵				皿癸	
3743	8069	隽癸爵				隽癸	
3744	8070	亼癸爵		Aa Ⅲ	四期	亼癸	圖集07533
3745	J826	羊癸爵		Aa Ⅰ	二期	羊癸	
3746	E760	室癸爵				室癸	
3747	8049	庚子爵				庚子	
3748	8071	子癸爵				子癸	
3749	8072	子岥爵				子岥	
3750	8073	子岢爵				子岢	
3751	8074	子岣爵		Aa Ⅲ	四期	子岣	燕園53
3752	8075	子舸爵				子舸	
3753	8076	子媚爵	河南安陽	Aa Ⅰ	二期	子媚	頌續92
3754	8077	子媚爵	河南安陽			子媚	
3755	8078	子媚爵	河南安陽	Aa Ⅰ	二期	子媚	尊古2.48
3756	8079	子媚爵	河南安陽	Aa Ⅰ	二期	子媚	冠斝中21
3757	8080	子媚爵	河南安陽	Aa Ⅰ	二期	子媚	冠斝中23
3758	8081	子媚爵	河南安陽	Aa Ⅰ	二期	子媚	冠斝中22
3759	8082	子媚爵	河南安陽	Aa Ⅱ	二期	子媚	貞圖中23
3760	8083	子媚爵	河南安陽			子媚	
3761	8084	子女爵				子女	

編號	著録號	器名	出土地	型式	期別	銘文	器形來源
3762	8085	子守爵				子守	
3763	E744	子守爵		AaⅠ	二期	子守	
3764	8086	子又爵				子又	
3765	8087	子壴爵	河南安陽殷墟西區M2508：4	AaⅡ	三期	子壴	全集3.11
3766	8088	子壴爵		AaⅡ	三期	子壴	全集3.27
3767	8089	子壴爵				子壴	
3768	8090	子壴爵	河南安陽	AaⅡ	三期	子壴	美集A352
3769	8091	子蝠爵		AaⅢ	四期	子蝠	貞圖中24
3770	8092	子蝠爵				子蝠	
3771	8093	子蝠爵				子蝠	
3772	8094	子蝠爵				子蝠	
3773	8095	子蝠爵				子蝠	
3774	8096	子蝠爵		AaⅡ	三、四期	子蝠	美集A360
3775	8097	子蝠爵		AaⅡ	三、四期	子蝠	圖集07385
3776	8098	子脊爵		AaⅡ	三、四期	子脊	美集A358
3777	8099	子脊爵		AaⅡ	三、四期	子脊	圖集07385
3778	8100	子嬴爵		AaⅠ	二期	子嬴	青研094
3779	8101	子𣪘爵	河南安陽大司空村	AaⅡ	三、四期	子𣪘	圖集07386
3780	8102	子多爵				子多	
3781	8103	子鼏爵		AaⅢ	四期	子鼏	館刊1982年4期
3782	8104	子鼏爵		AaⅢ	四期	子鼏	館刊1982年4期
3783	8105	子糸爵		AaⅡ	三、四期	子糸	頌續83
3784	8106	子糸爵	河南安陽			子糸	
3785	8107	子糸爵				子糸	
3786	8108	子禾爵				子禾	
3787	8109	子禾爵				子禾	
3788	8110	子不爵		AaⅢ	四期	子不	懷米上16
3789	8111 J844	子▲爵	河南安陽劉家莊M1：19	AaⅢ	四期	子▲	懷米上16

編號	著錄號	器名	出土地	型式	期別	銘文	器形來源
3790	8112	子▲爵				子▲	
3791	8113	子雨爵				子雨	
3792	8114	子雨爵				子雨	
3793	8115	子象爵				子象	
3794	8767	子壹爵				子壹	
3795	8768	子晶爵				子晶	
3796	8116	子刀爵	河北正定縣新城鎮（傳）	AaⅢ	四期	子刀	文物1984年12期
3797	8117	子□爵				子□	
3798	8118	子𦥑爵				子𦥑	
3799	8119	子免爵				子免	
3800	8120	子析爵	河南舞陽吳城北高村	AaⅢ	四期	子析	考古1984年5期
3801	8121	子□爵		AbⅠ	二、三期	子□	中原1985年1期
3802	J843	子義爵	山東平陰縣洪範鄉臧莊	AbⅠ	二、三期	子義	
3803	E735	子由爵	河南安陽花園莊東地商墓M42：12	AaⅠ	二期	子由	
3804	E736	子𓏎爵	河南安陽花園莊東地商墓M48：2	AaⅢ	四期	子𓏎	
3805	8122	婦好爵	河南安陽殷墟M5：675		二期	婦好	
3806	8123	婦好爵	河南安陽殷墟M5：662	BaⅡ	二期	婦好	婦好
3807	8124	婦好爵	河南安陽殷墟M5：653	BaⅡ	二期	婦好	婦好
3808	8125	婦好爵	河南安陽殷墟M5：657	BaⅡ	二期	婦好	全集3.3
3809	8126	婦好爵	河南安陽殷墟M5：656	BaⅡ	二期	婦好	婦好
3810	8127	婦好爵	河南安陽殷墟M5：680	BaⅡ	二期	婦好	婦好
3811	8128	婦好爵	河南安陽殷墟M5：664	BaⅡ	二期	婦好	全集3.4
3812	8129	婦好爵	河南安陽殷墟M5：652		二期	婦好	
3813	8130	婦好爵	河南安陽殷墟M5：685		二期	婦好	
3814	8131	婦好爵	河南安陽殷墟M5		二期	婦好	
3815	8132	婦𠙹爵				婦𠙹	
3816	8133	妌爵				妌	

編號	著録號	器名	出土地	型式	期別	銘文	器形來源
3817	8134	萛母爵				萛母	
3818	8135	萛婦爵				萛婦	
3819	8136	甲婦爵		Aa I	二期	甲婦	全集3.21
3820	8755	婦竹爵	河南安陽殷墟M238	Ab I	二期	婦竹	圖集07121
3821	8138	信母爵		Aa I	二期	信母	全集3.23
3822	8139	□母爵		Aa I	二、三期	□母	青研095
3823	8140	荀𩵋爵		Aa I	二期	荀𩵋	恒軒81
3824	E749	宁荀爵	河南安陽戚家莊東M63	Aa III	四期	宁荀	
3825	8241	荀失爵		Aa I	二、三期	荀失	綜覽爵122
3826	8242	幸荀爵				幸荀	
3827	8240	五荀爵		Aa III	四期	五荀	美集A357
3828	J859	荀戊爵		Aa III	四期	荀戊	
3829	8141	敔天爵				敔天	
3830	8142	戈天爵				戈天	
3831	8143	亞天爵				亞天	
3832	8144	天丙爵		Ab I	二、三期	天丙	善齋6.37
3833	8153	天敔爵				天敔	
3834	8146	敔丁爵				▲丁	
3835	8147	▲屵爵				▲屵	
3836	8148	▲屵爵		Aa II	三、四期	▲屵	善齋6.36
3837	8158	屵征爵		Aa II	三、四期	屵征	中原1985年1期
3838	8152	幸何爵				幸何	
3839	8164	屰何爵				屰何	
3840	8179	𠂤旅爵				𠂤旅	
3841	8154	𠂤兔爵	河南安陽殷墟西區M198：4	Aa II	三期	𠂤兔	殷銅194
3842	8155	周兔爵				周兔	
3843	8156	周兔爵				周兔	
3844	8159	飲示爵	河南洛陽	Aa II	三、四期	飲示	頌續91

編號	著録號	器名	出土地	型式	期別	銘文	器形來源
3845	8165	爾◇爵				爾◇	
3846	8167	萁叔爵	山東費縣（傳）	AaⅢ	四期	萁叔	文物1982年9期
3847	8168	萁叔爵	山東費縣（傳）	AaⅢ	四期	萁叔	文物1982年9期
3848	8170	保束爵		AaⅠ	二期	保束	圖集07432
3849	8171	保谷爵				保谷	
3850	8172	耴執爵				耴執	
3851	8173	𣥺術爵				𣥺術	
3852	8174	爰爾爵	河南安陽殷墟西區M875：2	AbⅡ	三期	爰爾	殷銅69
3853	8175	鄉宁爵		AaⅡ	三、四期	鄉宁	綜覽爵123
3854	8176	鄉宁爵				鄉宁	
3855	8177	鄉宁爵	河南安陽（傳）	AbⅡ	三、四期	鄉宁	日精華3.222
3856	E730	鄉宁爵		AaⅡ	三期	鄉宁	
3857	8178	北單爵				北單	
3858	8257	西單爵				西單	
3859	8258	西單爵				西單	
3860	8259	西單爵	河南安陽（傳）	AaⅡ	三期	西單	美集A374
3861	8163	單光爵				單光	
3862	8180	單竝爵				單竝	
3863	8181	◇竝爵				◇竝	
3864	8182	木竝爵	河南安陽（傳）	AbⅡ	四期	木竝	文物1986年8期
3865	8185	刮□爵	河南安陽武官村			刮□	
3866	8186	盾得爵		AbⅡ	四期	盾得	美集A344
3867	8187	盾得爵		AbⅡ	四期	盾得	美集A345
3868	8202	盾址爵				盾址	
3869	8249	秉盾爵				秉盾	
3870	8188	史犬爵	河南安陽	AaⅢ	四期	史犬	嚴窟上47
3871	8189	妝▲爵	山東益都			妝▲	
3872	8190	▲敄爵				▲敄	
3873	8191	盥、爵		AaⅡ	三期	盥、	懷米上17

編號	著錄號	器名	出土地	型式	期別	銘文	器形來源
3874	8192	盥、爵				盥、	
3875	8194	𠂤又爵				𠂤又	
3876	8195	又殳爵				又殳	
3877	8196	又殳爵				又殳	
3878	8197	又殳爵	陝西西安袁家崖村	AbⅠ	四期	又殳	叢刊5輯
3879	8198	叉宂爵				叉宂	
3880	8199	𠬞埶爵	河南安陽殷墟西區 M152：1	AbⅡ	四期	𠬞埶	全集3.13
3881	8200	翌正爵	河南安陽	AbⅡ	四期	翌正	鄴二上31
3882	8239	戎翌爵				戎翌	
3883	8203	▲蟲爵				▲蟲	
3884	8208	齒戉爵		AaⅢ	四期	齒戉	冠斝中25
3885	8209	戉木爵				戉木	
3886	8210	𢑓宁爵				𢑓宁	
3887	J819	豕乙爵		AaⅢ	四期	豕乙	
3888	8213	𠙹豕爵		AaⅡ	三、四期	𠙹豕	泉博47
3889	8214	𦉥豕爵				𦉥豕	
3890	8219	羊𛂞爵	河北正定縣新城鋪村	AaⅢ	四期	羊𛂞	文物1984年12期
3891	8220	羊𛂞爵	河北正定縣新城鋪村		四期	羊𛂞	文物1984年12期
3892	8221	鳥卯爵		AbⅡ	三、四期	鳥卯	貞圖中29
3893	8224	弔黽爵		AbⅠ	二期	弔黽	頌齋11.1
3894	8225	弔黽爵				弔黽	
3895	8226	弔黽爵				弔黽	
3896	8227	弔黽爵				弔黽	
3897	8228	弔黽爵		AaⅠ	二期	弔黽	綜覽爵89
3898	8223	冂龍爵		AbⅡ	三、四期	冂龍	圖集07437
3899	8233	冂戈爵	河南安陽（傳）	AbⅡ	三、四期	冂戈	圖集07438
3900	8234	冂戈爵		AaⅢ	四期	冂戈	北圖199

編號	著錄號	器名	出土地	型式	期別	銘文	器形來源
3901	8232	戈叀爵			三、四期	戈叀	
3902	8235	家戈爵				家戈	
3903	8236	守戈爵	河南安陽侯家莊M1001	AaⅠ	二期	守戈	圖集07502
3904	8238	⊔刀爵				⊔刀	
3905	8204	出甗爵				出甗	
3906	8793	𣥂失爵				𣥂失	
3907	8794	𣥂失爵				𣥂失	
3908	E741	𣥂失爵		AaⅡ	三、四期	𣥂失	
3909	8243	矢宁爵				矢宁	
3910	8244	矢宁爵		AaⅠ	二、三期	矢宁	綜覽爵140
3911	8245	矢丙爵				矢丙	
3912	8247	刀口爵				刀口	
3913	8248	𪍿鳥爵				𪍿鳥	
3914	7718	亦車爵	河南安陽（傳）	AbⅡ	三、四期	亦車	嚴窟上30
3915	7719	亦車爵		AbⅡ	三、四期	亦車	圖集07022
3916	J864	車犬爵		AaⅡ	三期	車犬	
3917	8250	車買爵			三、四期	車買	
3918	8251	車買爵			二、四期	車買	
3919	8252	貝車爵		AbⅡ	三、四期	貝車	圖集07440
3920	8253	弔車爵		AaⅡ	三、四期	弔車	美集A35
3921	8254	舟壬爵				舟壬	
3922	8274	▲啓爵				▲啓	
3923	8211	㲃冊爵				㲃冊	
3924	8212	㲃冊爵				㲃冊	
3925	8255	𤅈冊爵				𤅈冊	
3926	8256	𤅈冊爵	河北正定縣新城鋪村	AaⅠ	三期	𤅈冊	叢刊1輯
3927	8280	𰯮冊爵				𰯮冊	
3928	8282	冊劦爵				冊劦	
3929	J849	祝冊爵	河南安陽郭家莊M50：24	AaⅢ	四期	祝冊	
3930	J862	冊🐢爵		AaⅡ	三、四期	冊🐢	

編號	著録號	器名	出土地	型式	期別	銘文	器形來源
3931	E740	冊韋爵		Ab I	二期	冊韋	
3932	8260	𢆶爵				𢆶	
3933	8263	糸卒爵				糸卒	
3934	E746	告祖爵	河南安陽大司空商墓 M101：8	Aa II	三期	告祖	
3935	8264	告宁爵				告宁	
3936	8265	告宁爵	河南安陽殷墟西區 M1118：3	Aa III	四期	告宁	殷銅206
3937	8266	告𠚢爵				告𠚢	
3938	8267	耳𠦝爵				耳𠦝	
3939	8268	耳奠爵				耳奠	
3940	8207	入耳爵				入耳	
3941	8157	耳𪊽爵		Aa I	二期	耳𪊽	綜覽爵74
3942	E742	耳𪊽爵		Ba II	二期	耳𪊽	
3943	8269	耳竹爵	河南安陽（傳）	Aa II	三、四期	耳竹	善齋6.48
3944	J861	耳竹爵		Ab II	三、四期	耳竹	
3945	8205	耴竹爵		Ab II	三、四期	耴竹	圖集07448
3946	8206	耴竹爵				耴竹	
3947	8270	↘竹爵				↘竹	
3948	8271	司竹爵				司竹	
3949	8272	血𠚢爵	河南安陽殷墟M5：670	Ab I	二期	血𠚢	婦好
3950	8273	木𠕒爵	河南安陽（傳）	Ab II	三、四期	木𠕒	圖集07461
3951	8275	酉凸爵				酉凸	
3952	8276	酉凸爵				酉凸	
3953	8277	賓匸爵		Ab II	三、四期	賓匸	圖集07460
3954	8278	◇↘爵		Ab II	三、四期	◇↘	圖集07546
3955	8283	甗隹爵		Aa III	四期	甗隹	美集A343
3956	8293	囗祖爵	河北滿城縣要莊	Aa III	四期	囗祖	河北70
3957	8295 J852	寢出爵	河南安陽大司空村 M539：33	Aa I	二期晚段	寢出	全集3.7

續表

編號	著錄號	器名	出土地	型式	期別	銘文	器形來源
3958	8296	寢玄爵				寢玄	
3959	J853	寢印爵	河南安陽大司空村M25：16	AbⅠ	二期	寢印	
3960	J854	寢印爵	河南安陽大司空村M29：5	AbⅠ	二期	寢印	
3961	J855	寢印爵	河南安陽大司空村M29：1	AbⅠ	二期	寢印	
3962	J856	寢印爵	河南安陽大司空村M25：14	AbⅠ	二期	寢印	
3963	8297	辰□爵				辰□	
3964	8309	妝王爵				妝王	
3965	8802	卷𢦏爵	河南安陽殷墟西區M1572：2	AbⅡ	四期	卷𢦏	全集3.14
3966	J820	豕乙爵	河南羅山縣後李村M44：7	AaⅢ	四期	豕乙	
3967	J822	息己爵	河南羅山縣天湖村M12：4	AbⅠ	三期	息己	
3968	J823	息庚爵	河南羅山縣後李村M45：5	AaⅢ	四期	息庚	
3969	J824	息辛爵	河南羅山縣天湖村M8：3	AaⅡ	三期	息辛	
3970	J825	息辛爵	河南羅山縣天湖村M8：2	AaⅡ	三期	息辛	
3971	J857	榮門爵	山東濰坊坊子區院上水庫南崖	AbⅡ	四期	榮門	
3972	J858	家肇爵	河南羅山縣天湖村M28：5		四期	家肇	
3973	J860	共又爵	山東昌乐縣東圈	AbⅡ	四期	共又	
3974	J863	皿𢀖爵		AaⅡ	三、四期	皿𢀖	
3975	E739	𠀠因爵		AaⅡ	三期	𠀠因	
3976	E743	★辛爵	河南安陽孝民屯商代墓葬M17：5	AaⅢ	四期	★辛	
3977	E747	東♠爵	山東滕州官橋鎮前掌大村商周墓地M41：10	AaⅡ	四期	東♠	

編號	著錄號	器名	出土地	型式	期別	銘文	器形來源
3978	8166	◇大中爵	河南安陽殷墟西區 M1080：6	AbⅡ	四期	◇大中	全集3.17
3979	8311	卷祖乙爵			商末周初	卷祖乙	
3980	8313	𠂤祖乙爵				𠂤祖乙	
3981	8314	𠂤祖乙爵				𠂤祖乙	
3982	8321	𠂤祖丙爵				𠂤祖丙	
3983	8427	𠂤父乙爵				𠂤父乙	
3984	8428	𠂤父乙爵				𠂤父乙	
3985	8480	𠂤父丁爵				𠂤父丁	
3986	8481	𠂤父丁爵		AbⅠ	二、三期	𠂤父丁	善齋6.60
3987	8483	𠂤父丁爵				𠂤父丁	
3988	8532	𠂤父戊爵		AaⅡ	三、四期	𠂤父戊	恒軒74
3989	8533	𠂤父戊爵	湖北襄樊	AbⅡ	三、四期	𠂤父戊	文物1982年9期
3990	8569	𠂤父己爵				𠂤父己	
3991	8570	𠂤父己爵				𠂤父己	
3992	8571	𠂤父己爵	湖北鄂城縣五家灣村	AbⅡ	四期	𠂤父己	考古1982年2期
3993	8644	𠂤父辛爵				𠂤父辛	
3994	8723	𠂤父癸爵	山東膠縣西庵村	AaⅡ	三、四期	𠂤父癸	文物1977年4期
3995	8724	𠂤父癸爵		AaⅡ	三、四期	𠂤父癸	善齋7.26
3996	8725	𠂤父癸爵				𠂤父癸	
3997	8726	𠂤父癸爵		AaⅠ	二、三期	𠂤父癸	貞圖中34
3998	8727	𠂤父癸爵				𠂤父癸	
3999	8813	𠂤夫麋爵				𠂤夫麋	
4000	8316	𠂤祖乙爵				𠂤祖乙	
4001	8317	𠂤祖乙爵				𠂤祖乙	
4002	8338	𠂤祖己爵				𠂤祖己	
4003	8365	𠂤祖癸爵				𠂤祖癸	
4004	8491	𠂤父丁爵		AaⅡ	三、四期	𠂤父丁	善齋6.64
4005	8575	𠂤父己爵				𠂤父己	
4006	8655	𠂤父辛爵				𠂤父辛	

續表

編號	著録號	器名	出土地	型式	期別	銘文	器形來源
4007	8729	𠂤父癸爵				𠂤父癸	
4008	8318	□祖乙爵				□祖乙	
4009	8319	冂祖丙爵	湖北鄂城縣碧石村	AaⅡ	三、四期	冂祖丙	考古1982年2期
4010	8712	冂父癸爵				冂父癸	
4011	8322	車祖丁爵				車祖丁	
4012	8371	車父甲爵				車父甲	
4013	8506	車父丁爵				車父丁	
4014	8406	亞父乙爵		AaⅢ	四期	亞父乙	陶齋3.20
4015	8631	亞父辛爵				亞父辛	
4016	8326	𩵋祖丁爵				𩵋祖丁	
4017	8328	臤祖丁爵				臤祖丁	
4018	8394	臤父乙爵				臤父乙	
4019	8329	戈祖戊爵			三、四期	戈祖戊	
4020	8349	戈祖辛爵			三、四期	戈祖辛	
4021	8407	戈父乙爵				戈父乙	
4022	8409	戈父乙爵			三、四期	戈父乙	
4023	8410	戈父乙爵			三、四期	戈父乙	
4024	8411	戈父乙爵			三、四期	戈父乙	
4025	J869	戈父乙爵		AbⅡ	三、四期	戈父乙	
4026	8467	戈父丁爵			三、四期	戈父丁	
4027	8555	戈父己爵				戈父己	
4028	8556	戈父己爵				戈父己	
4029	8557	戈父己爵			三、四期	戈父己	
4030	8657	戈父辛爵		AaⅢ	四期	戈父辛	圖集07901
4031	8699	戈父癸爵		AaⅢ	四期	戈父癸	善齋7.21
4032	8700	戈父癸爵		AaⅢ	四期	戈父癸	圖集07945
4033	8734	戈母乙爵	河南上蔡縣田莊村	AbⅡ	三、四期	戈母乙	文物1957年11期
4034	8469	我父丁爵				我父丁	
4035	8561	㪔父己爵		AaⅢ	四期	㪔父己	綜覽爵144

編號	著録號	器名	出土地	型式	期別	銘文	器形來源
4036	8333	襄祖己爵				襄祖己	
4037	8334	襄祖己爵				襄祖己	
4038	8643	襄父辛爵				襄父辛	
4039	8714	襄父癸爵		AaⅡ	三、四期	襄父癸	陶齋3.12
4040	8341	屮祖庚爵				屮祖庚	
4041	8343	子祖辛爵				子祖辛	
4042	8441	子父丁爵				子父丁	
4043	8442	子父丁爵		AaⅢ	四期	子父丁	貞圖中30
4044	8536	子父己爵				子父己	
4045	8584	子父庚爵		AaⅢ	四期	子父庚	雙吉上40
4046	8594	子父辛爵		AaⅢ	四期	子父辛	叢刊2輯
4047	8662	子父壬爵		AaⅢ	四期	子父壬	博古14.24
4048	8666	子父癸爵		AbⅠ	二、三期	子父癸	十六1.11
4049	8344	戎祖辛爵				戎祖辛	
4050	8601	戎父辛爵	河南安陽殷墟西區 M1125：2	AbⅡ	四期	戎父辛	殷銅204
4051	8602	戎父辛爵				戎父辛	
4052	8351	皀祖辛爵				皀祖辛	
4053	8352	⊖祖辛爵				⊖祖辛	
4054	8353	宀祖辛爵	河南安陽	AaⅡ	四期	宀祖辛	嚴窟上42
4055	8366	宀祖癸爵				宀祖癸	
4056	8572	宀父己爵		AaⅢ	四期	宀父己	杕林27
4057	8650	宀父辛爵		AaⅡ	四期	宀父辛	善齋7.12
4058	8717	宀父癸爵				宀父癸	
4059	8738	宀母己爵				宀母己	
4060	8412	麻父乙爵		AbⅡ	三、四期	麻父乙	故圖下上183
4061	8742	麻兄癸爵				麻兄癸	
4062	8354	祖日壬爵				祖日壬	
4063	8356	山祖壬爵				山祖壬	

編號	著錄號	器名	出土地	型式	期別	銘文	器形來源
4064	8358	娕祖癸爵				娕祖癸	
4065	8359	娕祖癸爵				娕祖癸	
4066	8389	娕父乙爵				娕父乙	
4067	8605	娕父辛爵				娕父辛	
4068	8680	娕父癸爵				娕父癸	
4069	8360	𩵋祖癸爵				𩵋祖癸	
4070	8361	佣祖癸爵				佣祖癸	
4071	8362	佣祖癸爵				佣祖癸	
4072	8604	佣父辛爵				佣父辛	
4073	8677	佣父癸爵				佣父癸	
4074	E762	佣父乙爵		AbⅡ	四期	佣父乙	
4075	8363	鳥祖癸爵	甘肅慶陽縣温泉西莊韓家灘村	AaⅡ	三、四期	鳥祖癸	考古1985年9期
4076	8694	鳥父癸爵		AaⅢ	四期	鳥父癸	西清23.2
4077	8695	鳥父癸爵		AaⅡ	三、四期	鳥父癸	故圖下下370
4078	8367	□祖癸爵				□祖癸	
4079	8368	田父甲爵	山東長清縣崮山驛	AbⅡ	三、四期	田父甲	綜覽爵106
4080	J894	𡨄田辛爵	河南安陽後崗M33：12	AaⅡ	三期	𡨄田辛	
4081	8369	串父甲爵				串父甲	
4082	8374	啓父甲爵				啓父甲	
4083	8375	啓父甲爵				啓父甲	
4084	8376	天父乙爵				天父乙	
4085	8598	天父辛爵				天父辛	
4086	8668	天父癸爵				天父癸	
4087	8378	令父乙爵		AbⅡ	三、四期	令父乙	圖集07783
4088	8384	失父乙爵				失父乙	
4089	8390	⌇父乙爵				⌇父乙	
4090	8391	𠂤父乙爵				𠂤父乙	
4091	8392	𠂤父乙爵				𠂤父乙	

編號	著錄號	器名	出土地	型式	期別	銘文	器形來源
4092	8397	虎父乙爵				虎父乙	
4093	8398	𠂤父乙爵				𠂤父乙	
4094	8399	雋父乙爵				雋父乙	
4095	8413	雋父乙爵				雋父乙	
4096	8400	魚父乙爵		AaⅠ	二、三期	魚父乙	圖集07753
4097	8401	魚父乙爵				魚父乙	
4098	8402	魚父乙爵				魚父乙	
4099	8437	魚父丙爵		AbⅡ	四期	魚父丙	雙吉上35
4100	8460	魚父丁爵				魚父丁	
4101	J891	魚父□爵		AaⅡ	三、四期	魚父□	
4102	8414	中父乙爵				中父乙	
4103	8415	酉父乙爵				酉父乙	
4104	8416	弜父乙爵		AbⅡ	四期	弜父乙	善齋6.56
4105	8418	冥父乙爵				冥父乙	
4106	8424	束父乙爵		AaⅢ	四期	束父乙	博古14.8
4107	8433	□父乙爵				□父乙	
4108	8435	□父乙爵		AaⅠ	二期	□父乙	美集A369
4109	J870	宁父乙爵	河南安陽劉家莊M2：2	AaⅢ	四期	宁父乙	
4110	8436	𧲰父丙爵				𧲰父內	
4111	8642	𧲰父辛爵			商末周初	𧲰父辛	
4112	8421	鼏父乙爵				鼏父乙	
4113	8422	鼏父乙爵				鼏父乙	
4114	8440	珥父丙爵				珥父丙	
4115	8448	阝父丁爵				阝父丁	
4116	8449	以父丁爵		AaⅢ	四期	以父丁	善齋6.59
4117	8931	夲旅父己爵				夲旅父己	
4118	8932	夲旅父己爵				夲旅父己	
4119	8969	夲旅父癸爵				夲旅父癸	
4120	E767	史父乙爵	山東滕州官橋鎮前掌大村商周墓地M121：6	AaⅢ	四期	史父乙	

續表

編號	著錄號	器名	出土地	型式	期別	銘文	器形來源
4121	E768	史父乙爵	山東滕州官橋鎮前掌大村商周墓地M121：4	AbⅡ	四期	史父乙	
4122	8453	史父丁爵				史父丁	
4123	J874	史父丁爵		AbⅡ	四期	史父丁	
4124	8615	史父辛爵		AbⅠ	三期	史父辛	善齋7.13
4125	8458	蝨父丁爵				蝨父丁	
4126	8462	弔父丁爵				弔父丁	
4127	8731	⟨symbol⟩父□爵				⟨symbol⟩父□	
4128	8464	剢父丁爵		AaⅢ	四期	剢父丁	夢鄣上44
4129	8563	剢父己爵		AaⅢ	四期	剢父己	善齋7.3
4130	8465	戔父丁爵		AbⅡ	四期	戔父丁	貞圖中31
4131	8471	束父丁爵		AbⅡ	三、四期	束父丁	善齋6.61
4132	8474	皿父丁爵				皿父丁	
4133	8475	皿父丁爵				皿父丁	
4134	8625	皿父辛爵				皿父辛	
4135	8477	木父丁爵		AaⅢ	四期	木父丁	恒軒72
4136	8633	木父辛爵				木父辛	
4137	8634	枼父辛爵				枼父辛	
4138	8488	⟨symbol⟩父丁爵				⟨symbol⟩父丁	
4139	8490	畬父丁爵		AaⅢ	四期	畬父丁	博古14.20
4140	8499	⟨symbol⟩父丁爵				⟨symbol⟩父丁	
4141	8501	曲父丁爵		AbⅠ	二期	曲父丁	善圖152
4142	8505	爻父丁爵				爻父丁	
4143	8509	父丁彝爵				父丁彝	
4144	8511	□父丁爵				□父丁	
4145	8902	舟父丁爵		AbⅡ	三、四期	舟父丁	善齋6.68
4146	8967	舟父癸爵				舟父癸	
4147	8517	琹父戊爵				琹父戊	
4148	8540	琹父己爵		AaⅡ	三、四期	琹父己	陶齋3.16

編號	著録號	器名	出土地	型式	期別	銘文	器形來源
4149	8587	𤇮父庚爵		AbⅡ	四期	𤇮父庚	寧壽10.2
4150	8607	𤇮父辛爵				𤇮父辛	
4151	J887	𤇮父癸爵	河南安陽劉家莊M9：54	AbⅡ	四期	𤇮父癸	
4152	8673	𤇮父癸爵		AbⅡ	三、四期	𤇮父癸	善齋7.28
4153	8674	𤇮父癸爵		AaⅢ	四期	𤇮父癸	夢郼上47
4154	8675	𤇮父癸爵		AaⅠ	二、三期	𤇮父癸	泉博42
4155	8445	共父丁爵	河南新鄭	AbⅡ	四期	共父丁	考古圖5.3
4156	8537	共父己爵				共父己	
4157	8541	旗父己爵		AaⅡ	三、四期	旗父己	十二雪16
4158	8518	黿父戊角		BⅠ	三、四期	黿父戊	青研096
4159	8693	黿父癸爵				黿父癸	
4160	J892	黿父□爵	河南安陽梅園莊南地 M92：2	AaⅢ	四期	黿父□	
4161	8520	𡿧父戊爵		AaⅢ	四期	𡿧父戊	圖集07840
4162	8599	𡿧父辛爵				𡿧父辛	
4163	8521	𣂏父戊爵			三期	𣂏父戊	
4164	8522	舌父戊爵			三、四期	舌父戊	
4165	8552	舌父己爵		AbⅡ	三、四期	舌父己	冠斝中33
4166	8553	舌父己爵		AaⅠ	二、三期	舌父己	中原1985年1期
4167	8535	才父戊爵			四期	才父戊	
4168	8538	狀父己爵				狀父己	
4169	8542	𤝔父己爵				𤝔父己	
4170	8546	面父己爵		AaⅢ	四期	面父己	冠斝中31
4171	8548	面父己爵				面父己	
4172	8547	中父己爵		AbⅠ	二期	中父己	武英132
4173	8550	𦥑父己爵				𦥑父己	
4174	8554	心父己爵				心父己	
4175	8562	舟父己爵				舟父己	
4176	8564	萬父己爵	河南安陽	AbⅡ	三、四期	萬父己	綜覽爵148
4177	8565	萬父己爵				萬父己	

編號	著録號	器名	出土地	型式	期別	銘文	器形來源
4178	E764	萬父己爵		AaⅢ	四期	萬父己	
4179	8619	萬父辛爵				萬父辛	
4180	8567	融父己爵				融父己	
4181	8577	覃父己爵		AaⅢ	四期	覃父己	貞圖中32
4182	8578	U父己爵		AbⅡ	四期	U父己	善齋7.1
4183	8582	夆父己爵				夆父己	
4184	8585	猷父庚爵		AbⅡ	四期	猷父庚	陶齋3.18
4185	8586	猷父庚爵				猷父庚	
4186	8592	殖父庚爵				殖父庚	
4187	8597	団父辛爵		AaⅢ	四期	団父辛	恒軒75
4188	8600	光父辛爵	河南安陽	AaⅠ	二期	光父辛	鄴二上32
4189	E766	光父辛爵		AbⅡ	三期	光父辛	
4190	8603	玐父辛爵		AbⅡ	四期	玐父辛	善齋7.15
4191	8678	狄父癸爵				狄父癸	
4192	8315	豕祖乙爵				豕祖乙	
4193	8617	豕父辛爵				豕父辛	
4194	8618	黽父辛爵		AaⅢ	四期	黽父辛	善齋7.10
4195	8620	鼉父辛爵				鼉父辛	
4196	8621	弔父辛爵				弔父辛	
4197	8626	爰父辛爵				爰父辛	
4198	8627	畐父辛爵				畐父辛	
4199	8628	畐父辛爵		AaⅢ	四期	畐父辛	青研089
4200	8636	東父辛爵				東父辛	
4201	8641	冊父辛爵				冊父辛	
4202	8438	重父丙爵				重父丙	
4203	8672	人父癸爵				人父癸	
4204	8681	㟈父癸爵				㟈父癸	
4205	8685	盥父癸爵				盥父癸	
4206	8690	徙父癸爵				徙父癸	

編號	著録號	器名	出土地	型式	期別	銘文	器形來源
4207	8697	隻父癸爵		Ab I	二期	隻父癸	雙吉上41
4208	8698	雔父癸爵		Ab II	三、四期	雔父癸	長安1.38
4209	8701	矢父癸爵				矢父癸	
4210	8702	矢父癸爵				矢父癸	
4211	8810	知祖丙爵				知祖丙	
4212	8811	知祖丙爵				知祖丙	
4213	8812	知祖丙爵		Aa I	二、三期	知祖丙	博古14.16
4214	8704	賊父癸爵		Ab I	二、三期	賊父癸	綜覽爵99
4215	8707	𤯍父癸爵				𤯍父癸	
4216	8708	土父癸爵				土父癸	
4217	8709	亯父癸爵	河北臨城縣	Ab II	四期	亯父癸	河北67
4218	8710	丰父癸爵				丰父癸	
4219	8713	Y父癸爵				Y父癸	
4220	8715	⌒父癸爵		Aa III	四期	⌒父癸	善齋7.24
4221	8718	▲父癸爵		Ab II	三、四期	▲父癸	故青5
4222	8719	玄父癸爵				玄父癸	
4223	8722	宦父癸爵		Ab II	四期	宦父癸	美集A373
4224	8730	父癸□爵				父癸□	
4225	8732	□父□爵				□父□	
4226	8735	剌妣乙爵				剌妣乙	
4227	J889	剌父癸爵	山東兗州嵫山區李宮村	Aa III	四期	剌父癸	
4228	8736	竝妣乙爵				竝妣乙	
4229	8737	主妣丙爵		Aa III	四期	主妣丙	考古圖5.5
4230	8870	𤔲父乙爵				𤔲父乙	
4231	8904	麝父丁爵		Aa III	四期	麝父丁	陶齋3.19
4232	J877	伐父丁爵		Aa II	三期	伐父丁	
4233	J881	又父辛爵		Ab II	四期	又父辛	
4234	J886	穷父癸爵		Aa III	四期	穷父癸	
4235	J890	息父□爵	河南羅山縣天湖村 M12：3	Aa II	三期	息父□	

編號	著録號	器名	出土地	型式	期別	銘文	器形來源
4236	E765	息父己爵	河南安陽劉家莊南 M63：2	AbⅡ	四期	息父己	
4237	8743	司娉爵	河南安陽殷墟M5：661	BaⅡ	二期	司娉	殷銅51
4238	8744	司娉爵	河南安陽殷墟M5：686	BaⅡ	二期	司娉	婦好
4239	8745	司娉爵	河南安陽殷墟M5：654	BaⅡ	二期	司娉	
4240	8746	司娉爵	河南安陽殷墟M5：677	BaⅡ	二期	司娉	婦好
4241	8747	司娉爵	河南安陽殷墟M5：681		二期	司娉	
4242	8748	司娉爵	河南安陽殷墟M5：689		二期	司娉	
4243	8749	司娉爵	河南安陽殷墟M5：687		二期	司娉	
4244	8750	司娉爵	河南安陽殷墟M5：658		二期	司娉	
4245	8751	司娉爵	河南安陽殷墟M5		二期	司娉	
4246	8753	齊娹□爵		AaⅢ	四期	齊娹□	美集A354
4247	8754	齊娹□爵		AaⅢ	四期	齊娹□	美集A355
4248	8752	□子妥爵				□子妥	
4249	8756	子♠母爵	河南安陽殷墟M18：6	BaⅡ	二期	子♠母	學報1981年4期
4250	8757	子♠母爵	河南安陽殷墟M18：51		二期	子♠母	
4251	8758	子♠母爵	河南安陽殷墟M18：50		二期	子♠母	
4252	8759	子♠母爵	河南安陽殷墟M18：11	BaⅡ	二期	子♠母	全集3.5
4253	8760	子▲單爵		AaⅠ	二、三期	子▲單	中原1985年1期
4254	8761	子▲單爵				子▲單	
4255	8762	子▲目爵	河南安陽苗圃北地 M54：4	AaⅡ	三期	子▲目	考古1986年2期
4256	8763	子▲萬爵				子▲萬	
4257	8764	子▲萬爵		AaⅡ	四期	子▲萬	故銅35
4258	8765	子▲卯爵		AaⅡ	四期	子▲卯	中原1985年1期
4259	8766	子𠄞爰爵				子𠄞爰	
4260	8769	ㄩ谷保爵	河南安陽高樓莊	AaⅡ	三期	ㄩ谷保	河南1.284
4261	8770	ㄩ谷保爵	河南安陽高樓莊	AaⅡ	三期	ㄩ谷保	考古1963年4期
4262	8771	燕亞𠃛爵	山東長清縣興復河			燕亞𠃛	
4263	8772	燕亞𠃛爵	山東長清縣興復河			燕亞𠃛	

編號	著録號	器名	出土地	型式	期別	銘文	器形來源
4264	8773	龏亞♦爵	山東長清縣興復河			龏亞♦	
4265	8774	龏亞♦爵	山東長清縣興復河			龏亞♦	
4266	8775	亞父♦爵	陝西淳化縣黑豆嘴村	AaⅡ	三、四期	亞父♦	考古與文物1986年5期
4267	8776	♦亞父爵				♦亞父	
4268	8777	亞奠♦爵				亞奠♦	
4269	8778	亞母方爵				亞母方	
4270	8779	亞乙羌爵		AaⅡ	三、四期	亞乙羌	夢郼上43
4271	8780	亞冊舟爵				亞冊舟	
4272	8781	亞夭䤰爵		AbⅡ	四期	亞夭䤰	頌續94
4273	8782	亞龜舟爵	"壽張縣梁山"			亞龜舟	
4274	8783	亞䇂術爵		AaⅢ	四期	亞䇂術	十二絜16
4275	8784	亞䇂術爵		AaⅢ	四期	亞䇂術	十二絜17
4276	8785	亞干示爵		AbⅡ	三、四期	亞干示	圖集08030
4277	8786	亞♦爵		AbⅡ	三、四期	亞♦	圖集08035
4278	8787	斏甲盾爵		AaⅠ	二、三期	斏甲盾	圖集08353
4279	8788	舌亞告爵	河南安陽	AbⅡ	三、四期	舌亞告	鄴二上29
4280	E761	亞宖孔爵	河南安陽劉家莊M1046：15	AbⅢ	四期	亞宖孔	
4281	J895	亞夫畏爵		AaⅢ	四期	亞夫畏	
4282	8789	♦羊乙爵		AaⅠ	二、三期	♦羊乙	青研090
4283	8790	脊日乙爵				脊日乙	
4284	8791	♦丁冊爵				♦丁冊	
4285	8795	罕何戊爵				罕何戊	
4286	8796	羊己妊爵	河南安陽（傳）	AbⅡ	四期	羊己妊	頌續82
4287	8797	鄉宁辛爵				鄉宁辛	
4288	8798	秉盾辛爵		AaⅡ	三、四期	秉盾辛	博古14.29
4289	8799	龏夾辛爵				龏夾辛	
4290	8800	𠂤日辛爵	河南安陽殷墟西區M907：2	AaⅡ	三期	𠂤日辛	全集3.10

編號	著録號	器名	出土地	型式	期別	銘文	器形來源
4291	8801	宁未口爵				宁未口	
4292	8803	宗彭妣爵				宗彭妣	
4293	8804	羊貝車爵		AaⅡ	三、四期	羊貝車	圖集08053
4294	8805	罒未爵				罒未	
4295	8806	戈北單爵	河南安陽武官村	AbⅠ	二期	戈北單	河南1.272
4296	8807	戠北單爵				戠北單	
4297	8808	西單匼爵				西單匼	
4298	E763	口西單爵		AaⅢ	四期	口西單	
4299	8809	戈涉茲爵				戈涉茲	
4300	J907	夗皿父爵		AbⅡ	四期	夗皿父	
4301	J908	夗皿父爵		AbⅡ	四期	夗皿父	
4302	E759	𣂄旄爵		AaⅠ	二期	𣂄旄	
4303	8814	◇萄㚔爵	河南安陽（傳）	BaⅢ	三期	◇萄㚔	綜覽爵121
4304	8815	目◇民爵		AaⅡ	三期	目◇民	圖集08059
4305	8527	◇乚父戊爵		AaⅢ	四期	◇乚父戊	長安1.36
4306	8834	唐子祖乙爵				唐子祖乙	
4307	8835	唐子祖乙爵				唐子祖乙	
4308	8836	唐子祖乙爵				唐子祖乙	
4309	8843	弓蟲祖己爵		AbⅡ	三、四期	弓蟲祖己	十二式12
4310	8850	亞豕父甲爵		AbⅡ	三、四期	亞豕父甲	圖集08291
4311	8852	亞僕父乙爵	河南安陽（傳）	AaⅢ	四期	亞僕父乙	故青7
4312	8853	亞夗父乙爵				亞夗父乙	
4313	8854	亞夗父乙爵		AaⅢ	四期	亞夗父乙	頌續90
4314	8858	亞聿父乙爵	河南安陽	AbⅡ	四期	亞聿父乙	嚴窟上45
4315	8860	亞口父乙爵				亞口父乙	
4316	8864	天曹父乙爵				天曹父乙	
4317	8956	天曹父癸爵				天曹父癸	
4318	8865	庚豕父乙爵	河南安陽殷墟M1：23	AaⅢ	四期	庚豕父乙	殷銅88
4319	8866	犬山父乙爵				犬山父乙	

續表

編號	著錄號	器名	出土地	型式	期別	銘文	器形來源
4320	8867	𠨘犬父乙爵				𠨘犬父乙	
4321	8871	秉盾父乙爵				秉盾父乙	
4322	8842	盾伸祖己爵				盾伸祖己	
4323	8872	盾伸父乙爵				盾伸父乙	
4324	8973	盾伸父癸爵				盾伸父癸	
4325	8937	盾單父己爵				盾單父己	
4326	8884	西單父丙爵				西單父丙	
4327	8888	亞魚父丁爵	河南安陽殷墟西區 M1713：43	AaⅢ	四期	亞魚父丁	考古1986年8期
4328	8889	亞魚父丁爵	河南安陽殷墟西區 M1713：44	AaⅢ	四期	亞魚父丁	考古1986年8期
4329	8890	亞覃父丁爵		AaⅢ	四期	亞覃父丁	西清23.1
4330	8895	亞獏父丁爵		AaⅢ	四期	亞獏父丁	綜覽爵176
4331	8926	亞址父己爵				亞址父己	
4332	9015	亞丞父己爵	河南上蔡縣田莊村			亞丞父己	
4333	8943	亞畐父辛爵				亞畐父辛	
4334	8896	兮建父丁爵				兮建父丁	
4335	8898	己竝父丁爵	河南安陽（傳）	AaⅠ	二、三期	己竝父丁	河南1.330
4336	8899	己竝父丁爵		AaⅠ	二、三期	己竝父丁	中原1985年1期
4337	8900	己竝父丁爵		AaⅠ	二、三期	己竝父丁	中原1985年1期
4338	8901	戈埶父丁爵				戈埶父丁	
4339	8875	廥冊父乙爵	河南安陽	AbⅡ	三、四期	廥冊父乙	嚴窟上28
4340	8907	廥冊父丁爵				廥冊父丁	
4341	8909	困冊父丁爵				困冊父丁	
4342	8910	玉冊父丁爵				玉冊父丁	
4343	8911	玉冊父丁爵				玉冊父丁	
4344	8913	□冊父丁爵				□冊父丁	
4345	8915	叀庚父丁爵	山東鄒縣小西韋村	AbⅡ	三、四期	叀庚父丁	文物1974年1期
4346	8929	𠂤葡父己爵				𠂤葡父己	
4347	8930	辰蠱父己爵				辰蠱父己	

編號	著録號	器名	出土地	型式	期別	銘文	器形來源
4348	8951	叟興父辛爵		AbⅡ	三、四期	叟興父辛	綜覽爵162
4349	8861	子翌父乙爵				子翌父乙	
4350	8954	子翌父壬爵		AbⅡ	三、四期	子翌父壬	圖集08338
4351	8443	子八父丁爵		AaⅡ	三、四期	子八父丁	雙吉上36
4352	8961	子Ⅵ父癸爵				子Ⅵ父癸	
4353	8987	子▲乙辛爵				子▲乙辛	
4354	8957	何疾父癸爵				何疾父癸	
4355	8958	何疾父癸爵		BaⅢ	三、四期	何疾父癸	故銅34
4356	8959	何疾父癸爵				何疾父癸	
4357	8962	北酉父癸爵				北酉父癸	
4358	8968	妻隽父癸爵		AaⅢ	四期	妻隽父癸	十二家25
4359	8970	卒𣩇父癸爵				卒𣩇父癸	
4360	8972	庚亘父癸爵		AaⅢ	四期	庚亘父癸	陶齋3.14
4361	8982	聑鼉婦𡚺爵	河南輝縣褚邱	AaⅢ	四期	聑鼉婦𡚺	河南1.351
4362	8983	聑鼉婦𡚺爵	河南輝縣褚邱	AaⅢ	四期	聑鼉婦𡚺	河南1.350
4363	9023	𧱢作父癸爵				𧱢作父癸	
4364	E781	史嬰爵	山東滕州官橋鎮前掌大村商周墓地M110：4	AaⅢ	四期	史嬰作爵	
4365	E782	曾方施爵	山東滕州官橋鎮前掌大村商周墓地M127：2	AaⅢ	四期	曾方施	
4366	8840	爵聑佣祖丁爵				爵聑佣祖丁	
4367	8923	丩盾作父戊角	河南安陽（傳）	BⅡ	四期	丩盾作父戊	圖集08778
4368	8993	𡶋祖丁父乙爵				𡶋祖丁父乙	
4369	9007	亞父丁爵				□木亞父丁	
4370	9010	亞向父戊爵				亞向乳父戊	
4371	9014	宁啓▲父戊爵				啓宁▲父戊	
4372	9022	子▲木父癸爵				子▲木父癸	

編號	著録號	器名	出土地	型式	期別	銘文	器形來源
4373	J900	周獎父乙爵	河南安陽梅園莊南地 M30：1	AaⅡ	三期	周獎父乙	
4374	J906	鄉爵		AbⅡ	四期	鄉作祖壬彝	
4375	9049	子冊父乙爵		AbⅡ	三、四期	子冊翌谷父乙	冠斝中37
4376	9050	黿父乙爵				貝唯賜，黿父乙	
4377	9051	黿父乙爵		AaⅢ	四期	貝唯賜，黿父乙	十二舊5
4378	9055	子糸刀父己爵		AbⅡ	四期	子糸父▲刀己	圖集08508
4379	9056	秉父庚爵	河南安陽大司空村			秉以父庚宗尊	
4380	9057	秉父庚爵	河南安陽大司空村			秉以父庚宗尊	
4381	E787	丏爵	陝西麟游縣九成宫鎮後坪村	AbⅡ	四期	丏用作父乙彝	
4382	9072	螽冊父丁爵		AaⅢ	四期	作父丁尊彝。螽冊	尊古3.3
4383	9074	耳衡父庚爵				耳衡父庚百七六八	
4384	9084	又羖父癸爵		AbⅡ	四期	又羖父癸朕母	十二賈22
4385	9085	又羖父癸爵		AbⅠ	二、三期	又羖父癸朕母	十二賈21
4386	9090	者姒爵	河南（傳）	Bb	四期	亞醜者姒大子尊彝	綜覽爵175
4387	9088	子嫠父乙爵		AbⅡ	四期	子嫠在凷作文父乙彝	全集3.29
4388	9092	婦鬮角		Cb	四期	婦鬮作文姑日癸尊彝，蘇	圖集08572
4389	9098	姒瓦爵		AbⅡ	四期	乙未，王賞姒瓦，在寢，用作尊彝	綜覽爵214
4390	9101	寢魚爵	河南安陽孝民屯商墓 M1713：50	AbⅡ	四期	亞魚。辛卯，王賜寢魚貝，用作父丁彝	全集3.16

角

編號	著錄號	器名	出土地	型式	期別	銘文	器形來源
4391	E793	亞角	河南安陽劉家莊M1046：18	B I	四期	亞	
4392	7756	𩵋角		B I	三、四期	𩵋	故銅89
4393	7757	𩵋角				𩵋	
4394	7758	𩵋角		B I	三、四期	𩵋	青研097
4395	E794	史角	山東滕州官橋鎮前掌大村商周墓地M11：110	B I	四期	史	
4396	E795	史角	山東滕州官橋鎮前掌大村商周墓地M11：114	B I	四期	史	
4397	7793	亞𡩋角		A	三期	亞𡩋	綜覽角23
4398	7794	亞𡩋角		B I	三期	亞𡩋	善圖164
4399	J832	亞址角	河南安陽郭家莊M160：144	B I	三期	亞址	
4400	J833	亞址角	河南安陽郭家莊M160：153		三期	亞址	
4401	J834	亞址角	河南安陽郭家莊M160：151		三期	亞址	
4402	J835	亞址角	河南安陽郭家莊M160：146	B I	三期	亞址	
4403	J836	亞址角	河南安陽郭家莊M160：145	B I	三期	亞址	
4404	J837	亞址角	河南安陽郭家莊M160：142	B I	三期	亞址	
4405	J838	亞址角	河南安陽郭家莊M160：143	B I	三期	亞址	
4406	J839	亞址角	河南安陽郭家莊M160：141	B I	三期	亞址	
4407	J840	亞址角	河南安陽郭家莊M160：125	B I	三期	亞址	
4408	J841	亞址角	河南安陽郭家莊M160：124		三期	亞址	
4409	7936	父己角		B I	三、四期	父己	故銅36
4410	8169	𡔷叔角	山東費縣（傳）	B I	四期	𡔷叔	圖集08726
4411	8337	𡔷祖己角		B I	三、四期	𡔷祖己	懷米上18
4412	8379	𡔷父乙角				𡔷父乙	
4414	8381	𡔷父乙角		B I	三、四期	𡔷父乙	綜覽角16
4415	E798	𡔷父丁角	山東滕州官橋鎮前掌大村商周墓地M119：39	B I	四期	𡔷父丁	
4416	8608	𡔷父辛角		B I	三、四期	𡔷父辛	青研098
4417	8372	陸父甲角		B I	四期	陸父甲	青研100
4418	8327	冊祖丁角		B I	四期	冊祖丁	綜覽角9

編號	著録號	器名	出土地	型式	期別	銘文	器形來源
4419	8383	子父乙角				子父乙	西甲12.15
4420	8396	黿父乙角	河南（傳）	BⅠ	三、四期	黿父乙	善圖162
4421	J872	黿父乙角		BⅠ	三、四期	黿父乙	
4422	8589	黿父庚角		BⅠ	三、四期	黿父庚	青研101
4423	E797	史父乙角	山東滕州官橋鎮前掌大村商周墓地M18：32	BⅡ	商末周初	史父乙	
4424	E800	史子日癸角	山東滕州官橋鎮前掌大村商周墓地M120：16	BⅠ	商末周初	史子日癸	
4425	E801	史子日癸角	山東滕州官橋鎮前掌大村商周墓地M120：14	BⅠ	商末周初	史子日癸	
4426	8531	丩盾父戊角	河南安陽（傳）	BⅠ	三、四期	丩盾父戊	綜覽角8
4427	8837	▲丁祖乙角		BⅡ	四期	▲丁祖乙	綜覽角10
4428	8857	敢爻父乙角		BⅠ	四期	敢爻父乙	日精華3.211
4429	J897	母嫜日辛角		BⅠ	四期	母嫜日辛	
4430	E799	母嫜日辛角		BⅠ	四期	母嫜日辛	
4431	8882	亞𪓱父丙角		Cb	四期	亞𪓱父丙	綜覽爵269
4432	8891	亞弜父丁角				亞弜父丁	
4433	8892	亞弜父丁角				亞弜父丁	
4434	8894	亞獏父丁角		BⅡ	四期	亞獏父丁	綜覽角14
4435	8927	亞古父己角		BⅠ	四期	亞古父己	綜覽角11
4436	8874	陸冊父乙爵		BⅠ	四期	陸冊父乙	雙吉上45
4437	J902	膚冊父庚角		BⅠ	三、四期	膚冊父庚	
4438	8984	耴𪔀婦𡚱角	河南輝縣褚邱	Ca	四期	耴𪔀婦𡚱	河南1.349
4439	9008	亞𡛛父丁角		BⅠ	四期	亞𡛛父丁叙	尊古3.8
4440	9064	冊弜祖乙角		BⅠ	三、四期	冊弜作祖乙，亞戈	博古16.16
4441	J910	婦閟角		Cb	四期	婦閟文姑尊彝	
4442	9093	婦閟角		Ca	四期	婦閟作文姑日癸尊彝，菇	綜覽爵266
4443	9100	𣄰作父癸角				甲寅，子賜𣄰貝，用作父癸尊彝。黿	

編號	著録號	器名	出土地	型式	期别	銘文	器形來源
4444	9102	萄亞作父癸角		BⅡ	四期	丙申，王賜萄亞虢奚貝，在橐，用作父癸彝	全集3.32
4445	9105	宰㭬角		BⅡ	四期	庚申，王在闌，王格，宰㭬從。賜貝五朋，用作父丁尊彝。在六月，唯王廿祀翌又五。廥册	全集3.33

斝

編號	著録號	器名	出土地	型式	期别	銘文	器形來源
4446	9106	疆斝		Bb	二期	疆	美集A316
4447	9107	齒斝				齒	
4448	9108	人斝		AaⅢ	二期	人	美集A305
4449	9109	失斝				失	
4450	9110	襄斝	河南安陽侯家莊西北崗M1400	AbⅠ	二期	襄	綜覽斝67
4451	9111	兒斝				兒	
4452	9112	丮斝				丮	
4453	9113	奚斝		CⅠ	四期	奚	圖集10885
4454	E804	耳斝		AaⅠ	中商	耳	
4455	9114	匿斝		AaⅡ	二期	匿	美集A309
4456	9115	匿斝		AaⅡ	二期	匿	考古1986年9期
4457	9116	何斝				何	
4458	9117	何斝		CⅠ	四期	何	圖集10915
4459	9118	𦥑斝		AaⅡ	二期	𦥑	青研130
4460	9119	竝斝				竝	

編號	著錄號	器名	出土地	型式	期別	銘文	器形來源
4461	9120	北罍		Ab I	二期	北	美集A299
4462	9121	鄉罍		Ab I	二期	鄉	美集A298
4463	9122	臣罍		Aa III	二、三期	臣	綜覽罍56
4464	9123	叟罍		Aa III	二期	叟	美集A306
4465	9124	聿罍				聿	
4466	9125	史罍				史	
4467	9126	爰罍	河南安陽（傳）	Aa III	三期	爰	出光藏38
4468	J915	爰罍	河南安陽戚家莊東M269：42	Aa III	三期	爰	
4469	9127	巽罍	河南安陽殷墟M5：861	Aa III	二期	巽	殷銅52
4470	9128	興罍		Bb	二期	興	美集A316
4471	9129	興罍		Aa II	二期	興	圖集10895
4472	9130	正罍		Ab I	二期	正	圖集10896
4473	9131	正罍		Ab I	二期	正	西清23.7
4474	9132	踵罍		Aa III	二期	踵	全集3.45
4475	E805	踵罍		Ab I	二期	踵	故宮圖38
4476	9133	徙罍	河南溫縣小南張村	Ab I	二期	徙	全集4.62
4477	9134	黿罍				黿	
4478	9135	鳥罍				鳥	
4479	9136	隽罍				隽	
4480	9137	亞罍		Aa III	二、三期	亞	日精華3.240
4481	9138	亞罍		Aa III	二、三期	亞	圖集10930
4482	9139	亞罍		Aa II	二期	亞	圖集10931
4483	9140	戈罍	河南輝縣褚邱	C II	四期	戈	中原1985年1期
4484	9141	⊕罍		Bb	二期	⊕	美集A318
4485	9142	荀罍	河南安陽（傳）	Aa III	二、三期	荀	綜覽罍40
4486	9144	罍	河南安陽（傳）	Aa III	二、三期		鄴三上35
4487	9145	罍		Ab II	三期		綜覽罍53
4488	9146	亶罍		Ab I	二期	亶	美集A302

編號	著録號	器名	出土地	型式	期別	銘文	器形來源
4489	9147	冊斝		Bb	二期	冊	故銅37
4490	9148	⊗斝		AaⅡ	二期	⊗	美集A310
4491	9149	◇斝		AbⅠ	二期	◇	中原1985年1期
4492	9150	串斝		CⅡ	四期	串	西清23.5
4493	9151	卞斝				卞	
4494	9155	兒斝				兒	
4495	J916	屾斝		AbⅠ	二期	屾	
4496	J923	卒旅斝		AbⅠ	二期	卒旅	
4497	9152	戊斝		AaⅢ	三期	戊	綜覽斝46
4498	9153	戊斝		AaⅢ	二、三期	戊	北圖167
4499	9154	癸斝				癸	
4500	9143	亞𡥈斝	河南安陽大司空村M539：35	AbⅠ	二期	亞𡥈	全集3.49
4501	9156	亞矣斝		AbⅡ	三期	亞矣	圖集10945
4502	9157	亞矣斝	河南安陽侯家莊西北崗	AaⅢ	二期	亞矣	綜覽斝62
4503	9158	亞矣斝		AaⅢ	二期	亞矣	全集3.46
4504	9159	亞𪊨斝		AaⅡ	三期	亞𪊨	故銅84
4505	9164	亞獏斝	河南安陽	AaⅡ	三、四期	亞獏	嚴窟上24
4506	9163	亞𦥑斝	河南安陽殷墟M5：1197	AaⅢ	二期	亞𦥑	婦好
4507	9162	亞𧴪斝				亞𧴪	
4508	9160	亞酉斝				亞酉	
4509	9177	亞母斝	河南安陽（傳）	AbⅠ	二期	母亞	綜覽斝72
4510	9161	亞敝斝		AbⅠ	二期	亞敝	圖集10949
4511	J919	亞址斝	河南安陽郭家莊M160：111	BaⅡ	三期	亞址	
4512	J920	亞址斝	河南安陽郭家莊M160：173	BaⅡ	三期	亞址	
4513	E808	亞長斝	河南安陽花園莊M54：43	BaⅠ	二期	亞長	
4514	9224	子橐斝	河南安陽殷墟M5：317	AaⅢ	二期	子橐	婦好
4515	9174	子漁斝	河南安陽殷墟M18：17	AbⅠ	二期	子漁	全集3.48
4516	9173	子媚斝				子媚	

續表

編號	著録號	器名	出土地	型式	期別	銘文	器形來源
4517	9172	子蝠斝		AbⅡ	三、四期	子蝠	圖集10965
4518	9165	祖戊斝		CⅠ	四期	祖戊	西甲11.12
4519	9166	祖己斝				祖己	
4520	J917	祖己斝	河南武陟縣寧郭村	CⅠ	三期	祖己	
4521	9167	父乙斝				父乙	
4522	9168	父己斝	河南安陽殷墟西區M198：6	AbⅡ	三期	父己	全集3.50
4523	9169	父庚斝				父庚	
4524	9170	父辛斝				父辛	
4525	9171	父癸斝				父癸	
4526	9175	𦫿𠂤斝		CⅠ	四期	𦫿𠂤	故青10
4527	9176	𦫿叙斝		CⅠ	四期	𦫿叙	文物1982年9期
4528	9193	弔黽斝				弔黽	
4529	9185	𪓐乙斝				𪓐乙	
4530	9190	免周斝		AaⅢ	三期	免周	綜覽斝64
4531	9189	?𣄰斝	河南安陽郭家灣北地（傳）	CⅠ	四期	?𣄰	图集10993
4532	9188	𠁁辛斝				𠁁辛	
4533	9187	戈庚斝				戈庚	
4534	9186	魚乙斝				魚乙	
4535	9184	酉乙斝				酉乙	
4536	9183	酉乙斝		AaⅡ	二期	酉乙	綜覽斝21
4537	9182	酉乙斝				酉乙	
4538	9195	鄉寧斝		Bb	二期	鄉寧	全集3.59
4539	E809	寧萄斝	河南安陽戚家莊東M63：15	CⅠ	四期	寧萄	
4540	9178	婦好斝	河南安陽殷墟M5：752	BaⅠ	二期	婦好	殷銅33
4541	9180	婦好斝	河南安陽殷墟M5：751	AaⅢ	二期	婦好	婦好
4542	9179	婦好斝	河南安陽殷墟M5：855	BaⅠ	二期	婦好	全集3.55
4543	9181	婦好斝	河南安陽殷墟M5：854	BaⅠ	二期	婦好	婦好
4544	9222	司媚斝	河南安陽殷墟M5：860	AaⅢ	二期	司媚	婦好

編號	著錄號	器名	出土地	型式	期別	銘文	器形來源
4545	9223	司婦斝	河南安陽殷墟M5：857	AaⅢ	二期	司婦	全集3.40
4546	9194	𢼸失斝		CⅡ	四期	𢼸失	十二居28
4547	9196	買車斝			三、四期	買車	
4548	9197	車𢼸斝		AaⅢ	二期	車𢼸	美集A307
4549	9200	西單斝		AbⅠ	二期	西單	善圖167
4550	9198	虘冊斝				虘冊	
4551	9199	睪冊斝				睪冊	
4552	9201	爻祖丁斝				爻祖丁	
4553	9202	𩵋祖丁斝				𩵋祖丁	
4554	9203	襄祖己斝		CⅠ	四期	襄祖己	善齋7.64
4555	9204	豕父甲斝				豕父甲	
4556	9205	田父甲斝	山東長清縣（傳）	CⅡ	四期	田父甲	綜覽斝106
4557	9227	姚田干斝	河南安陽薛家莊	CⅠ	四期	姚田干	綜覽斝87
4558	9208	𨅨父乙斝				𨅨父乙	
4559	9215	𨅨父己斝				𨅨父己	
4560	9216	𨅨父辛斝				𨅨父辛	
4561	9217	𨅨父辛斝				𨅨父辛	
4562	9209	黿父乙斝		CⅠ	四期	黿父乙	青研135
4563	9212	單父丁斝		CⅡ	四期	單父丁	西甲11.11
4564	9213	聿父戊斝		CⅠ	四期	聿父戊	寧壽10.7
4565	9214	保父己斝				保父己	
4566	J922	子父辛斝		AaⅢ	二、三期	子父辛	
4567	9219	蓑父癸斝				蓑父癸	
4568	9220	𠁁父癸斝		CⅠ	四期	𠁁父癸	寶蘊114
4569	9221	冎父丁斝		CⅡ	四期	冎父丁	寶蘊115
4570	9225	亞𧩙衕斝		CⅠ	四期	亞𧩙衕	十二絜13
4571	J924	亞𡿺址斝	河南安陽郭家莊M160：174	CⅠ	三期	亞𡿺址	
4572	中國	亞𡿺址斝		AbⅡ	三期	亞𡿺址	中國P129

續表

編號	著録號	器名	出土地	型式	期別	銘文	器形來源
4573	J925	亞郯其斝	陝西岐山縣北郭鄉樊村	CⅡ	四期	亞郯其	
4574	E812	亞宔𠃍斝	河南安陽劉家莊M1046：20	CⅠ	四期	亞宔𠃍	
4575	9226	𦣻其[illegible]斝				𦣻其[illegible]	
4576	9228	亞弜父丁斝				亞弜父丁	
4577	9232	山U父辛斝				山U父辛	
4578	9233	何疾父癸斝				何疾父癸	
4579	9234	亞次驪斝		AbⅡ	三期	亞次驪	綜覽斝50
4580	9235	史䀠作彝斝				史䀠作彝	
4581	9237	光作從彝斝				光作從彝	
4582	9238	亞禽示辛斝		CⅠ	四期	亞禽示辛	北圖168
4583	9231	丩盾作父戊斝				丩盾作父戊	
4584	9246	婦[illegible]斝				婦[illegible]作文姑日癸尊彝，𦍒	
4585	9247	婦[illegible]斝		CⅡ	四期	婦[illegible]作文姑日癸尊彝，𦍒	善齋7.68
4586	9249	小臣邑斝		CⅡ	四期	癸巳，王賜小臣邑貝十朋，用作母癸尊彝。唯王六祀肜日，在四月。亞矣	全集3.53

觥

編號	著録號	器名	出土地	型式	期別	銘文	器形來源
4587	9250	[illegible]觥		甲AaⅡ	二期	[illegible]	圖集13603
4588	9251	婦觥		甲AbⅠ	二期	婦	美集A656
4589	E813	嬑觥		甲AaⅠ	二、三期	嬑	
4590	J928	𢿢觥蓋	河南安陽後崗M9：1	甲AaⅡ	四期	𢿢	
4591	9259	㚔旅觥		甲AaⅠ	二、三期	㚔旅	美集A658
4592	9253	亞若觥				亞若	

編號	著録號	器名	出土地	型式	期別	銘文	器形來源
4593	E814	亞長觚		甲AbⅡ	二期	亞長	
4594	9254	𤔲雨觚		甲AaⅠ	二期	𤔲雨	美集A651
4595	9255	𦥑䇂觚		甲AaⅠ	二、三期	𦥑䇂	西清32.13
4596	9256	▲賈觚		甲AaⅠ	二、三期	▲賈	西清32.3
4597	9258	宁矢觚		甲AaⅡ	四期	宁矢	綜覽匜29
4598	1339	婦好觚	河南安陽殷墟M5：763	甲AbⅠ	二期	婦好	婦好
4599	9260	婦好觚	河南安陽殷墟M5：802	甲AaⅠ	二期	婦好	全集3.151
4600	9261	婦好觚	河南安陽殷墟M5：779	甲AaⅠ	二期	婦好	殷銅118
4601	9262	亯戚觚		甲AaⅠ	二期	亯戚	全集4.82
4602	9263	𠕭己觚		甲AaⅡ	四期	𠕭己	美集A653
4603	9264	庚執觚				庚執	
4604	9280	娟辛觚	河南安陽殷墟M5：803	乙	二期	娟辛	殷銅4
4605	9281	娟辛觚	河南安陽殷墟M5：1163	乙	二期	娟辛	全集3.149
4606	9269	𦫫父乙觚		甲AaⅡ	四期	𦫫父乙	西甲14.33
4607	9270	𦫫父乙觚				𦫫父乙	
4608	9284	𦫫文父丁觚		甲B	商末周初	𦫫文父丁	日精華3.263
4609	9271	山父乙觚		甲B	商末周初	山父乙	西清32.10
4610	9272	豕父乙觚		甲B	商末周初	豕父乙	綜覽匜35
4611	9279	黿父癸觚				黿父癸	
4612	9283	冊𢦏𦥑觚		甲AaⅡ	四期	冊𢦏𦥑	青研166
4613	9291	作母戊觚蓋	河南林縣下莊	甲AaⅡ	四期	作母戊寶尊彝	河南1.377
4614	J930	觚觚	河南安陽郭家莊M53：4	甲AaⅡ	四期	觚作母丙彝，亞址	
4615	9294	者𤔲觚		甲B	四期	亞醜，者𤔲大子尊彝	陶齋3.34
4616	9295	者𤔲觚		甲B	四期	亞醜，者𤔲大子尊彝	綜覽匜33
4617	9301	文嫀己觚		甲AbⅡ	商末周初	𦫫，丙寅，子賜□貝，用作文嫀己寶彝，在十月又三	博古20.34

盉

編號	著録號	器名	出土地	型式	期別	銘文	器形來源
4618	9305	夂盉		Cb	商末周初	夂	綜覽盉19
4619	9306	失盉		Bb Ⅰ	三期	失	圖集14594
4620	J931	失盉		Bb Ⅰ	三期	失	
4621	9307	[illegible]盉		Ca	商末周初	[illegible]	考古圖2.8
4622	9310	黿盉		Ca	四期	黿	武英125
4623	9312	[illegible]盉		Ca	商末周初	[illegible]	西清31.44
4624	9313	矢盉		Bb Ⅱ	四期	矢	青研284
4625	9315	左方盉	河南安陽侯家莊西北崗M1001	Ab	二期晚段	左	全集3.142
4626	9316	中方盉	河南安陽侯家莊西北崗M1001	Ab	二期晚段	中	全集3.141
4627	9317	右方盉	河南安陽侯家莊西北崗M1001	Ab	二期晚段	右	全集3.143
4628	9318	甲盉				甲	
4629	9319	[illegible]盉				[illegible]	
4630	9320	[illegible]盉				[illegible]	
4631	9321	[illegible]盉		Bc	商末周初	[illegible]	移林20
4632	9322	爻盉		Ca	商末周初	爻	寶蘊88
4633	E817	敚盉	山東滕州官橋鎮前掌大村商周墓地M120：12	Cb	商末周初	敚	
4634	E818	史盉	山東滕州官橋鎮前掌大村商周墓地M11：101	Ca	商末周初	史	
4635	9323	亞覻盉				亞覻	
4636	9324	亞覻盉		Bc	商末周初	亞覻	善齋9.22
4637	9366	亞覻母盉				亞覻母	
4638	9373	亞覻父丁盉		Cb	商末周初	亞覻父丁	日精華3.252
4639	9326	亞豈盉		Bb Ⅰ	四期	亞豈	文物1964年4期
4640	J933	亞址盉	河南安陽郭家莊M160：74	Bb Ⅰ	三期	亞址	
4641	9327	䢅𢦚盉	山東费縣（傳）	Bc	四期	䢅𢦚	文物1982年9期

編號	著錄號	器名	出土地	型式	期別	銘文	器形來源
4642	9330	�蠡盃		BbⅡ	四期	𠁁蠡	圖集14610
4643	9332	子蝠盃		Cb	四期	子蝠	綜覽盃18
4644	9333	婦好盃	河南安陽殷墟M5：859	Aa	二期晚段	婦好	全集3.139
4645	9334	婦好盃	河南安陽殷墟M5：837	Ba	二期晚段	婦好	婦好
4646	9335	婦好盃	河南安陽殷墟M5：798	Ba	二期晚段	婦好	婦好
4647	E823	▲萬盃		Bc	四期	▲萬	
4648	9338	子父乙盃	陝西寶雞鬥雞臺	Ca	商末周初	子父乙	美集A328
4649	9339	子父乙盃		Ca	商末周初	子父乙	圖集14630
4650	9349	子父丁盃		Ca	商末周初	子父丁	寶蘊89
4651	9343	㠱父乙盃		Ca	商末周初	㠱父乙	美集A326
4652	9344	𨸏父乙盃		Ca	商末周初	𨸏父乙	圖集14631
4653	E826	武父乙盃	河南安陽小屯村東北地F1：1	Aa	一期	武父乙	
4654	9350	佣父丁盃				佣父丁	
4655	9351	亼父丁盃				亼父丁	
4656	9352	𠁁父丁盃		Bc	商末周初	𠁁父丁	善齋9.25
4657	9365	𠁁父癸盃		Ca	商末周初	𠁁父癸	西甲14.25
4658	9354	黿父戊盃				黿父戊	
4659	9359	黿父癸盃				黿父癸	
4660	9356	酓父戊盃				酓父戊	
4661	9357	酓父戊盃				酓父戊	
4662	9360	狄父癸盃		Ca	商末周初	狄父癸	博古19.32
4663	9363	𦫵父癸盃		Ca	商末周初	𦫵父癸	美集A327
4664	9374	亞獏父丁盃		Ca	商末周初	亞獏父丁	綜覽盃29
4665	9375	亞得父丁盃				亞得父丁	
4666	9378	亞古父己盃				亞古父己	
4667	9379	亞孳父辛盃				亞孳父辛	
4668	9346	丩盾父乙盃		Ca	四期	丩盾父乙	圖集14671
4669	9370	葡參父乙盃		Cb	商末周初	葡參父乙	善齋9.27
4670	9377	冪冊父丁盃		Bc	商末周初	冪冊父丁	
4671	9387	子◇𦥑父甲盃				子◇𦥑父甲	

續表

編號	著錄號	器名	出土地	型式	期別	銘文	器形來源
4672	9389	北單戈父丁盉				北單戈父丁	
4673	9403	亞鳥从丁盉		Ca	商末周初	亞鳥宁从父丁	故銅74
4674	9415	亞舉盉		BbⅠ	三期	亞舉作仲子辛彝	美集A324
4675	E833	莽盉	山東滕州官橋鎮前掌大村商周墓地M18：46	BbⅠ	四期	莽擒人方雍伯夗首毛，用作父乙尊彝。史	

壺

編號	著錄號	器名	出土地	型式	期別	銘文	器形來源
4676	9457	失壺		BⅠ	三期	失	青研148
4677	9458	先壺				先	
4678	9459	嬰壺				嬰	
4679	9460	嬰壺		BⅡ	三期	嬰	圖集11965
4680	9462	蹕壺				蹕	
4681	9463	蹕壺	河南安陽侯家莊西北崗M1708	BⅡ	三期	蹕	綜覽壺30
4682	9464	夆壺		BⅡ	三期	夆	文物1986年8期
4683	9465	興壺		BⅠ	二期晚段	興	美集A686
4684	9466	興壺		BⅠ	二期晚段	興	美集A687
4685	9467	𡕥壺				𡕥	
4686	9468	弔壺				弔	
4687	9471	𡔐壺		BⅠ	二期晚段	𡔐	美集A691
4688	9472	戈壺		BⅠ	二期晚段	戈	綜覽壺31
4689	9473	弓壺		BⅠ	二期晚段	弓	博古12.9
4690	9474	黃壺		BⅠ	二期晚段	黃	故銅72
4691	E837	乂壺		A	中商	乂	
4692	9475	爻壺				爻	
4693	J944	𡦗壺		BⅠ	二期	𡦗	

續表

編號	著録號	器名	出土地	型式	期別	銘文	器形來源
4694	9480	旅壺		B I	二期晚段	旅	美集A689
4695	9484	夬丁壺		B I	二、三期	夬丁	綜覽壺32
4696	9478	亞倗壺				亞倗	
4697	9479	亞弜壺				亞弜	
4698	9481	鄉宁壺		B I	二、三期	鄉宁	綜覽壺24
4699	9482	鄉宁壺		B I	二、三期	鄉宁	全集3.90
4700	9485	子龍壺				子龍	
4701	9486	婦好壺	河南安陽殷墟M5：863	B I	二期晚段	婦好	全集3.88
4702	9487	婦好壺	河南安陽殷墟M5：795	B I	二期晚段	婦好	婦好
4703	9509	婦好正壺		B I	二、三期	婦好正	綜覽壺18
4704	9488	心守壺	河北藁城縣前西關	B I	二、三期	心守	叢刊1輯
4705	9489	天犬壺				天犬	
4706	9490	史放壺				史放	
4707	9491	盟商壺				盟商	
4708	9493	父己壺				父己	西清19.1
4709	J947	萄失壺		B I	二、三期	萄失	
4710	9510	司嫊壺	河南安陽殷墟M5：794	D	二期晚段	司嫊	婦好
4711	9511	司嫊壺	河南安陽殷墟M5：807	D	二期晚段	司嫊	全集3.93
4712	9505	囧父辛壺				囧父辛	
4713	9507	燕兄辛壺				燕兄辛	
4714	9508	北單戈壺	河南安陽（傳）	B I	二、三期	北單戈	綜覽壺20
4715	E844	史子孕壺		B I	二、三期	史子孕	
4716	9524	𠙹父丁壺				𠙹父丁	
4717	9544	亞羌壺		C	四期	亞羌作狀彝	西清18.1
4718	9565	亞矢父乙壺				亞矢丩望父乙	
4719	9576	尸作父己壺				𤰞，尸作父己尊彝	
4720	9566	汏父乙壺				汏作父乙尊彝，號冊	

罍

編號	著錄號	器名	出土地	型式	期別	銘文	器形來源
4721	9736	竝罍				竝	
4722	9737	英罍		AⅢ	四期	英	
4723	9738	妙罍		AⅢ	三、四期	妙	綜覽罍18
4724	9739	何罍	河南安陽郭家灣北地（傳）	AⅡ	三期	何	圖集13702
4725	9741	罍					
4726	9742	得罍	河南洛陽（傳）			得	
4727	9743	鼻罍		AⅡ	三期	鼻	綜覽罍15
4728	9744	蠱罍				蠱	
4729	9745	罍					
4730	9746	正罍				正	
4731	9747	鳶方罍	河南安陽（傳）	BⅡ	三期	鳶	美集A182
4732	J976	鳶方罍		BⅡ	三期	鳶	
4733	9748	罍		AⅢ	三期		青研168
4734	E879	罍		AⅢ	三期		
4735	9749	罍		AⅠ	二期		鄴二上37
4736	9750	賈罍				賈	
4737	9751	宮罍				宮	
4738	9752	戈罍				戈	
4739	9753	戈罍				戈	
4740	9755	戈罍				戈	
4741	J975	武方罍		BⅠ	二期	武	
4742	9756	罍					
4743	J973	爰罍	河南安陽戚家莊東M269：35	AⅡ	三期早段	爰	
4744	J974	融罍	山東青州蘇埠屯M8：10	AⅡ	三期	融	
4745	J977	罍蓋	山西靈石縣旌介村M2：46		三、四期		旌介圖124
4745		罍	山西靈石縣旌介村M1：32	AⅢ	三、四期		旌介圖55
4746	E881	穀罍		AⅠ	二期	穀	

編號	著錄號	器名	出土地	型式	期別	銘文	器形來源
4747	9762	亞矣罍		BⅠ	二期	亞矣	冠罕上31
4748	E883	亞矣方罍		BⅠ	二期	亞矣	
4749	9763	亞醜罍		BⅢ	商末周初	亞醜	懷米上8
4750	9764	亞醜罍		AⅢ	四期	亞醜	綜覽罍32
4751	9765	亞醜方罍		BⅢ	商末周初	亞醜	綜覽罍34
4752	9766 J979	亞醜罍		AⅢ	四期	亞醜	
4753	9767	亞醜罍		AⅢ	四期	亞醜	美集A778
4754	9768	亞旁罍		AⅡ	三期	亞旁	美集A780
4755	9769	亞止方罍	河南安陽（傳）	BⅢ	商末周初	亞止	考古圖4.44
4756	J978	亞址罍	河南安陽郭家莊M160：40	AⅢ	三期	亞址	
4757	E882	亞伐方罍	陝西漢中城固縣寶山鎮蘇村小冢1976CHBSXT：2	BⅠ	二期	亞伐	
4758	E884	亞孔方罍	河南安陽劉家莊M1046：25	BⅢ	四期	亞孔	
4759	9770	萁叔罍	山東費縣（傳）	AⅢ	四期	萁叔	文物1982年9期
4760	9771	登卢方罍	遼寧喀左縣小波汰溝	BⅢ	商末周初	登卢	全集4.112
4761	9772	又羖方罍		BⅠ	二期	又羖	綜覽罍8
4762	9773	責甲罍	陝西武功縣游鳳鎮	AⅢ	三、四期	責甲	陝銅1.131
4763	9774	敄▲罍		BⅠ	二期	敄▲	日精華1.15
4764	9775	盾得方罍		BⅡ	三期	盾得	綜覽罍10
4765	9776	車𢎺罍				車𢎺	
4766	9779	日癸罍		AⅢ	三、四期	日癸	泉博116
4767	9781	婦好方罍	河南安陽殷墟M5：866	BⅠ	二期	婦好	殷銅31
4768	9782	婦好方罍	河南安陽殷墟M5：856	BⅠ	二期	婦好	婦好
4769	9783	婦姦罍		AⅠ	二期	婦姦	美集A776
4770	9780	鼓母罍	河南洛陽北窯庞家溝	BⅢ	商末周初	鼓母	全集5.177
4771	9784	子媚罍		AⅡ	三期	子媚	綜覽罍形小壺3
4772	J980	子媚罍		AⅡ	三期	子媚	

編號	著錄號	器名	出土地	型式	期別	銘文	器形來源
4773	9785	田父甲罍				田父甲	
4774	9786	𦥑父乙罍				𦥑父乙	
4775	9788	𦥑父己方罍		BⅢ	商末周初	𦥑父己	精品24
4776	E886	山父己罍	陝西漢中城固縣博望鄉陳邸村	AⅡ	三期	山父己	
4777	9790	𤴙𢎜双罍				𤴙𢎜双	
4778	9792	盍見冊罍				盍見冊	
4779	E885	冊亯𢎜罍		AⅢ	四期	冊亯𢎜	
4780	9793	亞寏孤竹方罍		BⅢ	商末周初	亞寏孤竹	全集4.113
4781	9810	孤竹父丁罍	遼寧喀左縣北洞村窖藏	AⅢ	商末周初	父丁，孤竹，亞髟	遼博3
4782	9794	亞矣鴆婦方罍		BⅡ	三期	亞矣鴆婦	綜覽罍11
4783	9796	驪父乙罍				驪父乙	
4784	9797	驪父丁罍	河南安陽（傳）	AⅡ	三期	驪父丁	綜覽罍20
4785	9798	子天父丁罍				子天父丁	
4786	9799	川子父丁罍				川子父丁	
4787	9806	蕤祖辛方罍	山東長清縣興復河	AⅢ	商末周初	蕤，祖辛禹，𠁉	文物1964年4期
4788	9807	亞高父丁罍				羖，亞高父丁	
4789	9808	朋父庚方罍	遼寧喀左縣小波汰溝	BⅢ	商末周初	朋五㝿父庚	圖集13799
4790	9818	者姒方罍		BⅢ	四期	亞觚，者姒大子尊彝	故銅81
4791	9819	者姒罍				亞觚，者姒大子尊彝	
4792	9820	婦𤔲罍蓋				婦𤔲作文姑日癸尊彝，蕤	
4793	E889	婦婭罍		BⅢ	四期	亞。婦婭作母癸尊彝。朿。蕤	圖集13820

續表

編號	著錄號	器名	出土地	型式	期別	銘文	器形來源
4794	9821	協作父丁罍		BⅢ	商末周初	王由攸田協，協作父丁尊。瀼	懷米上7
4795	9823	智作祖甲罍		AⅢ	商末周初	乃孫智作祖甲罍，其邍夼弗述（墜）寶，其作彝	故銅52

方彝

編號	著錄號	器名	出土地	型式	期別	銘文	器形來源
4796	9828	𥄗方彝		AⅡ	三期	𥄗	綜覽方彝18
4797	9829	𩵋方彝				𩵋	
4798	9830	竝方彝		AⅠ	二期	竝	綜覽方彝8
4799	9831	又方彝	河南安陽西北崗M1022	AⅡ	三期	又	全集3.64
4800	9832	聿方彝	河南安陽（傳）	AⅢ	四期	聿	美集A640
4801	9833	史方彝		AⅠ	二期	史	全集4.73
4802	9834	目方彝		AⅡ	三期	目	綜覽方彝7
4803	9835	耳方彝		AⅢ	四期	耳	綜覽方彝33
4804	9836	鳶方彝		AⅡ	三期	鳶	綜覽方彝24
4805	9837	鼎方彝		AⅡ	三期	鼎	青研160
4806	J988	鼎方彝		AⅠ	二期	鼎	
4807	J992	鼎方彝		AⅡ	三期	鼎	
4808	9838	車方彝		AⅡ	三期	車	嚴窟上20
4809	9839	栩方彝				栩	
4810	9840	戈方彝				戈	
4811	9841	戈方彝		AⅢ	四期	戈	圖集13468
4812	9843	𤖔方彝		AⅢ	四期	𤖔	全集3.69
4813	J990	𢀈方彝		AⅠ	二期	𢀈	
4814	J989	旝方彝		AⅡ	三期	旝	
4815	J993	瀾方彝	河南安陽郭家莊東南M26：35	AⅠ	二期	瀾	

編號	著録號	器名	出土地	型式	期別	銘文	器形來源
4816	河南安陽P36	爰方彝	河南安陽戚家莊東M269：22	AⅢ	三期	爰	
4817	E895	𡭔方彝		AⅠ	二期	𡭔	
4818	9845	亞矣方彝		AⅢ	四期	亞矣	圖集13479
4819	J991	亞矣方彝		AⅠ	二期	亞矣	
4820	9846	亞舟方彝		AⅠ	二期	亞舟	圖集13481
4821	9847	亞启方彝	河南安陽殷墟M5：823	AⅠ	二期	亞启	婦好
4822	9848	亞𩵋方彝		AⅢ	四期	亞𩵋	綜覽方彝39
4823	9849	亞𩵋方彝		AⅢ	四期	亞𩵋	西清14.2
4824	9850	亞𩵋方彝		AⅢ	四期	亞𩵋	故青94
4825	9851	亞豕方彝		AⅠ	二期	亞豕	全集4.75
4826	9852	亞義方彝		AⅢ	四期	亞義	故銅69
4827	9853	亞又方彝		AⅡ	三期	亞又	鄴初上15
4828	9854	亞𦫒方彝	河南安陽（傳）	AⅠ	二期	亞𦫒	鄴二上12
4829	E899	亞長方彝	河南安陽花園莊東地商墓M54：183	AⅠ	二期	亞長	
4830	9855	𡭔方彝		AⅢ	四期	𡭔	綜覽方彝31
4831	9856	鄉宁方彝	河南（傳）	AⅠ	二期	鄉宁	綜覽方彝1
4832	9857	鄉宁方彝		AⅠ	二期	鄉宁	綜覽方彝11
4833	9858	鄉宁方彝		AⅡ	三期	鄉宁	鄴三上21
4834	9860	角丙方彝				角丙	
4835	9861	婦好方彝	河南安陽殷墟M5：849	AⅠ	二期晚段	婦好	殷銅20
4836	9862	婦好偶方彝	河南安陽殷墟M5：791	C	二期晚段	婦好	全集3.60
4837	9863	婦好方彝	河南安陽殷墟M5：825	AⅠ	二期晚段	婦好	全集3.63
4838	9864	婦好方彝	河南安陽殷墟M5：828	AⅠ	二期晚段	婦好	殷銅115
4839	9865	子蝠方彝		AⅢ	四期	子蝠	全集4.71
4840	E898	子豕方彝	河南安陽花園莊東地商墓M42：2	AⅠ	二期	子豕	
4841	E896	𠃌何方彝		AⅡ	三期	𠃌何	
4842	E897	冊蟲方彝		AⅡ	三、四期	冊蟲	
4843	9867	鬥父庚方彝		AⅢ	四期	鬥父庚	青研162

續表

編號	著錄號	器名	出土地	型式	期別	銘文	器形來源
4844	9868	北單戈方彝		A I	二期	北單戈	圖集13510
4845	9869	⿰末方彝		B	二、三期	⿰末	美集A644
4846	E900	亞㠯乩方彝	河南安陽劉家莊M1046：1	A Ⅲ	四期	亞㠯乩	
4847	9871	聑日父乙方彝		A Ⅲ	四期	聑日父乙	鄴二上11
4848	9872	驪父丁方彝				驪父丁	
4849	9873	母⿰卜婦方彝		A Ⅲ	四期	母⿰卜婦	綜覽方彝28
4850	E901	母嬋日辛方彝		A Ⅲ	四期	母嬋日辛	
4851	9874	⿰癸⿰乙方彝		A Ⅱ	三期	⿰癸。⿰乙	鄴三上22
4852	J994	王⿱女叙方彝		A Ⅲ	四期	王⿱女叙	
4853	9877	冊嬰祖癸方彝				冊嬰作祖癸彝	
4854	9878	竹壺父戊方彝		A Ⅲ	四期	竹壺父戊告侃	青研159
4855	9879	竹壺父戊方彝		A Ⅲ	四期	竹壺父戊告侃	青研159
4856	9886	亞若癸方彝		A Ⅲ	四期	亞，受丁，旎乙，若癸，㠯乙	綜覽方彝29
4857	9887	亞若癸方彝		A Ⅲ	四期	亞，受丁，旎乙，若癸，㠯乙	美集A641
4858	9894	戍鈴方彝		A Ⅲ	四期	己酉，戍鈴尊宜于召康廄，諆九律，諆賞貝十朋、丙乩，用㠯丁宗彝。在九月，唯王十祀⿱登日五。隹來束	博古8.15

勺

編號	著錄號	器名	出土地	型式	期別	銘文	器形來源
4859	9902	子勺	河南安陽大司空村（傳）	B		子	圖集14152
4860	9903	配勺		B	三、四期	配	貞圖中44
4861	9904	又勺	河南安陽西北M1400	B		又	綜覽勺6
4862	9905	鳶勺		B	三、四期	鳶	巖窟上65
4863	9906	襄勺				襄	
4864	9907	𤔲勺				𤔲	
4865	9908	昍勺		B	三、四期	昍	故銅73
4866	9909	畫勺				畫	
4867	E903	爻勺		AⅡ	二、三期	爻	
4868	E904	此勺		B	三、四期	此	
4869	9910	亞𤰜勺	河南安陽（傳）	AⅡ	二、三期	亞𤰜	十二絜30
4870	9911	亞舟勺		AⅢ	四期	亞舟	遺珠54
4871	9912	亞鼎勺			二期	亞鼎	
4872	E905	亞長勺	河南安陽花園莊東地商墓M54：149	B	二期	亞長	
4873	9913	聑昍勺		B	三、四期	聑昍	鄴初上32
4874	9914	子龏勺				子龏	
4875	9916	婦好勺	河南安陽殷墟M5：744	AⅠ	二期	婦好	婦好
4876	9917	婦好勺	河南安陽殷墟M5：745	AⅠ	二期	婦好	婦好
4877	9918	婦好勺	河南安陽殷墟M5：743	AⅠ	二期	婦好	婦好
4878	9919	婦好勺	河南安陽殷墟M5：747	AⅠ	二期	婦好	婦好
4879	9920	婦好勺	河南安陽殷墟M5：749	AⅠ	二期	婦好	婦好
4880	9921	婦好勺	河南安陽殷墟M5：748	AⅠ	二期	婦好	婦好
4881	9922	婦好勺	河南安陽殷墟M5：742	AⅠ	二期	婦好	殷銅131
4882	9923	婦好勺	河南安陽殷墟M5：746	AⅠ	二期	婦好	河南1.170
4883	E906	子天▲單勺		B	三、四期	子天▲單	
4884	J1027	𢇭勺	河北蘄春縣達城鄉柏條鋪村新屋壪	B	三、四期	𢇭	

瓿

編號	著録號	器名	出土地	型式	期別	銘文	器形來源
4885	9941	🔲瓿		B	二期	🔲	
4886	9942	🔣瓿	河南安陽殷墟西區M355：5	AbⅡ	三期	🔣	殷銅197
4887	9943	侯瓿		Aa	二期	侯	鄴初上30
4888	9944	車瓿				車	
4889	9945	🔣瓿		Aa	二期	🔣	青研179
4890	9946	戈瓿		Aa	二期	戈	圖集13955
4891	9947	麝瓿	陝西岐山縣賀家村M1：6	Aa	二期	麝	周原6.1250
4892	9948	亞矣瓿	河南安陽西北崗	Aa	二期	亞矣	日精華1.5
4893	9949	印興瓿	河南安陽（傳）	AbⅡ	三期	印興	雙吉上22
4894	9950	戈🔣瓿	河南安陽殷墟西區M613：4	AbⅠ	二期	戈🔣	學報1979年1期
4895	9951	弔龜瓿		AbⅡ	三、四期	弔龜	綜覽有肩尊14
4896	9952	婦好瓿	河南安陽殷墟M5：830	Aa	二期	婦好	全集3.73
4897	9953	婦好瓿	河南安陽殷墟M5：796	Aa	二期	婦好	河南1.153
4898	9954	🔣癸瓿				🔣癸	
4899	9955	又羑瓿		Aa	二期	又羑	圖集13963
4900	9956	亞🔣昌瓿		Aa	二、三期	亞🔣昌	冠斝中4
4901	9958	亞車邑瓿				亞車邑	
4902	9957	丩盾父戊瓿		Aa	三期	丩盾父戊	精品86

盤

編號	著録號	器名	出土地	型式	期別	銘文	器形來源
4903	10009	車盤				車	
4904	10010	⊗盤		Ⅱ	三、四期	⊗	綜覽盤13
4905	10011	束方盤			四期	束	故銅141
4906	10012	萄盤				萄	
4907	10013	𣂼盤				𣂼	
4908	10014	丩盤	河南安陽（傳）	Ⅱ	三、四期	丩	館刊1982年4期

編號	著録號	器名	出土地	型式	期別	銘文	器形來源
4909	10015	帄盤				帄	
4910	10017	舟盤	河南安陽（傳）	I	三、四期	舟	日精華1.84
4911	10033	夆旅盤	河南安陽（傳）	I	二期	夆旅	全集3.177
4912	10034	峀盤		I	二期	峀	圖集14312
4913	E913	址盤		I	二期	址	
4914	E914	史盤	山東滕州官橋鎮前掌大村商周墓地M11：71	II	四期	史	
4915	E915	戈盤		II	三、四期	戈	
4916	10021	亞矣盤				亞矣	
4917	10022	亞矣盤		II	三、四期	亞矣	故銅75
4918	10023	亞矣盤	河南安陽（傳）	I	二期	亞矣	鄴二上36
4919	J998	亞址盤	河南安陽郭家莊M160：97	II	三期晚段	亞址	
4920	E916	亞夫盤		I	二期	亞夫	
4921	E917	亞孔盤	河南安陽劉家莊M1046：8	I	四期	亞孔	
4922	10024	父甲盤		II	三、四期	父甲	中原1985年1期
4923	10026	矣丁盤		II	三、四期	矣丁	青研182
4924	10028	婦好盤	河南安陽殷墟 M5：777	I	二期	婦好	全集3.167
4925	10029	寢址盤		I	二期	寢址	美集A815
4926	10031	鼓寢盤	河南安陽大司空M539：20	I	二期	鼓寢	全集3.172
4927	10032	爻盤		I	二期	爻	圖集14331
4928	10035	俞舌盤				俞舌	
4929	10039	倗父乙盤				倗父乙	
4930	10040	黿父乙盤		I	二期	黿父乙	美集A817
4931	10041	弔父丁盤				弔父丁	
4932	10042	兽父戊盤		II	三、四期	兽父戊	綜覽盤36
4933	10044	鳥父辛盤				鳥父辛	
4934	10046	蟲冊斨盤				蟲冊斨	
4935	10047	北單戈盤		I	二期	北單戈	鄴三下8.2
4936	10051	豆冊父丁盤	河南洛陽馬坡（傳）	I	四期	豆冊父丁	善齋9.50

罐

編號	著錄號	器名	出土地	型式	期別	銘文	器形來源
4937	9983	罐	河南安陽殷墟西區M152：2		四期		全集3.180
4938	9984	亞矣罐				亞矣	
4939	9985	婦好罐	河南安陽殷墟M5：852		二期	婦好	殷銅132

鍑

編號	著錄號	器名	出土地	型式	期別	銘文	器形來源
4940	4765	鍑			二期		青研158
4941	J1043	宁□鍑	河南安陽郭家莊東南M26：28		二期晚段	宁□	

盂

編號	著錄號	器名	出土地	型式	期別	銘文	器形來源
4942	3020	戈盂			二期	戈	綜覽小型盂22
4943	10300	簋		AbⅣ	三期		圖集03486
4944	10301	好盂	河南安陽殷墟M5：811		二期	好	婦好
4945	E960	荀盂				葡	
4946	E961	亞長盂	河南安陽花園莊東地商墓M54：157		二期	亞長	
4947	10302	寢小室盂	河南安陽西北崗M1400		二期	寢小室盂	全集3.178

雜器

編號	著錄號	器名	出土地	型式	期別	銘文	器形來源
4948	10286	射婦桑方形器			二期	射婦桑	西清31.61
4949	10345	娟辛方形器	河南安陽殷墟M5：850		二期	娟辛	
4950	10392	史箕			二期	史	鄴初上31
4951	J1054	尹箕	河南羅山縣天湖村M1：16		三期	尹	
4952	J1055	巤箕	河南安陽郭家莊東南M26：24		二期晚段	巤	

編號	著録號	器名	出土地	型式	期別	銘文	器形來源
4953	10393	亞吴箕				亞吴	
4954	10394	婦好箕	河南安陽殷墟M5：869		二期	婦好	婦好
4955	10395	螽冊旂箕				螽冊旂	
4956	E969	子▲單箕				子▲單	
4957	J1056	𠆢器蓋	河南安陽戚家莊東M269：25		三期早段	𠆢	
4958	10346	司娉器蓋	河南安陽殷墟M5		二期	司娉	
4959	10347	王作姬弄器蓋	河南安陽殷墟F11：12		四期	王作姬弄	殷銅244
4960	E967	作冊般黿			四期	丙申，王迭于洹，隻（獲）。王一射，𡚸射三，率無廢矢。王命寢馗貺于作冊般。曰："奏于㡺，作母寶。"	
4961	10343	夲旅器				夲旅	
4962	10480	孈器				孈	
4963	10481	妥器				妥	
4964	10482	弔器				弔	
4965	10483	豥器				豥	
4966	10484	羊器				羊	
4967	10485	彔簋		BaⅡ	三期	彔	圖集03407
4968	10486	龍器				龍	
4969	10487	旗器				旗	
4970	10488	衍器				衍	
4971	10489	戈器				戈	
4972	10490	栩器				栩	
4973	10491	⛝器				⛝	
4974	10492	↑器				↑	

編號	著錄號	器名	出土地	型式	期別	銘文	器形來源
4975	10493	霝器	河南彰德縣（傳）			霝	
4976	10494	亽簋		Ba I	二期	亽	圖集03485
4977	10495	睪器				睪	
4978	10496	𤲃器				𤲃	
4979	10508	舟器				舟	
4980	10510	戎器	河南洛陽（傳）			戎	
4981	10511	臺器				臺	
4982	10512	臺器				臺	
4983	10497	亞𩵄器				亞𩵄	
4984	10498	亞弜器				亞弜	
4985	10344	亞㝬器	河南安陽西北崗（傳）			亞㝬	
4986	10499	父辛器				父辛	
4987	10500	父辛器				父辛	
4988	10502	鄉宁器				鄉宁	
4989	10503	鄉宁器				鄉宁	
4990	10504	失𦥑器				失𦥑	
4991	10505	叉宁器				叉宁	
4992	10506	叉宁器				叉宁	
4993	10507	耴罟器				耴罟	
4994	10509	戈乙器	河南洛陽（傳）			戈乙	
4995	10513	子𠂤器				子𠂤	
4996	10514	子妻器				子妻	
4997	10515	子蟲器				子蟲	
4998	10516	黿父乙器				黿父乙	
4999	10517	壴父乙器				壴父乙	
5000	10518	子父丁器				子父丁	
5001	10519	𠔼父丁器				𠔼父丁	
5002	10520	𦱲父丁器				𦱲父丁	
5003	10521	亞父辛器				亞父辛	

續表

編號	著録號	器名	出土地	型式	期別	銘文	器形來源
5004	10522	家父辛器				家父辛	
5005	10523	□父辛器				□父辛	
5006	10526	冊亘ʒ器				冊亘ʒ	
5007	10532	戚亘父乙器				戚戊亘父乙	
5008	10535	亞禽父丁器				亞禽父丁	
5009	10537	母康丁器				母康丁♨	
5010	10562	汝母作婦己彝器	陝西鳳翔縣（傳）			汝母作婦己彝	
5011	10570	作父戊器				作父戊彝。亞正冊	

戈

編號	著録號	器名	出土地	型式	期別	銘文	器形來源
5012	10591	♣戈		乙Aa	晚期	♣	集成10591
5013	10592	♣戈		乙Aa	晚期	♣	集成10592
5014	10593	♣戈		乙Aa	晚期	♣	集成10593
5015	10594	♣戈			晚期	♣	
5016	10595	♣戈			晚期	♣	
5017	10596	♣戈			晚期	♣	
5018	10597	♣戈			晚期	♣	
5019	10598	♣戈			晚期	♣	
5020	10599	♣戈			晚期	♣	
5021	10600	♣戈			晚期	♣	
5022	10601	♣戈		乙Aa	晚期	♣	古文字研究10輯267頁
5023	10602	♣戈			晚期	♣	
5024	10603	♣戈		乙Aa	晚期	♣	集成10603
5025	10604	♣戈	河南安陽侯家莊M1004	乙Aa	二、三期	♣	集成10604
5026	10605	♣戈	河南安陽侯家莊M1004	乙Aa	晚期	♣	集成10605

續表

編號	著錄號	器名	出土地	型式	期別	銘文	器形來源
5027	10606	𢦦戈	河南安陽侯家莊M1004	乙Aa	晚期	𢦦	集成10606
5028	10607	𢦦戈	河南安陽侯家莊M1004	乙Aa	晚期	𢦦	集成10607
5029	10608	𢦦戈	河南安陽侯家莊M1004	乙Aa	晚期	𢦦	集成10608
5030	10609	𢦦戈	河南安陽侯家莊M1004	乙Aa	晚期	𢦦	集成10609
5031	10610	𢦦戈	河南安陽侯家莊M1004	乙Aa	晚期	𢦦	集成10610
5032	10611	𢦦戈	河南安陽殷墟	乙Aa	晚期	𢦦	考古學報4冊圖版26
5033	10612	𢦦戈		乙Aa	晚期	𢦦	圖集16163
5034	10613	𢦦戈			晚期	𢦦	
5035	10614	𢦦戈		乙Aa	晚期	𢦦	圖集16164
5036	10615	𢦦戈	河南安陽殷墟西區M727：2	乙Aa	三期	𢦦	學報1979年1期
5037	10616	𢦦戈	山西石樓縣義牒褚家峪	乙Aa	晚期	𢦦	文物1981年8期
5038	10617	𢦦戈			晚期	𢦦	
5039	10618	𢦦戈			晚期	𢦦	
5040	10619	𢦦戈			晚期	𢦦	
5041	10620	𢦦戈		乙Ab	三、四期	𢦦	嚴窟下21
5042	10621	𢦦戈			晚期	𢦦	
5043	10622	𢦦戈	河南安陽	乙Aa	晚期	𢦦	中原1985年2期
5044	10623	𢦦戈	河南安陽侯家莊M1001	乙Aa	二期	𢦦	圖集16161
5045	10624	𢦦戈	河南安陽（傳）	乙Aa	晚期	𢦦	
5046	10625	𢦦戈	河南安陽（傳）	乙Aa	二期	𢦦	圖集16169
5047	10626	𢦦戈	河南安陽（傳）	乙Aa	二期	𢦦	圖集16170
5048	10627	𢦦戈		乙Aa	二期	𢦦	圖集16171
5049	E1053	𢦦戈		乙Aa	二期	𢦦	
5050	J1062	𢦦戈	河南安陽郭家莊M38：2	甲AaⅢ	二期	𢦦	
5051	10628	天戈		甲AaⅡ	二、三期	天	文物1982年9期
5052	10629	天戈		甲BⅠ	二、三期	天	圖集16002
5053	10630	天戈		甲AaⅡ	二、三期	天	集成10630
5054	10631	天戈				天	

編號	著錄號	器名	出土地	型式	期別	銘文	器形來源
5055	10632	屰戈	河南安陽（傳）	乙Aa		屰	圖集16007
5056	10633	屰戈				屰	
5057	10634	屰戈	河南安陽（傳）	乙Aa	晚期	屰	鄴初上44
5058	10635	亦戈				亦	
5059	10636	需戈				需	
5060	10637	交戈		甲AaⅡ	二、三期	交	圖集16045
5061	10638	交戈		甲AaⅣ	四期	交	鄴二下15
5062	10639	立戈	河南安陽	甲AbⅡ	二、三期	立	鄴二下14
5063	10640	戈	河南安陽	甲BⅠ	三期		鄴二下9
5064	10641	失戈		甲AbⅢ	二、三期	失	圖集16194
5065	10642	戈	山西石樓縣義牒	乙Aa	晚期		考古1972年4期
5066	10643	欪戈	河北邢臺曹演莊	乙Aa	晚期	欪	河北69
5067	10644	卷戈				卷	
5068	10645	卷戈	河南安陽大司空村（傳）	乙Aa	晚期	卷	圖集16041
5069	10646	戈		乙Aa	晚期		集成10646
5070	10647	蕼戈	河南安陽	乙Aa	晚期	蕼	鄴初上42
5071	10648	蕼戈		乙Aa	晚期	蕼	集成10648
5072	10649	戈					
5073	10650	戈					
5074	10651	參戈		甲AbⅢ	二、三期	參	故銅99
5075	10653	旃戈		甲AaⅢ	晚期	旃	集成10653
5076	10654	黿戈		甲AaⅣ	四期	黿	集成10654
5077	10655	豖戈		甲AaⅢ	晚期	豖	善齋下4
5078	10656	李戈	河南安陽	甲BⅠ	三期	李	嚴窟下4
5079	10657	李戈		甲BⅠ	三期	李	集成10657
5080	10658	李戈	河南安陽	甲BⅠ	三期	李	鄴初下1
5081	10659	李戈		甲BⅠ	三期	李	
5082	10660	李戈	河南安陽	甲BⅠ	三期	李	鄴初下2

編號	著錄號	器名	出土地	型式	期別	銘文	器形來源
5083	10661	李戈		甲BⅠ	三期	李	
5084	10662	李戈		甲BⅠ	三期	李	
5085	10663	李戈		甲BⅠ	三期	李	
5086	10664	李戈		甲BⅠ	三期	李	
5087	10665	臣戈				臣	
5088	10666	臣戈	河南中牟縣大壯大村M	甲AbⅡ	一期	臣	文物1980年12期
5089	10667	臣戈	陝西岐山縣京當窖藏	甲AbⅠ	中商	臣	周原銅2.299
5090	10668	望戈		甲AbⅡ	二、三期	望	貞圖中53
5091	E1046	𠂤戈	河南安陽花園莊東地商墓M54：126	甲AaⅡ	二期	𠂤	
5092	10669	血戈				血	
5093	10670	皇戈	河南安陽	甲AaⅢ	二、三期	皇	嚴窟下12
5094	10671	耳戈				耳	
5095	10672	耳戈				耳	
5096	10673	嬰戈				嬰	
5097	10674	嬰戈	河南安陽	甲AaⅢ	晚期	嬰	頌續126
5098	10675	嬰戈		甲AaⅢ	晚期	嬰	頌續127
5099	10676	嬰戈				嬰	
5100	10677	嬰戈				嬰	
5101	10678	朅戈		甲AaⅢ	二、三期	朅	圖集16106
5102	E1048	嬰戈	河北定州北莊子商墓M61：14	乙Aa	晚期	嬰	
5103	10679	豕戈				豕	
5104	10680	殎戈				殎	
5105	10681	奴戈		甲AaⅣ	四期	奴	圖集16109
5106	10682	受戈				受	
5107	10683	翌戈				翌	
5108	10684	爰戈	河南安陽	乙Aa	晚期	爰	嚴窟下30
5109	E1050	爰戈	河南安陽戚家莊東M269：1	甲BⅠ	三期	爰	

續表

編號	著錄號	器名	出土地	型式	期別	銘文	器形來源
5110	10685	箙戈		甲AaⅣ	四期	箙	集成10685
5111	10686	茲戈	河南安陽	甲AaⅢ	晚期	茲	雙吉下2
5112	10687	守戈		甲AaⅢ	晚期	守	集成10687
5113	10688	戈		乙Ab	三、四期		集成10688
5114	10689	正戈				正	
5115	10690	蟲戈		甲AbⅢ	二、三期	蟲	貞圖中52
5116	10691	踵戈				踵	
5117	10693	子戈				子	
5118	10694	子戈				子	
5119	10695	子戈				子	
5120	10696	子戈	河南安陽大司空村（傳）	乙Aa	晚期	子	圖集16090
5121	10697	萬戈	河南安陽大司空村（傳）	甲AbⅢ	二、三期	萬	圖集16069
5122	10698	萬戈				萬	
5123	10699	萬戈		甲AaⅢ	晚期	萬	集成10699
5124	10700	萬戈	河南安陽	甲AaⅡ	二、三期	萬	鄴初上48
5125	10701	萬戈				萬	
5126	J1070	萬戈		乙B	三、四期	萬	
5127	10702	弔戈	河南安陽			弔	
5128	10703	弔戈		甲AaⅢ	二、三期	弔	圖集6064
5129	10704	弔戈	河南安陽	甲AaⅡ	二、三期	弔	鄴初47
5130	10705	弔戈				弔	
5131	10706	弔戈				弔	
5132	10707	戈					
5134	10709	戈					
5135	J1071	戈		甲AaⅡ	二、三期		
5136	10710	鶩戈	山西石樓縣義牒褚家峪	甲AaⅢ	晚期	鶩	文物1981年8期
5137	10711	鳥戈		甲AaⅠ	中商	鳥	古文字10輯268頁
5138	J1064	鳥戈	山東沂水縣柴山鄉信家莊	甲AbⅢ	二、三期	鳥	

續表

編號	著録號	器名	出土地	型式	期別	銘文	器形來源
5139	10712	戈		甲AaⅢ	晚期		圖集16202
5140	10713	羊戈	河南安陽	乙Ab	三、四期	羊	嚴窟下25
5141	10714	戈	河南安陽殷墟西區M692：14	甲AaⅡ	二、三期		學報1979年1期
5142	10715	戈					
5143	E1044	戈					
5144	10716	宁戈		甲AaⅡ	二、三期	宁	嚴窟下13
5145	10717	戈					
5146	10718	戈					
5147	10719	曰戈		甲AaⅢ	晚期	曰	中原1985年2期
5148	10720	賈戈	河南羅山縣天湖村M11：25	甲AaⅡ	二期	賈	學報1986年2期
5149	10721	羸戈	河南安陽	甲AaⅣ	四期	羸	集成10721
5150	10722	旬戈		甲AaⅢ	晚期	旬	集成10722
5151	10723	息戈	河南羅山縣天湖村M9：7		三期	息	
5152	10724	息戈	河南羅山縣天湖村M9：8	乙Aa	三期	息	學報1986年2期
5153	J1067	息戈	河南羅山縣後李村M43：4		四期	息	
5154	10725	兮戈				兮	
5155	10726	戈					
5156	10727	州戈	河南安陽	甲C	三、四期	州	圖集16121
5157	10728	匋戈	河南安陽	甲AaⅢ	二、三期	匋	鄴初上49
5158	10729	戈戈			三、四期	戈	
5159	10730	戈戈				戈	
5160	10731	戈戈		乙Aa	晚期	戈	叢刊2輯
5161	10732	戈戈		乙Aa	晚期	戈	冠斝中51
5162	10733	戈戈		甲AbⅡ	二期	戈	圖集16077
5163	10735	我戈				我	
5164	10736	我戈				我	
5165	10737	我戈		乙Aa	晚期	我	善齋10.43

編號	著録號	器名	出土地	型式	期別	銘文	器形來源
5166	10738	田戈	河南安陽	甲Ab Ⅲ	三、四期	田	雙吉下6
5167	10739	田戈	河南安陽	甲Ab Ⅲ	三、四期	田	雙吉下7
5168	10740	田戈				田	
5169	10741	厽戈		甲Aa Ⅱ	二、三期	厽	集成10741
5170	10742	厽戈				厽	
5171	10743	厽戈	山西石樓縣義牒褚家峪	甲Aa Ⅲ	晚期	厽	文物1981年8期
5172	10744	亯戈		甲Aa Ⅱ	二、三期	亯	集成10744
5173	10745	臺戈		甲Aa Ⅳ	四期	臺	文物1973年7期
5174	10746	⊗戈				⊗	
5175	10747	舟戈				舟	
5176	10748	舟戈	河南安陽武官村	乙Aa	晚期	舟	考古學報5冊圖版45
5177	10749	夷戈				夷	
5178	10750	戈					
5179	10751	戈		甲Aa Ⅲ	二、三期		圖集16212
5180	10752	戈		乙Aa	晚期		嚴窟下28
5181	10753	戈					
5182	10754	戈					
5183	10755	戈					
5184	10756	敉戈	河南安陽武官村	甲Aa Ⅲ	晚期	敉	考古學報5冊
5185	10757	戈		甲Aa Ⅳ	四期		集成10757
5186	10758	甗戈		甲Aa Ⅳ	四期	甗	集成10758
5187	10759	戈					
5188	10760	戈					
5189	10761	戈					
5190	10762	未戈				未	
5191	10763	聿戈				聿	
5192	10764	秉戈		乙Aa	晚期	秉	集成10764
5193	10765	冊戈	河南安陽	乙Aa	晚期	冊	嚴窟下32

編號	著録號	器名	出土地	型式	期別	銘文	器形來源
5194	10766	冊戈				冊	
5195	10767	ⅦⅣ戈				ⅦⅣ	
5196	10769	齒戈				齒	
5197	10770	旛侯戈	河南安陽	乙Aa	晚期	旛侯	鄴初上45
5198	10771	□戈				□	
5199	10772	□戈		甲AaⅣ	四期	□	雙吉下8
5200	10773	矢戈		乙Aa	晚期	矢	集成10773
5201	10774	㇟戈	湖北隨縣淅河	甲AaⅠ	中商	㇟	文物1981年8期
5202	10775	羮戈	甘肅崇信縣于家灣M3：1			羮	
5203	10776	乘戈	河南安陽	甲AbⅢ	三、四期	乘	雙吉下3
5204	10777	亢戈		乙Ab	三、四期	亢	圖集16129
5205	10778	�戈				𠶜	
5206	10779	中戈				中	
5207	10780	史戈		乙Ab	四期	史	雙吉下5
5208	E1051	史戈	山東滕州官橋鎮前掌大村商周墓地M40：21	乙B	商末周初	史	
5209	E1052	史戈	山東滕州官橋鎮前掌大村商周墓地M45：3	乙Aa	商末周初	史	
5210	10846	栩戈				栩	
5211	10863	亦車戈	河南安陽	甲AbⅢ	二、三期	亦車	嚴窟下22
5212	10865	亦車戈	河南安陽	乙Aa	晚期	亦車	嚴窟下33
5213	10874	又戈		甲AaⅢ	晚期	又	集成10874
5214	E1043	◇戈		甲AaⅣ	四期	◇	
5215	E1045	禽戈		乙Aa	晚期	禽	
5216	E1047	□戈				□	
5217	E1049	丞戈				丞	
5218	J1063	中戈		甲AaⅡ	二、三期	中	
5219	J1065	吹戈		甲AaⅢ	晚期	吹	
5220	J1066	𤔲戈		甲AbⅢ	二、三期	𤔲	

編號	著録號	器名	出土地	型式	期別	銘文	器形來源
5221	J1068	狀戈		甲AaⅢ	晚期	狀	
5222	J1069	㐣戈		甲C	三、四期	㐣	
5223	10830	亞矣戈				亞矣	
5224	10831	亞矣戈	河南安陽	乙Aa	晚期	亞矣	嚴窟下29
5225	10832	亞矣戈				亞矣	
5226	10833	亞矣戈	河南安陽	甲AaⅢ	晚期	亞矣	集成10833
5227	10834	亞矣戈				亞矣	
5228	10835	亞矣戈		乙Aa	晚期	亞矣	圖集16326
5229	10836	亞矣戈				亞矣	
5230	10837	亞果戈	河南安陽	乙Ab	三、四期	亞果	鄴二下16
5231	10838	亞佣戈	河南安陽	乙Ab	三、四期	亞佣	嚴窟下26
5232	10839	亞鼄戈		乙Aa	四期	亞鼄	集成10839
5233	10840	亞犬戈		甲AaⅣ	四期	亞犬	集成10840
5234	10841	亞𩵋戈				亞𩵋	
5235	10842	亞𢺴戈				亞𢺴	
5236	10843	亞受戈				亞受	
5237	10844	亞𢀙戈	山東青州蘇埠屯M1：15	乙Ab	三期	亞𢀙	文物1972年8期
5238	10845	亞啓戈	河南安陽	乙Aa	晚期	亞啓	鄴二下11
5239	E1065	亞長戈	河南安陽花園莊東地商墓M54：262	乙Aa	二期	亞長	
5240	E1066	亞長戈	河南安陽花園莊東地商墓M54：255	乙Aa	二期	亞長	
5241	E1067	亞長戈	河南安陽花園莊東地商墓M54：256	乙Aa	二期	亞長	
5242	E1068	亞長戈	河南安陽花園莊東地商墓M54：261	乙Aa	二期	亞長	
5243	E1069	亞長戈	河南安陽花園莊東地商墓M54：246	乙Aa	二期	亞長	
5244	E1070	亞長戈	河南安陽花園莊東地商墓M54：248	乙Aa	二期	亞長	

續表

編號	著錄號	器名	出土地	型式	期別	銘文	器形來源
5245	E1071	亞長戈	河南安陽花園莊東地商墓M54：93	乙Aa	二期	亞長	
5246	J1090	亞㳄戈		甲C	三、四期	亞㳄	
5247	10652	比🡒戈				比🡒	
5248	10768	🡒齒戈				🡒齒	
5249	10847	需索戈	河南寶丰縣前瑩村	乙Aa	晚期	需索	通鑒16257
5250	10848	失獸戈	河南安陽	甲AaⅡ	二、三期	失獸	集成10848
5251	10849	觲㞢戈	河南安陽	甲AaⅣ	四期	觲㞢	集成10849
5252	10850	天㞢戈				天㞢	
5253	10851	竝开戈	山西石樓縣蕭家塌	乙Aa	晚期	竝开	文物1976年2期
5254	J1089	鄉宁戈	河南安陽郭家莊M135：5	乙B	四期	鄉宁	
5255	J1091	車麒戈	山西洪洞縣淹底鄉楊嶽村（傳）	乙Aa	三、四期	車麒	
5256	J1093	子纍戈		乙Aa	晚期	子纍	
5257	10852	子商戈	河南安陽	甲AaⅢ	二、三期	子商	嚴窟下17
5258	10853	子▲戈	河南安陽	甲AbⅡ	二、三期	子▲	中原1985年2期
5259	10854	子▲戈		甲AaⅣ	四期	子▲	集成10854
5260	10855	子戉戈				子戉	
5261	10856	戈己戈	河南安陽四盤磨M4			己戈	
5262	10857	戈馬戈		乙Aa	晚期	戈馬	集成10857
5263	10858	戈馬戈				戈馬	
5264	10859	戈告戈		乙Aa	晚期	戈告	集成10859
5265	10861	𣨰串戈		乙Aa	晚期	𣨰串	集成10861
5266	10862	弔龜戈	河南安陽	甲AbⅢ	二、三期	弔龜	雙吉下4
5267	10866	車敎戈			三、四期	車敎	
5268	10867	㓞𠂤戈				㓞𠂤	
5269	10868	來盾戈		甲AbⅢ	二、三期	來盾	圖集16354
5270	10869	耴奠戈	河南安陽	甲AaⅢ	晚期	耴奠	鄴二下13

續表

編號	著録號	器名	出土地	型式	期別	銘文	器形來源
5271	10870	秉盾戈		甲AbⅡ	二、三期	秉盾	集成10870
5272	10871	珥盾戈				珥盾	
5273	10872	伐鼄戈				伐鼄	
5274	10873	伐鼄戈	河南安陽	甲AaⅢ	晚期	伐鼄	集成10873
5275	10875	史册戈		甲AaⅣ	四期	史册	集成10875
5276	10876	亳册戈		乙Aa	晚期	亳册	集成10876
5277	10878	弓舍戈				弓舍	
5278	10879	鼎刕戈				鼎刕	
5279	10880	酉凸戈	河南安陽	乙Ab	三、四期	酉凸	鄴二下12
5280	10881	亡終戈	陝西綏德縣塲頭村	甲AaⅠ	三、四期	亡終	陝銅1.86
5281	10946	亞又羖戈		甲AbⅡ	二、三期	亞又羖	十二貯28
5282	10947	亞又羖戈		甲AbⅡ	二、三期	亞又羖	集成10947
5283	10948	亞又羖戈		甲AbⅡ	二、三期	亞又羖	集成10948
5284	10949	亞又羖戈		甲AbⅡ	二、三期	亞又羖	集成10949
5285	10950	亞又羖戈		甲AbⅡ	二、三期	亞又羖	集成10950
5286	10951	亞又羖戈		甲AbⅡ	二、三期	亞又羖	集成10951
5287	11010	亞啓戈		乙Aa	晚期	亞又啓。♣	集成11010
5288	11114	亞若癸戈		乙Aa	晚期	亞旛乙，亞若癸	集成11114
5289	10952	盇見册戈				盇見册	
5290	11115	祖乙戈		甲BⅡ	四期	祖乙、祖己、祖丁	集成11115
5291	11392	大兄日乙戈	河北易州或保定	甲BⅡ	四期或周早	兄日丙、兄日癸、兄日癸、兄日壬、兄日戊、大兄日乙	全集4.187

續表

編號	著録號	器名	出土地	型式	期別	銘文	器形來源
5292	11401	大祖日己戈	河北易州或保定	甲BⅡ	四期或周早	祖日己、祖日己、祖日丁、祖日庚、祖日乙、祖日丁、大祖日己	全集4.187
5293	11403	祖日乙戈	河北易州或保定	甲BⅡ	四期或周早	父日己、父日辛、父日癸、仲父日癸、大父日癸、大父日癸、祖日乙	全集4.187

矛

編號	著録號	器名	出土地	型式	期別	銘文	器形來源
5294	11411	人矛				人	
5295	11413	蒉矛	河南（傳）	AⅠ	二、三期	蒉	集成11413
5296	11414	李矛				李	
5297	11415	李矛		AⅡ	三、四期	李	集成11415
5298	11416	李矛		AⅡ	三、四期	李	精品85
5299	11417	李矛		AⅡ	三、四期	李	故銅101
5300	11418	李矛				李	
5301	11419	李矛	河南安陽	AⅡ	三、四期	李	圖集17504
5302	11420	李矛	河南安陽	AⅡ	三、四期	李	圖集17505
5303	11421	李矛	河南安陽（傳）	BaⅡ	三期	李	鄴二下18
5304	11422	李矛				李	
5305	11423	交矛	河南安陽殷墟西區M374：7	BaⅢ	四期	交	學報1979年1期
5306	11425	息矛	河南羅山縣天湖村M9：10	Bb	四期	息	學報1986年2期
5307	11426	囚矛	山西靈石縣旌介村M2：5	AⅡ	四期	囚	文物1986年11期

編號	著録號	器名	出土地	型式	期別	銘文	器形來源
5308	E1256	冎矛	山西靈石縣旌介村M2：23	AⅡ	四期	冎	
5309	11447	亦車矛	河南安陽	Bb	三期	亦車	巖窟下61
5310	11448	亦車矛		Bb	三期	亦車	圖集17553
5311	11449	匓矛	河南安陽（傳）	BaⅢ	四期	匓	鄴三下14
5312	11445	北單矛		BaⅠ	二期	北單	捐贈7
5313	11446	北單矛		BaⅠ	二期	北單	集成11446
5314	11433	亞癸矛		BaⅠ	二期	亞癸	集成11433
5315	11434	亞癸矛		BaⅠ	二期	亞癸	集成11434
5316	11435	亞癸矛				亞癸	
5317	11436	亞癸矛				亞癸	
5318	11437	亞癸矛				亞癸	
5319	11438	亞醜矛	山東青州蘇埠屯	AⅡ	三、四期	亞醜	雙吉下38
5320	11439	亞醜矛	山東青州蘇埠屯	AⅡ	三、四期	亞醜	集成11439
5321	11440	亞醜矛	山東青州蘇埠屯	AⅡ	三、四期	亞醜	集成11440
5322	11441	亞醜矛	山東青州蘇埠屯	AⅡ	三、四期	亞醜	集成11441
5323	11442	亞醜矛	山東青州蘇埠屯	AⅡ	三、四期	亞醜	圖集17548
5324	11443	亞醜矛	山東青州蘇埠屯			亞醜	
5325	11444	亞寰矛		AⅡ	三期	亞寰	圖集17549
5326	E1263	亞長矛	河南安陽花園莊M54：129	AⅠ	二期	亞長	
5327	E1258	亞長矛	河南安陽花園莊M54：6	BaⅠ	二期	亞長	
5328	E1261	亞長矛	河南安陽花園莊M54：37	AⅠ	二期	亞長	

鉞

編號	著録號	器名	出土地	型式	期別	銘文	器形來源
5329	11720	𦰩鉞	河南安陽	AaⅡ	二期	𦰩	集成11720
5330	11721	何鉞	河南安陽	AaⅡ	二期	何	集成11721
5331	11722	何鉞		AaⅡ	二期	何	集成11722

編號	著錄號	器名	出土地	型式	期別	銘文	器形來源
5332	11723	伐鉞		AaⅣ	四期	伐	集成11723
5333	11724	皇鉞				皇	
5334	11725	賈鉞		Ab	二期	賈	集成11725
5335	11726	兮鉞				兮	
5336	J1246	兮鉞		D	二期	兮	
5337	11727	蟲鉞		C	二期	蟲	集成11727
5338	11728	正鉞		AaⅣ	四期	正	集成11728
5339	11729	戈鉞		AaⅡ	二期	戈	集成11729
5340	11730	䚅鉞		C	二期	䚅	集成11730
5341	11731	羞鉞		C	二期	羞	集成11731
5342	11732	🐾鉞	陝西綏德縣墕頭村窖藏	C	二期	🐾	陝銅1.88
5343	11733	夆鉞		Aa I	二期	夆	集成11733
5344	11734	冊鉞	河南安陽（傳）	AaⅢ	三期	冊	集成11734
5345	11735	田鉞	河南安陽（傳）	AaⅢ	三期	田	集成11735
5346	11736	家鉞		AaⅡ	二期	家	集成11736
5347	11737	甋鉞		AaⅢ	三期	甋	集成11737
5348	11738	寅鉞		AaⅡ	二期	寅	集成11738
5349	11754	⚱鉞		AaⅡ	二期	⚱	集成11754
5350	J1245	盃鉞		C	二期	盃	
5351	J1247	狷鉞		AaⅣ	四期	狷	
5352	11739	婦好鉞	河南安陽殷墟M5：799	B	二期	婦好	全集3.188
5353	11740	婦好鉞	河南安陽殷墟M5：800	B	二期	婦好	全集3.189
5354	11741	司媷鉞			二期	司媷	
5355	11742	亞啓鉞	河南安陽殷墟M5：1156	Aa I	二期	亞啓	婦好
5356	11743	亞醜鉞	山東青州蘇埠屯M1：2	B	三期	亞醜	通鑒18224
5357	11744	亞矣鉞		Ab	二期	亞矣	集成11744
5358	11745	亞矣鉞	河南安陽大司空村	Ab	二期	亞矣	集成11745
5359	11746	亞矣鉞		Ab	二期	亞矣	集成11746
5360	11747	亞父鉞	河南安陽	AaⅡ	二期	亞父	集成11747

編號	著録號	器名	出土地	型式	期別	銘文	器形來源
5361	11748	亞父鉞		AaⅡ	二期	亞父	集成11748
5362	11749	亞父鉞		Ab	二期	亞父	集成11749
5363	E1327	亞長鉞	河南安陽花園莊M54：581	AaⅡ	二期	亞長	
5364	E1328	亞長鉞	河南安陽花園莊M54：582	AaⅡ	二期	亞長	
5365	E1329	亞長鉞	河南安陽花園莊M54：91	AaⅡ	二期	亞長	
5366	E1330	亞長鉞	河南安陽花園莊M54：86	AaⅡ	二期	亞長	
5367	11750	囗父鉞	河南安陽（傳）	AaⅡ	二期	囗父	鄴三下12
5368	11751	子冀鉞		AaⅡ	二期	子冀	故銅94
5369	11752	子▲鉞				子▲	
5370	11753	伐鼠鉞	河南安陽（傳）	AaⅣ	四期	伐鼠	鄴二下19
5371	11755	耒卩鉞				耒卩	
5372	11756	奌父乙鉞		B	二期	奌父乙	遺珠59

斧

編號	著録號	器名	出土地	型式	期別	銘文	器形來源
5373	11759	庚斧				庚	
5374	11762	奌斧				奌	
5375	11763	奌斧				奌	
5376	J1239	羊斧	河南安陽武官村商代墓葬M259：1			羊	

錛

編號	著録號	器名	出土地	型式	期別	銘文	器形來源
5377	11764	爯錛			二期	爯	集成11764
5378	11765	爯錛			二期	爯	集成11765
5379	11766	征錛	河南安陽（傳）		三、四期	征	鄴三下13

續表

編號	著錄號	器名	出土地	型式	期別	銘文	器形來源
5380	11767	盾鋳			晚期	盾	集成11767
5381	11770	↑鋳			二期（?）	↑	集成11770
5382	11771	↓鋳			二期（?）	↓	集成11771
5383	11783	蔬鋳	河南安陽大司空村		三、四期	蔬	集成11783
5384	11789	子鋳				子	中原1985年1期
5385	11790	鋳	河南安陽殷墟西區 M907：5		三期		學報1979年1期
5386	11791	己鋳	山東壽光縣益都侯城址			己	文物1985年3期
5387	11792	己鋳	山東壽光縣益都侯城址			己	文物1985年3期
5388	11793	何鋳				何	
5389	11794	亞矣鋳	河南安陽			亞矣	
5390	11795	亞矣鋳				亞矣	
5391	11775	亞矣鋳			二期	亞矣	十二賈30
5392	11776	亞矣鋳			二期	亞矣	通鑒18718
5393	11777	亞鋳			四期	亞	
5394	11796	亞鋳				亞	
5395	11797	亞鋳	山東青州蘇埠屯M1：23			亞	
5396	11781	弔龜鋳	河南安陽（傳）		晚期	弔龜	集成11781
5397	11782	弔龜鋳	河南安陽（傳）		晚期	弔龜	集成11782

鑿

編號	著錄號	器名	出土地	型式	期別	銘文	器形來源
5398	11798	戈鑿			三、四期	戈	
5399	11801	亞矣鑿				亞矣	

刀

編號	著錄號	器名	出土地	型式	期別	銘文	器形來源
5400	11803	刀	河南安陽		二期		十二絜33
5401	11804	豕刀				豕	

編號	著錄號	器名	出土地	型式	期別	銘文	器形來源
5402	11805	執刀				執	
5403	11806	宁刀				宁	
5404	11807	𠨮刀	山東長清縣興復河		四期	𠨮	文物1964年4期
5405	11808	己刀	山東壽光縣古城村		四期	己	集成11808
5406	11810	亞𢎯刀				亞𢎯	
5407	11811	亞𢎯刀			二期	亞𢎯得	集成11811
5408	11813	亞矣刀			二期	亞矣	圖集18318
5409	E1336	亞長刀	河南安陽花園莊M54：88	A	二期	亞長	

鐮、鏟、銅泡、弓形器

編號	著錄號	器名	出土地	型式	期別	銘文	器形來源
5410	11823	↑鐮	山東濟南大辛莊採集			↑	
5411	11828	豖鏟				豖	
5412	11852	亞矣銅泡	河南安陽（傳）			亞矣	
5413	11853	亞矣銅泡	河南安陽（傳）			亞矣	
5414	11866	先弓形器				先	
5415	11867	佾弓形器				佾	
5416	11868	斁弓形器				斁	通鑒18492
5417	11869	𣃘弓形器				𣃘	
5418	11870	盉弓形器	河南安陽（傳）			盉	
5419	11871	析弓形器				析	
5420	11872	亞𢀡弓形器				亞𢀡	
5421	11873	亞𢀡弓形器				亞𢀡	
5422	E1332	亞長弓形器	河南安陽花園莊東M54：393		二期	亞長	

胄

編號	著錄號	器名	出土地	型式	期別	銘文	器形來源
5423	11874	甲胄	河南安陽侯家莊M1004			甲	
5424	11875	甲胄	河南安陽侯家莊M1004			甲	
5425	11876	甲胄	河南安陽侯家莊M1004			甲	
5426	11877	正胄	河南安陽侯家莊M1004			正	
5427	11878	鼎胄	河南安陽侯家莊M1004			鼎	
5428	11879	収胄	河南安陽侯家莊M1004			収	
5429	11880	合胄	河南安陽侯家莊M1004			合	
5430	11881	合胄	河南安陽侯家莊M1004			合	
5431	11882	合胄	河南安陽侯家莊M1004			合	
5432	11883	合胄	河南安陽侯家莊M1004			合	
5433	11884	合胄	河南安陽侯家莊M1004			合	
5434	11885	賈胄	河南安陽侯家莊M1004			賈	
5435	11886	賈胄	河南安陽侯家莊M1004			賈	
5436	11887	♉胄	河南安陽侯家莊M1004			♉	
5437	11888	囷胄	河南安陽侯家莊M1004			囷	
5438	11889	旋胄	河南安陽侯家莊M1004			旋	
5439	11890	舟胄	河南安陽侯家莊M1004			舟	
5440	11891	卜胄	河南安陽侯家莊M1004			卜	
5441	11892	↑胄	河南安陽侯家莊M1004			↑	
5442	11893	一胄	河南安陽侯家莊M1004			一	
5443	11894	二胄	河南安陽侯家莊M1004			二	
5444	11895	五胄	河南安陽侯家莊M1004			五	
5445	11896	五胄	河南安陽侯家莊M1004			五	
5446	11897	五胄	河南安陽侯家莊M1004			五	
5447	11898	五胄	河南安陽侯家莊M1004			五	
5448	11899	八胄	河南安陽侯家莊M1004			八	

鏃、干首、車飾

編號	著録號	器名	出土地	型式	期別	銘文	器形來源
5449	11831	亞夨鏃	河南安陽（傳）			亞夨	集成11831
5450	11903	凡龏鏃				凡龏	
5451	11912	夆干首				夆	
5452	11913	8干首				8	
5453	12000	車車飾			三、四期	車	
5454	12003	㕒車飾				㕒	

說明：

一、本表引用銅器銘文著録圖書的出版時間大體截至2007年年底，引用銅器器形圖像的少量圖書則延到2012年。

二、本表中的著録號一欄中，僅出數字的皆採自《殷周金文集成》；英文字母所指J為《近出殷周金文集録》；E為《近出殷周金文集録二編》。凡採自J、E二書銅器之器形圖像不再注明器形出處。

三、《集成》、《近出》等著録中定為殷或商代晚期的銘文而本書未録者，筆者歸入西周時期（或為偽銘）。本書不再一一臚列。

四、引書簡稱表如下：

寶　蘊	容庚：《寶蘊樓彝器圖録》，民國十八年影印本。
北　圖	北京圖書館金石組：《北京圖書館藏青銅器銘文搨本選編》，文物出版社，1985年。
博　古	王黼等：《博古圖録》，中國社科院考古所《金文文獻集成》，香港明石文化國際出版有限公司，明程士莊泊如齋本，2004年。
二　百	吳雲：《二百蘭亭齋收藏金石記》，咸豐六年刻本。
長　安	劉喜海：《長安獲古編》，光緒三十一年劉鶚補刻標題本。
澂　秋	孫壯：《澂秋館吉金圖》，商務印書館民國十八年印本。
出　光	出光美術館：《開館十五周年紀念展圖録》，1981年。
出光藏	出光美術館：《出光美術館藏品圖録——中國的工藝》，1989年。
叢　刊	《文物資料叢刊》，文物出版社主辦。
東　南	《東南文化》，南京博物院主辦。
婦　好	中國社會科學院考古研究所：《殷墟婦好墓》，文物出版社，1980年。
古文字	《古文字研究》，中華書局主辦。
故　宮	故宮博物院：《故宮》，1929—1940年。
故　青	陳芳妹：《故宮商代青銅禮器圖録》，臺北故宮博物院，1998年。

故　銅	故宮博物院：《故宮銅器》，紫禁城出版社，1999年。
故　圖	臺北故宮、"中央博物院"聯合管理處：《故宮青銅器圖録》，1958年。
冠　斝	榮厚：《冠斝樓吉金圖》，1947年。
館　刊	《中國歷史博物館館刊》，原中國歷史博物館主辦。
郭家莊	中國社會科學院考古研究所：《安陽殷墟郭家莊商代墓葬》，中國大百科全書出版社，1998年。
河　北	河北省博物館、文物管理處：《河北省出土文物選集》，文物出版社，1980年。
河　南	河南出土商周青銅器編輯組：《河南出土商周青銅器》（一），文物出版社，1981年。
懷　米	曹載奎：《懷米山房吉金圖》，道光十九年刻本。
集　成	中國社會科學院考古研究所：《殷周金文集成》，中華書局，1984—1994年。
集　刊	中國社會科學院考古研究所安陽工作隊：《安陽殷墟劉家莊北1046號墓》，《考古學集刊》第15集，文物出版社，2004年。
季　刊	《文物季刊》，山西省文物局主辦。
近出（J）	劉雨、盧嚴：《近出殷周金文集録》，中華書局，2002年。
近二（E）	劉雨、嚴志斌：《近出殷周金文集録二編》，中華書局，2010年。
旌　介	山西省考古研究所：《靈石旌介商墓》，科學出版社，2006年。
精　品	故宮博物院：《故宮博物院50年入藏文物精品集》，紫禁城出版社，1999年。
捐　贈	中國歷史博物館保管部：《中國歷史博物館藏捐贈文物集萃》，長城出版社，1999年。
考　古	《考古》，中國社會科學院考古研究所主辦。
考古圖	吕大臨：《考古圖》，明程士莊泊如齋刻本。
歷　博	中國歷史博物館：《中國歷史博物館》，文物出版社，1984年。
兩　罍	吳雲：《兩罍軒彝器圖釋》，同治十一年吳氏刻本。
遼　博	遼寧省博物館：《遼寧省博物館》，文物出版社，1983年。
美　集	中國科學院考古研究所（陳夢家）：《美帝國主義劫掠的我國殷周青銅器集録》，科學出版社，1963年。
夢　郼	羅振玉：《夢郼草堂吉金圖》，1917年影印本。
夢郼續	羅振玉：《夢郼草堂吉金圖續編》，1917年影印本。
南　大	洪銀興、蔣贊初：《南京大學文物珍品圖録》，科學出版社，2002年。
內蒙古	《內蒙古文物考古》，內蒙古自治區考古學會、內蒙古自治區文物工作隊主辦。
寧　壽	乾隆敕編：《寧壽鑑古》，1913年涵芬樓依寧壽宮寫本石印本。
青　研	陳佩芬：《夏商周青銅器研究》，上海古籍出版社，2004年。
泉　博	泉屋博古館：《泉屋博古——中國古銅器編》，平成14年。

全　集	中國青銅器全集編委會：《中國青銅器全集》，文物出版社，1996年。
日精華	梅原末治：《日本蒐儲支那古銅精華》，1959—1962年。
山西珍	山西文物全書編委會：《山西文物館藏珍品·青銅器》，山西人民出版社，1994年。
陝　銅	陝西省考古研究所、陝西省文物管理委員會、陝西省博物館：《陝西出土商周青銅器》，文物出版社，1979—1984年。
陝　圖	陝西省文物管理委員會、陝西省博物館編：《青銅器圖釋》，文物出版社，1960年。
善　圖	容庚：《善齋彝器圖録》，哈佛燕京學社，1936年。
善　齋	劉體智：《善齋吉金録》，1934年原印本。
膡　稿	孫海波：《河南吉金圖志膡稿》，1939年影印本。
十　二	商承祚：《十二家吉金圖録》，1935年印本。
首　師	首都師範大學歷史系：《首都師範大學歷史博物館藏品圖録》，科學出版社，2004年。
雙　古	于省吾：《雙劍誃古器物圖録》，1940年影印本。
雙　吉	于省吾：《雙劍誃吉金圖録》，1934年原印本。
頌　續	容庚：《頌齋吉金續録》，考古學社，1938年。
頌　齋	容庚：《頌齋吉金圖録》，考古學社，1933年。
陶　續	端方：《陶齋吉金續録》，宣統元年石印本。
陶　齋	端方：《陶齋吉金録》，光緒三十四年石印本。
通　鑒	吳鎮烽：《商周金文通鑒》，2007年。
圖　集	吳鎮烽：《商周青銅器銘文暨圖像集成》，上海古籍出版社，2012年。
文　博	《文博》，陝西省文物管理委員會、陝西省博物館主辦。
文　物	《文物》，文物出版社主辦。
武　英	容庚：《武英殿彝器圖録》，哈佛燕京學社，1934年。
西　甲	乾隆敕編：《西清續鑑甲編》，宣統二年涵芬樓依寧壽宮寫本影印。
西　清	乾隆敕編：《西清古鑑》，乾隆二十年內府刻本。
西　拾	容庚：《西清彝器拾遺》，考古學社，1940年。
西　乙	乾隆敕編：《西清續鑑乙編》，1931年影印本。
湘　博	湖南省博物館：《湖南省博物館》，文物出版社，1983年。
學　報	《考古學報》，中國社會科學院考古研究所主辦。
燕　園	北京大學考古系：《燕園聚珍——北京大學賽克勒考古與藝術博物館展品選粹》，文物出版社，1992年。
巖　窟	梁上椿：《巖窟吉金圖録》，1943年。

鄴　初	黃濬：《鄴中片羽初集》，1935年影印本。
鄴　二	黃濬：《鄴中片羽二集》，1937年影印本。
鄴　三	黃濬：《鄴中片羽三集》，1942年影印本。
杕　林	丁麟年：《杕林館吉金圖識》，孫海波東雅堂重印本，1941年。
遺　珠	李學勤、艾蘭：《歐洲所藏中國青銅器遺珠》，文物出版社，1995年。
殷　銅	中國社會科學院考古研究所：《殷虛青銅器》，文物出版社，1985年。
殷　新	中國社會科學院考古研究所、安陽市文物考古研究所：《殷墟新出土青銅器》，雲南人民出版社，2008年。
月　刊	《故宮文物月刊》，臺北故宮博物院主辦。
貞　圖	羅振玉：《貞松堂吉金圖》，孟冬墨緣堂印本，1935年。
中　國	李建偉、牛瑞紅：《中國青銅器圖錄》，中國商業出版社，2000年。
中　原	《中原文物》，河南博物院主辦。
周　原	曹瑋：《周原出土青銅器》，巴蜀書社，2005年。
綜　覽	（日）林巳奈夫：《殷周青銅器綜覽》，日本吉川弘文館，1984年。
尊　古	黃濬：《尊古齋所見吉金圖》，1936年。

　　五、本書收錄青銅器器形圖片編號一般由兩組數字表示，中間以"－"間隔，"－"前面的四位數編號代表其在本書《商代青銅器銘文分期斷代總表》中的序列號；"－"後面的編號則是其在原著錄書中的編號，其中五位數編碼者皆取自《殷周金文集成》，有前綴"J"者取自《近出殷周金文集錄》，有前綴"E"者取自《近出殷周金文集錄二編》。部分銅器下的編號只有四位數而無"—"者，是為本書新獲圖片，來源請參見《商代青銅器銘文分期斷代總表》。

　　六、本書收錄青銅器銘文搨本編號皆為四位編碼，代表其在本書《商代青銅器銘文分期斷代總表》中的序列號。

第二編 商代有銘青銅器器形綜覽

商代銘文青銅鐃器形

ＡＩ式鐃

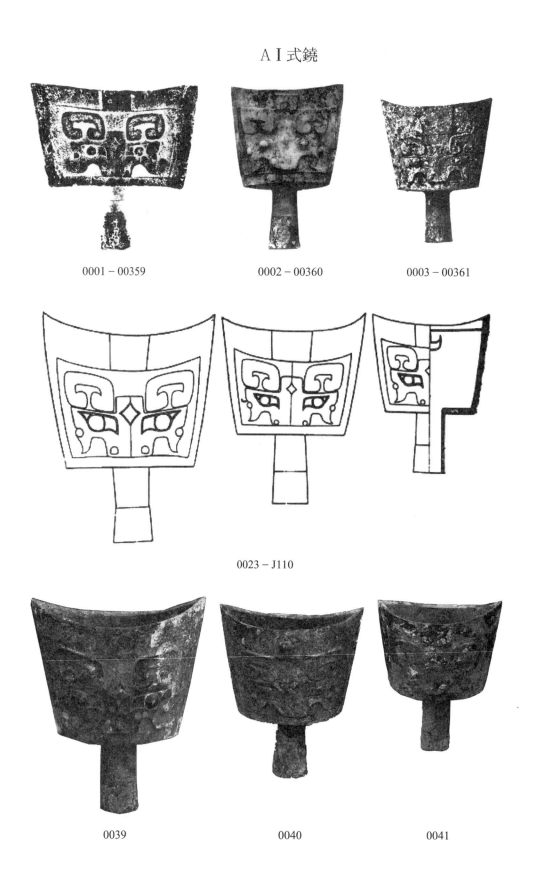

0001 – 00359 0002 – 00360 0003 – 00361

0023 – J110

0039 0040 0041

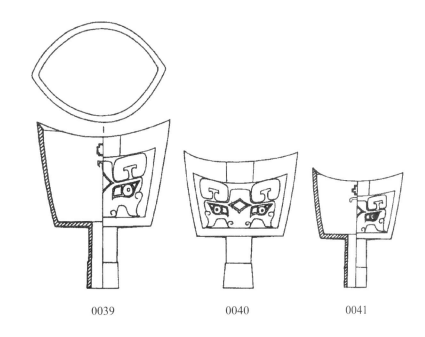

0039   0040   0041

ＡⅡ式鐃

0009 - 00367

0010 - 00368

0011 - 00369

0012 - 00370

0013－00371

0014－00372

0015－00373

0018－00376

0024－J111

0025－J112

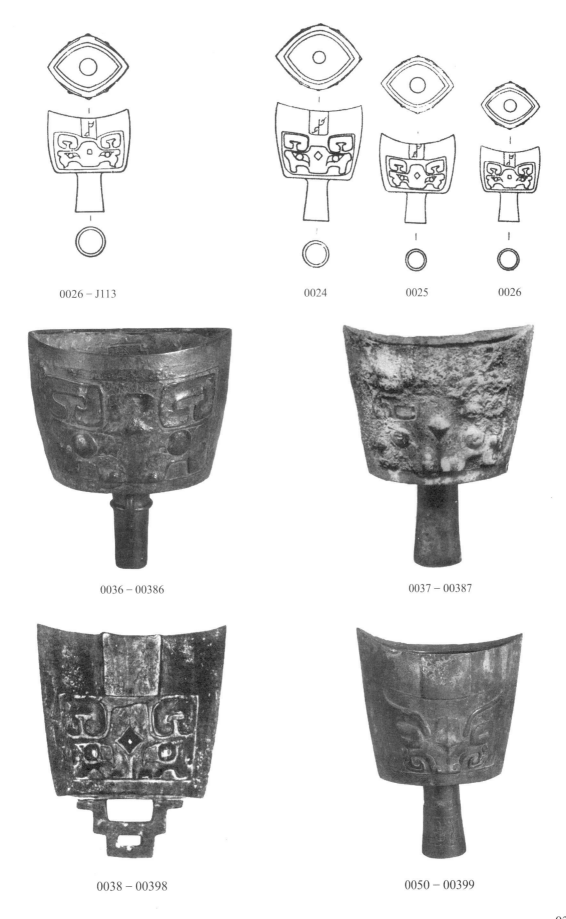

0026 - J113

0024

0025

0026

0036 - 00386

0037 - 00387

0038 - 00398

0050 - 00399

0051 - 00403

0052 - 00405

0053 - 00406

0054 - 00407

0055 - 00400

0056 - 00401

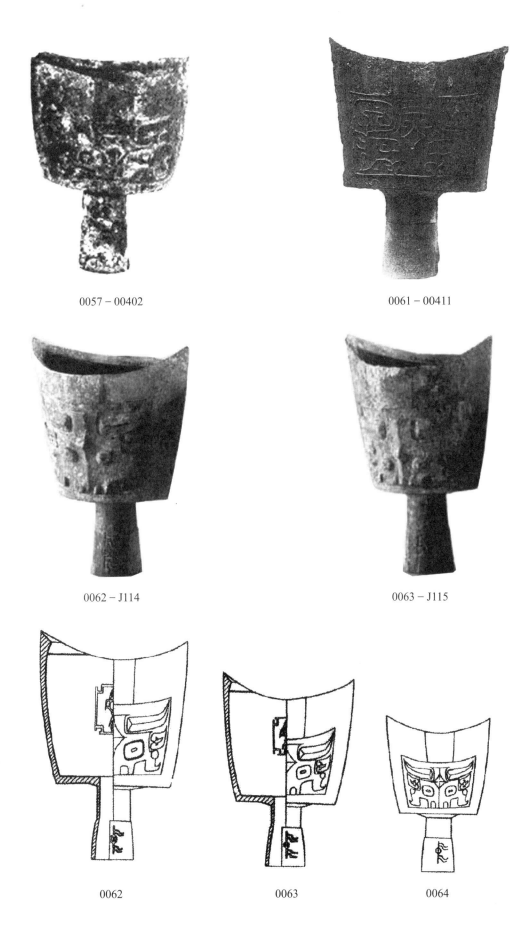

0057－00402

0061－00411

0062－J114

0063－J115

0062

0063

0064

0064 – J116　　　　　　　　　　　0065 – 00412

A Ⅲ 式鐃

0035 – 00385　　　　　　　　　　0022 – 00404

B Ⅰ 式鐃

0004 – 00362　　　　　　　　　　0005 – 00363

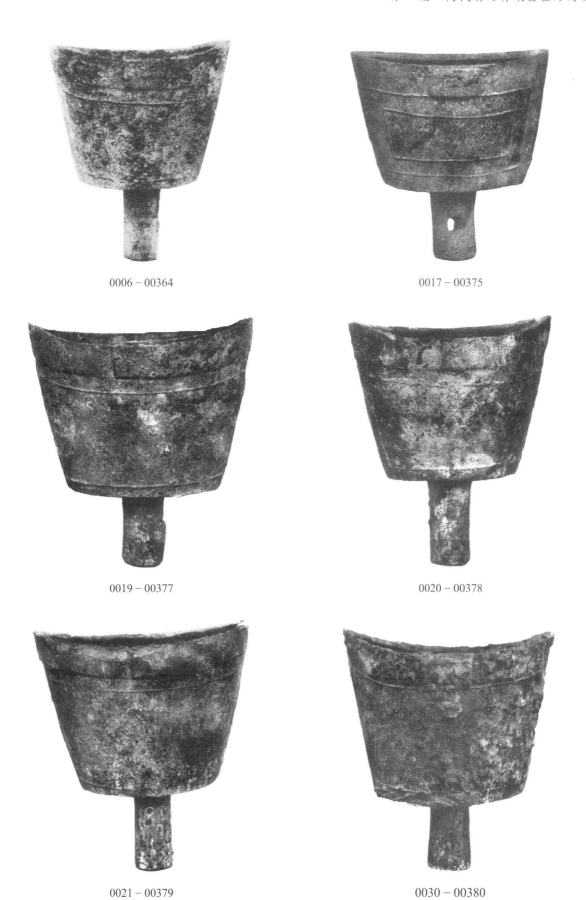

0006－00364

0017－00375

0019－00377

0020－00378

0021－00379

0030－00380

0031 - 00381

0032 - 00382

0033 - 00383   0034 - 00384

0042 - 00388

0043 - 00389

0044 – 00390

0045 – 00391

0044 – 00390

0045 – 00391

0044 – 00390

BⅡ式鐃

0027 – E51　　　　　0028 – E52　　　　　0029 – E53

BⅢ式鐃

0046 – 00392　　　　　　　　　0059 – 00409

0060 – 00410

商代銘文青銅鈴器形

0066 - 00413

0067 - 00414

0068 - 00415

商代銘文青銅鼎器形

甲Aa I 式鼎

0343－E128

甲Aa II 式鼎

0342－E127

甲Ab I 式鼎

0075－00992

0222－01133

甲AbⅡ式鼎

0074－00991

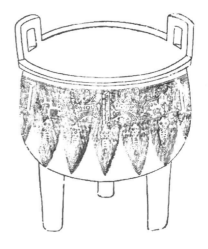

0076－00993

0081－00999

0085－01003

0107－01021

0116－01030

0122－01041

0153－01071

0157－01075

0159－01077

0161－01079

0167－01085

0174 - E140

0177 - E143

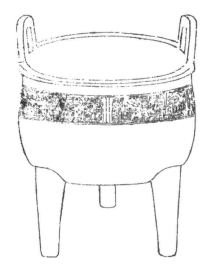

0186 - 01093

0189 - 01096

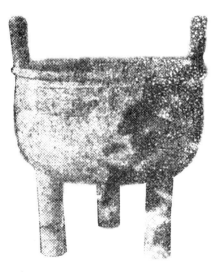

0207 - 01116

0211 - 01121

0213 – 01123

0214 – 01124

0228 – 01140

0246 – 01161

0259 – 01171

0261 – 01173

0263－01175

0292－01208

0294－01210

0300－01217

0301－E154

0305－J176

0308－01223

0309－01224

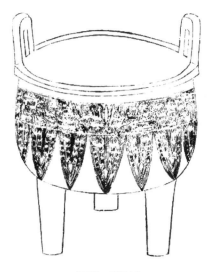

0320－01246

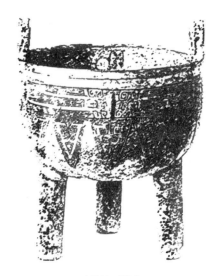

0327－J171

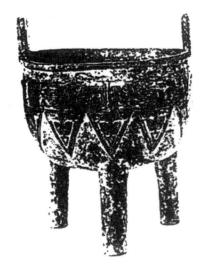

0329－J177

0333－J192

0335 - J194

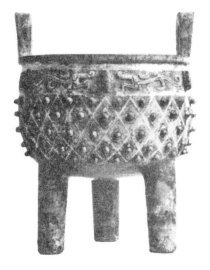

0344 - E129

0348 - E153

0350 - 01458

0351 - 01459

0365 - 01264

0378－01285

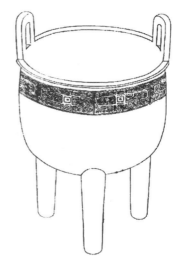

0386－01296

0408－01313

0415－01320

0416－01321

0417－01322

0419－01324

0420－01325

0421－01326

0422－01327

0423－01328

0424－01329

0425 – 01330

0426 – 01331

0427 – 01332

0448 – 01361

0449 – 01362

0460 – 01381

0461－01382

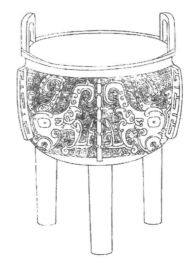

0472－01393

0477－01398

0480－01401

0486－01407

0487－E186

0510 – 01430

0549 – 01463

0554 – 01469

0558 – 01474

0582 – J212

0585 – J220

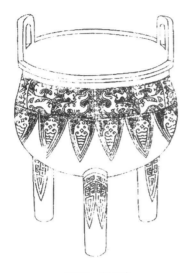

0603 - 01378

0604 - 01379

0639 - 01576

0653 - 01547

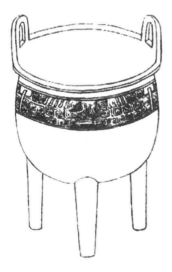

0689 - 01613

0718 - 01683

0734－01758

0755－01752

0756－01760

0850－02008

0859－02026

0902－02694

甲Ab Ⅲ式鼎

0069－00985

0094－01010

0095－01011

0097－01013

0117－01031

0123－01042

0127 – J185

0141 – 01060

0156 – 01074

0187 – 01094

0191 – 01098

0202 – 01109

0226 – 01137

0243 – 01158

0255 – 01167

0271 – J203

0279 – 01195

0286 – 01203

0314 - 01229

0318 - 01244

0328 - J172

0338 - J180

0339 - J181

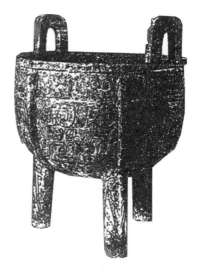

0341 - J184

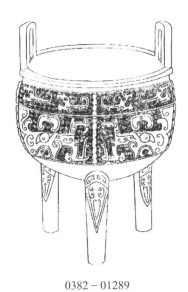

0382 – 01289

0399 – 01306

0400 – 01307

0412 – 01315

0453 – 01366

0459 – 01032

0501 – 01423

0506 – 01426

0539 – 01450

0540 – 01451

0578 – J207

0579 – J208

0581 – J210

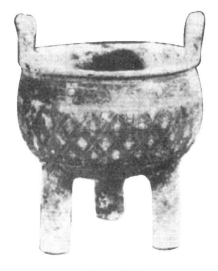

0584 – J219

0592 – J227

0595 – E188

0682 – 01716

0698 – 01634

0751－01747

0773－01838

0831－01864

0865　02113

甲AbⅣ式鼎

0070－00986

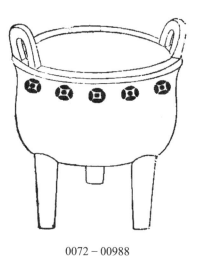

0072－00988

0093 – J166

0119 – 01034

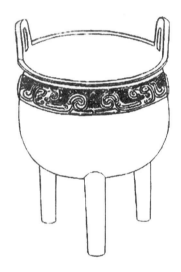

0124 – 01043

0128 – J186

0176 – E142

0196 – E155

0199－01106

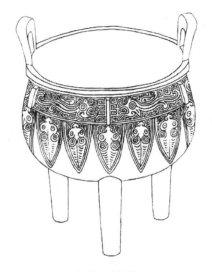

0210－01120

0216－01126

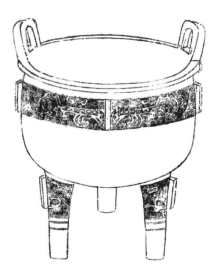

0223－01134

0249－J201

0264－01176

0265－01177

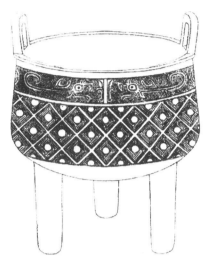

0269－01181

0287－01204

0302－01218

0311－01226

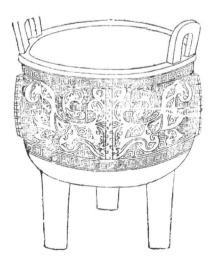

0316－01237

0324 - J168

0325 - J169

0330 - J178

0337 - J199

0345 - E130

0346 - E151

0347 - E152

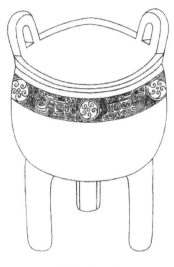

0364 - 01263

0372 - 01276

0387 - 01297

0389 - E187

0438 - 01343

0441 - E183

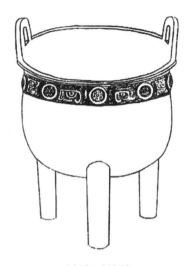

0446 - 01359

0455 - 01368

0481 - 01402

0531 - E169

0532 - E170

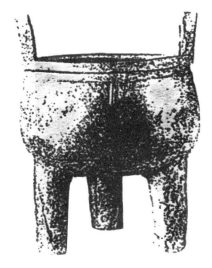

0543 – J224

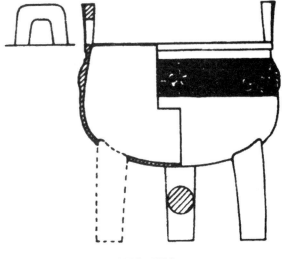

0576 – J206

0590 – 01454

0591 – J226

0626 – J236

0627 – J237

0637 – 01625

0645 – 01673

0656 – 01615

0711 – 01664

0712 – 01666

0713 – 01668

0716 – 01679

0719 – 01685

0735 – J241

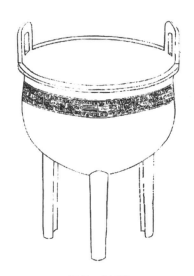

0743 – 01709

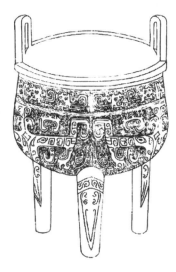

0764 – 01896

0769 – J235

0774－J262

0786－01910

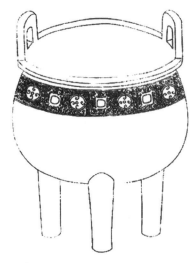

0795－01819

0813－01870

0825－J276

0833－01875

0835 - 01889

0840 - 01898

0843 - 01904

0863 - E229

0866 - 02117

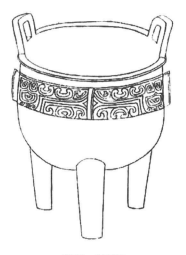

0874 - 02139

0879－02245

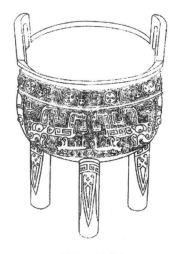

0889－02400

甲Ac I 式鼎

0242－01157

0331－J187

0369－01268

0479－01400

0537 – E168

甲AcⅡ式鼎

0104 – E133

0272 – E132

0401 – 01308

0467 – 01389

0504 - J216

0594 - E178

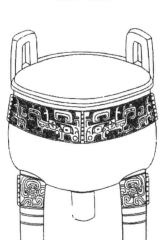

0598 - 01373

0651 - 01652

甲AcⅢ式鼎

0175 - E141

0266 - 01178

0402 – E165

0410 – 01319

0605 – 01510

0612 – 01698

0629 – 01533

0650 – 01651

0772 - E197

0808 - 01863

0877 - 02578

0882 - 02318

0903 - 02708

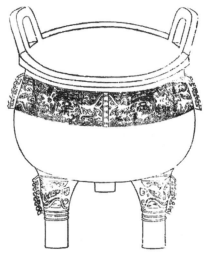

0906 - 02711

甲 Ad I 式鼎

0527 – 01447

0752 – 01748

0753 – 01749

0814 – 01880

甲 Ad II 式鼎

0295 – 01211

0429 – 01334

0431－01336

甲Ad Ⅲ式鼎

0139－01058

0184－01091

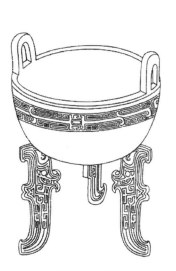

0188－01095

0192－01099

0234 – 01145

0253 – 01165

0260 – 01172

0299 – 01216

0304 – 01221

0396 – 01303

0403－01309

0515－01435

0583－J218

0586－J221

0668－01681

0681－01697

0683 - 01717

0814 - 01880

0841 - 01900

0851 - 02011

甲AdⅣ式鼎

0180 - E146

0181 - E147

0255 - 01167

0469 - J211

0673 - 01602

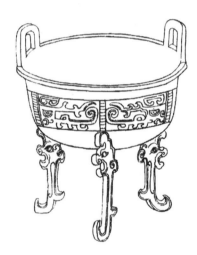

0685 - 01597

0771 - E196

0784 - 01828

0812 - 01869

甲Ba I 式鼎

0077 - 00994

0112 - 01025

0138 - J183

0219 - 01129

0291－E149

0394－01301

0428－01333

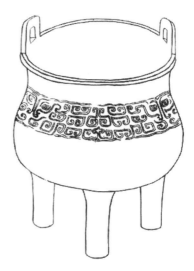

0444－01357

0694－01626

0727－01699

甲Ba Ⅱ式鼎

0200 – 01107

0306 – E131

0336 – J197

0544 – 01455

0553 – 01468

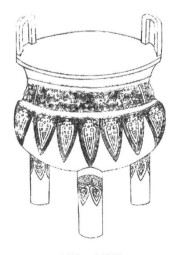

0602 – 01377

甲BaⅢ式鼎

0090－E150

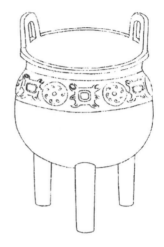

0170－01088

0230－E135

0248－J200

0254－01166

0281－01197

0307－01222

0326－J170

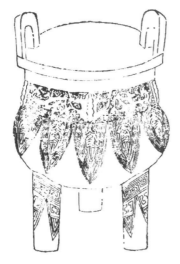

0377－01284

0496－01418

0528－E181

0541－01452

0542 – 01453

0596 – E175

0671 – 01586

0766 – J229

0853 – 02015

0875 – E243

甲Bb型鼎

0315－01230

甲CⅠ式鼎

0086－01004

0132－01051

0148－01066

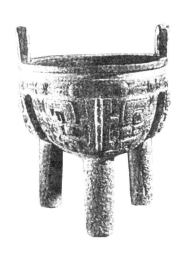

0168－01086

0169 – 01087

0182 – 01089

0195 – J179

0231 – 01141

0236 – 01148

0462 – 01383

0536 - E166

0538 - E185

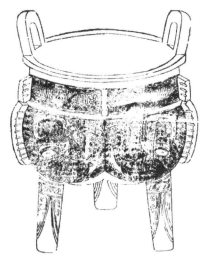

0635 - 01695

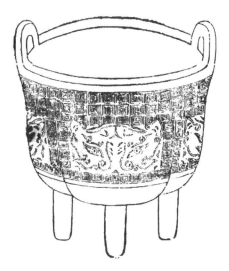

0640 - 01607

0729 - 01701

0767 - J233

甲C II 式鼎

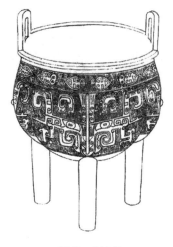

0142 – 01061

0166 – 01084

0224 – 01135

0245 – 01160

0267 – 01179

0293 – 01209

0379 – 01286

0383 – 01290

0390 – 01294

0393 – 01300

0398 – 01305

0405 – 01311

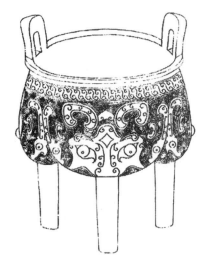

0468 – 01390

0484 – 01405

0529 – E180

0573 – 01498

0580 – J209

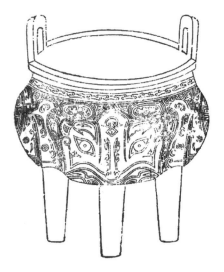

0609 – 01517

0632 - 01605

0636 - 01539

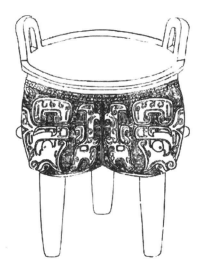

0648 - 01566

0661 - 01565

0676 - 01594

0708 - 01656

0736 - 01424

0738 - J246

0739 - J247

0750 - 01739

0787 - J265

0792 - 01846

0807－01847

0830－01862

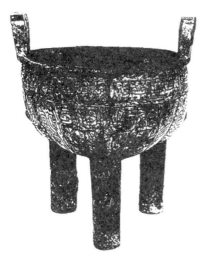

0838－J264

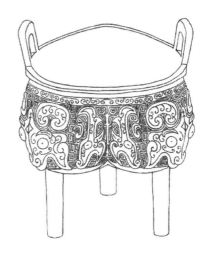

0891－02402

甲CⅢ式鼎

0084－01002

0120－01035

0178 – E144

0179 – E145

0221 – 01132

0229 – E134

0235 – 01147

0250 – J202

0268－01180

0275－01190

0357－01253

0363－01260

0466－01388

0509－01429

0513 – 01433

0514 – 01434

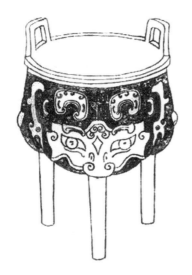

0516 – 01436

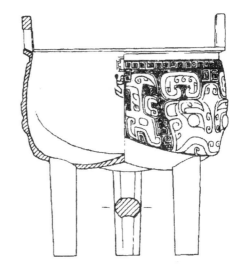

0533 – E171

0569 – 01380

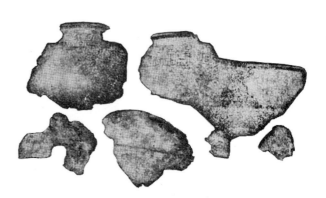

0570 – E182

0606－01511

0607－01513

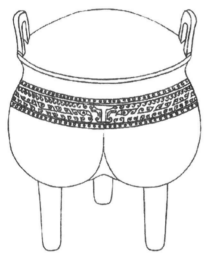

0608－01515

0623－01603

0624－01604

0641－01608

0646 – J239

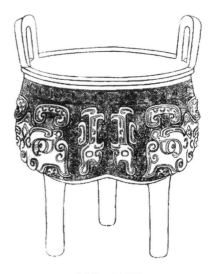

0649 – 01575

0669 – 01582

0679 – 01621

0669 – 015820691 – 01617

0695 – 01627

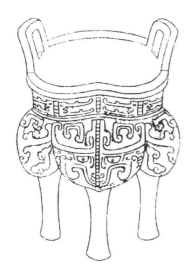

0696 – 01628

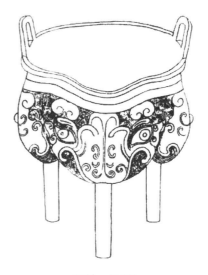

0702 – 01641

0709 – 01657

0714 – 01672

0720 – 01687

0721 – E195

0722－01688

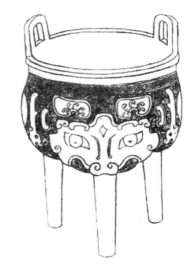

0723－01689

0724－01692

0725－01693

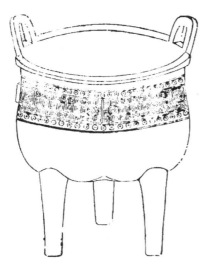

0758－01763

0776－01834

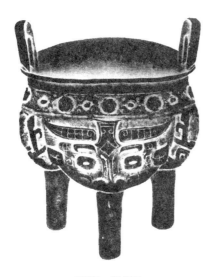

0777 – 01835

0790 – 01816

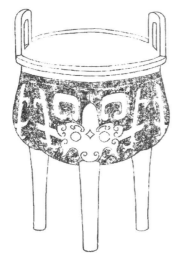

0800 – 01883

0803 – 01842

0804 – 01843

0809 – 01865

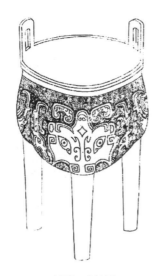

0818－01833

0836－01893

0837－01894

0848－02000

0860－J285

0871－02136

0878－E259

0887－02362

0888－02363

0890－02401

0900－J339

0905－02710

乙AaI式鼎

0145－01063

0433－01338

0728－01700

0740－01706

0741－01707

0742－01708

0832－01874

乙AaⅡ式鼎

0154－01072

0185－01092

0251－01163

0278－01193

0303 – 01220

0323 – J165

0340 – J182

0352 – J189

0353 – J190

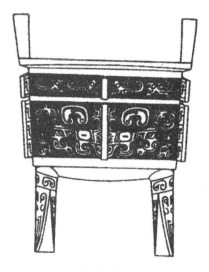

0354 – J198

0362 - 01259

0366 - 01265

0407 - E177

0411 - J213

0471 - 01392

0503 - J215

0557－01472

0642－01610

0664－01579

0730－01702

0732－01740

0737－J245

0745 - 01711

0762 - 01859

0770 - J240

0822 - 01825

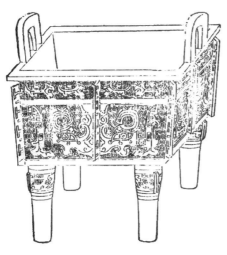

0849 - 02001

0854 - 02016

0876 - E244

乙Aa Ⅲ式鼎

0171 - E137

0172 - E138

0173 - E139

0247—01162

0317－01238

0332－J188

0334－J193

0349－01449

0374－01280

0392－01298

0409－01314

0493－01413

0518－01438

0519－01439

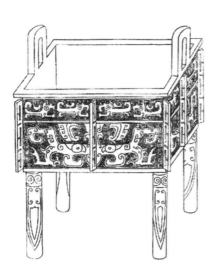

0521－01441

0534－E172

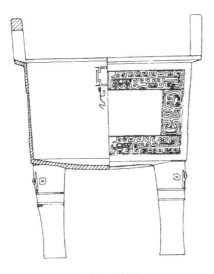

0535 - E173

0571 - 01490

0588 - J223 - 1

0589 - J223 - 2

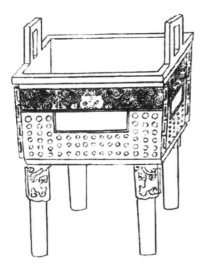

0615 - 01523

0616 - 01524

0622－01573

0625－01670

0628－E198

0657－01555

0666－01680

0667－01581

0692 – 01622

0703 – 01642

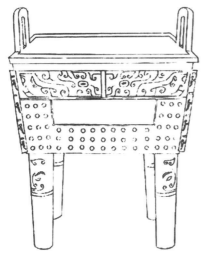

0705 – 01645

0768 – J234

0796 – 01837

0797 – 01839

0798 – 01840

0799 – 01867

0806 – 01845

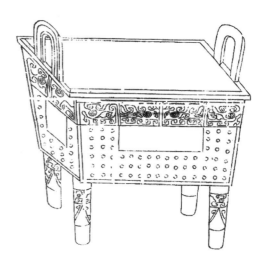

0819 – 01821

0821 – 01824

0827 – 01855

0828 - 01856

0829 - 01858

0844 - 01905

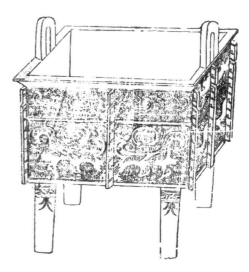

0847 - 02033

0864 - E245

0867 - 02114

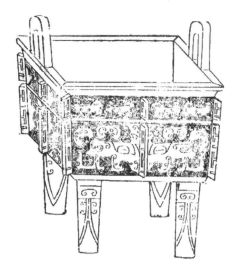

0894 – 02427

0897 – 02434

0904 – 02709

0907 – E311

0908 – E314

乙Ab I 式鼎

0432 – 01337

乙Ab II 式鼎

0587 – J222

乙B型鼎

0253 – 01164

0502 – J214

0861 – 02111

0862 – 02112

商代銘文青銅鬲器形

Aa I 式鬲

0915－00447

Aa II 式鬲

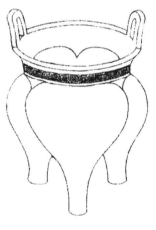

0910－00442

0918－00461

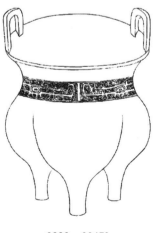

0923－00473

0926－00481

0934 - 00499

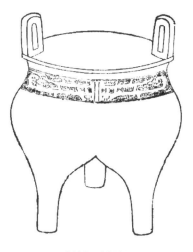

0937 - 00505

Ab I 式鬲

0913 - 00445

0917 - 00456

0930 - 00486

Ab Ⅱ式鬲

0909－00441

0924－00476

931－487

0932－J253

B型鬲

0922－00485

商代銘文青銅甗器形

AＩ式甗

0956－00786

AⅡ式甗

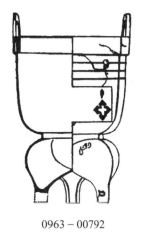

0963－00792

AⅢ式甗

0940－00761　　　　　　　　　　0948－00776

0961－00789

0962－E102

0966－E101

AIV式鬲

0943－00765

0944－00766

0945 – 00767

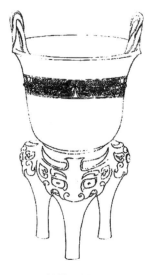

0950 – 00778

0952 – 00780

0953 – 00781

0954 – 00782

0955 – 00784

0956 – 00785

0960 – J148

0970 – 00798

0972 – 00801

0973 – 00804

0974 – 00813

0976 - 00824

0977 - E106

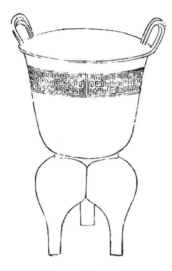

0979 - 00838

0981 - 00845

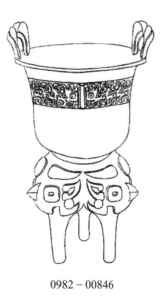

0982 - 00846

0983 - E111

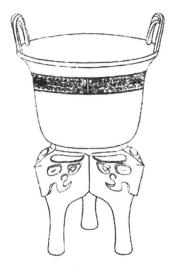

0984 – 00856

0986 – 00867

0987 – J155

0988 – 00886

0989 – 00891

0990 – 00922

0991－00944

AⅤ式甗

0968－00796

0969－00797

Ba型甗

0941－00762

0965－00794

Bb型鬲

0964 – 00793

商代銘文青銅簋器形

Aa I 式簋

1001 – 02923

1016 – 02948

1017 – 02949

1066 – J383

1073 – 03031

1088 – J367

1091 – J370

1094 – J382

1123 – 03228

1129 – 03089

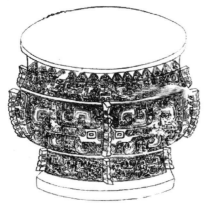

1130 – 03090

1164 – 02989

1166－03127

1230－03239

AaⅡ式簋

1000－02922

1005－02928

1007－02931

1053－J378

1081－03041

1113－03072

1117－E346

1118－03076

1121－03081

1122－03082

1124 – 03083

1132 – 03093

1139 – 03100

1157 – 03119

1165 – 03126

1246 – 03393

AaⅢ式簋

1010－02941

1019－02951

1044－02991

1056－E341

1060－03009

1072－03030

1074 – 03033

1084 – 03045

1092 – 02971

1093 – J376

1103 – 03061

1110 – 03068

1133 – 03094

1146 – E347

1155 – 03116

1168 – J389

Ab I 式簋

1012 – 02944

AbⅡ式簋

1013－02945

1018－02950

1050－02998

1078－03037

1080－03039

1085－03106

1148 – 03109

1150 – 03111

1206 – 03189

1229 – 03238

Ab Ⅲ 式簋

0996 – 02916

1003 – 02925

1004－02927

1014－02946

1021－02956

1028－E342

1029－02964

1036－J375

1039 – 02981

1061 – 03010

1061 – 03017

1070 – 03023

1111 – 03069

1142 – 03103

1169 – 03135

1171 – 03136

1231 – 03243

1243 – 03330

1283 – 03713

AbⅣ式簋

1043 – 02990

1087 – J366

1090 – J369

1127 – 03087

1162 – 02920

1189 – 03149

1275 – J417

4943 – 10300

Ab V 式簋

0998 – 02918

1006 – 02929

1097 – E345

1179 – 03237

1225 - J407

1264 - E366

1265 - E367

Ba I 式簋

1176 - 03172

1211 - 03195

1235 – 03298

1244 – 03338

1277 – E376

4976 – 10494

BaⅡ式簋

0992 – 02912

1024 – 02959

1031 – 02966

1034 – 02969

1045 – 02992

1054 – J377

1058 – 03007

1089 – J368

1095 - J387

1104 - 03062

1107 - 03064

1108 - 03065

1120 - 03078

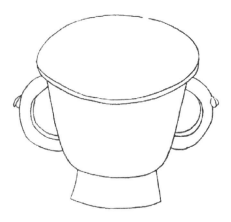

1125 - 03084

1128 – 03088

1138 – 03095

1143 – 03104

1151 – E349

1152 – 03112

1154 – 03114

1191－03175

1195－03192

1200－03163

1210－03194

1261－J411

1262－J413

1269 – 03418

1286 – J454

4967 – 10485

Ba Ⅲ式簋

0994 – 02914

0995 – J365

1020 – 02953

1022 – 02957`

1023 – 02958

1030 – 02965

1052 – 03000

1055 – E340

1063 – J379

1071 – 03025

1076 – 03035

1112 – 03071

1126 – 03086

1137 – 03099

1149 – 03110

1174 – 03143

1184 – 03147

1187 – 03170

1201 – 03152

1202 – 03174

1204 – 03178

1214 – 03202

1217 – 03210

1221 – 03222

1240 – 03332

1247 – J412

1255 – 03321

1258 – 03337

1263 – 03345

1266 – E369

1270 – 03419

1281 – 03602

1287－03861

1291－03975

BaⅣ式簋

0997－02917

1008－02936

1025－02960

1049－02997

1064 – 03016

1068 – 03021

1069 – 03022

1077 – 03040

1082 – 03042

1083 – 03044

1100 – 03057

1145 – E348

1172 – 03137

1178 – 03221

1180 – 03141

1181 – 03142

1186－03169

1192－03153

1205－J394

1206－03186

1215－03203

1216－03204

1222 - 03223

1224 - 03229

1236 - 03308

1242 - 03326

1245 - 03339

1251 - 03312

1253 – 03314

1268 – 03417

1272 – 03421

1279 – 03601

1284 – E398

1285 – 03717

1292－04138

1293－04144

Bb型簋

1037－02973

1227－03233

1238－03310

1274－03429

1276 – 03457

1282 – 03665

Bc型簋

1136 – 03098

其他

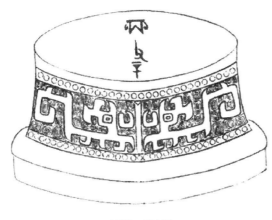

1170 – 03199

1241 – 03333

商代銘文青銅豆器形

1294 – 4651

1295 – 04652

1297 – J540

商代銘文青銅匕器形

1299－00966

1300－00968

商代銘文青銅卣器形

AaⅠ式卣

1318－04721

1355－J546

1364－04773

AaⅡ式卣

1329－04730

1376－04785

1537－04927

1545－E506

1597－05079

AaⅢ式卣

1309－04714

1310－04715

1315 – 04720

1316 – J553

1317 – J554

1320 – 04723

1323 – 04726

1324 – E490

1325 - E491

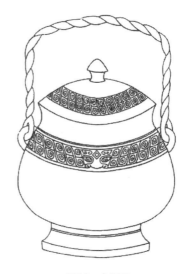

1332 - 04733

1334 - 04735

1336 - 04737

1337 - 04738

1354 - 04758

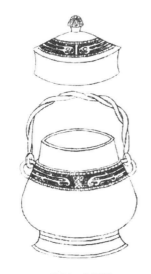

1356 - 04760

1361 - 04769

1366 - 04775

1367 - 04776

1375 - 04784

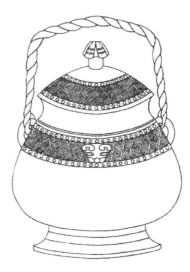

1377 - 04786

1380 - 04789

1389 - 04798

1397 - 04759

1398 - J545

1399 - J547

1401 - J550

1403 – J552

1409 – 04809

1411 – J560

1421 – 04818

1422 – 04819

1425 – E495

1428－E502

1430－04837

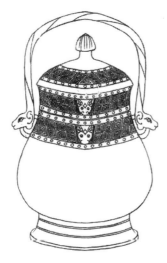

1431－04823

1445－04831

1446－04832

1454－04848

1458 – 04851

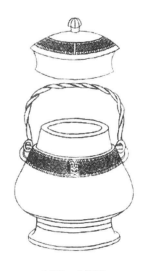

1467 – 04867

1476 – 04877

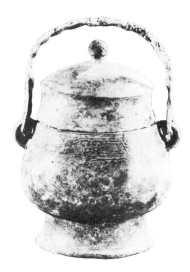

1482 – E497

1484 – E496

1502 – 04966

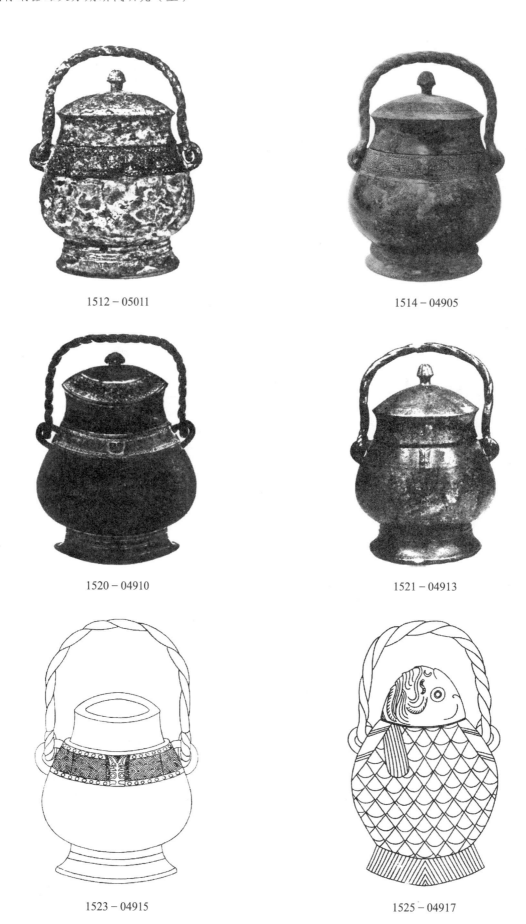

1512 – 05011

1514 – 04905

1520 – 04910

1521 – 04913

1523 – 04915

1525 – 04917

1526－04997

1532－04950

1535－04925

1536－J565

1548－04946

1551－04987

1552 – 04948

1553 – 04949

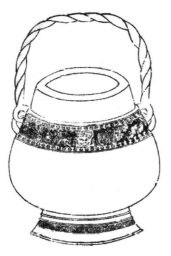

1556 – 04955

1561 – 04977

1565 – 04981

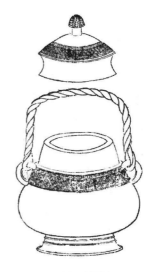

1566 – 04983

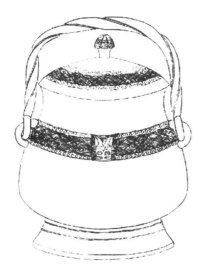

1569 – 04989

1570 – 04994

1574 – E504

1576 – J575

1577 – 05006

1586 – E505

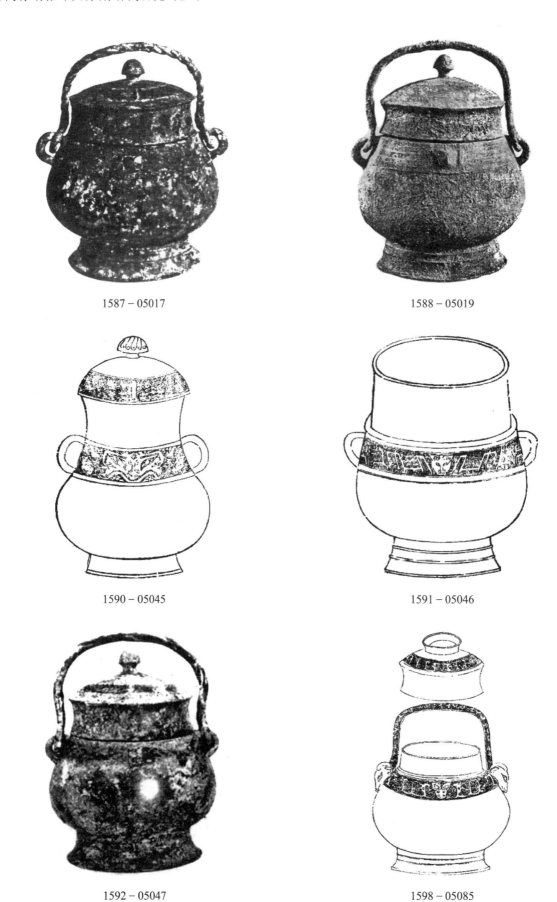

1587 – 05017

1588 – 05019

1590 – 05045

1591 – 05046

1592 – 05047

1598 – 05085

1599－05097

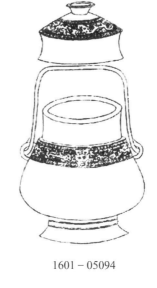

1601－05094

1608－05057

1612－05076－05060

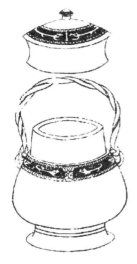

1618－05082

1621－05089

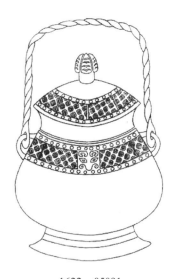

1622 – 05091

1626 – 05098

1627 – 05099

1631 – 05114

1636 – 05145

1639 – 05165

1646 – 05172

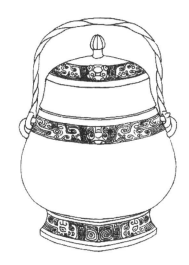

1654 – J564

1654 – J564

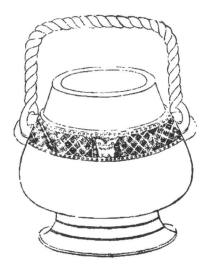

1660 – 05208

1663 – J593

1664 – E528

1665－05205

1667－05265

1669－05271

1678－05353

1684－05367

AaⅣ式卣

1328－04729

1330－04731

1331－04732

1365－04774

1384－04792

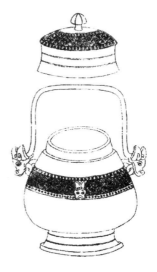

1393－04802

1408 – 04808

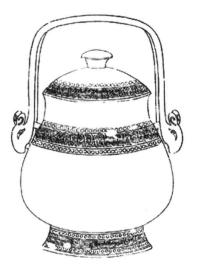

1438 – 04856

1452 – 04846

1465 – 04865

1470 – 04871

1488 – 04891

1496 – 04893

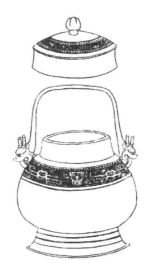

1507 – 04960

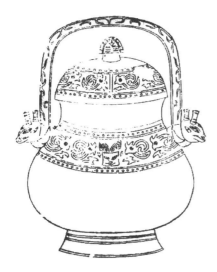

1508 – 04961

1513 – 04903

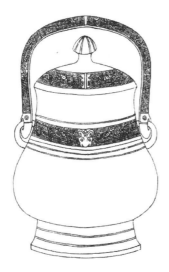

1519 – 04976

1530 – 04923

1558－04957

1564－04979

1568－04986

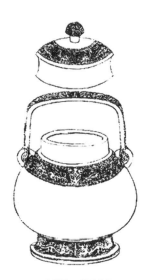

1600－05086

1609－05070

1614－05069

1629 – 05102

1630 – 05110

1641 – 05156

1643 – 05163

1652 – 05176

1670 – 05278

1674－05347

1675－05349

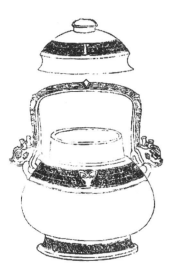

1680－05362

1691－05395

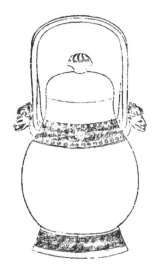

1692－05397

1693－05414

1694 – 5412

1696 – 05417

Ab型卣

1305 – 04707

1313 – 04718

1333 – 04734

1346 – 04749

1347 – 04750

1359 – 04767

1360 – 04768

1363 – 04770

1378 – 04787

1379 – 04788

1382－E488

1396－04843

1405－04805

1412－J561

1426－04821

1435－04834

1436 – 04838

1440 – 04825

1447 – E499

1459 – 04852

1462 – 04862

1464 – 04864

1487－04890

1518－04909

1579－05008

1581－05010

1593－05088

1602－05100

1611－05059

1628－05101

1635－E520

1640－05155

1644－05148

1658－05203

1676 - 05350

1681 - E540

1689 - E546

BI式卣

1370 - 04779

1372 - 04781

1471－04872

1632－05142

BⅡ式卣

1358－04764

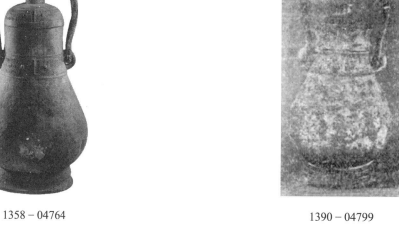

1390－04799

1410－04810

1466－04866

1478 – 04879

1491 – 09500

1497 – 04897

1505 – 04926

1509 – 04980

1542 – 04933

1544－04936

1560－04968

1567－04985

1571－04995

1584－05014

1596－05055

1616 – 05074

1633 – J579

1634 – J581

1666 – J596

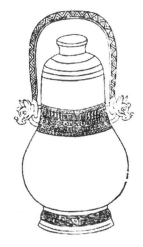

1677 – 05351

1690 – 05394

1695 – 05413

C型卣

1344 – 04747

1400 – J549

1423 – 04820

1580 – 05009

D型卣

1391 – 04800

1415 – 04813

1477 – 04878

1642 – 05161

1656 – 05199

1687 – 05379

E型卣

1302 - 04701

1306 - 04711

1312 - 04717

1335 - 04736

1341 - 04742

1381 - 04790

1383－04791

1385－04794

1404－E489

1418－04815

1419－04816

1481－04882

F型卣

1657－05201

G型卣

1416－E500

商代銘文青銅尊器形

Aa I 式尊

1769 – 05535

Aa II 式尊

1805 – E557

1886 – 05680

1887 – 05681

AaⅢ式尊

1791 – 05562

1802 – J610

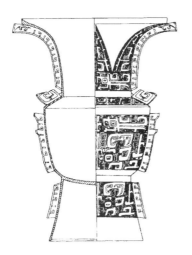

1803 – E553

1882 – 05689

1888 – E569

1929 – 05935

1930 – 05936

Ab I 式尊

1723 – 05469

1728 – 05480

1730 – 05482

1736 – 05488

1740 – 05493

1743 – 05498

1745 – 05501

1750 – 05507

1775 – 05543

1780 – 05547

1781－05548

1782－05549

1793－05564

1798－05570

1808－05558

1851－05686

1883 - 05694

AbⅡ式尊

1704 - 05446

1719 - 05464

1721 - 05467

1734 - 05486

1747 - 05503

1757 - E549

1772 - 05540

1773 - 05541

1774 - 05542

1779 - 05545

1810－05577

1819－05538

1820－05539

1889－E570

Ba I 式尊

1699－05441

1756－E551

1801 - J609

1814 - 05585

BaⅡ式尊

1724 - 05470

1737 - 05489

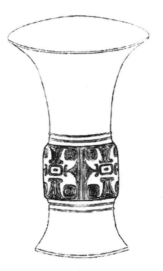

1752 - 05509

1753 - J606

1755 – J608

1760 – 05510

1762 – 05517

1804 – E554

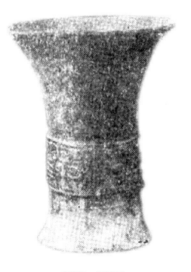

1807 – 05556

1809 – 05573

1816－05595

1818－E555

1824－05655

1827－05620

1831－05629

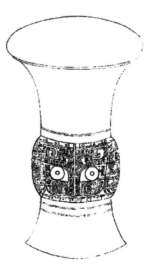

1832－05679

1835 - 05658

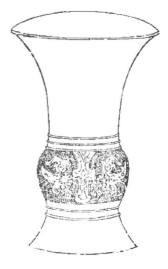

1838 - 05612

1839 - 05613

1845 - 05627

1862 - 05649

1876 - 05806

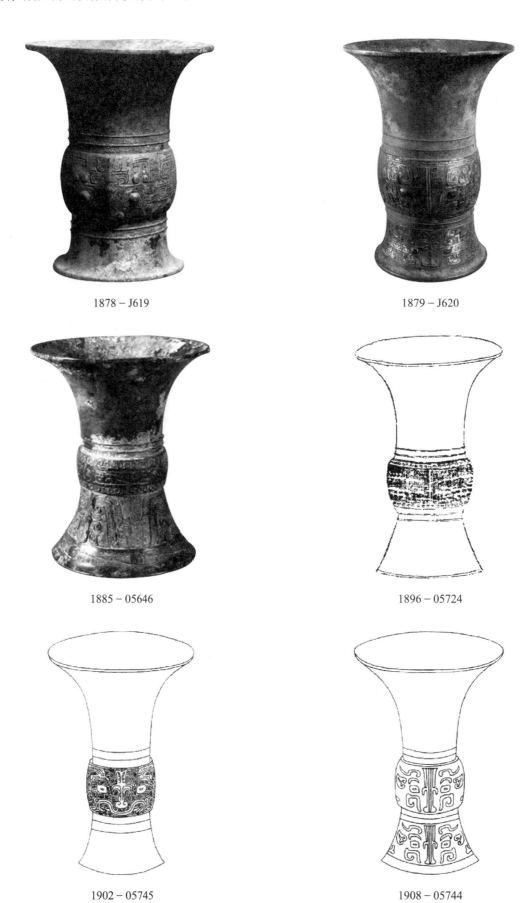

1878 – J619

1879 – J620

1885 – 05646

1896 – 05724

1902 – 05745

1908 – 05744

1910 - 05749

1916 - 05760

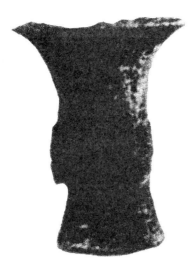

1920 - J628

1922 - 05840

1923 - E576

1926 - 05911

1927－05949

Ba Ⅲ式尊

1725－05471

1763－05518

1766－05529

1768－05531

1776 – 05544

1777 – E552

1796 – 05567

1817 – J614

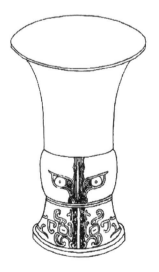

1829 – 05610

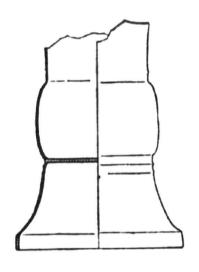

1849 – E559

1857 – 05737

1863 – 05650

1880 – 05683

1884 – E558

1890 – 05714

1891 – 05715

1907－05740

Bb I 式尊

1698－05500

1702－05444

1703－05445

1713－05458

1714－05459

1717－E550

1729－05481

1731－05483

1732－05484

1738－05491

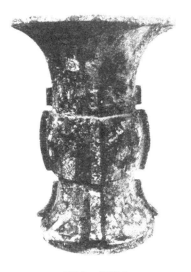

1749 - 05506

1751 - 05508

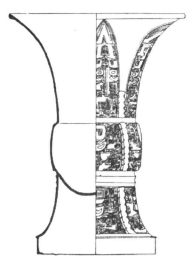

1754 - J607

1764 - 05523

1765 - 05526

1767 - 05530

1786 – 05555

1790 – 05561

1834 – 05641

1842 – 05615

1844 – 05626

1847 – 05631

1850－05634

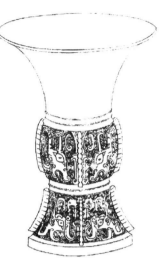

1864－05651

1867－05662

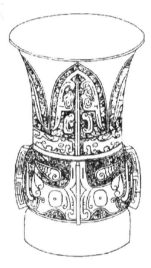

1872－05668

1875－05741

1881－05682

1892－05716

1893－05726

1897－05728

1899－05730

1900－05736

1913－05756

1914 − 05757

1933 − 05965

1934 − 05967

Bb Ⅱ 式尊

1701 − 05443

1705 − 05447

1718 – 05463

1787 – 05589

1830 – 05618

1843 – 05617

1852 – 05635

1854 – 05638

1855 – J616

1859 – 05687

1861 – 05648

1874 – 05677

1877 – J617

1903 – 05747

1909－05748

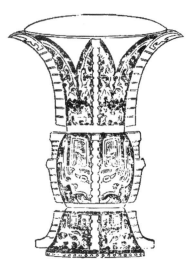

1917－05794

1928－05926

C型尊

1709－05451

D型尊

1711－05454

1726－05477

1727－05478

1770－05536

1771－05537

1794－05565

1806－E589   1935－05990

商代銘文青銅觶器形

AⅠ式觶

1936－06017

1958－06041

1976－06067

2133－06346

AⅡ式觶

1937－06018

1947－06028

1948 – 06030

1952 – 06035

1965 – E594

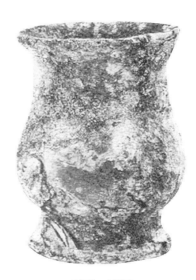

1966 – E595

1967 – E596

1970 – 06052

1974－J641

1989－E593

1991－06097

2015－06146

2017－06150

2023－06159

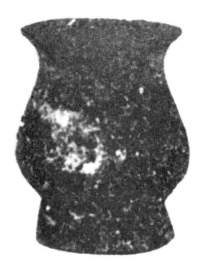

2024 – 06160

2031 – J652

2039 – 06180

2040 – 06182

2046 – 06188

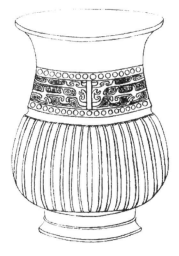

2048 – 06191

2049 – J650

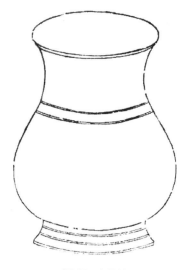

2067 – 06303

2069 – 06212

2103 – 06270

2127 – 06338

2129 – 06343

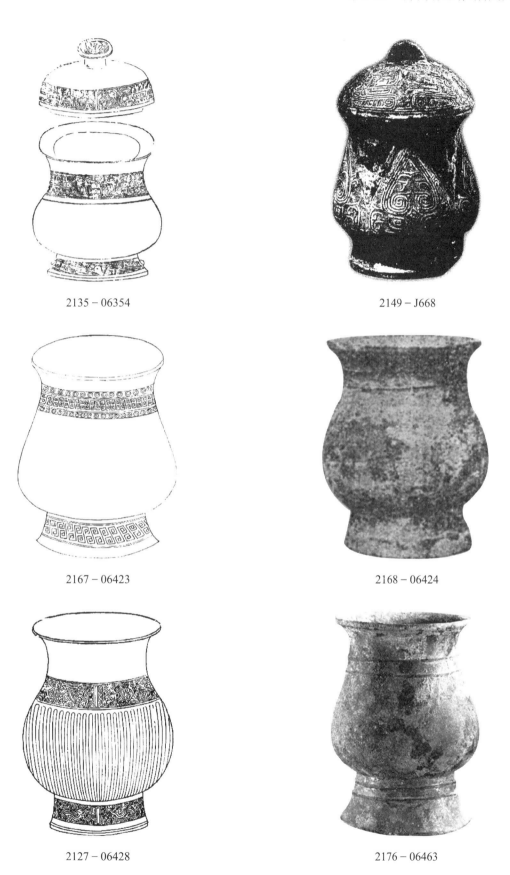

2135 – 06354

2149 – J668

2167 – 06423

2168 – 06424

2127 – 06428

2176 – 06463

AⅢ式觶

1940 – J640

1942 – 06023

1951 – 06034

1959 – 06042

1961 – 06045

1963 – 06047

1968 – 06050

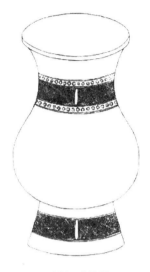

1971 – 06053

1975 – J642

1981 – 06074

1982 – J647

1988 – J644

1990－06093

1992－06098

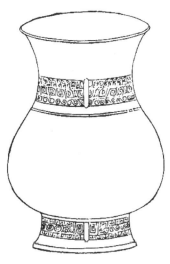

1998－06107

2008－06140

2011－06144

2013－J653

2022 – 06158

2028 – 06164

2030 – J648

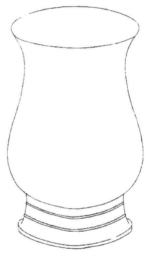

2032 – 06170

2035 – 06177

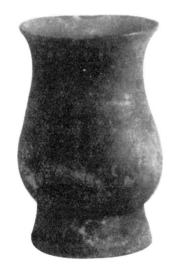

2044 – 06184

2047 − 06189

2050 − J654

2051 − E603

2052 − 06200

2054 − 06201

2080 − 06226

2081 – 06228

2085 – 06238

2091 – 06324

2094 – E608

2102 – 06356

2106 – 06279

2107－06280

2108－06282

2109－06283

2112－06287

2113－06311

2117－J661

2118 – J665

2120 – 06351

2128 – 06339

2130 – 06344

2137 – 06357

2141 – 06364

2143 – 06368

2149 – J669

2151 – 06383

2162 – 06400

2165 – 06410

2170 – 06450

2175－E618

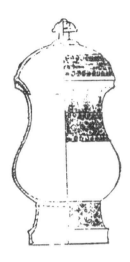

2181－J671

2182－E621

AⅣ式觶

1944－06026

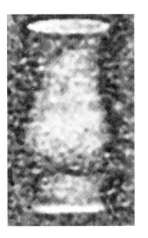

1946－06027

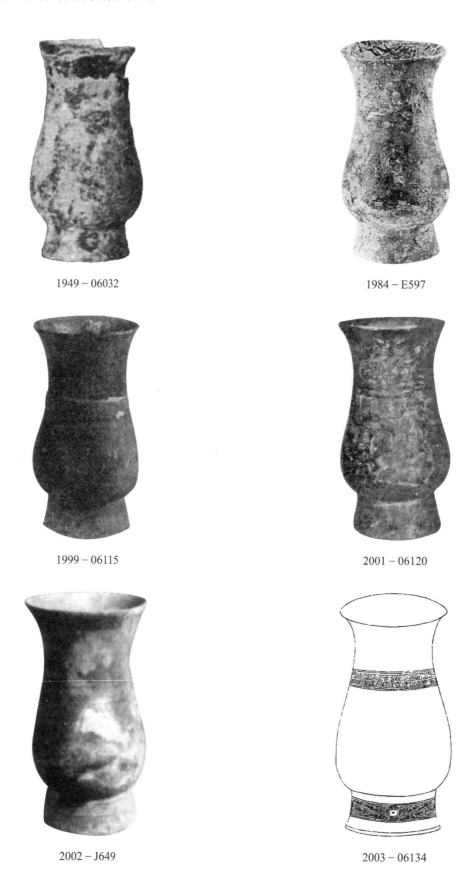

1949－06032

1984－E597

1999－06115

2001－06120

2002－J649

2003－06134

2016－06147

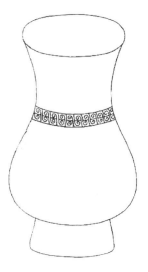

2021－06157

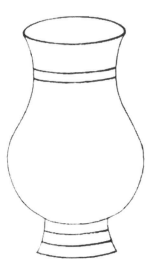

2034－06176

2038－06181

2041－06183

2042－E602

2045 – 06187

2063 – 06256

2074 – 06301

2075 – 06326

2077 – J663

2089 – E607

2092 – 06325

2111 – 06286

2114 – E609

2115 – 06292

2132 – E611

2138 – 06358

2134－06353

2155－06384

2178－06485

2180－06505

B型觶

2072－06255

2119－06349

C型觶

1969－06051

商代銘文青銅觚器形

甲AaⅠ式觚

2189－06525

2190－06526

2194－J695

2197－J696

2201－06535

2206－E633

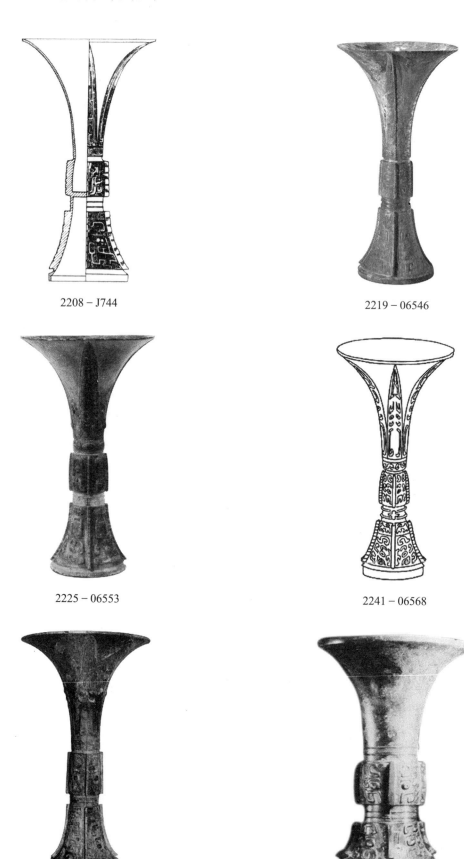

2208－J744

2219－06546

2225－06553

2241－06568

2250－06575

2251－06576

2276 – 06598

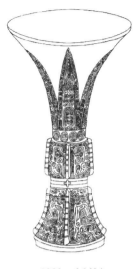

2282 – 06604

2307 – E648

2320 – J693

2322 – 06635

2323 – 06636

2327 – E634

2330 – 06642

2332 – 06645

2338 – 06650

2339 – 06651

2356 – 06665

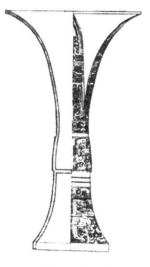

2358－06667

2364－06674

2367－06677

2375－06685

2379－06689

2395－06702

2396－06703

2399－06705

2405－06710

2408－06713

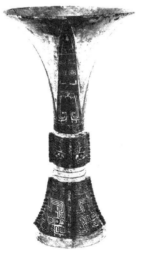

2409－06714

2410－06715

2413 - E636

2417 - 06721

2430 - 06734

2431 - 06735

2441 - 06743

2451 - 06751

2459－J703

2471－E640

2477－06780

2478－06781

2479－06782

2483－06786

2514 — J694

2525 — J714

2528 — 06810

2533 — 06814

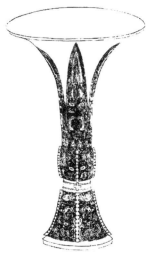

2542 — 06819

2552 — 06827

2572 – 06844

2573 – 06845

2574 – 06846

2579 – 06847

2580 – 06848

2581 – 06849

2582 – 06850

2583 – 06851

2584 – 06852

2585 – 06853

2586 – 06854

2587 – 06855

2588 – 06856

2589 – 06857

2590 – 06858

2591 – 06859

2592 – 06860

2593 – 06861

2594 – 06862

2595 – 06863

2596 – 06864

2614 – 06773

2615 – 06774

2616 – 06775

2619－06891

2620－06892

2641－06913

2644－J732

2645－06914

2656－06924

2676－06946

2677－06947

2678－06948

2679－06949

2680－06950

2681－06951

2683 – 06953

2684 – 06954

2687 – 06957

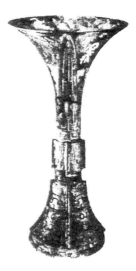

2695 – 06965

2696 – 06966

2705 – 06972

2740－E666

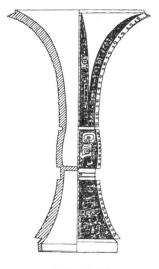

2741－E667

2773－07017

2805－07056

2820－06880

2821－06881

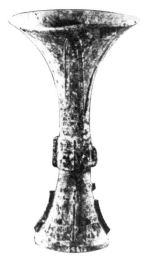

2824－06884

2825－06885

2826－06886

2827－06887

2892－E661

2893－07132

2896 – 07136

2910 – J743

2913 – 07236

2914 – 07238

2933 – 07179

2939 – J748

2940 – J750

2951 – 07202

2955 – 07214

2998 – 07266

甲Aa Ⅱ式觚

2195 – 06530

2217 – J679

2224 – J704

2233 – 06561

2234 – 06562

2237 – E635

2255 – 06579

2257 – 06581

2258 – 06644

2273 – 06594

2281 – 06603

2283 – 06605

2293 – 06615

2296 – 06618

2301 - 06623

2304 - E645

2311 - J708

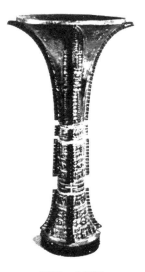

2319 - 06633

2334 - 06647

2348 - 06658

2349 – J699

2355 – 06664

2370 – 06680

2388 – J709

2394 – J681

2401 – 06707

2402 – 06708

2411 – 06716

2415 – 06719

2418 – E639

2423 – 06727

2434 – E622

2438 - E632

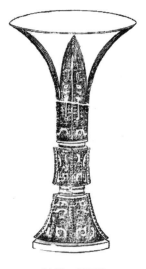

2440 - 06742

2442 - 06744

2444 - E638

2448 - 06748

2457 - 06757

2466 – J712

2467 – J713

2470 – 06767

2484 – 06787

2495 – 06802

2498 – 06923

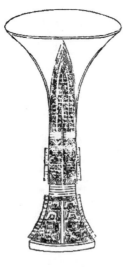

2501－06999

2512－J691

2520－E629

2536－E680

2539－06826

2549－06824

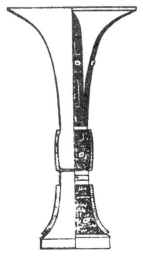

2550 – J737

2554 – 06830

2555 – 06831

2556 – E651

2562 – 06829

2565 – 07051

2567－06832

2576－06841

2577－06842

2578－E657

2604－07171

2605－07172

2611－06877

2622－06894

2631－06903

2632－06904

2636－06908

2639－06911

2642－07270

2646－E654

2647－E655

2657－06925

2664－06932

2672－06940

2690 – 06960

2693 – 06963

2699 – 06968

2704 – 06971

2714 – J727

2715 – E656

2717 – 06982

2718 – J729

2722 – 06986

2743 – E660

2744 – 06993

2748 – J734

2752－06998

2753－07003

2754－07004

2755－07005

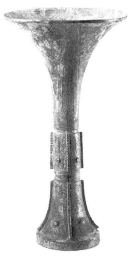

2756－07006

2759－E670

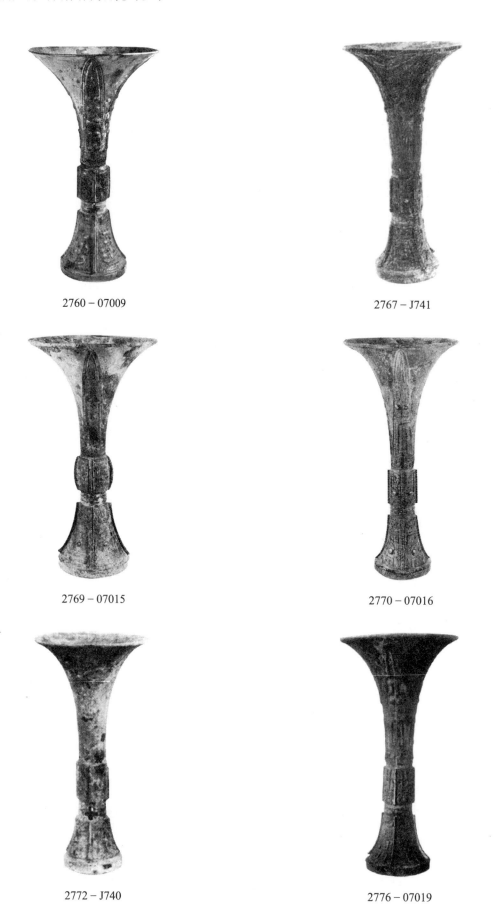

2760 – 07009

2767 – J741

2769 – 07015

2770 – 07016

2772 – J740

2776 – 07019

2780－07023

2781－07024

2782－07025

2783－07026

2784－J739

2791－07040

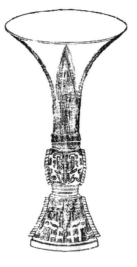

2793 – 07042

2795 – 07044

2796 – 07045

2800 – 07049

2810 – 07066

2811 – 07067

2814－E668

2838－07077

2840－07078

2842－07155

2848－07115

2849－07116

2856 – 07084

2857 – 07100

2862 – 07087

2868 – 07092

2870 – 07094

2880 – 07129

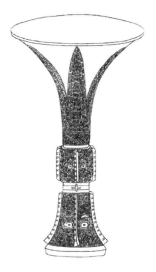

2881 – 07099

2882 – 07223

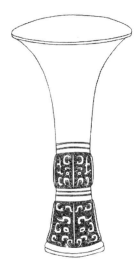

2890 – 07131

2897 – 07141

2899 – 07144

2903 – 07151

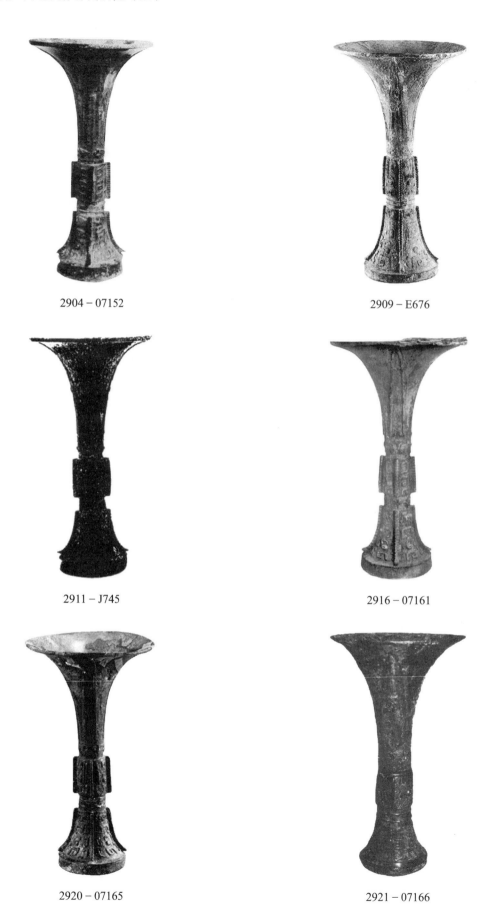

2904 – 07152

2909 – E676

2911 – J745

2916 – 07161

2920 – 07165

2921 – 07166

2926 - E665

2927 - 07173

2928 - 07174

2934 - 07180

2935 - 07181

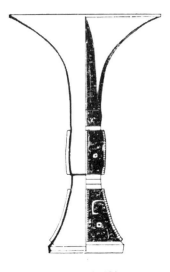

2943 - 07189

2945 – 07191

2947 – 07193

2957 – 07216

2960 – 07221

2965 – J752

2972 – 07233

2973 – 07237

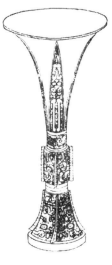

2977 – 07247

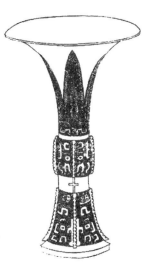

2978 – 07269

2979 – 07249

2982 – J751

2983 – J753

2984 – E682

2992 – E683

2993 – E684

2995 – 07264

3002 – J756

3005 – 07293

3009－07306

甲Ab型觚

2232－06560

2245－E627

2561－E675

2700－06969

2837 – 07076

2852 – 07085

2854 – 07138

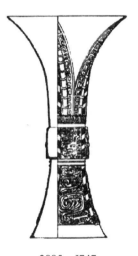

2885 – J747

2974 – 07240

甲Ba I 式觚

2380 – 06690

2548 – J736

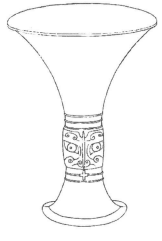

2575 – 06840

2950 – 07203

甲Ba II 式觚

2516 – J701

2517 – J702

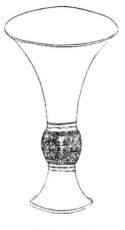

2864－07088

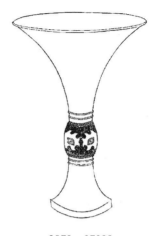

2879－07098

甲Bb I 式觚

2183－06800

2186－06522

2188－06524

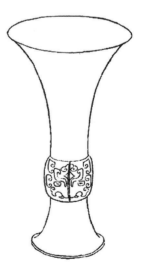

2191－06527

2200 – 06534

2214 – 06543

2243 – 06570

2202 – 06536

2218 – J680

2244 – E625

2246 - E626

2252 - 06577

2253 - E623

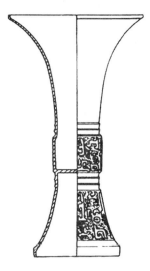

2260 - E650

2267 - 06589

2268 - 06590

2270－06592

2274－06595

2279－06601

2288－06610

2312－06626

2313－06627

2315 – 06629

2326 – J692

2328 – 06638

2342 – 06654

2347 – E637

2369 – 06679

2378 – 06688

2381 – 06691

2392 – 06699

2400 – 06706

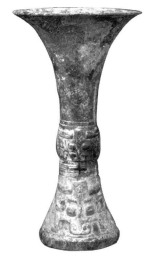

2429 – 06733

2445 – E642

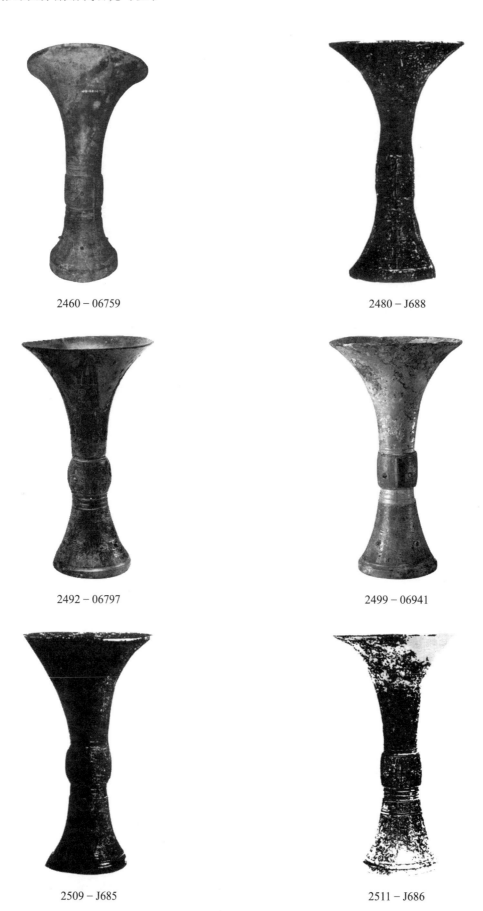

2460－06759

2480－J688

2492－06797

2499－06941

2509－J685

2511－J686

2518 – J707

2523 – E653

2526 – 06806

2527 – 06809

2530 – E658

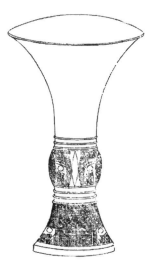

2535 – 06816

2610－06876

2613－J697

2628－06900

2629－06901

2651－06918

2654－06921

2659 - 06927

2665 - 06933

2671 - J733

2697 - E672

2702 - J728

2709 - 06976

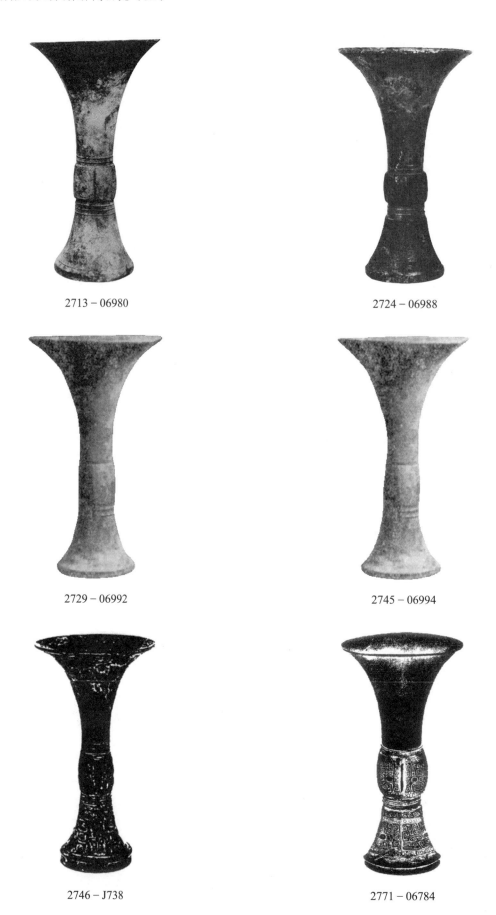

2713－06980   2724－06988

2729－06992   2745－06994

2746－J738   2771－06784

2779－07022

2790－07036

2806－07058

2843－07079

2846－E677

2850－07117

2884 – 07106

2887 – 07118

2901 – 07150

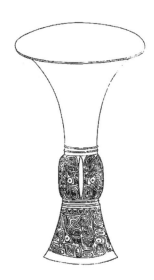

2902 – 07147

2912 – J746

2915 – E679

2918 – 07163

2949 – 07195

2958 – 07218

2970 – 07231

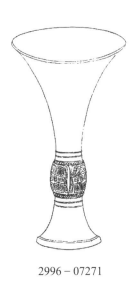

2996 – 07271

3004 – 07303

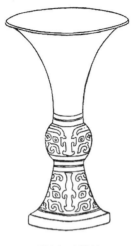

3014－07312

甲Bb Ⅱ式觚

2187－06523

2264－06597

2271－J687

2272－06593

2280 – 06602

2290 – 06612

2292 – 06614

2298 – 06620

2302 – E643

2303 – E644

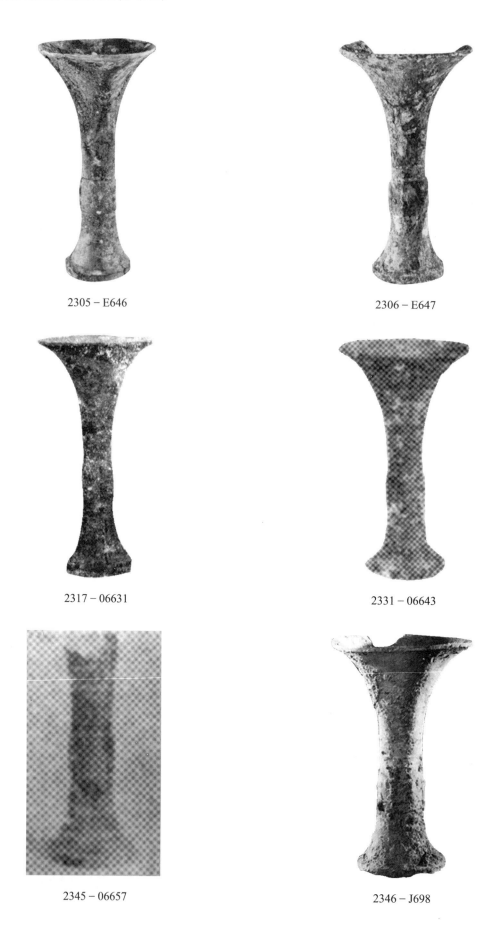

2305 – E646

2306 – E647

2317 – 06631

2331 – 06643

2345 – 06657

2346 – J698

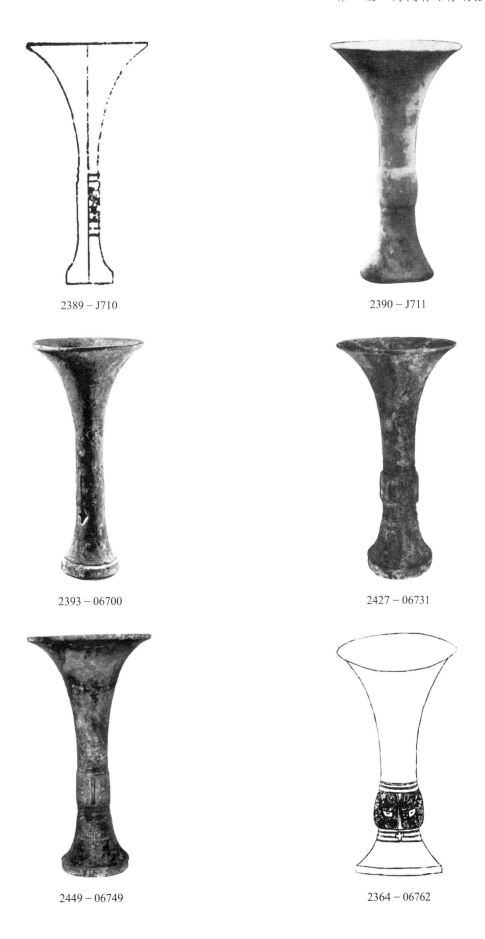

2389 – J710

2390 – J711

2393 – 06700

2427 – 06731

2449 – 06749

2364 – 06762

2473 - E624

2508 - J684

2515 - J700

2519 - E628

2564 - E669

2643 - J731

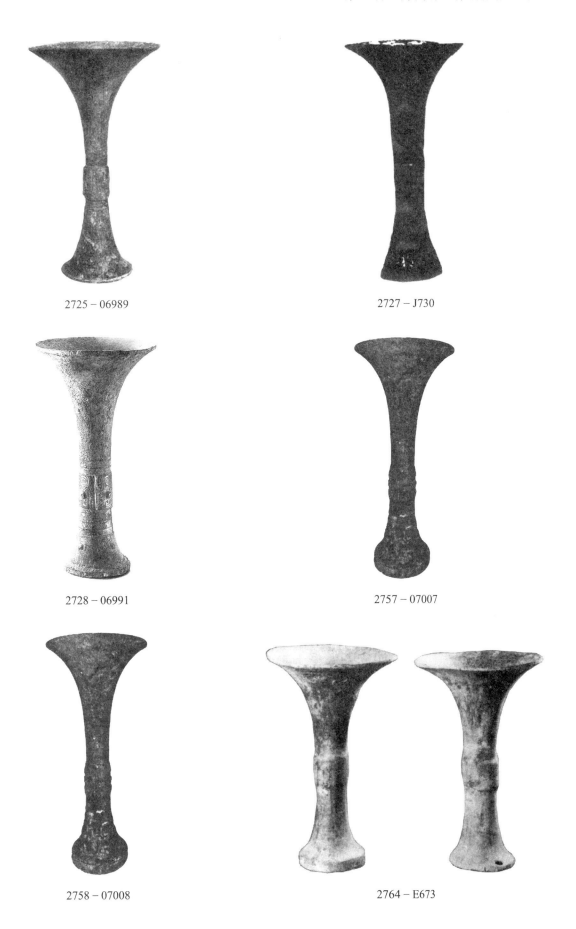

2725 – 06989

2727 – J730

2728 – 06991

2757 – 07007

2758 – 07008

2764 – E673

2851 - E671

2816 - 07198

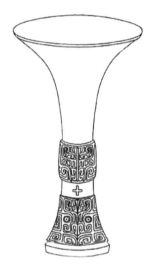

2818 - 07200

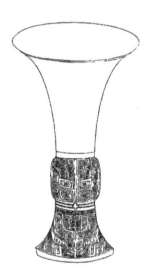

2839 - 07217

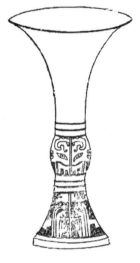

2877 - 07097

2895 - 07134

2917 – 07162

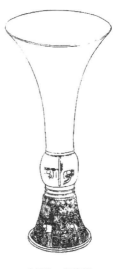

2952 – 07211

2980 – 07250

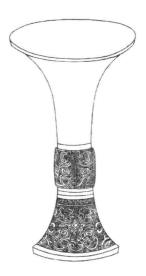

2981 – 07251

2994 – 07263

2999 – E685

3013－07311

甲Bc型觚

2249－06574

2308－E649

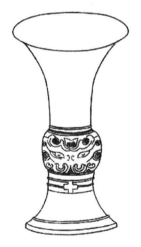

2447－06747

2496－06803

2504－07035

2513－J690

2521－E630

2522－E631

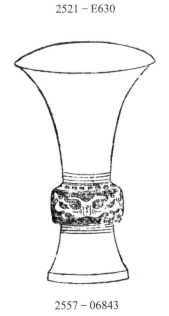

2557－06843

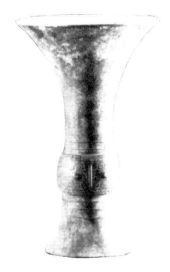

2637－06909

2742 - E652

2763 - 07070

2765 - E674

2813 - E663

2900 - 07146

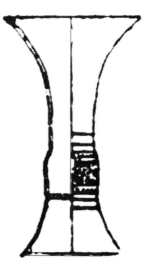

2908 - J742

2922－07167

2923－07168

2956－07215

2959－07220

2969－07230

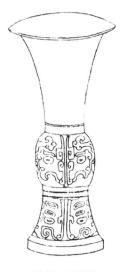

2969－07248

2971 – 07239

2974 – 07242

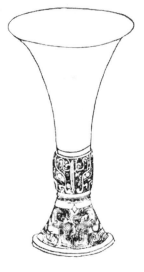

2976 – 07244

2987 – 07254

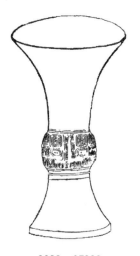

2988 – 07229

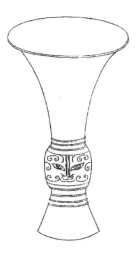

3006 – 07288

3007 - J757

乙 I 式觚

2732 - J719

2735 - J722

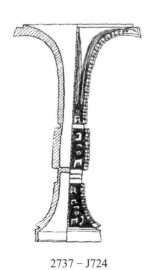

2737 - J724

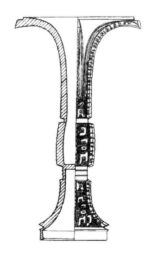

2738 - J725

2739 - J726

2942 - 07188

乙Ⅱ式瓡

2701 - 06970

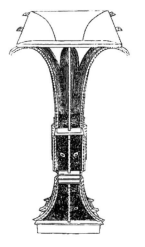

3012 - 07309

商代銘文青銅爵器形

AaI式爵

3023－E710

3026－07323

3050－07349

3063－07364

3085－J847

3089－07387

3099 – 07397

3102 – 07400

3105 – 07402

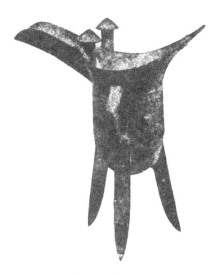

3112 – 07409

3113 – 07410

3114 – 07411

3129 – 07426

3132 – J765

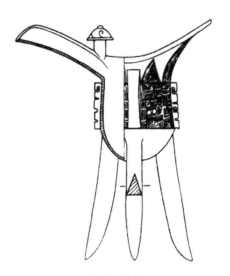

3133 – J866

3143 – E712

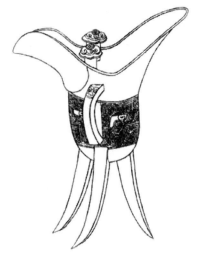

3181 – 07456

3182 – 07457

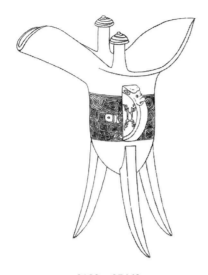

3189 – 07462

3222 – E713

3224 – 07501

3251 – 07526

3253 – 07528

3257 – 08284

3258－08285

3259－08286

3293－07563

3294－07564

3303－07573

3304－07574

3315 - 07587

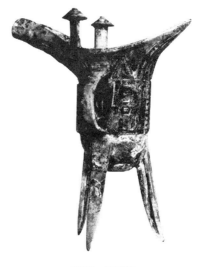

3358 - 07639

3359 - 07640

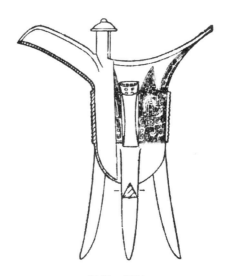

3360 - J776

3364 - J779

3365 - J778

3374 – 07646

3381 – 07656

3388 – 07663

3400 – E722

3401 – J777

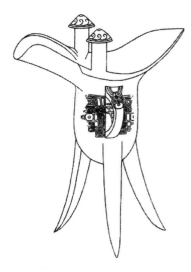

3402 – 07671

3408 – 07677

3440 – 07716

3444 – 07722

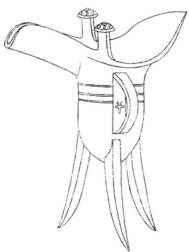

3452 – 07734

3455 – 07740

3459 – 07743

3462 – 07746

3475 – 07764

3483 – 08222

3484 – 08279

3507 – E715

3521 – 07780

3522 - 07781

3550 - 07811

3551 - 07812

3552 - 07813

3559 - 07819

3560 - 07820

3561－07821

3565－07825

3575－07834

3618－07885

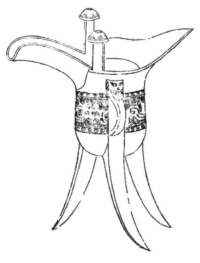

3624－07891

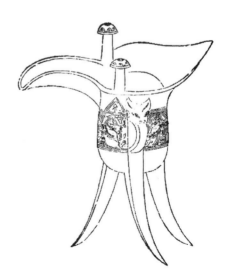

3625－07892

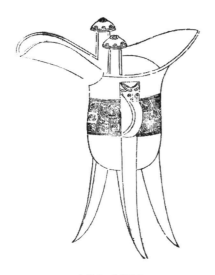

3626 - 07893

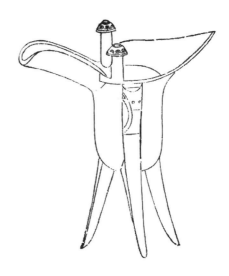

3628 - 07895

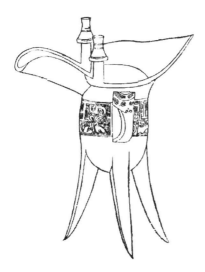

3663 - 07973

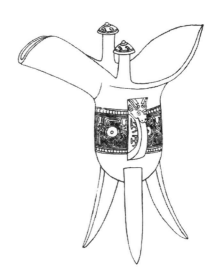

3668 - 07979

3670 - 07981

3677 - 07999

3680 – 08001

3707 – 08012

3710 – 08014

3711 – J818

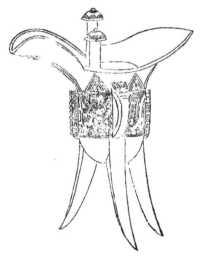

3739 – 08064

3745 – J826

3753 - 08076

3755 - 08078

3756 - 08079

3757 - 08080

3758 - 08081

3763 - E744

3778 - 08100

3803 - E735

3819 - 08136

3821 - 08138

3822 - 08139

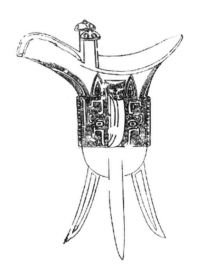

3823 - 08140

3825 - 08241

3848 - 08170

3897 - 08228

3903 - 08236

3910 - 08244

3926 - 08256

3941－08157

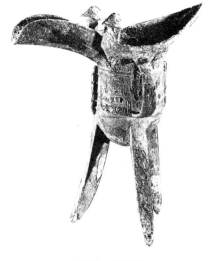

3957－08295

3997－08726

4096－08400

4108－08435

4154－08675

4166－08553

4188－08600

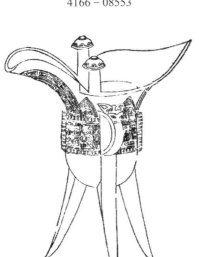

4213－08812

4253－08760

4278－08787

4282－08789

4302 - E759

4335 - 08898

4336 - 08899

4337 - 08900

Aa Ⅱ式爵

3069 - 07370

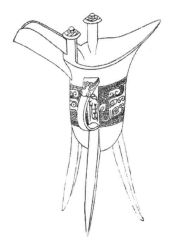

3124 - 07421

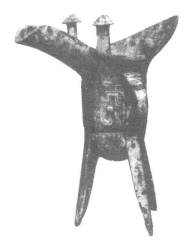

3126 – 07423

3139 – 07432

3140 – 07433

3161 – E707

3180 – 07455

3185 – E689

3186－E690

3201－07476

3230－07507

3234－E716

3246－07521

3254－07529

3276 - 07546

3278 - 07548

3280 - 07550

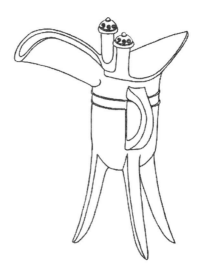

3284 - 07554

3312 - 07584

3339 - 07609

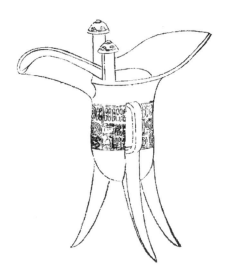

3370 – 07642

3425 – 07699

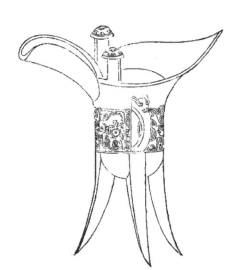

3431 – 07707

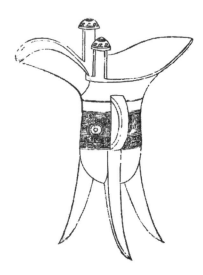

3461 – 07745

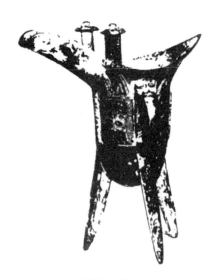

3486 – J760

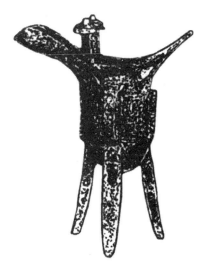

3489 – J764

3490 – J769

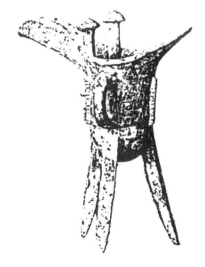

3498 – J803

3503 – E694

3504 – E731

3505 – E733

3506 – E726

3508－07611

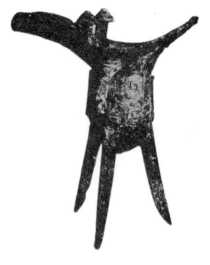

3536－07796

3539－07800

3569－J828

3570－J829

3585－07844

3593 – 07853

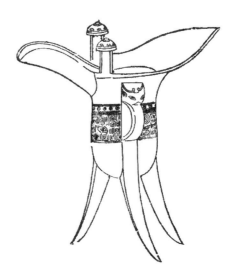

3598 – 07858

3604 – J807

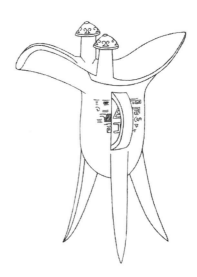

3605 – 07868

3607 – 07870

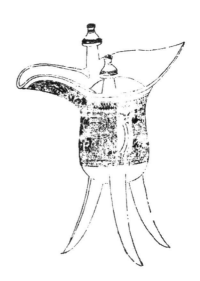

3623 – 07890

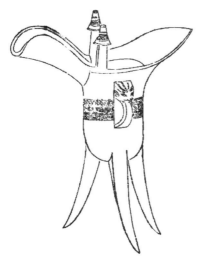

3627－07894

3630－07902

3634－07906

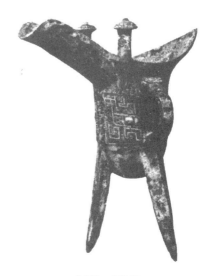

3641－07927

3650－07942

3653－07953

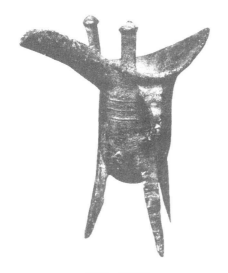

3654－07954

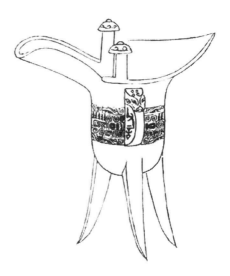

3655－07955

3658－07959

3690－J817

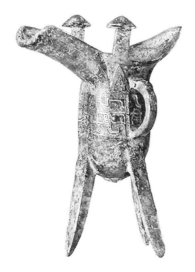

3691－E727

3692－E728

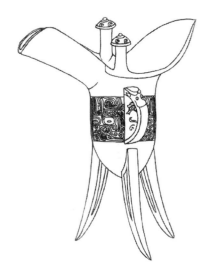

3701－08040

3708－08013

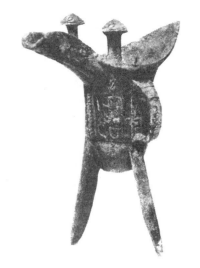

3709－08035

3713－08052

3714－08053

3733－08050

3740－08065

3735－08055

3759－08082

3765－08087

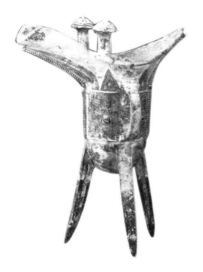

3766－08088

3768－08090

3774 – 08096

3776 – 08098

3777 – 08099

3779 – 08101

3783 – 08105

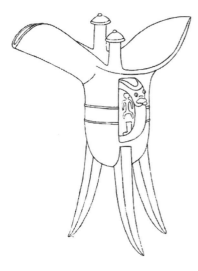

3836 – 08148

3837－08158

3841－08154

3844－08159

3853－08175

3856－E730

3860－08259

3873－08191

3888－08213

3898－08223

3908－E741

3914－07718

3915－07719

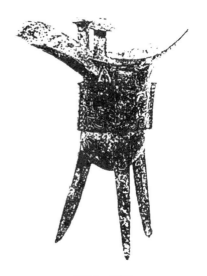

3916－J864

3919－08252

3920－08253

3930－J862

3934－E746

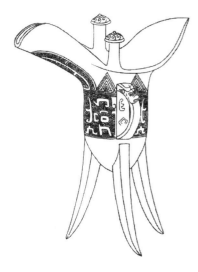

3943－08269

3945－08205

3950－08273

3953－08277

3954－08278

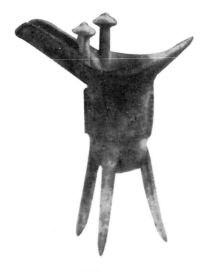

3969－J824

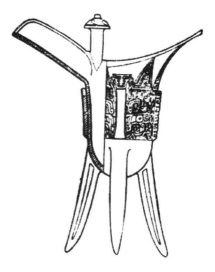

3970－J825

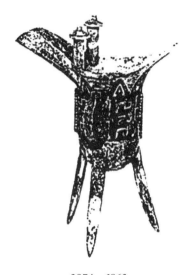

3974－J863

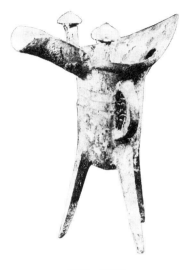

3975－E739

3977－E747

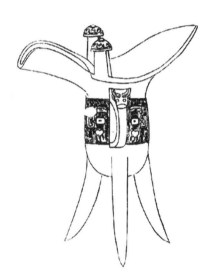

3988－08532

3994－08723

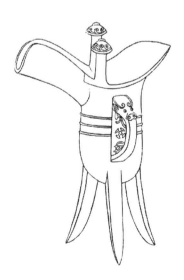

3995－08724

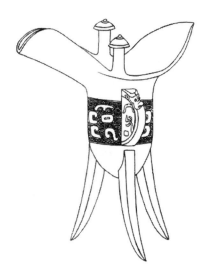

4004 – 08491

4009 – 08319

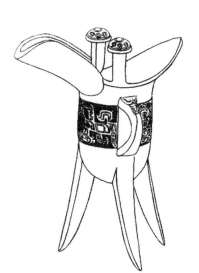

4039 – 08714

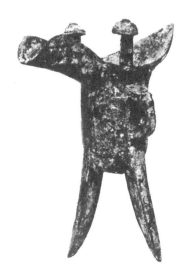

4054 – 08353

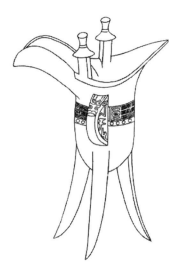

4057 – 08650

4060 – 08412

4075－08363

4077－08695

4079－08368

4080－J894

4087－08378

4101－J891

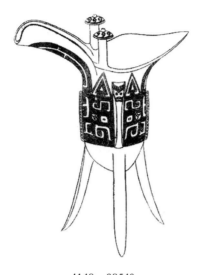

4148－08540

4157－08541

4165－08552

4176－08564

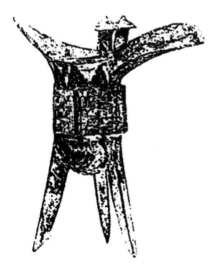

4232－J877

4235－J890

4255 – 08762

4257 – 08764

4258 – 08765

4260 – 08769

4261 – 08770

4266 – 08775

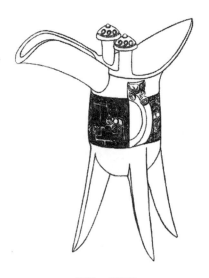

4270 – 08779

4276 – 08785

4277 – 08786

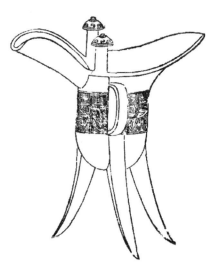

4288 – 08798

4290 – 08800

4293 – 08804

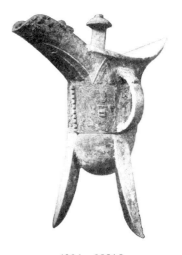

4304－08815

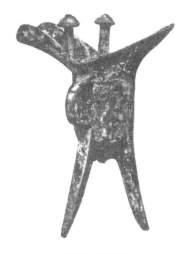

4314－08858

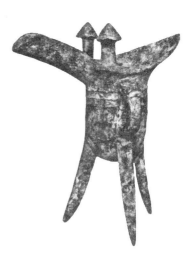

4348－08951

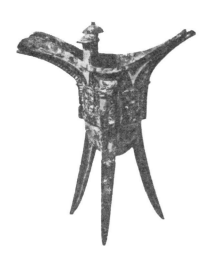

4350－08954

4351－08443

4373－J900

4375－09049

4378－09055

AaⅢ式爵

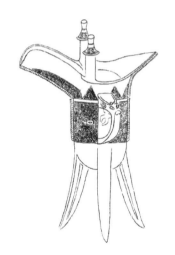

3015－07313

3022－J781

3027－07324

3030－E709

3033－07331

3038－07336

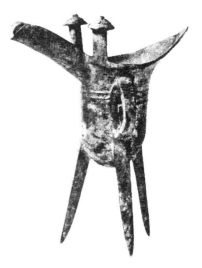

3049－07348

3057－07359

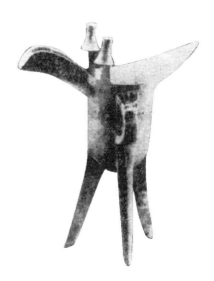

3107－07404

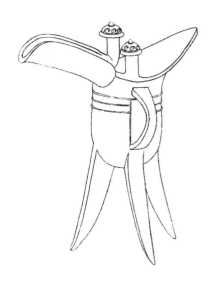

3120－07415

3131 – E718

3145 – 07437

3146 – 07438

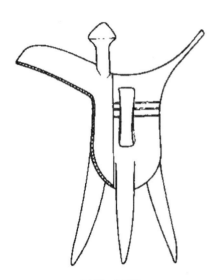

3162 – E708

3163 – E695

3164 – E696

3166－E697

3166－E698

3167－E699

3168－E700

3169－E701

3171－E703

3172 – E704

3173 – E705

3174 – E706

3270 – 07538

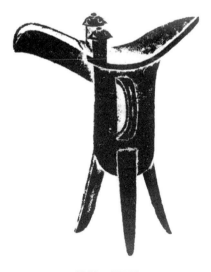

3289 – 07559

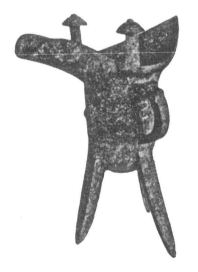

3290 – 07560

3291 – 07561

3305 – 07575

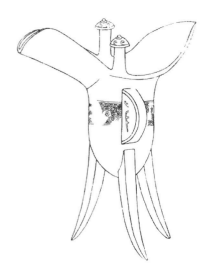

3328 – 07599

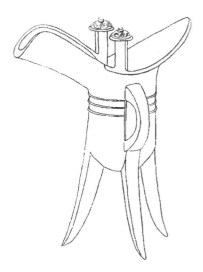

3333 – 07603

3356 – E714

3384 – 07659

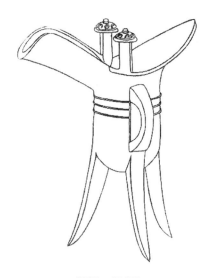

3387－07662

3390－07665

3392－J799

3393－J800

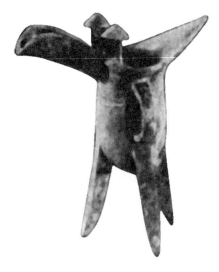

3394－J801

3396－E720

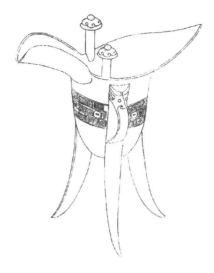

3409 – 07678

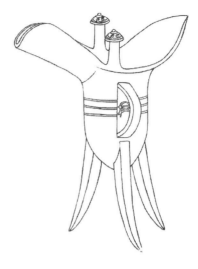

3412 – 07681

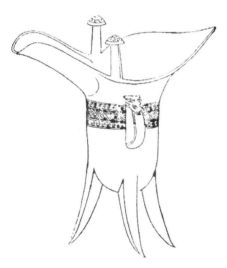

3424 – 07697

3465 – 07751

3488 – J763

3491 – J772

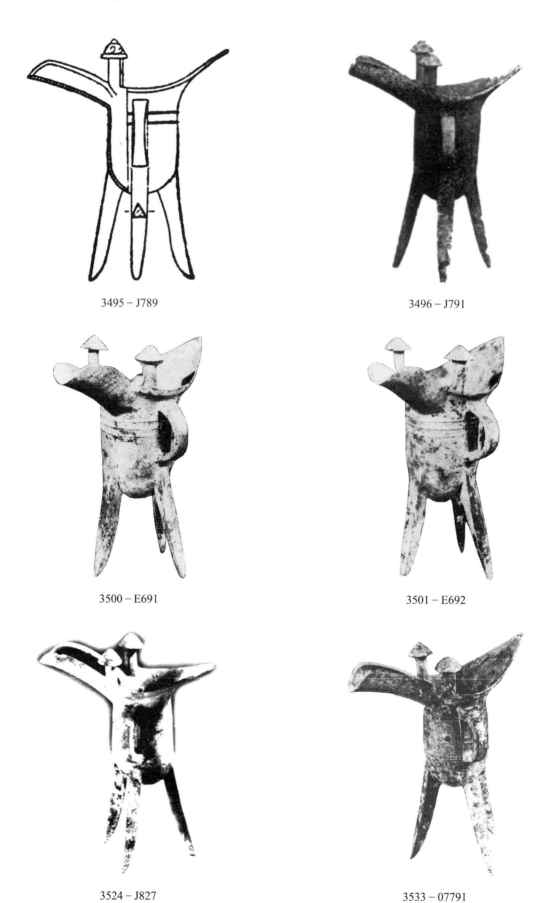

3495 - J789

3496 - J791

3500 - E691

3501 - E692

3524 - J827

3533 - 07791

3534－07792

3541－07802

3547－07808

3555－07815

3589－07847

3600－07860

3602－07862

3609－07874

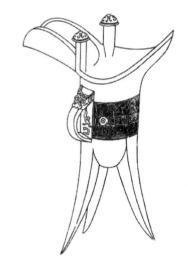

3648－07937

3671－E745

3673－07992

3679－08000

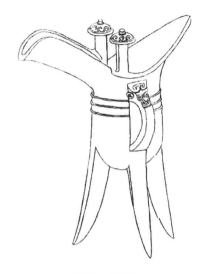

3731－08045

3744－08070

3751－08074

3769－08091

3781－08103

3782－08104

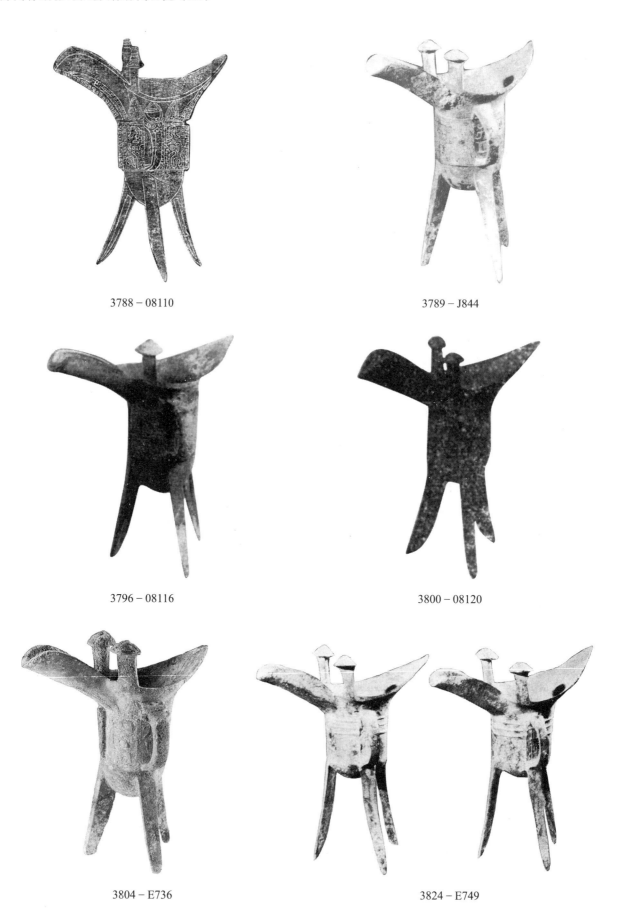

3788 – 08110

3789 – J844

3796 – 08116

3800 – 08120

3804 – E736

3824 – E749

3827 - 08240

3828 - J859

3846 - 08167

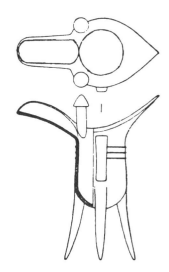

3847 - 08168

3870 - 08188

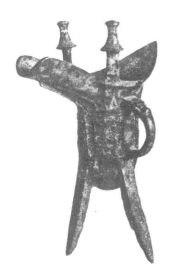

3884 - 08208

3887 – J819

3890 – 08219

3900 – 08234

3929 – J849

3936 – 08265

3955 – 08283

3956－08293

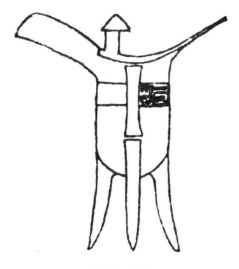

3966－J820

3968－J823

3976－E743

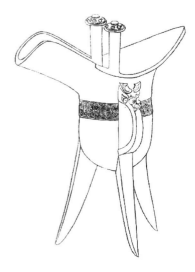

4014－08406

4030－08657

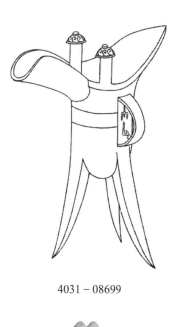

4031 - 08699

4032 - 08700

4035 - 08561

4043 - 08442

4045 - 08584

4046 - 08594

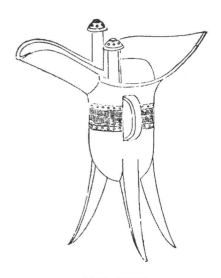

4047 – 08662

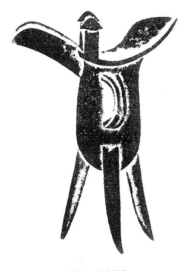

4056 – 08572

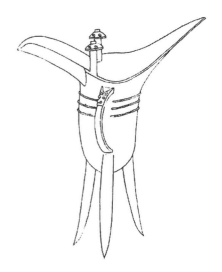

4076 – 08694

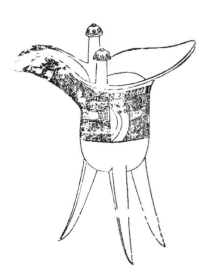

4106 – 08424

4109 – J870

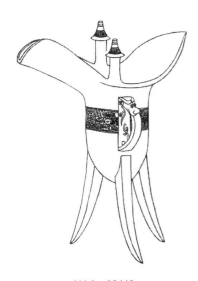

4116 – 08449

4120 – E767

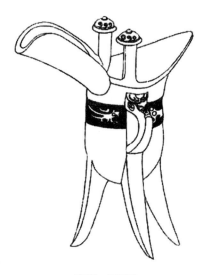

4128 – 08464

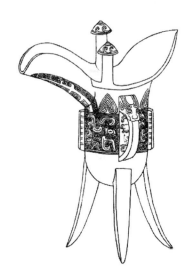

4129 – 08563

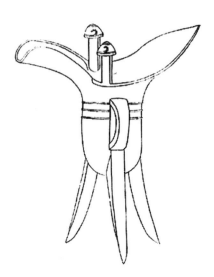

4135 – 08477

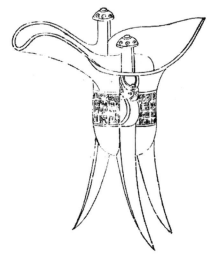

4139 – 08490

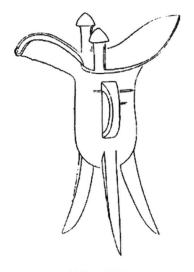

4153 – 08674

4160 - J892

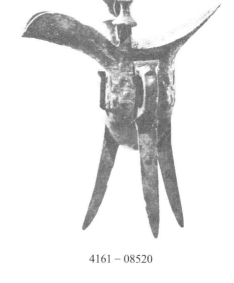

4161 - 08520

4170 - 08546

4178 - E764

4181 - 08577

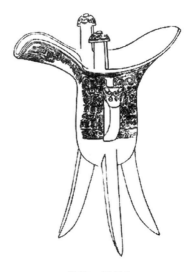

4187 - 08597

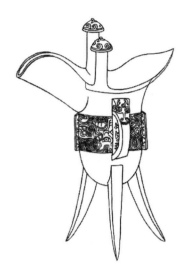

4194 – 08618

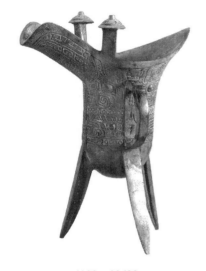

4199 – 08628

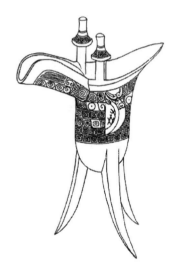

4220 – 08715

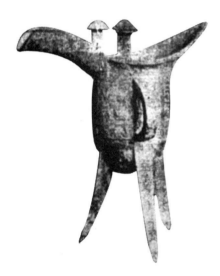

4227 – J889

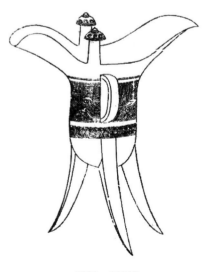

4229 – 08737

4229 – J893

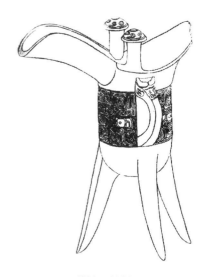

4231 – 08904

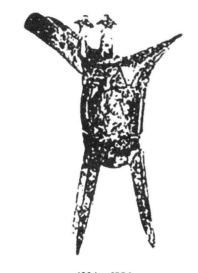

4234 – J886

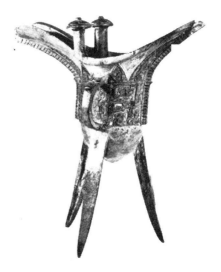

4246 – 08753

4247 – 08754

4274 – 08783

4275 – 08784

4281 – J895

4298 – E763

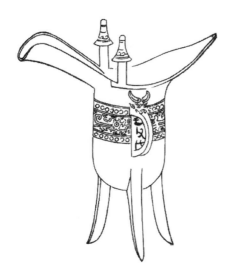

4305 – 08527

4311 – 08852

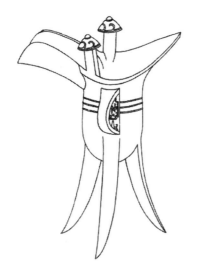

4313 – 08854

4318 – 08865

4327－08888

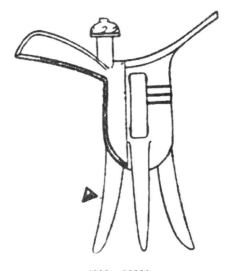

4328－08889

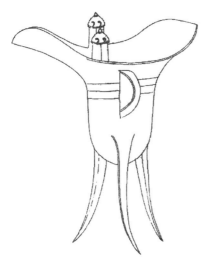

4329－08890

4330－08895

4358－08968

4361－08982

4362 – 08983

4364 – E781

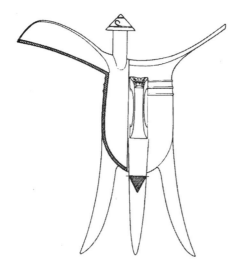

4365 – E782

4377 – 09051

4382 – 09072

Ab I 式爵

3020－07318

3021－J780

3041－07339

3056－07358

3060－07361

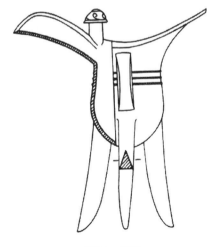

3134－J867

3191 – 07464

3196 – 07471

3197 – 07472

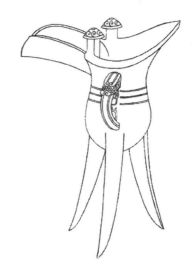

3199 – 07474

3200 – 07475

3207 – 07484

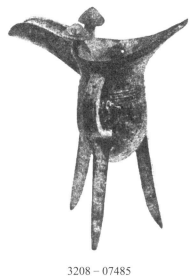

3208－07485

3209－07486

3211－07488

3213－E717

3216－07492

3221－07498

3225 – 07502

3233 – J771

3238 – 07513

3240 – 07515

3241 – 07516

3252 – 07527

3267 – 07535

3281 – 07551

3300 – 07570

3306 – 07576

3321 – 07590

3322 – 07591

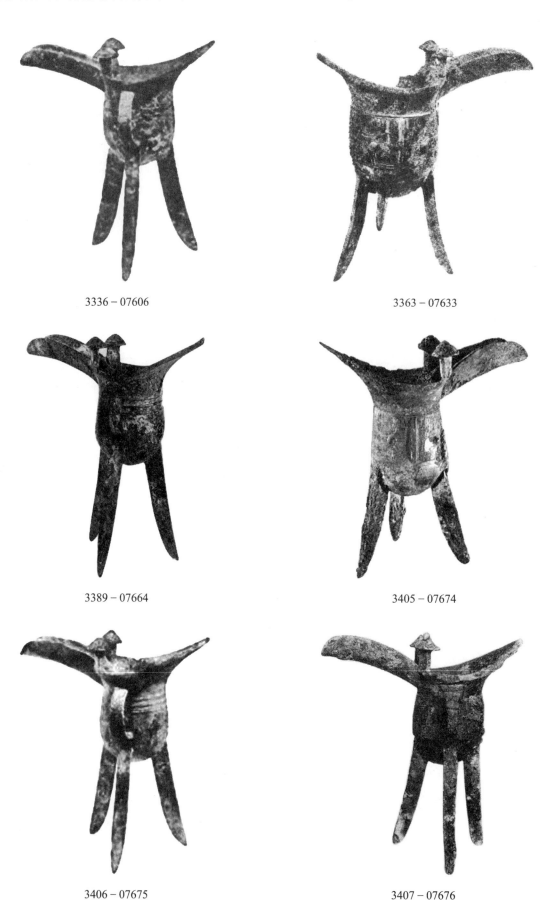

3336－07606

3363－07633

3389－07664

3405－07674

3406－07675

3407－07676

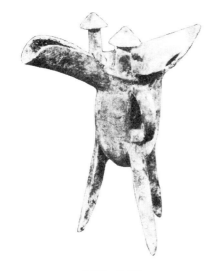

3421 – E687

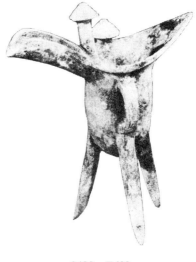

3422 – E688

3439 – 07715

3445 – 07724

3446 – 07725

3454 – 07736

3456 – 07739

3457 – 07741

3471 – 07760

3472 – 07761

3502 – E693

3513 – 07772

3514－07773

3517－07776

3523－J842

3540－07801

3545－07806

3553－08281

3514－07773

3563－07823

3564－E738

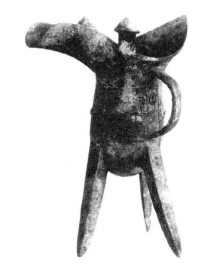

3567－07827

3587－07845

3606－07869

3664 – 07466

3716 – 08016

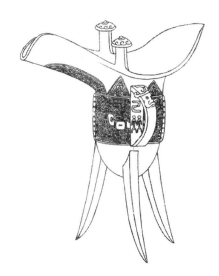

3723 – 08030

3724 – 08031

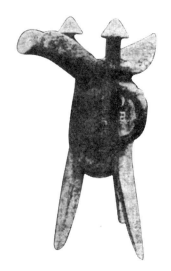

3725 – 08032

3736 – 08059

3801 - 08121

3802 - J843

3820 - 08755

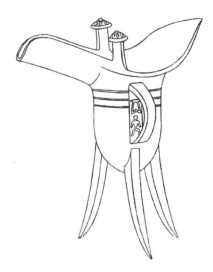

3832 - 08144

3878 - 08197

3893 - 08224

3931 – E740

3949 – 08272

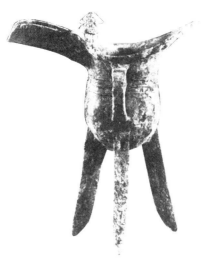

3959 – J853

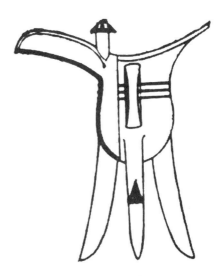

3960 – J854

3961 – J855

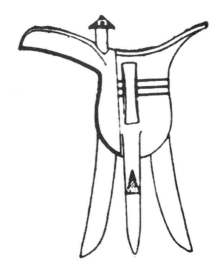

3962 – J856

3967 – J822

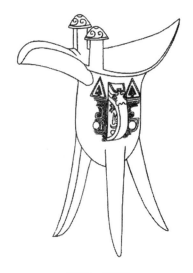

3986 – 08481

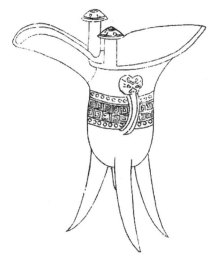

4048 – 08666

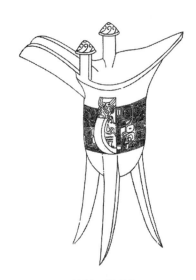

4124 – 08615

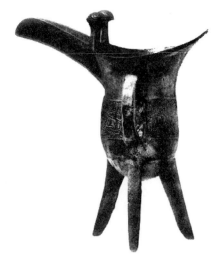

4141 – 08501

4172 – 08547

4207 – 08697

4214 – 08704

4295 – 08806

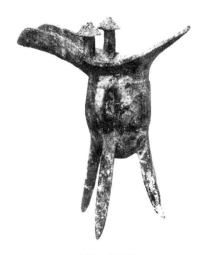

4384 – 09084

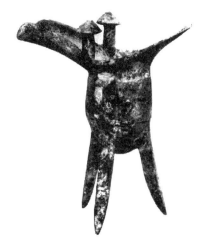

4385 – 09085

Ab Ⅱ式爵

3017 – 07315

3024 – J782

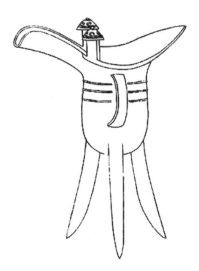

3045 – 07345

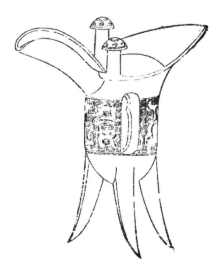

3046 – 07346

3078 – 07379

3079 – 07380

3083 – J846

3086 – J848

3090 – 07388

3103 – 07465

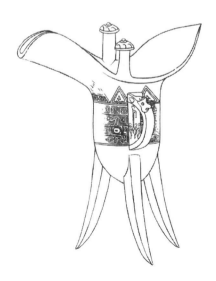

3128 – 07425

3160 – J783

3170 – E702

3175 – E711

3231 – 07508

3273 – 07541

3329 – J796

3330 – 07600

3343 – 07615

3382 – 07657

3383 – 07658

3385 – 07660

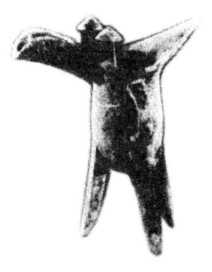

3395 – J802

3416 – 07688

3451 – 07732

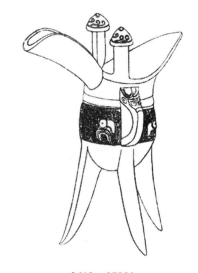

3613 – 07880

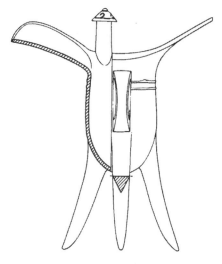

3640 – E748

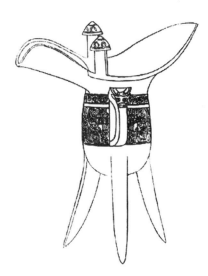

3667 – 07978

3721 – 08028

3727 – 08036

3728 – E729

3852 – 08174

3855 – 08177

3864 – 08182

3866 – 08186

3867 – 08187

3880 – 08199

3881 – 08200

3892 – 08221

3899 – 08233

3944 – J861

3965 – 08802

3971 – J857

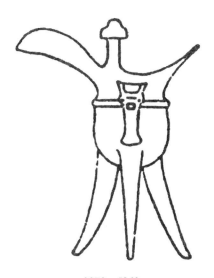

3973 – J860

3978 – 08166

3989 – 08533

3992 – 08571

4022 – 08408

4025 – J869

4033 – 08734

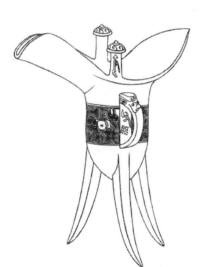

4036 – 08686

4050 – 08601

4074 – E762

4099 – 08437

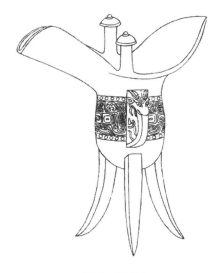

4104－08416

4121－E768

4123－J874

4130－08465

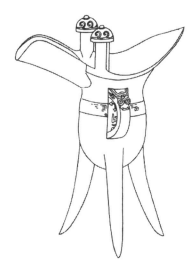

4131－08471

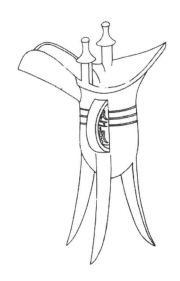

4145－08902

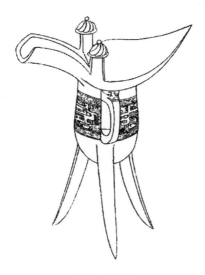

4149 – 08587

4151 – J887

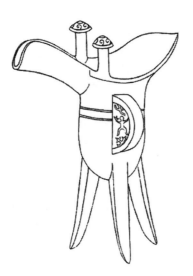

4152 – 08673

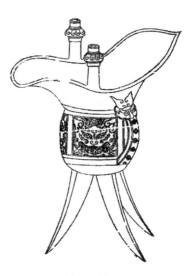

4155 – 08445

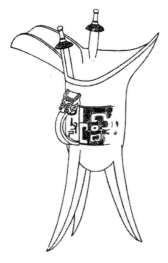

4182 – 08578

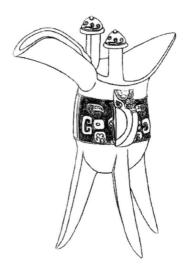

4184 – 08585

4189 – E766

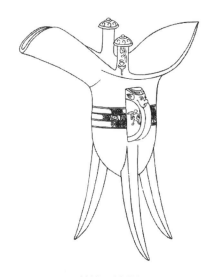

4190 – 08603

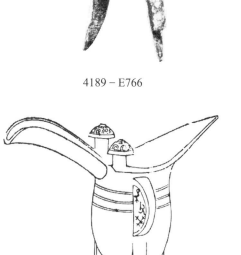

4208 – 08698

4217 – 08709

4221 – 08718

4223 – 08722

4233 – J881

4236 – – E765

4272 – 08781

4279 – 08788

4280 – E761

4286 – 08796

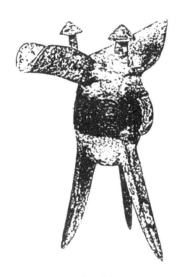

4300 – J907

4301 – J908

4309 – 08843

4310 – 08850

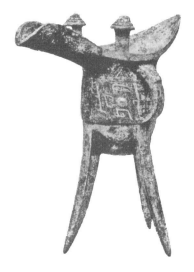

4339 – 08875

4345 – 08915

4360－08972

4374－J906

4381－E787

4384－09084

4387－09088

4389－09098

4390 - 09101

Ba I 式爵

3469 - 07755

Ba II 式爵

3047 - E721

3178 - 07453

3576－07835

3578－07837

3579－07838

3580－07839

3581－07840

3582－07841

3586－E737

3806－08123

3807－08124

3808－08125

3809－08126

3810－08127

3811 – 08128

3942 – E742

4237 – 08743

4238 – 08744

4239 – 08745

4240 – 08746

4249 - 08756

4252 - 08759

Ba Ⅲ式爵

3118 - 07413

3413 - 07682

4303 - 08814

4355 - 08958

Bb型爵

3493－J787

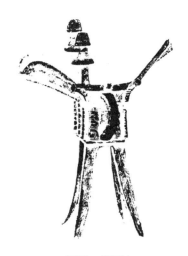

3526－07784

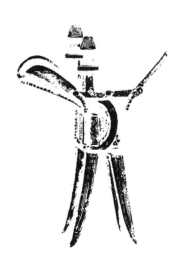

3527－07785

3528－07786

4386－09090

商代銘文青銅角器形

A型角

4397－07793

BⅠ式角

3295－07565

4158－08518

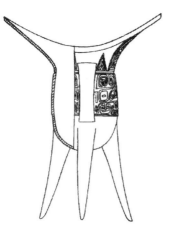

4391－E793

4392－07756

4394 – 07758

4395 – E794

4396 – E795

4398 – 07794

4399 – J832

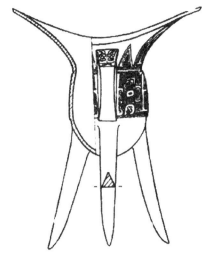

4402 – J835

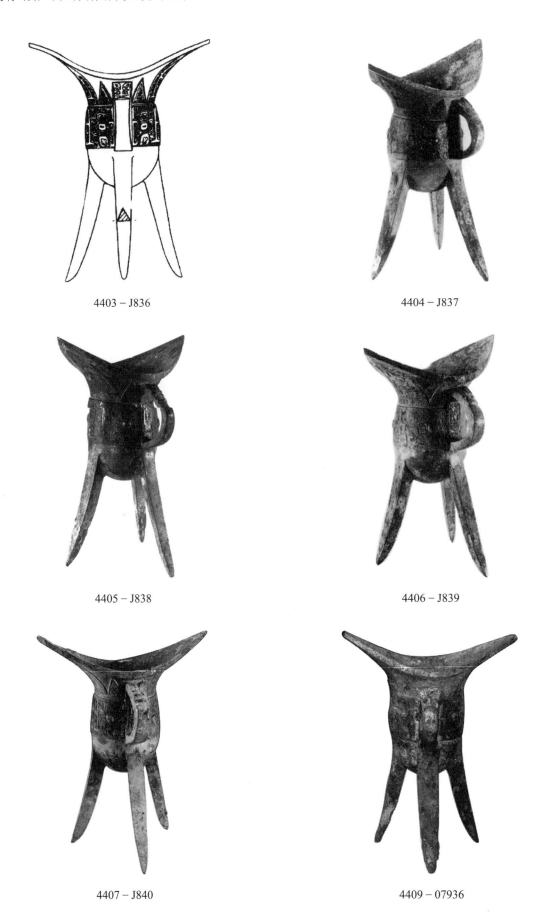

4403 – J836

4404 – J837

4405 – J838

4406 – J839

4407 – J840

4409 – 07936

4410 – 08169

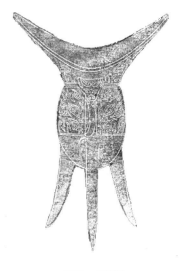

4411 – 08337

4414 – 08381

4415 – E798

4416 – 08608

4417 – 08372

4418 – 08327

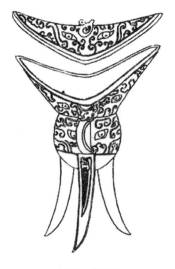

4419 – 08383

4420 – 08396

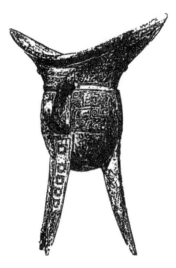

4421 – J872

4422 – 08589

4424 – E800

4425 – E801

4426 – 08531

4429 – J897

4430 – E799

4435 – 08927

4436 – 08874

4437 – J902

4439 – 09008

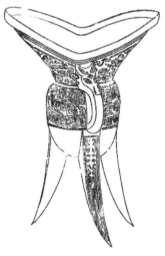

4440 – 09064

BⅡ式角

4367 – 08923

4423 – E797

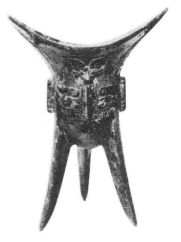

4427 – 08837

4434 – 08894

4444 – 09102

4445 – 09105

Ca型角

4438 – 08984

4442 – 09093

Cb型角

4388 - 09092

4431 - 08882

4441 - J910

商代銘文青銅斝器形

AaⅠ式斝

4454 – E804

AaⅡ式斝

4455 – 09114

4456 – 09115

4459 – 09118

4471 – 09129

4482－09139

4490－09148

4504－09159

4505－09164

4536－09183

AaⅢ式斝

4448 – 09108

4463 – 09122

4464 – 09123

4467 – 09126

4468 – J915

4469 – 09127

4474 – 09132

4480 – 09137

4481 – 09138

4485 – 09142

4486 – 09144

4497 – 09152

4498－09153

4502－09157

4503－09158

4506－09163

4514－09224

4530－09190

4541 – 09180

4544 – 09222

4545 – 09223

4548 – 09197

Ab I 式斝

4450 – 09110

4461 – 09120

4462 – 09121

4472 – 09130

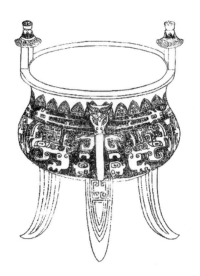

4473 – 09131

4475 – E805

4476 – 09133

4488 – 09146

4491 – 09149

4495 – J916

4496 – J923

4500 – 09143

4509 – 09177

4510 – 09161

4515 – 09174

4549 – 09200

AbⅡ式斝

4487 – 09145

4501 – 09156

4517 – 09172

4522 – 09168

4572

4579 – 09234

Ba I 式斝

4513 – E808

4540 – 09178

4542 – 09179

4543 – 09181

Ba II 式斝

4511 – J919

4512 – J920

Bb型斝

4446 – 09106

4470 – 09128

4484 – 09141

4489 – 09147

4538 - 09195

CⅠ式斝

4453 - 09113

4458 - 09117

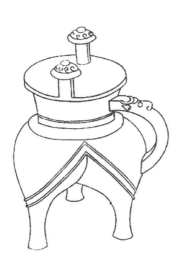

4518 - 09165

4520 - J917

4526 – 09175

4527 – 09176

4531 – 09189

4539 – E809

4554 – 09203

4557 – 09227

4562 – 09209

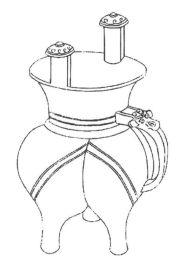

4564 – 09213

4568 – 09220

4570 – 09225

4571 – J924

4574 – E812

4582－09238

CⅡ式斝

4483－09140

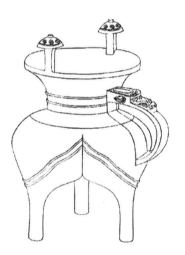

4492－09150

4546－09194

4556－09205

4563 - 09212

4569 - 09221

4573 - J925

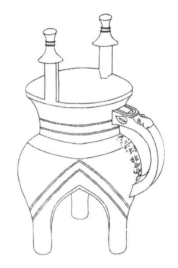

4585 - 09247

4586 - 09249

商代銘文青銅觥器形

甲Aa I 式觥

4589 – E813

4591 – 09259

4594 – 09254

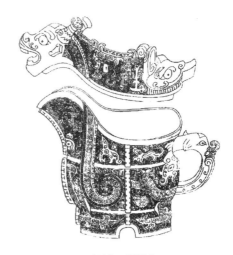

4595 – 09255

4599 – 09260

4600 – 09261

4601 - 09262

甲Aa Ⅱ式觥

4587 - 09250

4590 - J928

4597 - 09258

4602 - 09263

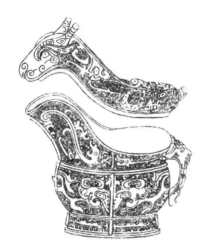

4606 – 09269

4612 – 09283

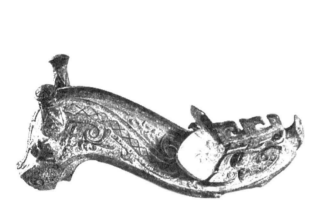

4613 – 09291

4614 – J930

甲 Ab I 式觥

4598 – 01339

4588 – 09251

甲AbⅡ式觥

4593－E814

4617－09301

甲B型觥

4608－09284

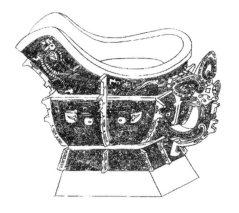

4609－09271

4610－09272

4615－09294

4616 - 09295

乙類觥

4604 - 09280　　　　　　　　　　　　　4605 - 09281

商代銘文青銅盉器形

Aa型盉

4644－9333　　　　　　　　　　　　4653－E826

Ab型盉

4625－09315　　　　　　　　　　　　4626－09316

4627－09317

Ba型盉

4645－09334

4646－09335

Bb型盉

4619－09306

4620－J931

4640－J933

4674－09415

4639－09326

4675－E833

4624－09313

4642－09330

Bc型盉

4631－09321

4639－09324

4641－09327

4647－E823

4656－09352

4670－09377

Ca型盉

4621－09307

4623－09312

4632－09322

4634－E818

4648－09338

4649－09339

4650－09349

4651－09343

4652－09344

4657－09365

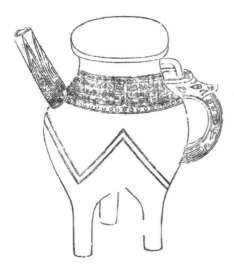

4662－09360

4663－09363

4664－09374

4668－09346

4673 - 09403

Cb型盉

4618 - 09305

4633 - E817

4638 - 09373

4643 - 09332

4669 – 09370

商代銘文青銅壺器形

A型壺

4691－E837

BⅠ式壺

4676－09457

4683－09465

4684－09466

4687－09471

4688－09472

4689－09473

4690－09474

4693－J944

4694－09480

4695－09484

4698 – 09481

4699 – 09482

4701 – 09486

4702 – 09487

4703 – 09509

4704 – 09488

4709 – J947

4714 – 09508

4715 – E844

BⅡ式壺

4679 – 09460

4681 – 09463

4682－09464

C型壺

1638－05147

4708－09493

4717－09544

D型壺

4710－09510

4711－09511

商代銘文青銅罍器形

AⅠ式罍

4735－09749

4769－09783

4746－E881

AⅡ式罍

4724－09739

4727－09743

4743 – J973

4744 – J974

4754 – 09768

4771 – 09784

4772 – J980

4776 – E886

4784 – 09797

AⅢ式罍

4722 – 09737

4723 – 09738

4733 – 09748

4734 – E879

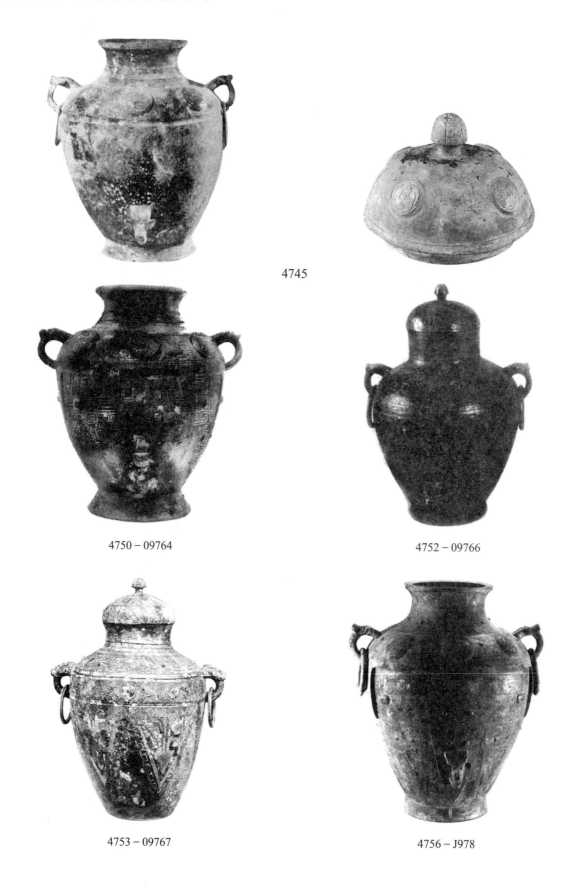

4745

4750－09764

4752－09766

4753－09767

4756－J978

4759 – 09770

4762 – 09773

4766 – 09779

4779 – E885

4781 – 09810

4787 – 09806

B I 式罍

4741－J975

4747－09762

4748－E883

4757－E882

4761－09772

4763－09774

4767 - 09781

4768 - 09782

B Ⅱ 式罍

4731 - 09747

4764 - 09775

4782 - 09794

BⅢ式罍

4749－09763

4751－09765

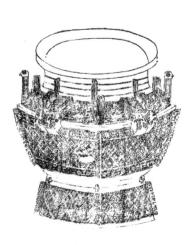

4752－09769

4758－E884

4760－09771

4775－09788

4780 – 09793

4789 – 09808

4790 – 09818

4793 – E889

4794 – 09821

商代銘文青銅方彝器形

A I 式方彝

0457 - 01371

4798 - 9830

4801 - 09833

4806 - J988

4813 - J990

4815 - J993

4817 – E895

4819 – J991

4820 – 09846

4821 – 09847

4825 – 09851

4828 – 09854

4829 – E899

4831 – 09856

4832 – 09857

4835 – 09861

4837 – 09863

4838 – 09864

4840 – E898

4844 – 09868

AⅡ式方彝

4796 – 09828

4799 – 09831

4802 – 09834

4804 – 09836

4805－09837

4807－J992

4808－09838

4814－J989

4827－09853

4833－09858

4841－E896

4842－E897

4851－09874

AⅢ式方彝

4800－09832

4803－09835

4811 - 09841

4812 - 09843

4816

4818 - 09845

4822 - 09848

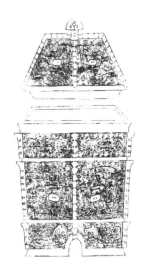

4823 - 09849

4824 – 09850

4826 – 09852

4830 – 09855

4839 – 09865

4843 – 09867

4846 – E900

4847 - 09871

4849 - 09873

4850 - E901

4852 - J994

4854 - 09878

4855 - 09879

4856 – 09886

4857 – 09887

4858 – 09894

B型方彝

4845 – 09869

C型方彝

4836－09862

商代銘文青銅勺器形

4859－09902

4860－09903

4861－09904

4865－09908

4867－E903

4868－E904

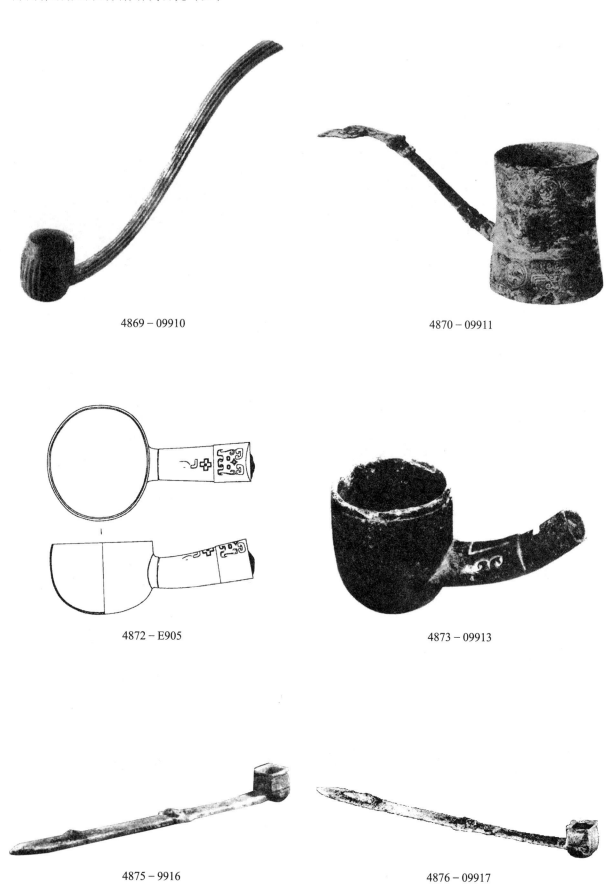

4869－09910

4870－09911

4872－E905

4873－09913

4875－9916

4876－09917

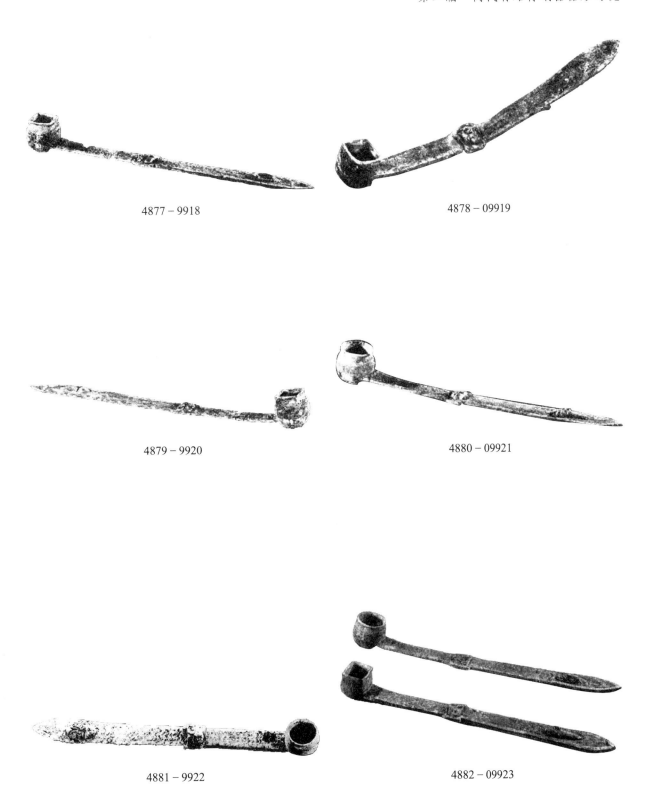

4877 – 9918

4878 – 09919

4879 – 9920

4880 – 09921

4881 – 9922

4882 – 09923

4883－E906   4884－J1027

商代銘文青銅甌器形

Aa型瓹

4887－09943

4889－09945

4890－09949

4891－09947

4892－09948

4896－09952

4897 – 09953

4899 – 09955

4900 – 09956

4902 – 09957

Ab I 式瓿

4894 – 09950

AbⅡ式瓿

4886 – 9942

4893 – 09949

4895 – 09951

B型瓿

4885 – 09941

商代銘文青銅盤器形

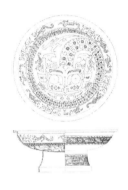

Ⅰ式盤

4904－10010

4910－10017

4911－10033

4912－10034

4913－E913

4918－10023

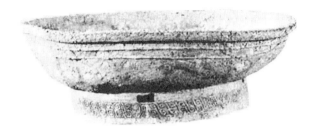

4920 – E916

4921 – E917

4924 – 10028

4925 – 10029

4926 – 10031

4927 – 10032

4930 – 10040

4935 – 10047

4936 – 10051

Ⅱ式盤

4908 – 10014

4914 – E914

4915－E915

4917－10022

4919－J998

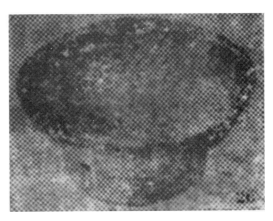

4922－10024

4923－10026

4932－10042

商代銘文青銅雜器器形

4937 – 09983

4939 – 09985

4940 – 04765

4941 – J1043

4942 – 03020

4944 – 10301

4945 – E960

4946 – E961

4947 – 10302

4948 – 10286

4949 – 10345

4950 – 10392

4951 – J1054

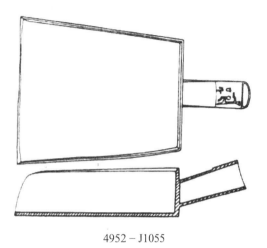

4952 – J1055

4953 – 10394

4956 – E969

4957 – J1056

4959 – 10347

4960－E967

商代銘文青銅戈器形

甲Aa I 式戈

5137 – 10711

5201 – 10774

5280 – 10881

甲Aa II 式戈

5051 – 10628

5053 – 10630

5060 – 10637

5091 – E1046

5124 - 10700

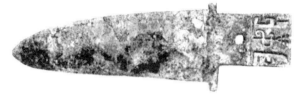

5129 - 10704

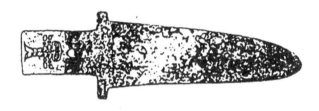

5135 - J1071

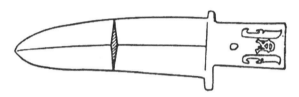

5141 - 10714

5144 - 10716

5148 - 10720

5169 - 10741

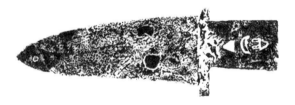

5172 - 10744

5218 – J1063

5250 – 10848

甲AaⅢ式戈

5050 – J1062

5075 – 10653

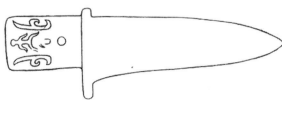

5077 – 10655

5093 – 10670

5097 – 10674

5098 – 10675

5101 - 10678

5111 - 10686

5112 - 10687

5123 - 10699

5128 - 10703

5136 - 10710

5139 - 10712

5147 - 10719

5150 – 10722

5157 – 10728

5171 – 10743

5179 – 10751

5184 – 10756

5213 – 10874

5219 – J1065

5221 – J1068

5226－10833

5257－10852

5270－10869

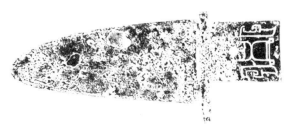

5274－10873

甲AaⅣ式戈

5061－10638

5076－10654

5105－10681

5110－10685

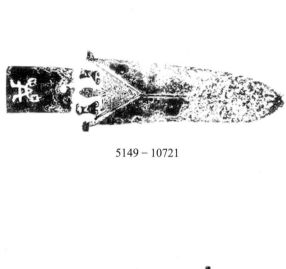

5149 - 10721

5173 - 10745

5185 - 10757

5186 - 10758

5199 - 10772

5214 - E1043

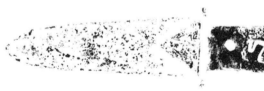

5233 - 10840

5251 - 10849

5259 – 10854　　　　　　　　　　　5275 – 10875

甲Ab I 式戈

5089 – 10667

甲Ab II 式戈

5062 – 10639　　　　　　　　　　　5088 – 10666

5090 – 10668　　　　　　　　　　　5162 – 10733

5258 - 10853

5271 - 10870

5281 - 10946

5282 - 10947

5283 - 10948

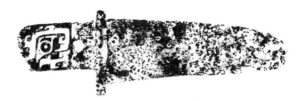

5284 - 10949

5285 - 10950

5286 - 10951

甲AbⅢ式戈

5064 – 10641

5074 – 10651

5115 – 10690

5121 – 10697

5138 – J1064

5166 – 10738

5167 – 10739

5203 – 10776

5211 – 10863

5220 – J1066

5266 – 10862

5269 – 10868

甲 B I 式戈

5052 – 10629

5063 – 10640

5078 – 10656

5079 – 10657

5080 - 10658

5082 - 10660

5109 - E1050

甲BⅡ式戈

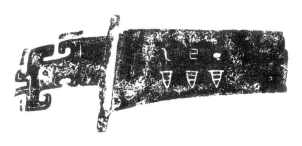

5290 - 11115

5291 - 11392

5292 – 11401

5293 – 11403

甲C型戈

5156 – 10727

5222 – J1069

5246 – J1090

乙Aa型戈

5012 – 10591

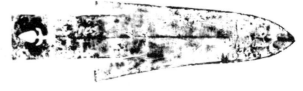

5013 – 10592

5014 – 10593

5022 – 10601

5024 – 10603

5025 – 10604

5026 – 10605

5027 – 10606

5028 – 10607

5029 – 10608

5030 - 10609

5031 - 10610

5032 - 10611

5033 - 10612

5035 - 10614

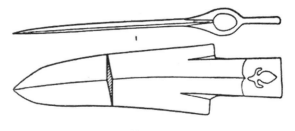

5036 - 10615

5037 - 10616

5043 - 10622

5044 – 10623

5046 – 10625

5047 – 10626

5048 – 10627

5049 – E1053

5055 – 10632

5057 – 10634

5065 – 10642

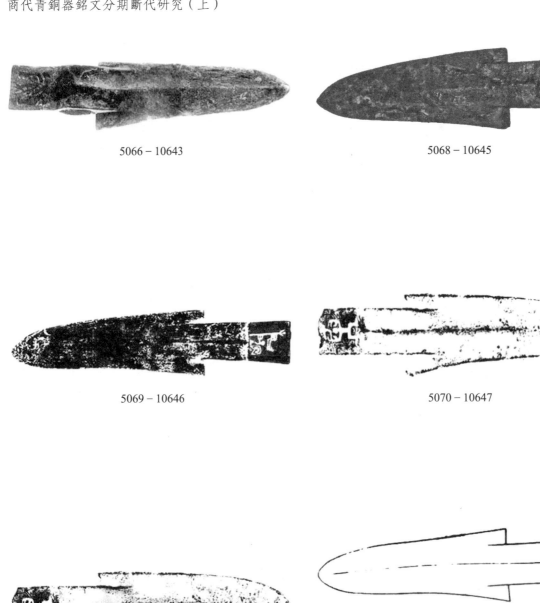

5066 - 10643

5068 - 10645

5069 - 10646

5070 - 10647

5071 - 10648

5102 - E1048

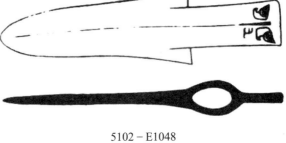

5108 - 10684

5120 - 10696

5152 - 10724

5160 - 10731

5161 - 10732

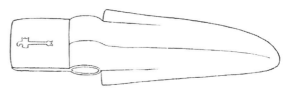

5165 - 10737

5176 - 10748

5180 - 10752

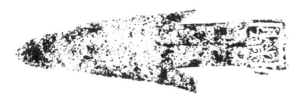

5192 - 10764

5193 - 10765

5197 - 10770

5200 - 10773

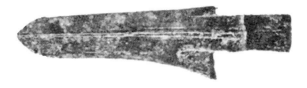

5209 - E1052

5212 - 10685

5215 - E1045

5224 - 10831

5228 - 10835

5232 - 10839

5238 – 10845

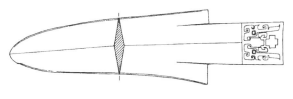

5239 – E1065

5240 – E1066

5241 – E1067

5242 – E1068

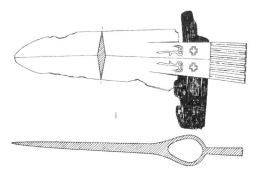

5243 – E1069

5244 – E1070

5245 – E1071

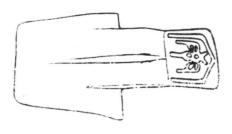

5249 – 10847

5253 – 10851

5255 – J1091

5256 – J1093

5262 – 10857

5264 – 10859

5265 – 10861

5276 – 10876

5287 – 11010

5288 – 11114

乙Ab型戈

5041 – 10620

5113 – 10688

5140 – 10713

5204 – 10777

5207 – 10780

5230 – 10837

5231 – 10838

5237 – 10844

5279 – 10880

乙B型戈

5126 – J1070

5208 – E1051

5254 – J1089

商代銘文青銅矛器形

AⅠ式矛

5295－11413

5326－E1263

5328－E1261

AⅡ式矛

5297－11415

5298－11416

5299 – 11417

5301 – 11419

5302 – 11420

5307 – 11426

5308 – E1256

5319 – 11438

5320－11439

5321－11440

5322－11441

5323－11442

5325－11444

Ba I 式矛

5312 - 11445

5313 - 11446

5314 - 11433

5315 - 11434

5327 - E1258

Ba Ⅱ式矛

5303－11421

Ba Ⅲ式矛

5305－11423

5311－11449

Bb型矛

5306－11425

5309－11447

5310－11448

商代銘文青銅鉞器形

Aa I 式鉞

5343 – 11733

5355 – 11742

Aa II 式鉞

5329 – 11720

5330 – 11721

5331 – 11722

5339 – 11729

5346－11736

5348－11738

5349－11754

5360－11747

5361－11748

5363－E1327

5364 – E1328

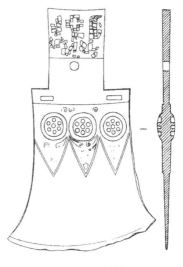

5365 – E1329

5366 – E1330

5367 – 11750

5368 – 11751

AaⅢ式鉞

5344－11734

5345－11735

5347－11737

AaⅣ式鉞

5332－11723

5338－11728

5351－J1247

5370－11753

Ab型鉞

5334－11725

5357－11744

5358－11745

5359－11746

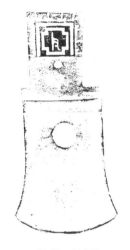

5362 – 11749

B型鉞

5352 – 11739

5353 – 11740

5356 – 11743

5372 – 11756

C型鉞

5337 - 11727

5340 - 11730

5341 - 11731

5342 - 11732

5350 - J1245

D型鉞

5336 - J1246

商代銘文青銅工具器形

5376 – J1239

5377 – 11764

5378 – 11765

5379 – 11766

5380 – 11767

5381 – 11770

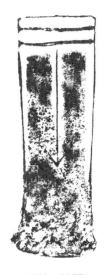

5382 - 11771

5383 - 11783

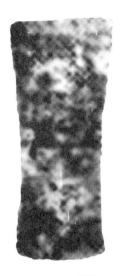

5384 - 11789

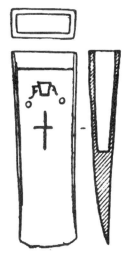

5385 - 11790

5386 - 11791

5387 - 11792

5388－11793

5391－11775

5392－11776

5393－11777

5396－11781

5397－11782

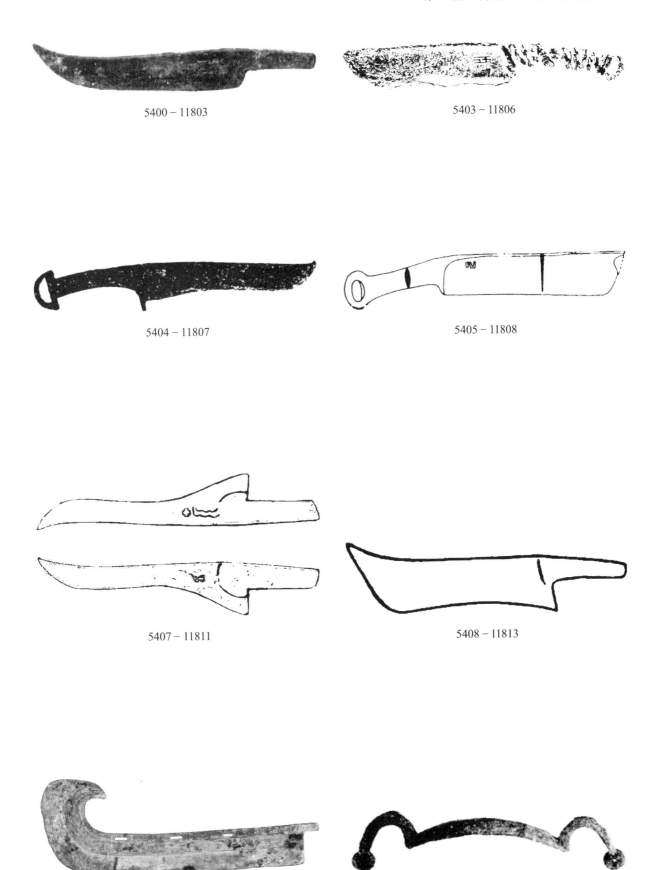

5400－11803

5403－11806

5404－11807

5405－11808

5407－11811

5408－11813

5409－E1336

5416－11868

5422 – E1332

5449 – 11831